신라고고학연구

신라고고학연구

2007년 12월 31일 초판 1쇄 발행
2017년 2월 27일 개정판 1쇄 발행
2025년 1월 31일 개정판 4쇄 발행

지은이 이희준

펴낸이 윤철호
편집 정용준·한소영·조유리
디자인 김진운
본문조판 디자인시
마케팅 유명원

펴낸곳 (주)사회평론아카데미
등록번호 2013-000247(2013년 8월 23일)
전화 02-326-1545
팩스 02-326-1626
주소 03993 서울특별시 마포구 월드컵북로6길 56
이메일 academy@sapyoung.com
홈페이지 www.sapyoung.com

ISBN 979-11-88108-01-5 93910

신라고고학연구

이희준 지음

사회평론아카데미

이 책은 박사학위 논문 「4~5세기 신라의 고고학적 연구」(서울대학교 대학원 고고미술
사학과, 1998)에다 그 이듬해 발표한 「신라의 가야 복속 과정에 대한 고고학적 검토」
를 한데 묶은 것이다. 내용이 신라 고분 자료를 근거로 하였으므로 제목을 『신라고
분연구』라 해야 맞을지도 모르지만 이 제목의 연구서가 이미 나와 있는데다가 그
렇다고 『新신라고분연구』라 하기도 마땅치 않고 해서 『신라고고학연구』라고 붙여
보았다. 물론 이 제목이 그냥 그럴싸해서만은 아니다. 신라 고분 자료를 근거로 삼
기는 했어도 '고분 문화' 자체가 아니라 그를 통해 신라 사회를 나름대로 복원하는
문제에 초점을 맞추었기 때문이다. 진정한 의미의 신라고고학, 즉 고고학 자료를
통한 신라 연구가 되려면 고분 자료뿐 아니라 생활 유적 자료까지 분석 대상으로
삼아야 한다. 하지만, 주지하듯이 지금으로서는 고분 자료 이외에 별다른 자료가
없다. 해서 잠정적으로나마 신라고고학을 고분 자료를 통한 신라 연구로 규정하고
논의할 수 있으리라 생각하였다. 또 그 '신라'에는 당연히 통일신라도 포함되어야
하지만 여기서는 대략 4세기 중엽에서 6세기 초에 걸친 마립간 시기에 중점을 두
었다.

　이 책은 4세기 말 이후 신라 영역이 낙동강 이동 전역이었음을 고고학적으로
밝혀내어 그간 가야 고분이라고도 본 낙동강 동안 일대의 고분들을 신라 고분으로
복권시킨 후 그것들에 대한 총체적 분석을 통해 신라 국가의 지방 지배 양상을 살
피고 덧붙여 5세기에서 6세기에 걸친 신라의 가야 진출 과정을 검토함으로써 앞으
로 고고학 연구로 신라사를 복원하는 데 필요한 기본 틀을 세우는 데 주된 목적을
두었다. 아마도 이 때문에 학위 논문 심사위원 중 한 분인 이선복 교수가 논문을 가
리켜 한마디로 신라고고학 매니페스토(manifesto)라고 하였을 터이다. 매니페스

토, 곧 선언서라 하면 으레 무언가 새로운 것을 표방한 듯이 비치지만 실은 다른 선언서와 마찬가지로 이 책도 그렇지 않다. 새로운 것을 선언하였다기보다는 실종(?) 된 신라고고학을 되찾자는 것이고 그 관점에서 여러 가지 방법론적 모색을 한 데 불과할 뿐이다. 다만 그를 위해 지금까지 선학들이 쌓은 업적을 디딤돌로 삼아 문제의 소재를 명확하게 천명하고 나름대로 해결책을 제시한 것을 새롭다고 보아 선언서라 할 수 있을지도 모르겠다.

이 책의 마지막 장으로 삼은 위의 글을 학보에 실을 때만 하더라도 곧 학위 논문과 한데 묶어 책으로 내놓을 심산이었지만 결국 거의 10년 세월이 지나고 말았다. 당시 학위 논문을 그대로 내놓으니 책 체제에 맞게 여러 모로 고치고 내용 또한 보완해야 한다는 생각에 사로잡혀 차일피일 한 것이었으나, 지금 그렇다고 이 책의 체제가 학위 논문에서 근본적으로 달라진 것도 아니라서 게으름만 드러낸 셈이다. 누군가가 시간이 지났더라도 학사적 의미라고 할 것까지는 없지만 1998년 당시의 연구를 보여주는 점도 없지 않으니 거의 그대로 내놓아도 괜찮다고 격려 아닌 위로 (?)를 해주어서 용기를 내었다고 해둔다. 누구든 경험하듯이 이전에 쓴 글을 조금이나마 손보기란 좀 성가시다고나 할까 괴로운 일이었다. 그래도 문장을 가다듬고 좀 과하게 내세운 점은 빼는 등 최소한으로라도 수정을 하는 가운데 일부 업데이트를 할 수 있었던 점은 소득이라면 소득이었다. 내용에서 때로 지나치다 싶을 정도로 꼬치꼬치 따진 듯이 비치기도 하리라 싶다. 책을 쓴 이의 성향 탓도 있지만 한편으로 늘 우리 고고학에 이런 쟁론의 경향이 좀 부족하지 않은가 느꼈기에 의도적으로 그리한 부분도 있으니 해량하여 주시기 바란다.

책을 내놓기에 이르니 고마움을 표해야 할 분들이 떠오른다. 김원용 선생님은 1980년 6월 아직도 어수선한 시절에 당시 근무하던 직장의 업무 관계로 방을 찾아간 저자에게 막 꺼내 쓰기 시작한 선풍기를 돌려놓고 이런 저런 얘기를 하시던 중 불쑥 그곳은 젊은이가 오래 있을 데는 못된다는 말씀을 하셨다. 저자도 그럴 생각은 없었기에 속마음을 읽으셨나 하면서도 이 분이 처음 만난 사람에게 어떻게 이런 말씀을 하시는가 하고 의아하였던 것도 사실이다. 지금 돌이켜 생각하건대 적어도 저자로서는 그 말씀으로 말미암아 마침내 고고학과 인연을 맺었으니 말하자면 선생님은 당신도 모르는 사이에 저자를 고고학으로 초대하신 셈이었다. 사실 학위 논문을 준비하면서 선생님이 계시면 내용을 보여 드리고 의논하고 싶다는 생각이 자주 들었지만 이미 돌아가신 터라 아쉬움만 가슴에 품었다. 늦게나마 선생님 영전에 이 책을 바치고 싶다. 또 돌아가신 한병삼 선생님께는 생전에 학위 논문을 인쇄해서 드렸지만 저자가 교수로 살아갈 수 있는 기회를 김원용 선생님과 더불어 마련해 주신 분이라 다시금 감사드리면서 이 책을 바친다.

이 책은 돌아가신 아버님께도 당연히 바쳐야겠다. 자식이 다소 먼 길을 도는 동안에도 끝내 아무 말씀 안하시다가 이윽고 공부하는 길로 본격 들어섰을 때 비로소 어릴 적부터 보아온 당신 자식이 공부가 적성이 맞는다고 생각하셨는데 이제야 그대로 되었다고 말씀하신 사려 깊은 사랑에 감사드리지 않을 수 없다. 아버님이 돌아가신 후에도 변함없이 자식 걱정만 하시면서 자식의 자식들 또한 거두어주고 계신 어머니께도 감사드린다.

논문에 관련해서는 아무런 직접적 도움을 주시지 않았으나 무위의 길 생명의 삶을 가리켜보이심으로써 모든 것을 이끌어주시고 공부 또한 하나의 놀이임을 일깨워주시는 스승 이승우 선생님께 또한 감사를 드린다.

너무 늦어졌지만 학위논문 지도교수이신 임효재 선생님, 심사를 맡아주신 이기동 선생님, 김정배 선생님, 최몽룡 선생님, 이선복 선생께 감사드린다.

1985년 대구로 내려오기 전부터 줄곧 살아가는 데서나 공부하는 자세에서 모범을 보여주시고 도와주신 김종철 선생님, 저자가 지금의 자리에서 공부할 수 있도록 어느 누구도 할 수 없는 어려운 설득을 해내시고 또 언제나 곁에서 모든 일에 형님처럼 교훈어린 말씀을 해주신 이백규 선생님, 가까이 있으면서 공부에 영감을 주고 어떤 것도 거절하지 않는 삶을 사는 것으로 보이기에 때로 감탄을 금할 수 없는 주보돈 선생님께도 감사를 표하고 싶다. 덧붙여 공부에 바쁜 가운데서도 사진을 챙겨준 조효식, 그림들을 전부 새로이 작성해준 경북대학교 대학원 최윤선, 교정을 보아준 양승민, 이재옥의 노고를 명기하여 둔다.

저자가 지금 생각해 보면 무모하기 짝이 없게 직장을 그만 두고 새로 공부를 시작하는 데도 말리기는 커녕 격려해 주고 살림부담을 진 아내 고인숙, 공부의 길에서 항상 행운을 가져다주고 기쁨이 된 두 아들에게 고마움을 표한다.

끝으로, 좋은 인연이 닿아 그간 저자의 역서들을 내어주신 데다가 이번에도 책을 내어주신 사회평론 윤철호 사장, 직접 책 내는 일을 맡아 좋은 책을 만들어 주신 김천희 팀장께도 감사드리지 않을 수 없다. 덧붙여 이 책은 경북대학교 2006년도 저술연구장려비의 지원을 받아 출판되었음을 밝혀둔다.

2007년 12월

이 희 준

 제2부 4~6세기 신라고고학

| 서 론 |

신라사新羅史에서 4, 5세기는 중앙집권적 고대국가가 완성되기 전의 과도적 단계로서 국가 발달 과정의 결정적 시기라고 할 수 있지만 문헌 기록으로는 사실상 수수께끼의 시기이다. 3세기까지에 대해서는 『三國史記』나 『三國遺事』의 기록이 불분명하나 『三國志 魏書 東夷傳』(이하 『위지 동이전』) 덕분에 사정을 어느 정도 엿볼 수 있고, 또 6세기 이후로는 풍부한 문헌 기록 이외에 금석문金石文 자료들이 있어서 그 실상을 상당히 잘 알 수 있는 반면에, 4, 5세기의 문헌 자료는 이런 전후 시기에 비해 아주 영성零星하기 때문이다. 더욱이 지금까지의 신라 금석문 발견 추세로 보건대 앞으로도 4세기는 물론이고 5세기대의 금석문 자료가 발견될 가능성은 그렇게 크지 않다. 그러므로 이 시기의 역사를 복원하는 데서 고고학이 차지하는 비중은 다른 어느 시기보다도 크다고 하겠다.

　그러면 고고학에서 4, 5세기 신라사를 복원하는 데 이용할 수 있는 자료는 무엇인가? 그것은 물론 고분 자료이다. 신라·가야의 주된 무대였던 영남 지방의 각 지역地域[1]에 분포한 수많은 고분들은 신라와 가야가 고대국가를 형성하였거나 형성하

---

1) 지방과 지역이라는 용어는 일상에서 혼용되고 그런 가운데 지방은 중앙에 대비되는 독특한 의미도 갖고 있다. 하지만 이러한 일상적 용례를 떠나 고고학 연구의 공간 분석에 유용한 단위 개념이 될 수 있도록 하기 위해 崔鍾圭, 『三韓考古學研究』(書景文化社, 1995), p. 108 註.9의 제안과 같이 여러 지역으로 이루어진 포괄적 공간 범위를 지방이라고 규정하여 쓰는 것이 좋다고 본다. 그리고 한 지역을 구성하는 여러 단위는 地區라 하고, 다시 지구는 여러 地點으로 구성된 것으로 구별하면 좋을 듯하다. 그래서 본 연구에서는 공간적 범위의 포괄 관계를 기본적으로 지방〉지역〉지구〉지점으로 구분 설정하도록 하겠다. 다만, 지점(locality)이라는 용어는 예를 들면 죽곡리 유적 제1지점처럼 고고학적으로 한 유적 안의 상호 구분되는 단위를 가리키기도 한다. 이런 까닭에 이를테면 대구 지역의 달성 고분군은 중심 지구의 한 고분군으로서 그 자체가 한 지점이 되지만, 전체가 몇 개의 작은 무리로 이루어져 있으므로 각 무리를 가리킬 때도 지점이라는 용어를 쓰도록 하겠다.

던 중에 축조된 것들인 만큼 당대의 정치 · 사회 · 문화에 관한 정보를 어떤 형태로든 간직하고 있을 것으로 추정할 수 있다. 특히 5세기를 전후한 시기의 중대형 고총 高塚들은 한반도 남부의 다른 지방에서는 유례를 보기 어려울 정도로 현저한 고고학적 현상이며 당시 신라 · 가야의 상황을 엿보는 데 무엇보다도 유력한 단서가 된다.

이처럼 신라 · 가야의 고분은 외형적으로 두드러진데다가 당대의 역사 정보를 풍부하게 간직하고 있을 것으로 기대되었기에 그에 대한 조사는 일찍부터 다른 어떤 시기나 지방의 고고학 유적에 대한 조사보다도 활발하였고, 그 결과 수많은 보고 자료가 축적됨으로써 자료 면에서 좋은 연구 여건을 제공하였다. 그리하여 이를 바탕으로 오랜 기간에 걸쳐 꾸준히 연구가 이루어진 덕에 그 고분들이 지닌 여러 가지 정형성(pattern)들이 어느 정도 파악된 상태이다. 그 정형성들은 영남 전역이 통시적으로 궤를 같이 하는 것이 있는가 하면 공시적으로 지역에 따라 양상을 달리 하는 것도 있다. 예컨대 낙동강 이동以東 지방²⁾의 4, 5세기 고분에서 출토되는 토기들은 이른바 이동 양식(以東 樣式)이라는 광역적인 공통성을 보이면서 또한 지역마다의 특색, 즉 지역색을 띤다.

그런데 다소 막연하게 '新羅 · 伽耶 考古學'이라는 이름으로 포괄할 수 있는 그간의 연구를 전체적으로 보면 아직 유물 · 유구의 시공적時空的 체계 수립과 변천 기술을 겨냥한 연구가 대종을 이룬다. 반면에 이미 드러난 여러 가지 정형성들이 지닌 의미를 적극적으로 해석해서 그러한 유물 · 유구를 남긴 신라와 가야의 실체가 과연 무엇인지를 밝히려는 시도, 바꾸어 말하자면 신라 · 가야사의 복원을 꾀한 연구들은 의외로 드물다는 것을 알 수 있다.³⁾ 그래서 신라와 가야의 실체 파악은 물론이려니와 그에 전제가 되는 신라 · 가야의 구분 문제조차도 제대로 해결되지 않은 상태이다.

신라 · 가야 고고학 연구와 관련하여 이런 현상이 초래된 요인으로는 여러가지

---

2) 이하에서 이 용어는, 特記하지 않으면 낙동강 지류 중 대구를 貫流하는 琴湖江의 以南에서는 낙동강 以東을, 그리고 그 以北에서는 以東, 以西 모두를 가리키는 개념으로 쓴다.

3) 신라 · 가야 고고학 연구 경향에 관해서는 1990년대 초까지를 대상으로 한 것이지만 崔秉鉉, 「新羅 · 伽耶의 考古學—研究史的 檢討—」, 『國史館論叢』 33(1992), pp. 177~221이 좋은 참고가 된다.

를 들 수 있을 것이다. 이를테면 신라와 가야를 고고학적으로 복원하기에는 아직 자료가 충분하지 못하다고들 한다. 그러나 앞에서 말했듯이 다른 시대나 지방에 비할 때 결코 적지 않은 좋은 자료가 이미 축적된 상태이다. 그래서 연구 자료의 양이나 질에 원인이 있다기보다는 그간 고고학 자료를 통해 무엇을 해명할지 명확하게 인식하지 못하였고, 또 어떤 구체적 연구 목표를 정하였더라도 그것을 어떻게 달성할지에 관한 방법론이 부족하였던 데 주된 원인이 있다고 진단된다. 예를 들어 신라와 가야가 성립하여 고대국가의 완성을 향해 나아가고 있던 4~6세기에 대한 고고학 연구가 궁극적으로 지향해야 할 가장 중요한 목표 중 한 가지가 신라와 가야라는 정치체의 성격을 밝히는 것인데도 지금까지 그러한 목표가 분명하게 인식되지 못한 것이다. 육하원칙을 빌어서 말한다면 그간의 신라·가야 고고학 연구는 고고학 자료에 관련된 '누가' '언제' '어디서' '무엇을'이라는 질문에 집중하였을 뿐 '왜'라든가 '어떻게'에는 그다지 관심을 기울이지 않았다고 판단된다.

요컨대 현재 신라·가야 고고학이 당면한 가장 중요한 과제는 지금까지의 연구 성과 위에서 신라·가야사의 복원을 위해 해명해야 할 구체적 주제들을 분명하게 인식하고 그에 관련된 고고학 자료의 정형성들을 추출하여 그것들을 일관성 있게 설명하는 데 필요한 적합한 방법론을 모색하는 일이라 하겠다. 여기서 그간 집적된 자료와 그것에서 파악된 정형성들을 바탕으로 제기할 수 있는 신라·가야 고고학의 '왜'와 '어떻게'의 주요 항목들을 들어 본다면 다음과 같다.

첫째, 낙동강을 경계로 동서東西의 토기 양식이나 위세품威勢品 양식이 다른 이유는 무엇이며 그것은 신라와 가야의 영역과는 어떤 관계가 있는가?

둘째, 고고학 자료로써 신라와 가야를 구분하는 것이 가능하다면 무엇을 기준으로 어떻게 그것을 이루어낼 것인가?

셋째, 고고학 자료를 가지고 역사를 복원하려면 어떤 방법을 취해야 하며 문헌사를 통한 재구성과는 어떻게 조화되어야 하는가?

넷째, 각 지역의 고총은 어떤 과정 속에서 등장하며 그 의미는 무엇이고 또 각 지역 고총의 내부 주체가 각양각색인 이유는 무엇인가?

다섯째, 고총의 등장 시기가 지역에 따라서 다르고 고총의 규모나 숫자 또한 차이가 나는 이유는 무엇이며 그것은 어떻게 일관되게 설명될 수 있는가?

여섯째, 이동 양식 토기에는 이른바 지역색이 왜 존재하며 또 그것은 왜 시간의 흐름에 따라 낙동강 이동 전역에서 약화되면서 토기가 통일성을 띠게 되는가?

상호 중첩되기도 하고 밀접하게 연관되기도 한 이러한 질문들에 대해 종합적으로 답하고자 하는 작업은 충분히 예상할 수 있듯이 순전한 고고학적 분석 및 해석의 차원에 머물 수는 없다. 질문들을 푸는 데 실마리가 되는 고고학 자료가 4~5세기 영남 지방 사회의 물질적 소산인 만큼 문헌상으로 당시 이 지방의 역사적 실체임이 분명한 신라와 가야에 어떤 식으로 혹은 어떤 맥락에서 연관되는지를 밝혀내지 않으면 안 된다. 즉 이 문제들에 대한 해답이랄까 그것들에 관련된 고고학 자료의 해석은 결국 당시 신라·가야의 해명과 떼려야 뗄 수 없는 관계를 가진다는 것이다. 그러므로 문헌사 연구와 고고학 연구를 어떻게 조화시킬 것인가 하는 방법론적인 문제가 가장 우선적인 과제로 떠오른다. 이에서 제일 먼저 해결해야 하는 것이 바로 앞에서 첫째와 둘째로 꼽은 질문들이다. 고고학적으로 신라와 가야라는 정치체의 영역 또는 권역을 구분해내지 않고서는 고분 자료를 신라 또는 가야에 관련지어 해석할 수가 없기 때문이다.

본 연구는 이러한 문제 인식을 전제로 전반부인 제1부에서는 신라고고학新羅考古學의 기본 틀을 정립하기 위한 방법론적 논의를 한다. 다만 진정한 의미의 신라고고학은 고분 자료뿐 아니라 생활 유적 자료까지 포함해야 하겠으나, 주지하듯이 지금으로서는 고분 자료 이외에 별다른 자료가 없으므로 잠정적으로나마 이를 고분 자료를 통한 신라 연구로 규정하고 논의한다. 또 신라고고학이라 할 때 그 '신라'에는 당연히 통일신라도 포함되어야 하지만 여기서는 대략 4세기 중엽에서 6세기 초에 걸친 마립간기麻立干期에 초점을 맞추기로 한다. 다음으로 후반부인 제2부에서는 이에 입각하여 고고학의 측면에서 4~6세기 신라의 역사를 복원하는 데 가장 적합한 주제로 4세기는 신라의 성장 과정, 5세기는 신라의 발전과 지방 지배의 진전, 6세기는 신라의 가야 복속 과정을 설정하고 그에 관해 각각 고찰한다. 이 연구는 달리 말하면 낙동강 이동 지방의 여러 지역 고분들이 신라新羅가 성립하고 발전하는 과정에 경주 사로斯盧[4]와 여타 지역이 중앙과 지방이라는 관계 속에서 상호작용하는 가운데 조영된 사실을 논증하고, 그것을 바탕으로 진·변한 이래 신라의 성장과 발전 그리고 팽창 과정을 그려 보는 데 주된 목적이 있다. 각 부와 장의 내용을 요약하면 다음과 같다.

제1부는 특히 4~5세기 낙동강 이동 지방의 고분 자료가 보이는 정형성들을 추출하고 그것들의 의미를 해석하는 데 필요한 방법론적 논의의 서설 격으로 제I장을 신라고고학의 기본 틀을 모색하는 장으로 설정하였으며, 그에서는 고고학과 문헌사학을 어떻게 접목시키느냐를 첫 번째 논의 과제로 삼았다. 4~5세기는 대략 신라사의 마립간기에 해당하는데[5] 그 시기는 잘 알려져 있듯이 진·변한으로부터 신라가 성립하여 중고기(中古期, 514~653년)의 직접 지배를 실현하기에 이르는 기간이다. 즉 문헌 사료로부터 사정이 상대적으로 잘 알려진 3세기와 6세기를 잇는 과도적 시기에 해당한다. 그런 만큼 마립간기 신라의 연구를 위해 고고학과 문헌사학을 접목하는 데서는 앞뒤 두 세기에 대해 파악된 문헌사 및 고고학의 연구 성과를 충분히 참조해야 한다. 또한 마립간기가 전자로부터 후자로 가는 과정의 과도적 양태를 보일 것이라는 진화론적進化論的 틀에서 벗어날 수 없음을 분명하게 인식해야 한다. 문헌사학과 고고학의 접목은 이러한 인식을 바탕으로 하되 고고학 자료의 정형성들을 문헌 기록에 그대로 대입해 해석하거나 문헌사의 연구 성과를 고고학 쪽에서 그냥 임의적으로 이용하는 방법이 아니라 양자를 총체적 해석 틀 속에서 접목하는 접근 방법이 요구됨을 논의한다. 또 그에서 고고학 자료는 대세론적大勢論的으로 해석되어야 함도 강조한다.

다음 절에서는 이런 견지에 설 때 구체적으로 신라고고학의 시공적 범위를 어떻게 잡을지를 논의한다. 신라고고학의 기점 문제는 역시 고고학의 문제가 아니라 차라리 문헌사의 문제라고 할 수 있다. 여기서는 진·변한을 신라·가야의 전사前

---

4) 이 斯盧와 新羅 등의 명칭이 신라 역사 전개 과정에서 갖는 의미에 대해서는 朱甫暾, 「新羅 國號의 確定과 民意識의 成長」, 『九谷 黃鍾東敎授 停年紀念 史學論叢』(1994), pp. 245~277을 참조.
5) 잘 알려져 있듯이 麻立干號를 처음으로 사용한 때에 대해 『三國遺事』와 『三國史記』의 기록은 차이가 있다. 전자는 17대 奈勿麻立干(재위 356~402년)부터로, 후자는 19대 訥祗麻立干(재위 417~458년)부터로 되어 있다. 여기서는 『太平御覽』에 근거하여 『삼국유사』 쪽을 따르는 일반적 견해를 좇는다.

史로 보는 관점에 선다. 이는 곧 문헌적으로는 『위지 동이전』의 기술을 존중하고 이른바 『三國史記』 초기 기록의 내용은 대체로 받아들이되 그 연대는 소위 수정론修正論의 입장에서 3세기 후반 혹은 말에서 4세기 전반으로 봄을 말한다. 신라고고학의 공간적 범위는 시간의 흐름에 따라 일어났을 신라의 영역 변화를 고려해야 하는 문제로 본 연구의 대전제를 이룬다. 따라서 자세한 논증을 위해 따로 제2장에서 상론하기로 하는데, 기본적으로 신라 · 가야의 전사前史 단계에서는 경주 일원이, 사로가 주변 지역들을 복속시켜 광역의 신라를 이루어나간 단계에서는 그 영역 범위가 신라고고학의 공간적 범위가 되겠다.

이처럼 전사론前史論의 입장에 서서 신라고고학의 시공적 범위를 잡게 되면 자연히 진 · 변한 시기의 영남 지방 내 각 지역 정치체인 '국國'[6]들 사이의 관계가 3세기 말 이후 변화하여 성립한 것이 신라 · 가야라고 보게 된다. 여기서 굳이 3세기 말 이후라고 특정한 이유는 진한이 280년대에 서진西晉에 조공한 기사가 『진서晉書』에 실려 있으므로 그때까지는 진한이 존재하였고 신라는 빨라도 그 이후에 성립한 셈이 되기 때문이다. 다만 사로斯盧가 자신의 영역을 넘어 다른 지역과 지속적인 통속統屬 관계를 가지는 때부터 신라가 성립하는 것으로 정의한다면 3세기 말 이전의 신라를 말할 수도 있겠다. 『삼국사기』 초기 기록에서 전하는 소국 복속이 이른 경우 어떤 지역에 대해서는 3세기 후반대에 이미 이루어졌으나 그것이 진한 일부에 지나지 않아 3세기 말까지도 대략 낙동강 이동이 대외적으로는 여전히 진한으로 통하였을 수도 있기 때문이다.

또 신라가 성립한 이후 일어난 신라 국가의 성격 변화도 마찬가지로 주체인 사로와 각 지역 정치체 사이의 관계 변화라는 관점에서 파악할 수가 있다. 다시 말하

---

6) 진 · 변한 시기의 지역 단위 정치체를 城邑國家, 邑落國家 등으로 부르고 있으나 그 경우 국가라는 용어가 다음 단계의 광역 정치체인 영역국가, 고대국가와 같아서 성격 차이를 드러내는 데 어려움이 있다고 본다. 그래서 權五榮, 「三韓의 「國」에 대한 研究」(서울大學校 大學院 國史學科 博士學位 論文, 1996), pp. 12~13과 같이, 삼한 사회를 구성한 단위 정치체를 『위지 동이전』에 나오는 대로 그냥 '國'이라고 부르기로 한다. 이렇게 하면 4세기 이후에도 완전한 영역국가 단계에는 도달하지 못한 가야의 一國을 실제로 문헌에서 이를테면 卓淳國으로 부르고 있는 것(『日本書紀』의 예)과도 부합되며, 또 그 명칭이 중성적이라서 부족국가 등 某某국가라 할 때 생기는 따위의 불필요한 모순도 없다.

면 진·변한의 '국'들 가운데 주로 진한 국들의 관계가 3세기 후반에서 4세기 초쯤에—넓게 잡아 4세기 전반에 걸쳐 내외적 변화를 겪으면서 기본적으로 우열을 내포한 평등 관계였던 이전과는 다른 새로운 차원의 관계를 형성한다고 볼 수 있다. 즉 신라는 사로를 중심으로 한 상하 관계로 전화한 것이고, 신라의 성립 이후 시간의 흐름에 따라 중앙과 지방으로서의 그 관계가 점점 더 강한 상하 관계로 통합된 과정이 곧 신라의 성격 변화이자 발전이라고 보는 것이다.

그러면 자연히 영남 지방 각 지역 단위의 범위를 정하는 문제가 지극히 중요하게 된다. 그래서 다음 절에서는 각 지역 정치체의 공간적 범위를 정하는 문제를 다룬다. 기본적으로 마립간기 당시의 고고학적 증거로서 각 지역 정치체의 존재를 나타내는 중대형 고총군의 분포 양상과 각 지역 사이를 자연적으로 구분하는 지리 지형적 구조를 바탕으로 하고 각 지역 양식 토기의 분포권을 검증 자료로 하면서『삼국사기』지리지의 군현郡縣 관계 기사를 참고로 해야 함을 논한다.

제II장에서는 신라고고학의 가장 중요한 전제라 할 신라의 영역을 고고학 자료로써 구분하는 문제를 다루는데, 먼저 제1절에서 그간의 연구를 간략히 검토함으로써 문제의 소재를 분명히 한다. 다음 제2절에서는 낙동강 이동의 4~5세기 고분 자료가 나타내는 여러 가지 정형성을 토기, 위세품, 고총 세 부문으로 나누어 고찰하고 그것들이 구조적으로 상호 연계되어 있음을 논증한다. 제3절에서는 이를 바탕으로 4, 5세기 신라의 영역을 밝히고 그 시기의 낙동강 이동 지방 고분에 관련된 여러 현상이 신라의 지방으로서 존재하였던 각 지역과 중앙인 사로 지역 사이의 정치·경제적 관계에서 주로 비롯되었음을 추론한다. 그 관계가 곧 간접 지배라는 정치적 통속 관계임은 물론이다.

다음 제III장에서는 이상의 논의를 전제로 할 때 이제 신라 고분이라 해야 할 낙동강 이동 지방 각 지역의 4~5세기 고분들을 편년함으로써 지역 고분 자료의 상이성相異性과 상사성相似性을 추출하기 위한 기초 작업을 한다. 그간의 편년 경향을 비판적으로 검토해 보면 신라 고분을 편년하는 데는 토기가 가장 적합한 기준으로 판단된다. 또 기왕의 토기를 이용한 지역별 편년 연구 성과를 합리적으로 조정 통합하는 것이 바람직하다. 편년의 방법은 신라 양식 토기 중 경주 양식 토기의 변천상에 따라 편년과 분기 설정을 하고 이를 축으로 각 지역 양식 토기의 변천상에 따라 병행관계를 대조 비교하는 방식을 취하기로 하겠다.

분기와 절대연대의 비정에서는 경주 월성로 가-13호와 황남대총 남분(皇南大塚南墳)의 축조 연대를 각각 4세기 중기와 5세기 초로 보는 필자의 연대관에 따라 그 토기상土器相을 기준으로 삼되 신라 토기 양식이 성립하는 4세기 중기부터 단각고배短脚高杯가 형성되는 6세기 중엽 이전의 기간을 크게 네 기로 나누고 다시 앞의 세 기를 각각 두 개의 소기로 세분한다. 이를 기준으로 경주, 부산, 양산, 경산, 대구, 창녕, 성주, 의성 지역 고분의 분기와 편년을 하는데 이에 따르면 지금까지 조사된 고총이 경주를 비롯한 이른 지역에서는 Ia기(4세기 3/4분기) 또는 그 이전부터, 기타 대부분의 지역에서는 II기(5세기 1/4분기) 이후에 축조된 것으로 나타난다. 즉 신라 토기 양식의 성립이 이른바 고구려 남정(서기 400년) 이후이고 영남 지방의 고총이 대개 5세기 후반에 축조되기 시작한 것으로 보는 기존의 압축 편년관(壓縮 編年觀)과는 달리 고총 축조의 소장에 지역 차가 있음을 여실히 말해 주는 것이다.

이 연구의 후반부인 제2부는 전반부의 방법론에 기초하여 신라 국가의 성립과 4~5세기 지방 지배를 중심 주제로 삼아 여러 지역 고분의 상이성과 상사성에 대한 해석을 시도하고 종래 문헌사에서만 다룬 6세기 신라의 가야 진출 문제를 고고학 자료를 바탕으로 두 분야를 접목하는 견지에서 검토한다

제I장에서는 신라의 지방 지배를 고찰하기 위한 전제로, 먼저 제1절에서 신라의 성립 배경을 살펴본다. 신라의 성립을 가져온 두 가지 중요한 요인으로 사로가 자리 잡은 경주 지역이 영남 지방 역내의 교환 및 대외 교역에서 지리적으로 유리한 위치라는 점과 군사적 복속 활동을 든다. 이 중 장기 지속적 요인인 전자는 낙동강 이동의 지리적 특성에 관련지어 논의한다. 제2절에서는 신라의 성장 과정과 성장 초기의 모습을 문헌 자료에 초점을 두어 재구성하고 그것을 검증하는 자료로 고고학 자료를 검토한다. 제3절에서는 구체적 사례 연구로 4세기대의 양상이 비교적 잘 밝혀진 동래 복천동(東萊 福泉洞) 고분군을 대상으로 삼아 마립간기 성립을 전후한 시기의 변화상을 분석함으로써 신라 국가의 지방 지배가 4세기 후엽까지에 걸

친 시기 동안에 어떤 성격을 지녔으며 지역 지배층은 그런 지방 지배에 따라 어떤 변화를 겪었는지를 논하기로 한다.

신라 마립간기의 지방 지배는 이른바 간접 지배로 불리기는 하지만 문헌사 연구에서는 각 지역의 실상이 거의 알려져 있지 않다. 또 문헌 사료의 성격상 4, 5세기를 한데 묶어 취급할 수밖에 없다. 반면에 고고학 자료는 지역의 모습을 통시적通時的으로 살핀다거나 지역들을 공시적共時的으로 비교할 수 있는 강점을 가진 점이 특성이라 할 수 있다. 그래서 제II장에서는 대략 5세기대의 고총 자료를 근거로 하여 지역별로 신라 국가의 지방 지배가 어떤 양상이었는지를 추론하고 상호 비교하기로 한다.

제1절에서는 5세기대의 가장 현저한 고고학적 현상이 고총인 만큼 신라 고총의 의의를 좀더 심도 깊게 살펴보고 낙동강 이동의 각 지역에서 고총이 출현하게 된 주요 계기가 신라의 지방 지배 강화와 관련이 있음을 논증한다. 제2절에서는 이를 토대로 지역별 고총이 보이는 특성에 근거하여 각 지역이 대략 5세기 동안 어떤 양태였는지를 살피기로 하는데 검토 대상 지역은 경주, 부산, 양산, 경산, 대구, 창녕, 의성 지역이다. 그리고 나서 신라 전역을 두고 볼 때 나타나는 공통점과 차이점을 종합하고 그 의의를 간략히 음미한다. 제3절에서는 아직 자료는 부족하지만 5세기 후반의 늦은 시기에 지방 고총 쇠퇴 현상이 일어난다고 인식하고 그것이 신라 국가의 지방 지배에서 이루어진 진전과 관련된 것으로 해석한다. 아울러 그러한 쇠퇴 현상이 신라의 남부와 북부 지역에서 차이를 갖고 나타남은 두 지역이 신라 영역화된 이래 마립간기 동안에 겪은 역사적 과정의 차이와 관련이 있음을 논의한다.

마지막으로 제III장에서는 신라 국가가 이상과 같은 지방 지배의 진전을 바탕으로 6세기에 들어서 낙동강 이동의 가야 지역으로 진출하는 과정을 문헌사와 고고학을 접목하는 견지에서 추적해 보기로 한다. 여기서는 신라의 가야 진출을 장기적 역사 전개의 과정이라는 관점에서 530년 전후 남가라 등 3국 복속 직전까지를 준비 단계로, 이 3국 복속에서부터 가야 전역 복속까지를 다시 한 단계로 잡아 접근한다. 그래서 제1절에서는 먼저 낙동강의 좌우 지역 분할성分割性이 신라와 가야 사이의 관계, 특히 신라의 가야 진출사에서 지닌 의의를 간략히 검토하고 그 바탕

위에서 대략 520년대까지 신라가 가야로 진출하려는 데서 취했으리라 여겨지는 전략을 고고학 자료를 중심으로 살펴보기로 한다. 다음으로 제2절에서는 논란이 많은 가야국 탁순과 탁기탄의 위치 비정 문제를 중심으로 낙동강 중·하류 가야 3국의 복속 과정을 검토한다. 마지막으로, 제3절에서는 이 3국이 복속된 후 562년 가야가 완전히 복속되기 전에 문헌에는 기재되지 않았지만 그 밖의 가야 세력 일부가 신라에 복속되었을 가능성이 크다는 사실을 고고학적으로 논함으로써 신라의 가야 복속이 장기간의 점진적 과정이었음을 재차 드러내 보이고자 한다. 이러한 논의는 고고학에 국한되지 않고 지리, 문헌사, 고고 자료의 종합 검토라는 측면에서 이루어질 것이다.

제1부

신라고고학 방법론

서 설

1. 문제의 제기

영남 지방에는 수많은 고분들이 곳곳에 무리를 지어 분포하고 있다. 이 고분들에
대해서는 일제 이래로 최근까지 다른 어느 시대나 지방의 유적에 비해서도 활발한
조사가 이루어진 덕에 상당한 자료가 축적되어 있다. 잘 알려진 바와 같이 이 고분
자료들은 신라와 가야가 고대국가를 형성하였거나 하던 중에 여러 지역에 존재하
였던 세력들이 남긴 자취로서 문헌 기록이 영성零星한 이 시기의 연구에 또 다른 사
료와 같은 역할을 할 수가 있으며 그에 관한 연구는 포괄적으로 신라고고학新羅考古
學 또는 가야고고학伽耶考古學이라 이름 붙일 수 있겠다.[1)

다만 최근까지 이루어진 신라·가야 고고학 연구의 주된 경향은 그 본령 혹은
최종 목표, 즉 고고학 자료를 통한 본격적 신라·가야 연구라는 데에는 이르지 못
한 듯하다. 대부분의 연구는 순수하게 유구·유물의 분석과 종합에 머물고 말아 그

---

1) 이 책의 주제는 신라고고학이지만 신라와 가야의 고고학적 현상이 많은 공통성을 보이므로 아래 논의에
   서는 굳이 신라로만 한정하지 않고 필요한 경우 함께 검토한다.

것이 담고 있는 역사성의 추구와는 거리가 있다. "토기土器 문화" "갑주甲冑 문화" "마구馬具 문화"라 하여 마치 당시의 사회 단위를 떠난 별개의 분석 단위가 있는 듯이 설정을 하고는 그것을 대상으로 상호간의 영향 등을 논하는 경향이 주류이다. 여기서의 영향이란 으레 문화적 영향을 가리킨다. 물론 고고학 자료를 바탕으로 특정 지역의 사회 구조 등을 그려내고자 한 시도[2]가 전혀 없었던 것은 아니다. 하지만 무구라든가 마구 등 영남 전역이나 일부 지역에서 출토되는 특정 자료를 연구 대상으로 삼으면 으레 문화와 그 영향을 운위하는 쪽으로 돌아가 버렸음을 부인하기 어렵다.

이와 같이 지금의 신라·가야 고고학 연구는 다소 막연한 의미의 "고분 문화(古墳 文化)"를 연구 분석의 단위로 삼고 그 기술에 치중하고 있는데, 그 때문에 이 분야가 원래 목표로 추구해야 할 인간 집단 연구에는 이르지 못하고 유물·유구학 자체에 머물고 말 위험성을 안고 있다. 고고학 자료란 본시 문화를 반영할 뿐이라 하면 그만일지 모르지만, 그렇게 된다면 고고학이 인간에 대한 연구라는 진정한 목표를 잃고 표류할 가능성이 크며 의도하지 않았더라도 자칫 순전히 기술적記述的인 학문으로 전락할 수가 있다. 그리하여 방대한 자료의 집적에도 불구하고 문헌 기록으로부터 복원되는 당시의 역사상歷史像과는 동떨어진 이른바 물질문화만을 운위하는 데 그칠 수 있어서 과연 고고학 자료를 앞서 말했듯이 사료史料처럼 이용한다고 말할 수 있을까 싶다. 요컨대 신라고고학이라 하면 그 연구를 통해 신라의 실체에 접근하는 것이어야 할 터인데, 지금의 연구 방향이 거기에 맞추어져 있는지는 의문스러운 것이다.

이러한 현상은 여러 요인이 복합적으로 작용한 결과이겠으나 그 중 방법론 측면에서 가장 중요한 요인으로 역사고고학歷史考古學이라고도 부르는 이 시기의 연구가 고분 자료를 선사고고학先史考古學과 동일한 인식과 방법론으로 해석하려는 경향을 꼽을 수 있다. 사회 복합도가 상당히 증가된 단계의 고고학 자료를 그렇지

---

2) 대표적 예로 대구, 경산 지역의 고분군 분포 분석과 위계화를 통해 당시 지역 정치체의 구조와 사회상 복원을 시도한 金龍星, 『新羅의 高塚과 地域集團 —大邱·慶山의 例—』(춘추각, 1998)를 들 수 있다.

못한 선사시대와 같은 차원에서 다룰 수는 없으며, 그로부터 역사성을 이끌어내기 위해서는 선사시대와 다른 차원의 인식과 접근이 필요하다. 종래 선사고고학에서는 소위 물질문화에서 반복적으로 나타나는 정형성을 고고학적 문화로 개념화하고 그것들을 상호 구분되는 사회적 실체를 가진 인간 집단들에 그대로 대응시켰으나 이제는 그런 대응관계를 일반적으로 인정하지 않는다.[3] 그와 달리 역사시대 고고학 자료에서는 뚜렷한 정형성을 가진 양식樣式의 분포권이 다른 지역 사회와 분명히 구분되는 어떤 사회 단위의 소산일 가능성이 아주 크다고 볼 수 있다.[4] 그래서 역사고고학의 분석 단위는 그냥 선사고고학적 의미의 '문화'들이 되어서는 안 되며 그런 문화를 담당한 상호 구분되는 지역 집단들이 되어야 한다.

지금처럼 역사고고학 연구의 주요 목표를 막연히 선사고고학과 동일하게 문화의 연구와 복원이라는 데 두거나 문화를 분석 단위로 삼아 그에 매달리다 보면 자연히 그 문화를 담당한 인간 집단이나 사회에 고고학 자료를 관련지어 보는 관점은 그만 몰각되고 만다. 물론 고고학의 연구 목표는 다양하기에 당시의 물질문화를 기술하는 것도 그 중요 부분임을 부인하는 것은 아니다. 다만 역사고고학이 과연 당시의 사회 단위를 도외시한 채 그냥 문화만을 논해서 될 것인가 하는 것이다. 영남 지방에서 역사시대 고고학은 역사적으로 분명한 사회 실체인 신라 및 가야와 각각의 구성단위들을 해명하는 일을 연구의 제일 목표로 명확하게 설정하여야 한다.

두 번째 요인으로는 '순수'고고학적 접근만을 강조하는 경향을 들 수 있다. 이는 결국 같은 시대를 연구 대상으로 하는 문헌사 연구와의 괴리를 가져 왔다. 앞서 말한 대로 고고학 자료가 과거의 문화를 반영한다는 입장에서 그 성격이 문헌 사료와는 다르므로 각기 과거 사회의 다른 측면에 대한 별개의 연구를 하고 난 후 그 결과를 나중에 결합함으로써 전체적인 역사상을 복원하는 편이 바람직하다는 방법론

3) 콜린 렌프류 · 폴 반(이희준 역), 『현대 고고학의 이해』(사회평론, 2006), p. 175.
4) 朴淳發, 「漢城百濟의 中央과 地方」, 『百濟의 中央과 地方』(忠南大學校 百濟研究所 百濟研究論叢 第5輯, 1997), pp. 132~133에서 민족지연구로 보건대 어떤 정치체가 내적으로 긴장이 강하면 강할수록 또 외적으로 다른 정치체와 경쟁이 심하면 심할수록 그 정치체 안에서의 물질문화 양식은 그만큼 통일성이 강해진다는 점을 지적하였는데 이는 곧 양식의 의미가 역사시대와 선사시대에서 각각 다르게 해석되어야 함을 시사한다.

을 내세울지도 모르겠다. 하지만 고고학 자료가 문화를 반영할 뿐이라는 인식은 올바르지 않거니와 또한 고고학의 입지나 가능성을 스스로 좁히고 제한하는 결과를 빚을 것이다. 고고학적 방법을 따른다는 경우 그 관점은 대개 고고학 자료를 독자적으로 분석하고 종합하다 보면 언젠가는 그 성격이 드러날 터이니 그때 가서 문헌사 연구와 접목을 꾀하면 될 것이고 그 전까지는 이른바 고분 문화의 기술記述에 치중해도 되고 또 응당 그래야 한다는 입장이다. 그러나 고고학의 학문적 독립성을 지나치게 의식하여 이런 방법을 고집하게 되면 자칫 그 연구 목적마저도 당시 역사의 복원과는 상관없는 물질문화 자체의 연구로 전락할 우려가 있다.

지금 역사고고학에서 고고학만의 접근을 강조하는 경향은 문헌사와의 접목이 결코 쉽지 않음을 의식한 데서 비롯된 것으로 보인다. 그래서 어쩌면 그 필요성을 잘 알면서도 애써 외면하고 별개로 진행한 연구 결과를 나중에 접목하는 방법론을 취하려는 것이 아닌가 하는 생각도 든다. 하지만 이를 역사고고학의 올바른 방법으로 받아들일 수는 없다. 신라와 가야의 연구는 문헌 기록이 없는 선사시대와 달리 고고학의 전유물이 결코 아니며 그 역할이랄까 지분을 아무리 확대한다 해도 문헌사 연구와 공유해야 한다. 그래서 어떤 형태로든 두 분야의 연구가 접목되어야 할 터인데, 지금처럼 완전히 별개로 연구해 추후에 접목하리라는 것은 성사될 가능성이 별로 없어 보인다. 순수 고고학적 연구란 앞에서 말한 대로 거개가 문화에 초점을 두고 있기 때문에 신라의 실체로 접근하는 것과는 거리가 멀고, 그래서 그런 연구 성과가 아무리 축적되더라도 추후에 문헌사 연구 성과와 접목될 성질의 것이 본시 아니기 때문이다.

고고학 자료로 신라와 가야의 영역 또는 권역을 구분하는 문제가 제대로 해결되지 못한 점 또한 현재와 같은 방향상실의 주요 원인으로 진단된다. 위에서 말했듯이 역사고고학이 '문화' 연구에 주력하고 있음도 실은 이 때문이라 하겠다. 고고학 자료의 성격은 그 시간성에 못지않게 공간성에 좌우된다. 그러므로 고분 자료를 근거로 영남 지방의 역사시대를 연구하는 데서 그 역사적 실체인 신라와 가야의 영역을 고고학적으로 구분하는 작업은 선결되어야 할 과제이다. 그런데도 작금의 고고학 연구는 독자의 연구를 한다면서 이 문제를 도외시하거나 비껴가면서 막연히

'신라·가야' 고고학 연구를 한다든지 아니면 고고학 자료에서 나타나는 정형성들은 애써 외면하고 오히려『三國遺事』5가야조에 의한 가야국 위치 비정을 무비판적으로 수용하는 경우가 대부분이다.

문헌사 분야에서도 확연한 구분이 이루어지지 못한 신라와 가야의 경계를 고고학 자료를 근거로 설정하는 것이 쉬운 일이 아님은 사실이다. 그래서 앞으로 자료의 축적과 함께 그 경계가 분명히 드러날 때를 기다리면서 일단 고고학만으로 분석 종합을 해나가는 쪽이 바람직하다는 생각도 가질 법하다. 그러나 신라와 가야의 권역 구분에 관한 일정한 고고학적 기준이 없는 상태에서는, 신라 또는 가야의 이름하에(대부분 가야의 이름하에!) 아무리 고고학 자료를 정치하게 분석하거나 종합한다 해도 그 결과는 역사 복원에 별다른 도움이 될 수가 없고 오히려 장애가 될 것이다. 이를테면 신라의 자료를 가야의 자료로 파악하여 연구에 임한다면 그런 연구는 애초에 출발부터가 완전히 잘못된 것이라서 고고학 자료의 정형성은 물론이고 그에 근거한 역사 해석도 당연히 왜곡될 것이기 때문이다.

고고학 자료로 신라와 가야의 권역을 구분하기가 어렵고 또 어떤 근거로써 양자를 구분한다 하더라도 확정적일 수 없다는 생각은 지금 상당히 널리 퍼져 있다. 그러한 인식이 전적으로 틀린 것은 아닐지라도, 그 때문에 신라와 가야가 역사상 분명히 구분되는 정치적 실체였다는 엄연한 사실이 바뀌는 것은 아니며 이는 신라와 가야의 구분이 어렵다는 것과는 전혀 별개의 사안이다. 문헌으로 볼 때 양자가 어떻든 엄연히 구분되는 실체임이 사실이기에 우리는 오히려 그러한 점이 고고학 자료에 잘 반영되어 있을 것이라 예기할 수가 있으며, 기실은 그것을 구체적으로 밝힐 수 있다는 점이 고고학의 강점이라고 본다. 사실 선사·역사시대를 불문한 사회고고학의 제일보가 연구 대상인 사회 단위의 규모를 규정하는 일이라는 일반론[5]을 군이 들먹이지 않더라도 신라와 가야를 구분하는 문제는 영남 지방 역사고고학 연구의 출발점에서부터 맞닥뜨려야 할 과제이지 결코 비껴갈 수 있는 성질의 문제가 아니다. 결국 여기서도 역사시대의 고고학 연구가 궁극적으로 문헌사 분야와 별

---

5) 콜린 렌프류·폴 반(이희준 역), 앞의 책, p. 117.

개로 존립하기는 어렵다는 점을 잘 알 수 있다 하겠다.

　신라의 공간적 범위 설정 문제와 불가분의 관계에 있는 것이 곧 기점起點의 문제인데, 고고학에서 이 문제에 대한 확실한 틀이 없는 점도 신라의 영역 구분에 장애가 된다. 두말할 것도 없이 고고학 단독으로는 그것을 정하지 못하며 문헌사의 힘을 빌릴 수밖에 없다. 사실 고고학에서는 대개 신라라 하면 바로 경주를 떠올리면서 그곳의 기원 전후 시기 이후 고고학적 현상들을 신라고고학연구의 주 대상으로 여길 뿐 기점의 문제는 별반 문제 삼지 않았다. 그렇지만 잘 알려져 있듯이 문헌사에서는 신라·가야의 기점을 잡는 데 전기론前期論과 전사론前史論이라는 아주 대립적인 두 관점이 있어서 그리 간단치 않으며 어느 관점을 취하느냐에 따라 신라사와 가야사의 이해 자체가 아주 달라진다.[6] 예컨대 진·변한을 신라·가야의 전사前史로 보는 입장에 서면 신라는 대개 4세기에 들어서서야 성립한 것이 되는 반면에, 전기前期로 보는 입장에서는 사로국斯盧國의 성립이 곧 신라의 성립이 되어 그 연대는 훨씬 소급된다.

　물론 고고학에서는 이러한 구분에 개의치 않고 경주라는 신라 핵심 지역의 고고학 자료가 시간의 흐름에 따라 나타내는 변화의 연속선상에서 신라의 변화나 발전을 추적하는 입장을 취할 수도 있다. 그러나 그렇게 하면 일정 시점 이후 경주 지역 사로국이 다른 지역의 '국'들을 통합함으로써 성립한 광역의 신라 영역 안에 분포하는 고고학적 현상은 완전 도외시되고 만다. 이는 신라에 대한 그림을 너무나 크게 왜곡하는 결과를 낳기에 결코 바람직하지 못하며 한편으로 고고학만이 가진 강점 또한 스스로 포기하는 셈이 된다. 영남 지방의 많은 부분을 통합한 광역의 신라는 진·변한 시기의 다소 분산적이었던 여러 지역 단위들이 일정 시점 이후로 사로를 중심으로 재편되면서 생겨난 것이기 때문에 신라의 실체를 구명하기 위해서는 그 영역 구분 문제와 표리 관계에 있는 기점 문제를 동시에 고려하여야 하며, 여기서도 고고학과 문헌사 연구의 접목 문제를 만나게 된다.

---

6) 이 前期論과 前史論에 대해서는 가야사를 중심으로 논한 것이기는 하나 朱甫暾, 「序說—加耶史의 새로운 定立을 위하여—」, 『加耶史硏究—대가야의 政治와 文化—』(慶尙北道, 1995), pp. 13~21을 참조. 다만 가야사에서는 전기론과 전사론의 차이가 신라사의 경우보다 분명하게 느껴지지는 않는다.

마지막으로 신라와 가야라는 정치체를 구성한 기본 단위들로서의 지역 정치체에 대한 분명한 인식이 아직 부족한 점도 지금과 같은 연구 현상의 한 원인이 되었다 하겠다. 이 역시 고분 자료가 단순히 문화를 반영한다는 오해에서 비롯된 결과이다. 역사시대 고고학 자료에서 관찰되는 양식의 공통 분포권이 단순히 문화적 유행의 범위가 아니라 그와 유관한 인간 집단 혹은 세력의 영역 또는 공간 범위를 나타낸다고 본다면 어떤 유물이 출토된 지점을 포괄하는 지역 단위 정치체의 범위라든가 그 지역 안에서 해당 지점이 지닌 위치 등을 도외시하고서는 그에 대한 올바른 해석을 해낼 수가 없다.

대부분의 연구에서는 대략 지금의 군 혹은 시라는 행정 단위의 범위를 근거로 옛 지역 단위들을 설정하여 당시의 지역간 관계 탐구나 비교를 시도하기도 하고, 지역색이 뚜렷한 토기의 분포권을 근거로 지역 집단의 범위를 설정하기도 한다. 그러나 어떤 토기의 출토 지점이 이를테면 지금의 안동시 조탑동造塔洞이라 해서 신라 당시에 지금의 안동시를 한 단위로 하는 지역 정치체의 맥락 속에서 그 의미를 해석할 수는 없는 일이다. 조탑동 고분군에서 출토된 토기류는 이른바 의성 양식이어서 지금의 의성군 금성면 탑리 일대를 중심으로 하는 지역 정치체의 한 읍락 고분군으로 판단되기 때문이다.[7] 『三國史記』地理志 등을 참고하건대 신라 당시의 지역 단위가 대체로 지금까지 이어지지만, 그와 더불어 지역에 따라서는 세부적으로 상당한 변화도 있었던 것으로 나타난다. 또 동일한 지역 양식 토기가 출토되는 범위만이 무조건 하나의 지역 단위를 구성한다고 할 수도 없다. 지리로 보거나 기타의 맥락에서 볼 때 분명히 하나의 지역 정치체를 구성하고 있는데도 토기 양식에서는 다른 양상을 보이는 지역 안의 지구들도 적지 않기 때문이다. 그래서 지역 단위의 범위를 설정하는 데는 고고학 자료, 지리, 문헌 등 여러 가지 요소를 고려한 종합적 접근이 필요하다고 하겠다.

이상의 문제 제기에 따라 아래에서는 고고학과 문헌사학의 접목 문제, 신라의 시공적 범위 설정 문제, 그리고 그에 전제가 되는 지역 단위 설정 문제를 신라고고

---

7) 尹容鎭 · 李在煥, 『大邱-春川間 高速道路 建設區間內 安東 造塔里古墳群II('94)』(慶北大博物館, 1996).

학 방법론의 측면에서 논의하기로 한다. 다만 신라의 영역을 고고학적으로 구분하는 문제는 이 책의 근간을 이룰 정도로 사안이 워낙 중대하므로 장을 달리해서 상론하기로 하고 여기서는 문제 접근의 기본 틀만 언급하여 둔다.

2. 고고학과 문헌사학의 접목

앞의 논의로 보건대 신라고고학연구의 올바른 방법은 결국 고고학과 문헌사학이 상보相補하는 데 있는데 그를 위해 양자를 어떻게 접목해야 할지가 문제라 하겠다.

고고학 자료는 문헌 사료와 성격이 아주 다르므로 처음부터 문헌사학과는 따로 고고학적 방식에 의해 시공의 체계를 정립하고 그에 입각하여 귀납적으로 역사적 사실을 해석해서 최종적으로 문헌사 연구 성과와 접목해 나가야 한다는 견해[8]가 제안될 법하며 실제로 그런 접근이 일반적인 듯하다. 이와 같은 방식은 일견 논리적으로 타당한 것처럼 보인다. 하지만, 실제상으로는 제대로 이루어질 것 같지가 않다. 물론 시공의 체계 수립까지는 순전한 고고학적 방법이 적용되어야 한다. 그렇지만 그에 입각한 역사적 해석 또한 귀납적이어야 한다는 데는 동의하기 어렵다. 우선, 그러한 귀납적 접근 방식이 가능하려면 무엇보다도 자료가 "충분히" 집적되기까지 거의 무한정 기다려야 할 것이다. 설령 어느 정도 충분한 자료가 모여서 귀납적 연구가 가능하다 해도 그 결과는 흔히 보듯이 유물 · 유구의 변천사와 같은 것이 될 터이어서 그것을 귀납적으로 취합한다고 해서 곧바로 역사성을 띤 해석이 도출되는 것은 아니다. 그런 까닭에 주로 정치 · 사회 측면에 중점을 두는 문헌사의 연구 성과와 접점을 찾기란 너무나 어려울 것이다.

고고학 자료는 과거의 인간 집단이나 사회에 관한 정보를 담고 있기는 하되 그 증거는 대개 간접적이다. 더욱이 고고학자가 야외조사로 확보한 자료는 원래의 정보 중 극히 일부만을 담고 있을 뿐이다. 과거 사회 복원 연구를 조각 그림 맞추기에

---

8) 崔秉鉉, 「新羅의 成長과 新羅 古墳文化의 展開」, 『韓國古代史研究』 4(1991), pp. 134~135.

비유한다면 고고학자가 처한 상황은 거의 언제나 대부분의 그림 조각은 없어져 버리고 겨우 몇 개의 조각만을 입수한 그런 상황이다. 그래서 귀납적 접근만으로는 과거에 관한 복원을 제대로 이루어내기가 어렵다. 특히 자료가 축적되어 있지 못한 시기인 경우는 더욱 그러하다. 이렇기 때문에 그 단편적인 자료들이 나타내는 정형성을 포착하고 해석해 내기 위해서는 귀납적 접근이 아니라 일정한 해석 틀, 이른바 모델model을 이용한 접근이 반드시 필요하다. 바로 여기에 역사고고학과 문헌사학과의 접점이 있으며 양자의 관계는 고고학 자료가 본래 지닌 성격, 즉 확률적 성격[9]에 따라 설정되게 된다. 고고학 자료가 원래 확률적 성격을 띤 이상 그 의미는 대세론적으로 파악되어야 하므로, 같은 시기를 연구 대상으로 하는 문헌사에서 대세로 밝혀진 역사상은 고고학적 해석에 일정한 바탕을 제공한다는 것이다.

그러나 이는 문헌 사료의 특정 역사 사건을 고고학 자료의 연대 결정에 결부하는 식의 접근방식[10]을 취해야 한다는 뜻이 아니다. 고고학 자료를 해석하기 위해 모델을 구성할 때 문헌사에서 유력시되는 역사상을 주요 바탕으로 삼아야 하며 그러한 바탕 위에서 구체적인 모델이 구성될 때 비로소 그를 통한 해석이 생생한 역사성을 갖게 된다는 것이다. 조각 그림 맞추기의 비유를 다시 들어 보자. 고고학자의 처지는 조각들 중 극히 일부에 지나지 않는 것들을 원래 있던 위치에 놓음으로써 전체 그림의 주제나 성격을 파악하고자 애쓰는 상황인데, 그것들만으로 귀납적 추정을 하여 약간의 단서를 얻을 수도 있다. 하지만 그보다는 원래 그림이 무엇에 관한 것인지에 관한 희미하나마 귀중한 지침을 외부의 어떤 정보원으로부터, 이 경우는 문헌사학으로부터 얻어서 그 조각들의 원래 자리를 대략 정하고 그것을 근거로 삼아 빠져 버린 부분을 복원하는 쪽이 훨씬 합리적인 접근이라 할 수가 있는 것이다. 다만, 신라고고학의 예를 들어 말한다면 1~4세기처럼 고고학 자료가 상대적으로 잘 확보되지 못한 시기에는 문헌사의 틀이 더 큰 역할을 하겠지만 고고학 자료가 풍부한 5세기의 경우는 아무래도 고고학적 자료에 비중이 두어지는 쪽으로

---

9) 이에 관한 좋은 예시는 브라이언 M. 페이건(이희준 역), 『고고학 세계로의 초대』(사회평론, 2002), pp. 303~305에서 볼 수 있다.

10) 申敬澈, 「古式鐙子考」, 『釜大史學』 9(1985), pp. 7~38.

두 분야의 상대적 경중은 다르다 하겠다.

이러한 접근방식에 대해 모델의 이용이란 결국 문헌사의 틀에 끼워 맞추는 식이 아니냐 하는 의심[11]과 함께 고고학의 입지가 좁아질 것을 걱정하는 듯한 분위기가 있다. 그러나 모델 이용의 목적은 정해진 틀에 끼워 맞추는 것이 아니라 성격이 다소 다른 두 분야의 자료를 융합할 수 있도록 해석 틀을 구성하고 그로써 해당 시기의 고고학적 현상을 설명해내려는 데 있다. 이 우려는 모델 개념에 대한 오해에서 비롯된 듯한데 한국고고학에서는 모델이라 하면 다소 생소하지만 서양고고학에서는 개론서에 흔히 언급된다. 고고학 발달사에서 이른바 호고주의자들과 그 단계를 벗어난 고고학자들을 준별하는 핵심 기준 중 한 가지로 과거 인간들이 남긴 증거들을 이해하는 데 해석 틀을 썼는지의 여부를 묻는데, 이 해석 틀이라는 것이 곧 고고학에서는 물론이고 다른 학문 분야에서 대개 모델이라고 부르는 것이다.[12] 모델은 특히 사회과학 방법론에서는 연구의 계발적heuristic 장치로서 어떤 현상을 연구하는 데 원용하는 이론적 구조라고 정의할 정도로 중요시되며 모형이라는 번역 용어로서 그 이용이 일반화되어 있다.[13]

주지하듯이 고고학 자료는 스스로 말하지 않는다. 그러므로 지금의 고고학자가 말을 시켜야 하는 것인데 그 방법이 바로 이처럼 모델을 이용하는 길이다. 이는 문헌 사료와 고고학 자료를 역사시대의 동일 사회에 관한 기록이라는 견지에서 보는 한 그리할 수밖에 없다. 구체적으로 4, 5세기 영남 지방의 예를 들어 말하면 3세기대까지의 사정과 6세기대의 사정을 전하는 문헌 사료로부터 어느 정도 파악되는 앞뒤 두 시기의 양상을 근거로 그 사이를 잇는 과도적 양태를 보일 것이라 예기하고 고고학 자료를 해석하는 데 참고한다면 이는 결코 틀에 끼워 맞추기라 할 수 없다. 과도기에 해당하는 고고학 자료의 해석에 일정한 틀을 제공한다고 해야 할 터

---

11) 金龍星, 「신라의 성립과 성장 과정에 대한 질의」, 『신라고고학의 제문제』(제20회 한국고고학 전국대회, 1996), pp. 135~136.

12) Robert J. Sharer and W. Ashmore, *Archaeology: Discovering Our Past*(Mayfield, 2nd ed., 1993), p. 57. 고고학적 모델에 대한 좀더 심도 깊은 논의는 Evzen Neustupny, *Archaeological Method* (Cambridge University Press, 1993), pp. 159~178을 참조.

13) 姜信澤, 『社會科學硏究의 論理』(博英社, 改訂版, 2002), pp. 86~91.

이며 특히 당시 사회의 진화 과정을 생각하는 데 커다란 참고가 되는 것이다. 그리고 고고학 자료가 원래부터 지닌 표본 추출상의 오류, 대표성의 문제를 고려하면 이는 결코 고고학의 사유나 해석을 제약하는 것이 아니라 오히려 그것이 자칫 사실과 동떨어져 분방해질 위험성을 줄여 준다.

　또 그리한다면 고고학의 입지가 좁아지는 것이 아니라 오히려 강화되는 측면도 있다. 고고학과 문헌사학의 강점과 약점을 구체적으로 보자. 문헌사에서는 다소간 논란은 있지만 『위지 동이전』 등으로 대략 3세기까지 역사의 큰 줄거리를 파악하고 6세기 이후는 안정된 사료와 금석문 자료로써 당시의 사정을 잘 알 수가 있다. 그래서 양 시기의 상황을 근거로 이를 연결하는 선상에서 4, 5세기의 모습을 그려낼 수가 있는데[14] 다만 4, 5세기를 하나로 묶어서 중고기 앞 단계로 취급하는 것이 다소 문제라 하겠다.[15] 문헌 자료의 부족 탓이겠지만 중고기에 너무 치중한 나머지 4세기와 5세기가 달랐을 것으로 보는 시각이 부족하였음을 부인할 수는 없을 것이다. 반면에 고고학 자료는 오히려 그 차이를 잘 나타내 보일 수도 있다. 즉 문헌사가 자료의 제약 때문에 4, 5세기를 거의 같은 한 시기로 다룰 뿐만 아니라 신라 영역 내의 상황도 전반적, 포괄적으로 취급함으로써 각 지역의 사정을 개별적으로 검토할 여지는 거의 없는 데 반해 고고학에서는 자료를 시공 양면으로 세분할 수 있기 때문에 그러한 접근을 시도할 수 있는 강점을 지닌 것이다.

　그리고 고고학이 독자의 접근방법을 취해야 한다면서도 기실은 문헌의 해석이 어떤 형태로든 그 연구의 틀을 이루고 있는 것이 현실이다. 이를 잘 말해주는 것이 바로 신라와 가야의 구분에 관한 고고학 일반의 입장이다. 흔히 고고학 자료에 의한 구분은 문화적 의미를 갖는 것이라 해버리고는 『삼국유사』 5가야조에 근거한 가야국 위치 비정 및 범위 추정을 쉽게 받아들이고 있는 것이다. 혹은 5가야조를 전제로 삼되 낙동강을 경계로 양분되는 신라 · 가야 토기 양식 분포권이 가진 의미를

---

14) 예컨대 4, 5세기 신라의 모습을 지방통치의 관점에서 논한 朱甫暾, 「麻立干時代 新羅의 地方統治」, 『嶺南考古學』 19(1996), pp. 15~48을 들 수 있다.

15) 전덕재, 「4~6세기 농업생산력의 발달과 사회변동」, 『역사와 현실』 1990년 제4호, pp. 16~50의 경우처럼 6세기 전반까지를 하나로 묶어 농업 생산력 발전과 사회 변동의 문제를 논하기도 한다.

다소 정치적으로 해석해서 당시 가야를 동안東岸의 '친신라계親新羅系 가야'와 이서 以西의 '친백제계親百濟系 가야'로 모호하게 구분하기도 한다.[16] 얼핏 문헌과 고고학 자료의 양자를 잘 결합한 해석으로 가야의 성격을 일목요연하게 나타내는 것처럼 느껴진다. 물론 여기서 '가야' 쪽에 무게를 두고 보면 아무런 문제가 없는 듯이 생각될지 모르지만 반대로 '친신라' '친백제' 쪽에 비중을 두고 본다면 그 문제성이 잘 드러난다. 즉 낙동강 동안의 여러 세력이 가야로서 존재하면서 신라의 영향권에 들었다고 해석함과 마찬가지로 이서以西의 친백제계 가야도 기본적으로 그러한 존재였다고 해석해야 함으로써, 결국 주체적 존재로서의 가야는 실질적으로 없었던 셈이 되는 자가당착에 빠지고 마는 것이다.

3. 신라고고학의 시공적 범위

이와 같이 문헌사와 고고학을 접목하는 방법을 신라고고학의 기본 접근 방식으로 택할 때 '신라'의 의미를 어떻게 설정하느냐가 당면 과제로 떠오른다. 고고학 자료의 관점에서 말한다면 신라를 시공적時空的으로 어떻게 파악하느냐의 문제이다.

　먼저 신라고고학의 기점을 언제부터로 잡을 것인가 하는 문제는 결코 고고학 고유의 영역에 속한다고 할 수 없고 차라리 문헌사의 몫이라 할 것이다. 잘 알려져 있듯이 문헌상으로 신라와 가야가 언제쯤 성립한 것으로 보는지는 『위지 동이전』에 기록된 진·변한을 어떻게 인식하느냐에 따라 크게 달라진다. 이는 원삼국시대의 영남 지방에 대한 『삼국사기』의 기록과 『위지 동이전』의 기록을 그 연대대로 취할 때 어느 쪽이 당시의 사정을 잘 나타낸다고 보느냐의 문제로 바꾸어 말할 수 있다. 『삼국사기』에 비중을 두어 진·변한을 신라·가야의 전기前期로 본다면 진·변한의 성립이 곧 신라·가야의 성립이 되는 반면 『위지 동이전』에 비중을 두어 전사前史로 본다면 진·변한이 소멸되는 시기가 곧 신라·가야의 성립이 되는 것이다.

---

16) 申敬澈, 「三韓·三國時代의 東萊」, 『東萊區誌』(1995), pp. 236~237.

그런데 고고학 연구에서 어떤 입장을 취하는 것이 적합하며 유리한지는 실은 고고학 자료가 본래 지닌 특성이 결정지어 준다.

고고학 자료로써 이 시기 영남 지방 사회의 모습을 그려내는 데는 크게 두 가지 접근방식이 있다고 생각한다. 한 가지는 지역 단위마다의 변천을 통시적으로 추적[17]하거나 그로부터 도출된 각 지역의 사정을 종합하여 영남 전역의 모습을 추론하는 방식이고, 다른 한 가지는 처음부터 지역간의 관계에 초점을 두고 그것을 공시·통시적으로 추적하는 방식으로, 각기 지역사적地域史的 접근방식과 관계사적關係史的 접근방식으로 이름 붙일 수 있다. 양자는 상호 보완적 관계에 있는데 논리적으로는 전자가 심화되어야만 후자가 제대로 이루어질 수 있다고 하겠다. 그러나 지역별로 고고학 자료가 잘 갖추어져 있지도 않고 또 당시에 각 지역이 다른 지역과 무관하게 완전히 독자적인 상태였던 것으로 상정되지도 않으므로, 순수하게 지역사적인 접근만으로는 당시의 모습을 제대로 그려내기가 무척 어렵다고 생각한다. 설령 순수 지역사적 연구를 지향하더라도 결국 암묵적으로는 지역간의 관계를 상정하고 그 바탕 위에서 지역사 복원을 시도하지 않을 수가 없다. 그래서 먼저 여러 지역의 자료를 비교해서 전체적인 관계사의 윤곽을 잡은 후 그 틀 속에서 지역 연구를 해나가는 쪽이 바람직하다 할 것이다. 물론 지역사 연구는 그것대로 추구되어 그 성과를 계속 관계사 연구에 환류還流, feedback시켜야 한다.

관계사적 접근방식을 택할 때 신라고고학의 입장에서는 진·변한 시기를 신라·가야의 전기前期로 보는 것보다 전사前史로 보는 편이 유리한 점이 많다. 왜냐하면 전기론의 입장에서는 경주 지역의 자료를 중심으로 통시적 변화상을 추적해야 할 터인데 그에 필요한 자료도 부족하거니와 그것만으로는 광역 정치체로서의 신라가 지닌 진정한 성격을 포착하기가 어렵기 때문이다. 현 단계에서 신라라는 광역 정치체의 성립과 그 변화를 고고학적으로 확인할 수 있는 길은 신라의 핵심인 경주 지역의 고고학 자료에 대한 통시적 연구로 한정하기보다는 그를 참고하면서

---

17) 申敬澈, 위의 글, pp. 182~243. 金龍星, 앞의 책도 통시적 관점에서 접근한 것은 아니지만 일단 이 범주에 넣을 수가 있겠다.

이 지역과 다른 지역의 관계를 나타내는 자료에서의 변화를 추적하는 데 있으니 그에는 바로 전사론이 적합한 틀이 된다. 또 전기론에 근거한 접근방식에서는 경주 사로국斯盧國이나 김해 구야국狗邪國 중심의 제한된 시각에 사로잡혀 진·변한 시기의 다른 지역들이 도외시되는 심각한 문제가 있다.[18] 길게 설명할 것도 없이 이는 문헌사학보다는 고고학에서 더욱 큰 문제가 된다. 사로 이외 지역의 고고학 자료가 정당한 대우를 받지 못할 것이기 때문이다.

전사론의 입장에 서면 앞서 말하였듯이 자연히 『위지 동이전』에 '국國'으로 표현된 진·변한 시기 영남 지방 각 지역 정치체 사이의 관계가 3세기 말 이후 변화하여 신라·가야가 성립하였다고 보게 된다. 그리고 그 이후 신라 국가의 성격 변화도 이와 마찬가지로 중심 주체인 사로斯盧와 여타 지역 정치체 사이의 관계 변화라는 관점에서 파악할 수가 있다. 이는 곧 신라의 형성 과정을 신진화주의 사회 단계론의 도식을 따라 군장사회(君長社會, chiefdom) 단계에 있던 사로국이라는 한 지역 정치체가 단독으로 어떤 내부 변화를 통해 이루어낸 성취라고는 볼 수 없다는 뜻이다.[19] 부연하면 대략 3세기 중엽까지의 사정을 전하는 『위지 동이전』에 보이듯이 거의 병렬적인 상태에서 대체로 경제적 관계를 기반으로 느슨한 정치적 관계망을 형성하였던 진·변한의 '국國'들 중 주로 진한 국들의 관계가 3세기 말에서 4세기 초쯤에, 넓게 잡아 4세기 전반까지에 걸쳐 내외적으로 변화를 겪는 가운데 사로국을 중심으로 상하의 지배-피지배 관계에 놓이면서 이전과는 확연히 다른 새로운 관계로 전화한 것이 신라라는 것이다. 그래서 신라고고학의 기점은 문자 그대로 엄밀히 규정한다면 사로국이 주변국을 점차 통합함으로써 광역의 정치체, 즉 신라를 이루기 시작한 때부터로 잡아야 하겠다.

한편 이러한 전사론—관계사의 관점을 결합하여 보면 신라가 성립한 이후 원신라인 사로를 중심으로 하는 여타 지역과의 관계가 점차 강한 상하 관계로 변하는

---

18) 李賢惠, 「原三國時代論 檢討」, 『韓國古代史論叢』5(1993), pp. 13~14.

19) 신진화주의 사회발전 단계 도식을 그대로 적용하는 데 따른 이러한 근본 제약은 이미 李盛周, 「新羅·伽耶社會의 分立과 成長에 대한 考古學的 檢討」, 『韓國上古史學報』13(1993), p. 299에서 지적한 바 있다.

과정, 즉 통합의 강화 과정이 곧 신라의 성격 변화이자 발전이라고 이해하게 된다. 또 신라 국가가 그 이후로 중앙 정부의 권력을 각 지역이나 그 안의 하부 단위들로 침투시켜 가는 과정을 고고학적으로 추적하는 작업도 가능해진다.

그러면 넓은 의미, 본래적 의미의 신라가 차지하였던 공간 범위는 어떻게 설정할 것인가? 이는 사실상 신라고고학의 전제이자 핵심 사항이라서 다음 장에서 상론하므로 여기서 자세히는 다루지 않겠으며 그 문제에 접근하는 기본 방법이랄까 틀에 대해서만 언급해 두기로 한다.

지금까지 신라와 가야의 권역을 구분하기 위한 고고학적 연구가 없었던 것은 아니며 나름대로 일정한 성과를 거둔 바 있다. 그러나 그 대부분이 신라와 가야를 '고고학적으로 구분'하는 데 머물렀으며 고고학 자료로써 신라와 가야를 구분하는 데는 이르지 않고 또 그러기를 주저하였다.[20] 이는 역사시대의 고고학 자료가 선사시대의 자료와 마찬가지로 문화를 반영할 뿐이어서 그것을 통해 정치 단위나 사회 단위를 구분하는 것은 무리라고 본 데 기인한다. 그래서 고분 자료가 나타내 보이는 신라와 가야의 권역 구분 가능성은 경시하고 『삼국유사』 5가야조의 위치 비정을 그대로 수용한 위에서 각각의 공간적 범위를 설정하는 것이 일반적이다. 또 문헌 사료로 보아 신라의 범위 안에 들어 있음이 확실한 경주 지역의 고분 자료만을 대상으로 한 연구를 신라고고학이라 지칭하는 경향이 강하다.[21] 이는 결과적으로 영남 내 나머지 지역의 고고학적 연구를 가야고고학이라 칭하게 되든지 아니면 특히 낙동강 동안 지역의 고고학 연구를 신라와 가야 그 어느 쪽도 아닌 정체불명의 것으로 만들고 말아 결국에는 왜곡된 역사상歷史像을 낳을 우려가 있다. 어떤 측면에서 보면 신라와 가야의 영역 구분 문제에 접근하면서 대개 앞에 말한 전기론의 입

---

20) 거의 유일한 예외로 신라의 영역을 문헌사와 접목하여 고고학적으로 해명한 崔鍾圭, 「中期古墳의 性格에 대한 약간의 考察」, 『釜大史學』 7(1983), pp. 1~45을 들 수 있는데 다음 장에서 논하듯이 그 신라의 성격을 연맹체로 파악하는 데는 찬성할 수 없다.

21) 신라 고분 연구의 대표 업적이라 할 수 있는 崔秉鉉, 『新羅古墳研究』(一志社, 1992)가 기실은 거의 경주 지역 고분 연구로 한정되고 있음은 이를 잘 말해준다. 그의 다른 연구(「新羅의 成長과 新羅 古墳文化의 展開」, 『韓國古代史研究』 4(1991), pp. 162~165)에서 보듯이 신라의 영역을 고고학으로 정하기가 쉽지 않으므로 신라의 핵심 지역이 분명한 경주 지역을 대상으로 신라를 운위하는 편이 확실하다는 일반적 인식에서 비롯된 것으로 여겨진다.

장에 섬으로써 양자의 영역이 시간의 흐름에 따라 달라졌을 가능성을 고려하지 않고 몰시간적으로 이해한 탓에 그런 결과가 빚어졌다고도 할 수 있다. 즉 신라가 언제부터 성립한 것으로 보느냐에 따라 그 영역에 대한 이해는 달라질 것인데도 그에 대한 심각한 고려가 별반 없었던 것이다. 요컨대, 지금의 연구 현황은 신라와 가야의 영역을 대체적으로 구분하는 것조차도 아직 혼란 가운데 있으며 혹시 구분이 시도되는 경우에도 왜곡되어 있는 실정이다.

이런 혼란 상태를 벗어나 신라와 가야의 영역에 관한 분명한 해명을 하지 않고서는 역사고고학의 진정한 진전을 기대하기는 어렵다. 지금까지 축적된 자료를 토대로 그간의 연구 성과를 비판적으로 분석하고 종합하여 이 문제를 고고학적으로 해명하기 위한 하나의 기준을 제시해 볼 때가 되지 않았나 생각한다. 그에 대해서는 다음 장에서 상론하기로 하는데, 여기서 우선 지적해 둘 점은 그간 고고학자의 발목을 묶는 족쇄 역할을 한 『삼국유사』 5가야조에 대해 문헌사 분야에서 근본적인 사료 비판이 제기되어 더 이상 그에 얽매이지 않아도 되므로 고고학적 자료의 객관적 분석과 종합으로 이 문제에 다가서야 한다는 것이다.

위에서 말한 대로 진 · 변한을 신라 · 가야의 전사前史로 보는 틀을 취하면 진한의 사로국이 기존의 자기 영역을 넘어 다른 '국'들을 통합하기 시작한 때는 빨라도 3세기 중엽 이후라고 보아야 한다. 따라서 논리적으로는 그 이후 확대된 영역을 나타낸다고 판단되는 광역의 고고학적 증거를 찾아내어 시간의 흐름에 따라 그 분포권이 어떻게 변화하는지를 추적해야 할 터이지만 현재로서는 시기상조이다. 이 시기의 고고학 자료가 그를 충족시킬 정도로 축적되어 있지는 못하기 때문이다. 그렇다면 지금으로서는 일단 3세기 중엽 이후로 영남 지방을 크게 양분하는 고고학적 증거를 기준으로 영역 구분 가능성을 타진해 보아야 할 것이다. 그에 가장 우선적으로 떠오르는 것이 바로 이동以東 토기 양식이다. 이는 본서의 연대관에 따르면 4세기 중엽경에 성립하므로 마침 신라사의 마립간기 성립 시점과 대략 일치한다. 그것은 우연의 일치라기보다는 그 성립과 변화가 혹시 신라라는 광역 정치체의 성립과 변화를 배경으로 하지 않는가 생각해 볼 수 있다.

지금까지 신라고고학의 시공적 범위를 전사론의 입장에서 논하였는데, 개념적으로 말하면 경주 이외의 지역에 대해 사로의 지배가 성립하는 시점을 기점으로 하면서 공간적으로 사로와 해당 지역을 포괄한다고 하겠다. 다만 신라의 모태인 경주 지역의 경우는 그 이전 시기도 신라고고학의 공간적 범위에 넣어 무방할 것이다.

4. 지역 단위의 설정

이렇듯 신라의 성립을 3세기 중엽 이후 영남 지방, 그 중에서도 낙동강 이동 지방에 속하는 각 지역 정치체 사이의 관계 변화라는 관점에서 이해하고 그것을 토대로 신라의 성장 과정이나 발전의 문제를 다루고자 하면 각 지역 정치체가 차지한 지리적 범위의 설정 문제가 당연히 중요한 주제로 떠오르게 된다.

가장 손쉬운 지역 범위 설정 방법은 현재의 행정 시·군을 단위로 삼는 것이다. 지금의 시·군이라는 것이 오랜 역사적 과정의 산물이므로 많은 지역에서 마립간기까지 소급하여 대체적인 지역 단위 구분을 하는 데도 도움이 되는 것이 사실이다. 하지만 어떤 지역은 후대의 필요에 의해 의도적 변경이 가해지기도 하였을 것이기에 지금의 행정 시·군 범위를 그대로 받아들일 것은 못된다. 이를테면 마립간기에 양산 지역 정치체의 범위는 고고학적 증거로나 지리로 보건대 지금의 양산시 안에서 동쪽의 가지산 국립공원 너머 웅상읍 일대는 제외하고 서쪽의 이른바 양산 단층 지구대地溝帶로만 국한된다고 추정되는 것이다.[22]

다음으로는 『삼국사기』 지리지의 각 군 단위를 근거로 하는 방법이 있다. 『삼국사기』 지리지에 나오는 군은 기재 내력이 말해 주듯이 마립간기의 지역 단위를 토대로 한데다가 그 시기에 가까운 것이므로 마립간기의 실상에 훨씬 근접할 것으로 추정된다. 다만 일부 지역에서는 지리지에 기재된 지명만으로 정확한 위치 비정

---

22) 양산 지역의 고분 문화를 개관한 鄭澄元, 「梁山地域의 古墳文化」, 『韓國文化研究』 3(釜山大學校 韓國文化研究所, 1990), pp. 3~50은 연구 과제의 성격상 지금의 양산시 전역을 고찰 대상으로 하였지만 이른바 '고분 문화'의 성격을 제대로 파악하기 위해서는 각 행정 시(군)를 한 단위로 설정하는 것이 무리임을 잘 보여준다.

이나 지리적 구분이 어려울 뿐더러 어떤 경우는 여러 가지 사유로 마립간기 이후 이 지리지가 작성될 때까지 사이에 다소의 변화도 있었던 것으로 추정된다. 특히 신라 국가의 지방 지배가 진전되면서 어떤 지역에 대해서는 의도적으로 단위를 축소한다든지 하는 조치가 있었을 것으로 상정할 수 있고 실제로 고고학적인 증거와 대비할 때 그러한 점이 분명하게 인지되기도 한다. 대표적인 예로는 의성 지역을 들 수 있다. 고총군의 분포로 볼 때 마립간기에는 의성군 금성면 탑리 일대를 중심지로 하였음이 분명한 이 지역 정치체의 단위가 지리지에는 지금의 의성읍을 중심지로 하는 단위로 바뀌어 있는 것이다. 이러한 변화 자체는 마립간기 또는 그 이전에 해당 지역 정치체가 지녔던 비중이나 위상을 시사하기 때문에 중요하기는 하지만, 그런 변화를 염두에 둔다면 역시 지리지만을 근거로 지역 단위 구분을 하는 것은 위험하다는 사실을 또한 알려준다 하겠다.

위와 달리 마립간기의 소산이라 할 중대형中大形 고총군의 분포를 기준으로 지역 구분을 하는 방법이 있겠다. 이 중대형 고총군은 아무 곳에나 분포하는 것이 아니라 당시 지역 단위의 중심 지구나 중요 지구들에만 조영되어 있으므로 그것의 분포를 기준으로 삼으면 지역 정치체의 범위를 추정할 수가 있다. 이는 당대 자료를 근거로 한다는 점에서는 가장 합리적인 접근법이다. 다만 문제는 그러한 고총군을 남긴 한 지역 사회가 포괄하였다고 상정되는 공간의 범위이다. 인접 지역 최고 위계 고총군과의 거리를 반으로 나눈 선에서 지역 단위의 범위를 구하자는 주장[23]도 있지만 그처럼 일률적으로 정해지지는 않는다. 지역마다 고총군의 규모나 숫자가 다른 점은 그처럼 획일적으로 나누기 어렵다는 것을 간접적으로 말해준다. 그리고 그 거리라는 것도 단순 거리, 절대 거리가 아니라 지리적 장애 등을 고려한 실제적 거리, 상대 거리[24]여야 한다. 그래서 고총군이 분포한 지점 둘레의 큰 강이라든지 산줄기 같은 자연지리적 장애를 중요 요소로 고려해야 할 것이다.

---

23) 李盛周, 「1~3세기 가야 정치체의 성장」, 『韓國古代史論叢』 5(1993), p. 127.

24) Sasaki Kenichi, "Regional interaction and the development of social complexity: A case of third century Western Japan" (Ph.D. Dissertation, Department of Anthropology, Harvard University, 1995), pp. 145~150에서는 이런 점을 고려하여 지역간 거리를 '장거리'와 '단거리'로 나누었다.

여기에 지역 양식 토기의 분포권을 보조 또는 검증 근거로 삼을 수가 있다. 어떤 지역 양식 토기의 분포권이 해당 사회 단위의 지리적 범위 설정에 근거가 될 수 없다는 단정적인 주장도 있지만[25] 그에 대한 적절한 반론[26]이 잘 말하듯이 당시에 밀접한 사회관계로 맺어졌던 한 단위 안에서 공통적으로 쓰인 지역 토기 양식의 분포권은 그 성격이야 어떻든지 일정한 단위를 나타냄은 분명하다. 그 단위는 경제적 단위였을 뿐 아니라 동시에 정치적 단위이기도 하였을 것으로 충분히 추론할 수가 있다. 더욱이 어떤 지역 양식의 토기가 때로 지리적 장애를 넘어서 이웃 지역의 다른 고분군에서 단발적이 아니라 지속적으로 출토된다면 그 고분군이 위치한 지구는 해당 지역 안의 단위 지구가 아닐 가능성까지도 고려해 보아야 할 것이다.

이상으로 본다면 각 지역 단위는 중대형 고총군의 분포와 지리적 장애를 고려한 단위 구분을 주축으로 하고 고분 출토 토기의 지역색을 보조 자료로 하면서 현시·군 단위의 범위나『삼국사기』지리지의 기사를 참고하여 설정하는 것이 좋다고 하겠다.

고총군이 조영되던 마립간기 동안의 각 지역 정치체들이 차지한 범위를 이렇게 설정할 수 있다면 이제 남은 한 가지 문제는 그 이전 진·변한 단계의 각 지역 범위는 어떻게 설정할 것인가이다. 이것이 되어야 지역간 관계 변화의 관점에서 영남 지방 고분 자료를 통시적으로 일관되게 분석하고 해석할 수 있기 때문이다. 그런데 이는 곧『위지 동이전』에 보이는 '국'들의 범위나 위치를 추정하는 일로서, 과연 당시의 문헌이나 고고학 자료에 의해 그것이 가능한가가 우선 문제이다. 만약 가능하지 않다면 어떤 접근 방식으로 이를 구분해야 하느냐이다.

『위지 동이전』에 의하면 3세기 중엽 당시 진·변한에는 24국과 그 외의 소별읍 小別邑들이란 것이 존재한 것으로 되어 있는데, 이들이 지리적으로 상호 구분된 단위였다는 것은 분명하다. 아마도 복수의 읍락邑落으로 구성되었을 '국'은 대개가 분

---

25) 李盛周,「新羅·伽耶社會 分立과 成長에 대한 考古學的 檢討」,『韓國上古史學報』13(1993), pp. 295~308.

26) 朴淳發,「『新羅·伽耶社會 分立과 成長에 대한 考古學的 檢討』에 대하여」,『韓國上古史學報』13(1993), p. 311.

지와 같은 다소 넓은 지역을 근거로 한 반면 소별읍은 그렇지 못하고 '국'들 사이의 협소한 지역이나 소분지小盆地 또는 넓은 분지 안에서도 '국'과는 큰 하천 등으로 구분된 한 지구에 자리잡고 있었을 것으로 추정된다.

문헌사에서는 『위지 동이전』에 나오는 국명의 음사音似를 근거로 각 '국'의 구체적 위치를 비정하고 그것으로써 각 지역 단위의 범위를 지금의 행정 단위에 대응시키기도 한다. 하지만 그런 위치 비정 자체가 거의 순전한 추정 이상은 되지 못하기 때문에 대체로 지금의 시·군 지명에 대응시킨 그 범위 또한 그대로 신빙할 수가 없다.[27]

한편 고고학에서는 '국'의 성립 시기부터 대략 3세기대까지의 자료가 각 지역 단위를 구분할 수 있을 정도로 축적되어 있지 못하다. 또 앞으로 자료가 충분히 모이더라도 과연 순수 고고학 자료만으로 그러한 구분이 가능할지는 의문시된다. 이 시기의 고고학 자료에서 지금까지 드러난 바로는 영남 지방 전역의 양식적 공통성이 지역성보다 강하기 때문이다.

이처럼 진·변한 당시의 문헌 사료나 고고학 자료로는 각 지역 단위를 구분할 수가 없으므로 다른 접근 방법이 필요한데 현재로서 가장 손쉬운 길은 마립간기의 지역 단위들을 진·변한 시기로 투사하는 것이다. 즉 진·변한 시기의 각 지역 단위들이 거의 그대로 마립간기로 이어졌다고 보는 것이다. 지금 그렇게 상정할 만한 직접적 근거는 물론 없다. 그러나 이는 다음 두 가지 점에서 대체로 타당할 것으로 본다. 한 가지는 진·변한 시기의 '국'들과 '소별읍'이 신라로 통합된 이후 마립간기 동안의 지배 방식이 이른바 간접 지배였다는 데 있다. 이는 각 지역의 기존 지배층은 거의 온존시킨 채 그들을 통하여 지배하는 방식이므로 극히 예외적인 경우를 빼고는 기존의 지역 단위를 해체 통합한다든지 재편하기는 어려웠을 것이기 때문이다. 다른 한 가지는 진·변한의 '국'들이 형성된 과정과 신라로 편입되기 전의 정치·사회적 통합 정도를 고려할 때 마립간기에 들어서면서 각 지역 단위의 범위에

---

27) 변진 12국의 위치에 대한 대표적 비정안인 李丙燾의 안과 千寬宇의 안을 비교(金泰植, 『加耶聯盟史』 (一潮閣, 1993), p. 77)할 때 일치하는 것이 거의 없음은 이를 간접적으로 말해준다.

큰 변화가 일어난 것으로 보기는 어렵다는 것이다. 이에 대해서는 문헌적인 추론과 함께 지리적 요인의 검토가 필요하다. 특히 후자는 마립간기의 지역 단위 구분에도 주요 논거가 되므로 아래에서 약간 자세히 보기로 한다.

지형과 그를 바탕으로 한 지리가 사회 단위의 성장이나 변화에서 장기적 배경이 될 것임은 어느 정도 자명하다. 더욱이 사회의 복합도가 낮아서 그만큼 역동성이 작은 시대로 거슬러 올라갈수록 그 몫은 점점 더 커진다고 볼 수 있다. 그래서 진·변한 이전부터 지리적 요인은 지역 단위의 형성에 바탕이었다고 할 터이다. 또한 지역 단위 안팎의 상호작용을, 그 중에서도 지역간 경제 교환 관계의 흐름이나 유형을 결정짓는 근간이 되었을 것이다. 특히 영남 지방처럼 산줄기나 강들이 지역 사이의 자연적 장애로 기능하는 곳에서는 더욱 그러하다.

소백산맥이 북쪽과 서쪽을 가로 막은 영남 지방의 지형은 낙동강 이동以東을 중심으로 보면 우선 대척량大脊梁인 태백산맥이 동해안에 근접하여 남북으로 놓이고 그로부터 대소 지맥들이 대략 동서로 뻗었으며 소백산맥으로부터도 지맥들이 뻗어 내린 형세이다. 이러한 지맥들 사이사이로는 낙동강의 대소 지류들이 대략 동서쪽을 향해 흐르면서 곳곳에 대소의 분지나 그에 유사한 지형을 형성하여서 그곳들이 예로부터 지금까지 인간 활동의 지역 중심지가 되고 있다. 그와 더불어 수계를 달리 하는 지역 사이에는 산악이 자연적 경계를 형성하고 있으며 그 사이의 교통은 상당히 높은 재를 통해서만 이뤄지는 형국이다.[28] 또 같은 수계라도 다시 구릉이나 소지맥小支脈이 곳곳을 가로지르며 달려 그 안을 세분하고 있다. 이러한 지형의 대강은 영남의 실제 산줄기와 소지맥들을 모식도로 나타낸 〈그림 I-1〉[29]이 잘 보여주며, 또한 다소 도식화된 것이지만 대동여지전도大東輿地全圖(그림 I-2)에서도 일목요연하다.

---

28) 예컨대 所也재(대구-군위), 甲嶺(영천-금성 탑리) 등을 들 수 있다. 그러나 이 재들을 거쳐 서로 통하기는 했어도 적어도 진·변한 시기에 그 양쪽은 서로 다른 생활권역 내지는 정치권역을 이루었을 것으로 상정해도 아무런 문제가 없을 것이다.

29) 이는 조석필, 『태백산맥은 없다』(사람과 山, 1997)의 부록 "남한의 산줄기지도"를 약간 손질한 것이다.

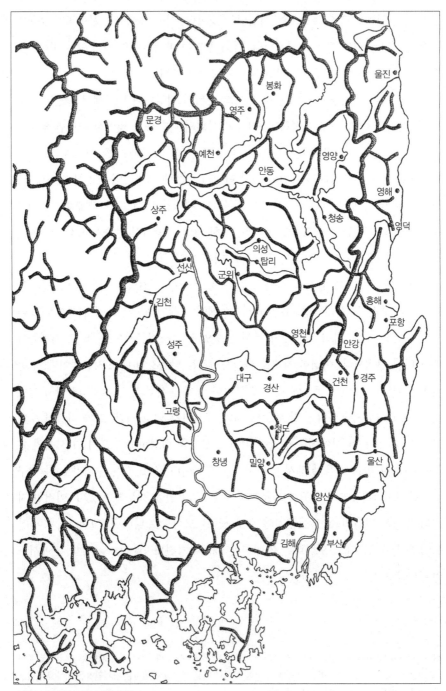

그림 I-1 영남 지방 산줄기 지도

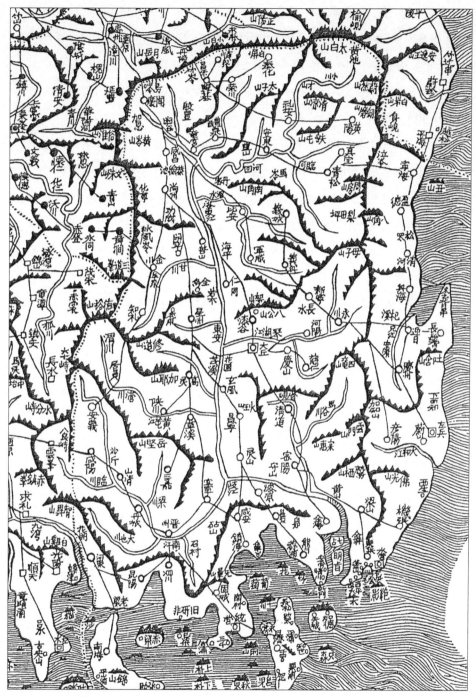

그림 I-2 대동여지전도(영남부분)

이로써 영남의 미세 지형 자체가 전역을 자연스레 여러 지역 단위들로 구분하고 있음을 알 수가 있는데, 이러한 지형적 구분이 진·변한 시기의 지역 단위들인 '국'이나 소별읍이 형성되는 데 구체적으로 어떻게 영향을 주었는지가 문제이다. 그것은 문헌에서 엿보이는 3세기 중엽 단계 진·변한 '국'들의 양태로부터 유추할 수가 있다.

진·변한 시기의 '국'은 대개 복수의 읍락으로 구성되어 있고 각 읍락은 또한 대개 복수의 자연 취락으로 구성된 것으로 생각된다. 그런데 이러한 '국'에는 중심 읍락인 국읍이 있었으나 다른 읍락에 대한 확실한 통할은 이루어지지 못하였다. 이는 각 읍락이 '국' 안에서 대체로 자치적인 소단위로서 존재하였음을 말하는 것이다. 진·변한에 대한 것은 아니나 예濊의 책화責禍는 읍락 단위의 그러한 독립성을 일러주는 좋은 예이다.

그러면서도 '국읍'은 존재한 것이니 그 이유는 해당 읍락이 무엇인가 중심적 기능을 맡았기 때문일 것이다. 그 기능은 경제적, 정치·군사적, 종교적인 것으로 나누어 볼 수가 있지만 핵심 기능은 아마도 경제적인 것으로 추정해도 좋을 것이다.[30] 즉 읍락들은 자치적 단위이면서도 경제적 교환 때문에 연계되어 있었고 국읍은 특히 대외 교환에서 대표 역할을 한 것으로 추론할 수가 있다. 이렇게 본다면 '국' 안의 여러 취락들은 자치적이었지만 자족적이 아니었기 때문에 애초부터 그들을 둘러싼 지리적인 장애 안에서 어떤 의미에서든 상호작용의 밀도가 높아서 한 단위로 결속되게 되었고 그들과는 자연적 장애로 구분되는 이웃 지역 취락들과는 별개의 단위를 이루게 된 것으로 추측할 수 있다. 사실 그 연원은 아마도 '국'의 형성 이전 단계로 아주 멀리 거슬러 올라갈 것이다. 다시 말하면 지리적 요인은 일정한 수의 읍락이나 그것을 구성하는 하위 취락들이 자연스럽게 긴밀한 경제적 상호관계를 맺는 바탕을 제공하였고 그 위에서 '국'이나 소별읍이라는 단위들이 형성된 것으로 생각된다.

---

30) 국읍의 기능을 중심으로 '국'의 기능을 분석한 權五榮, 「三韓의 「國」에 대한 硏究」(서울大學校 大學院 國史學科 博士學位 論文, 1996), pp. 102~130에서는 경제적, 정치·군사적, 종교적 기능으로 나누었는데 역시 바탕은 경제적이라 볼 수 있을 것이다.

여기서 지리적 장애를 강조한다고 해서 그것을 넘는 교통과 교환이 없었다는 것이 아니며 다만 그로써 한정되는 범위 안의 상호관계를 상대적으로 증진시킨 요인이었다는 뜻이다. 오늘날도 생활권이나 통혼권通婚圈이 지리적 요인에 좌우되다시피 하는 점이 그러한 추정에 참고가 된다.[31] 그러므로 각 지역 안의 통합이 진전되기 전에 그러한 자연지리적 장애를 넘어서 그 이웃의 '국'은 물론이려니와 그 이웃의 읍락이나 취락을 자신의 지역 정치체 안으로 통합하는 일은 없었을 것으로 상정할 수 있겠다. 이로 보면 '국'으로까지 불리지는 못한 크기의 '소별읍'이 아마도 '국'들 사이에서 존립할 수 있었던 이유가 이해된다. 물론 각 '국' 안에서 읍락을 서로 잘 제어하지 못하였다는 기술記述도 통합이 별로 강하게 이루어지지 못했음을 말한다 하겠다.

진·변한의 '국'이 형성된 후로는 시간이 흐르면서 점차 '국' 안의 통합이 진전되는 쪽으로 변화하고 있었을 터이지만 일단 3세기 중엽 단계에서는 전반적으로 아직 제대로 통합된 단계에 이르지 못하였음을 알려주는 『위지 동이전』의 기록은 매우 중요한 의미를 갖는다. 이로 미루어 보건대 3세기 중엽 이후 각 국들이 신라로 통합될 당시에 그 내부의 통합과 '국'들 사이의 통합, 즉 지역간 통합도 그리 진전되지 못한 상태였을 것으로 추정해도 크게 틀리지 않을 것이다. 바로 이러한 상황을 상정할 수 있기 때문에 마립간기의 지역 단위를 진·변한 시기로 투사해도 크게 무리가 없게 된다. 그리고 마립간기 동안에도 대개는 그 상태에서 지역간의 통합은 물론이거니와 '국' 안의 통합은 오히려 되도록 저지되었을 것으로 추정된다. 그런 통합 곧 신라 국가에 위협이 될 수 있기 때문이다. 다만 소별읍들은 거의 대부분이 인접 '국'에 합속合屬되어 종전과는 달리 지역 단위로서의 지위를 상실하였을 것으로 상정할 수가 있다. 이는 외견상으로는 합속된 지역 단위의 세력을 키워주는 조치로도 보이나 실은 오히려 그 반대였을 가능성이 더 크다. 그런 소별읍

---

31) 조석필, 앞의 책, pp. 163~65에서 섬진강 지류 蓼川의 발원지인 전북 장수군 번암면 知止里는 그로부터 직선거리로 따졌을 때 장수읍(금강 유역)은 8km, 함양읍(남강 유역)은 15km, 남원(섬진강 유역)은 25km에 있는데 그 중에서 가장 먼 곳에 있되 넘어야 할 산이 없는 남원이 같은 생활권이라 하였음은 지리적 장애가 생활권 형성에 크게 작용하는 요소임을 잘 말해준다.

은 기존의 지역 단위 '국'에는 이질적이라서 전체적으로 그 구심력을 증대시키기보다는 거꾸로 원심적으로 기능할 수가 있기 때문이다. 즉 그러한 합속 조치는 영역 안에 편입된 지역들의 약화를 기도하였을 신라 국가의 정책에 부응하였을 것으로 판단된다.

요컨대, 신라 마립간기에 축조된 각 지역의 고분 자료로써 진·변한 이래의 지역 단위를 구분하는 것이 그다지 무모하지 않으며 역사적 실체성을 가진다고 할 수 있다. 다만 진·변한 시기의 고고학적 조사가 진전됨에 따라서 일부 수정될 가능성은 열어두고자 한다.

고분 자료로 본 신라의 영역과 그 성격

영남 지방 고분 자료로 관계사의 관점에서 당시 사회의 실체에 접근하는 데 가장 문제가 되는 것은 고고학적으로 신라·가야의 구분이 과연 가능한지, 가능하다면 어떤 고고학 자료가 기준이 되고 어느 시점부터 적용할 수 있으며 각각의 범위는 어떻게 설정되고 그 때의 신라·가야의 정치적 성격은 어떻게 보아야 하는가이다. 이미 말하였듯이 4, 5세기 영남 지방의 고고학 연구가 궁극적으로 지향해야 할 가장 중요한 목표 중 한 가지가 신라와 가야의 실체를 해명하는 것인 이상, 이 질문들은 그와 관련해 지극히 중요한 항목들이다.

이 문제들에 관해서는 그간 몇 가지 견해들이 제시되었지만 그 상호간에 심한 차이가 있어서 쉽게 해결되지 않을 것처럼 보이기도 한다. 하지만 그렇다고 해서 통합의 여지가 전혀 없는 것은 아니다. 이제 그간의 연구 성과를 비판적으로 분석하고 종합하여 이 문제들에 관한 하나의 기준을 제시해 볼 때가 되지 않았나 싶다. 이 장에서는 기존의 신라·가야 구분론에 내재된 인식상의 문제점 및 실제상의 문제점들을 검토하고 그 토대 위에서 낙동강 이동 지방의 고분 자료가 보이는 정형성들을 새로이 조명함으로써 신라의 영역을 구분하는 문제에 접근하고자 한다. 다만 전혀 새로운 어떤 것을 내놓는다기보다는 그동안 주목하지 않았던 정형성들을 추출하고 그것을 바탕으로 기존의 연구 성과를 종합하기로 하겠다.

먼저, 지금까지 이 문제에 관련하여 제시된 견해들을 연구사적으로 간단히 검토한다. 특히 일정한 정형성이 있다고 파악된 토기 양식이나 산자형 관(山字形 冠) 등 경주식慶州式 위세품의 분포가 의미하는 바를 해석하는 데 전제가 되었다고 생각되는 인식들을 요약하고 그 문제점들을 검토한다. 다음으로 낙동강 이동 지방 고분 자료의 정형성을 토기 양식, 위세품, 고총의 세 방면에서 검토한다. 대구를 관류하는 금호강 이남으로는 낙동강 이동 지방, 그 이북에서는 낙동강 양쪽의 경상북도 전역에서 공통성을 보이는 이른바 낙동강 이동 토기 양식의 성립과 변천을 통시 · 공시적인 측면에서 살펴봄으로써 지금까지 간과되었던 정형성들을 추출해 보기로 한다. 이를 바탕으로 위세품류의 시공적 분포 정형을 고찰하고 또 지금까지 별반 논의하지 않았던 고총의 정형성을 이들과 연계해서 논의한다. 마지막으로 이에 근거하여 4~5세기 신라의 영역과 그 성격에 대해 논하기로 한다.

1. 신라와 가야의 구분 문제

문헌상으로 보아 고대의 영남 지방이 신라와 가야라는 두 개의 광역 정치체로 나뉘어 있었다는 점은 잘 알 수 있지만 각각의 범위에 대해서는 분명하지 않아서 오래 전부터 문헌사와 고고학에서 모두 양자의 범위를 구분하려는 시도들이 있었다. 다만 문헌사에서는 신라와 가야의 구분보다는 대체로 가야의 범위를 구하는 쪽에 비중을 두었던 것 같다.

문헌사에서 일차적 근거로 삼을 수 있는『三國遺事』소재 駕洛國記의 기술에 따른다면 가야산伽耶山 이남의 낙동강 이서 지방을 가야의 권역으로 보아야 한다. 하지만 이는 당장『삼국유사』의 5가야조와 상치되어서 문제이다. 그래서 가락국기의 기술은 일단 특정 시기 가야의 축소된 범위를 나타낸 것으로 이해하고 5가야조를 가야 권역 추정의 근거로 삼는 견해가 그간 유력하였던 것 같다. 하지만 5가야조를 그대로 따를 때 이는 다른 문헌, 예컨대『三國史記』列傳 朴堤上傳에서 엿보이는 신라의 영역과 맞지 않을 뿐 아니라[1] 신라·가야 당시의 고분에서 출토되는 유물의 양식이 낙동강을 경계로 이동·이서로 크게 양분되는 현상과도 맞지 않아 고고학적으로도 문제가 된다.

물론 고고학 자료의 분포 정형성은 문화적인 것일 뿐이라고 일축해 버릴 수도 있지만 그 구분이 상당히 뚜렷한 일관성을 가지므로 그처럼 간단히 무시하기가 어렵다. 게다가 설사 문화적인 현상으로 치부하더라도 그처럼 구분되는 원인은 쉽게 설명되지 않는다. 그래서 최근에는 이런 고고학적 상황을 고려한 가운데 5가야조에 대해 사료 비판을 가해 그것이 당대의 사정을 전하는 것이 아니라 나말여초羅末麗初의 정치적 상황에 따라 부회된 것으로 보는 설득력 강한 견해가 제시되었다.[2] 이로써 문헌상으로 가야의 범위를 구하는 문제가 말하자면 원점으로 되돌아간 셈이 되었다고 할 수 있다.

한편 가야의 범위가 아니라 신라의 범위에 대해서는 『삼국사기』 초기 기록의 이른바 소국 복속 기사를 전부 불신하는 입장이 아니라면 그 복속의 정확한 연대는 일단 접어 두더라도 대체로 마립간기의 시작을 전후해서는 낙동강이 신라 영역의 대략적 서한西限이었던 것으로 볼 수밖에 없다. 다만 『日本書紀』 神功紀 49년조에 의할 때 창녕 지역은 낙동강 동안에 있으나 4세기 후반에도 가야의 일국一國으로 나오는 것이 약간 문제가 될 뿐이다. 그래서 신라사 연구에서는 신라의 영역 범위 자체를 크게 문제 삼은 적이 별반 없는 듯하다. 최근에 와서 여러 가지 문헌적 증거와 광개토왕비의 기사, 그리고 경자년(庚子年, 400년) 고구려 남정을 전후한 국제 정세 등을 근거로 늦어도 5세기 초에는 신라와 가야가 낙동강을 경계로 갈라져 있었고 그것도 금호강 이북에서는 이서까지 신라에 포괄되었다고 분명히 설정한 견해[3]가 제시된 정도이다.

---

1) 朴堤上傳에서 고구려, 왜에 인질로 간 신라 訥祇王의 두 동생을 구하는 문제와 관련하여 왕에게 자문하는 세 村干들의 출신지 중 一利村은 성주 지역이라서 같은 성주를 星山加耶라 한 『삼국유사』의 기록과는 상충되기 때문이다. 村干 출신지 비정은 金哲埈, 「新羅 上代社會의 Dual Organization(上)」, 『歷史學報』 1(1952), pp. 42~43을 참조.

2) 金泰植, 『加耶聯盟史』(一潮閣, 1993), pp. 68~80.

3) 朱甫暾, 「新羅國家形成期 大邱社會의 動向」, 『韓國古代史論叢』 8(1996), pp. 83~146.

이로써 문헌사 분야에서는 기록의 영성零星함과 불확실성 때문이기는 하지만 어떤 면에서 신라사 연구자와 가야사 연구자가 각기 근거로 삼는 문헌을 달리하면서 영역 구분 문제에 접근한 탓에 신라와 가야의 영역을 유기적으로 보는 시각이 다소 부족하였다고 하겠다. 그런 가운데 최근에는 양쪽을 동시에 고려하면서 고고학적 정황까지 염두에 둔 견해들이 개진되고 있는 상황이다.

반면 고고학 쪽에서는 자료 출토지가 분명한 특성 때문에 신라와 가야의 범위를 유기적, 상대적인 것으로 분명히 인식하면서도 고고학 자료의 양식 분포권을 설정하는 데서 관점을 달리 하기도 하였고 또 그러한 정형적 분포의 의미 해석에 대해서도 의견이 크게 엇갈리는 형편이다. 단순히 문화적인 공통성을 나타낼 뿐이라는 견해로부터 실로 신라와 가야로 구분되는 권역을 나타낸다는 해석에 이르기까지 여러 설이 제기된 것이다.

기왕의 고고학적 접근이 지닌 문제점에 대해서는 가야사의 관점에서 다각도로 검토된 바가 있다.[4] 여기서는 고고학과 문헌사에서 이루어진 그간의 논의들을 볼 때 특히 몇 가지 중요한 논점들을 방법론의 견지에서 꼭 고려해야 할 터인데도 대부분 간과함으로써 혼란이 초래된 점이 적지 않다고 생각되기에 그에 대해 좀 자세히 언급하고자 한다.

첫째로 고고학과 문헌사의 연구가 통합을 지향해야 하는데 그렇지 못하고 전혀 별개로 진행되었기 때문에 두 분야의 해석이 거의 완전한 평행선을 긋고 있는 점이 가장 시급히 풀어야 할 큰 과제이다. 이러한 괴리는 본질적인 것이며 피할 수 없는 것일까? 지금까지는 두 분야 모두에서 어쩔 수 없는 일이라는 인식이 주조였다. 그러나 방법론적으로 그 간극을 메우지 않고서는 특히 한 지역의 고대 역사를 복원하는 작업은 답보 상태에서 결코 벗어날 수가 없다. 문헌사에서는 4세기에서 6세기 초에 걸친 시기의 지역사 관련 사료가 거의 없다시피 해서 구체적 접근이 사실상 불가능하다. 반면에 고고학에서는 당대의 관련 자료는 그토록 많은데도 그것

---

4) 朱甫暾,「序說―加耶史의 새로운 定立을 위하여―」,『加耶史研究―대가야의 政治와 文化―』(慶尙北道, 1995), pp. 24~30.

을 물질 자료로만 취급함으로써 일종의 간접 사료로 삼지 못한 탓에 역사 해석을 이끌어내지 못한 경우가 대부분이었다.

문헌사의 경우에 해당 시기의 고고 자료에서 나타나는 정형성을 문화적 현상으로만 치부해 버리는 경우를 왕왕 본다. 이를테면 "고대는 정치영역권이 같으면 그 문화양상도 대체로 같은 양상을 보이는 것이 일반적 현상으로 볼 수 있지만 그렇다고 해서 문화권을 정치권과 등식화해서는 곤란하다"라고 한다.[5] 그러나 이에 대해서 그렇다면 문헌사에서는 정치영역권을 어떻게 구체적으로 아는가라는 반문이 되돌아갈 것이다. 또 소위 문화양상이 왜 그처럼 일정한 권역을 이루고 나타나는지도 달리 설명되어야 한다. 사실 문화적 현상이라는 개념 자체가 모호하거니와 4~6세기 낙동강 이동 지방 각 지역의 경우 이는 결국 경주 문화를 모방하거나 그것이 전파된 결과로 요약될 수 있을 터인데, 그렇다면 그러한 현상은 왜 나타나는지가 설명되어야 하는 것이다. 그런데 토기 양식이 문화만을 반영할 뿐이라는 인식은 실은 고고학에서도 뿌리가 아주 깊다. 그래서 문제를 좀더 명확히 하기 위해 낙동강 유역 삼국시대 토기 양식 구분의 연구사를 일별하기로 한다.

토기에서 처음으로 이동·이서 양식을 구분함으로써 신라·가야 토기 연구에 새로운 지평을 연 金元龍은 각각을 "신라중심군新羅中心群"과 "가야군伽耶群"으로 불렀으나 기실은 그것을 완전히 정치적인 의미로 해석하지는 않았다.[6] 또 이른바 낙동강 동안東岸 가야 토기 양식론을 처음으로 제기한 李殷昌도 토기 양식이 정치적 의미를 가진다고 본 것이 아니라 그냥 낙동강 동안 지역에 가야가 있었던 것으로 전제하고 그에 따라 이름 붙인 것이다.[7] 더욱이 낙동강 이동 양식을 설정하고서도 그 분포권에 정치적 의미를 부여하는 것은 유보한다거나,[8] 양식은 문화적인 현

---

5) 백승옥, 「문헌자료를 통해 본 가야시기의 창녕지방」, 『가야시기 창녕지방의 역사·고고학적 성격』(국립창원문화재연구소 2001년도 학술대회, 2001), p. 94.

6) 金元龍, 『新羅土器의 硏究』(乙酉文化社, 1960).

7) 李殷昌, 「伽耶地域 土器의 硏究―洛東江 流域 出土 土器樣相을 中心으로―」, 『新羅伽倻文化』 2(1970), pp. 85~175.

8) 李盛周, 「洛東江東岸樣式土器에 대하여」, 『제2회 영남고고학회 학술발표회 발표 및 토론 요지』(1993), pp. 31~78.

상일 뿐 정치적 의미는 부여할 수 없고 또 정치적 의미를 찾으려는 시도 자체가 무의미하다는 극단적 견해[9]도 기실은 같은 맥락에서 나온 것이 아닌가 싶다. 한편 고고학 자료의 구분을 통한 정치 집단의 구분은 어렵다는 일반론에 의탁하면서 관모류冠帽類 등 위세품의 의미는 애써 무시하고 그냥 5가야조에 따라 대구나 성주 지역을 가야로 다루기도 하였다.[10]

그런데 토기 양식 문화반영론은 분명히 말하고 있지는 않으나 선사적先史的 맥락의 자료를 토대로 한 서양고고학의 시각을 원용하고 있음[11]을 유념할 필요가 있다. 선사적 맥락의 인식이나 시각이 역사시대나 원사시대의 사회상을 연구하는 데도 똑같이 적용될지는 의문시된다. 고고학 자료의 양식style이 지닌 의미가 평등 사회와 불평등 사회에 대해 각기 다를 수 있다는 연구들도 나와 있거니와[12] 설사 문화반영론이 일반론적으로는 타당할지라도 개별 사례에 언제나 들어맞는다고 하기는 어렵다. 그래서 반론을 하자면 그러한 양식적 구분이 정치적 관계를 함의含意하지 못한다는 정칙定則은 없다 하겠다. 이미 잘 알려진 대로 6세기 중기 이후 신라의 영역 확대에 따라 새로 편입된 지역의 토기 양식이 신라 양식으로 교체되는 사실은 정치적 변화가 부장 토기의 양식에 바로 반영될 수 있음을 웅변하고 있는 것이다.

사실 문화 반영론자조차도 이동 지방 내의 각 단위 지역 집단의 존재를 상정할 때는 지형에 의한 구분도 고려하지만 지역 토기 양식의 존재를 주된 근거로 삼는다. 또 지역 토기 사이에 나타나는 유사성은 그 지역들 사이의 정치적 상호작용의 결과로 해석하면서도[13] 그 지역 양식들이 연계된 대양식大樣式의 분포권에는 꼭 정치적 의미를 부여할 수는 없다고 함은 모순이다. 후술하듯이 낙동강 이동 토기 양

---

9) 李盛周, 「新羅・伽耶社會의 分立과 成長에 대한 考古學的 檢討」, 『韓國上古史學報』 13(1993), p. 296.

10) 權鶴洙, 「加耶古墳의 綜合編年」, 『嶺南考古學』 12(1993), pp. 23~70.

11) 權鶴洙, 「加耶史復元과 考古學資料의 解釋」, 『先史와 古代』 4(1993), pp. 25~39.

12) Christopher Carr and Jill E. Neitzel(eds.), *Style, Society, and Person: Archaeological and Ethnological Perspestives*(Plenum Press, 1995)를 참고. 그리고 朴淳發, 「漢城百濟의 中央과 地方」, 『百濟의 中央과 地方』(忠南大學校 百濟研究所 百濟研究論叢 第5輯, 1997), pp. 132~133에서는 토기 등에 나타나는 양식상의 통일성을 확인하고 그 분포를 근거로 漢城百濟의 영역을 추정하였다.

13) 權鶴洙, 「加耶諸國의 相互關係와 聯盟構造」, 『韓國考古學報』 31(1994), pp. 137~162.

식은 그 한 가지만이 단독으로 처음 출현하지 않고 고총의 등장, 경주식 위세품의 부장 개시와 깊이 연계되기에 정치적 의미를 띨 가능성이 한층 크다.

논의가 길어졌지만 문헌사에서 토기 양식, 아니 고고 자료 전반이 문화를 반영할 뿐이라는 견지에서 고고학을 도외시하는 것은 이용할 수 있는 많은 사료를 일부러 외면하는 것과 다름없다. 그래서 별다른 근거 없이 창녕 지역에 555년 하주가 설치되는 시점 직전까지 가야 정치체가 존속한 듯이 보기도 한다.[14] 그러나 이는 고고학에서의 설명은 알 바 아니라고 하는 접근방식의 소산이기에 결코 널리 동의를 얻을 수가 없다.

한편 고고학에서의 연구도 문헌사와 별개로 연구를 진행하는 듯하지만 안을 좀더 들여다보면 자료를 해석하는 데 이르러서는 앞에서 말했듯이 결국 『삼국유사』 같은 문헌을 의식하거나 그에 의지한 것이 사실이다. 이를테면 창녕 지역 토기를 6세기 중엽경을 경계로 그 이전은 가야 토기, 그 이후는 신라 토기로 한 것[15]이 그 예이다. 이에 대해서는 "지나치게 문헌기사를 의식하여 토기 양식을 구분한 것은 문제점"이라 지적된 바 있는데[16] 타당한 비평이다. 후술하듯이 고고학적 견지에서 토기 양식을 구분한다면 문제가 된 창녕 지역 5~6세기 토기는 결코 경주 양식을 제외한 낙동강 '동안' 양식이 아니라 그것을 포함한 낙동강 '이동' 양식에 속하므로 그것을 전제로 역사 해석이 이루어져야 하는 것이다.

어떻든 고고학과 문헌사 두 분야는 서로의 영역을 인정하고 각각의 특장을 존중하는 가운데 상호 통합적 연구를 지향해야 한다. 서양고고학에서는 고고학과 고대사가 별개라는 사실을 전제로 하고 통합해야 한다는 논리가 아니라 원래 한 분야

---

14) 백승옥, 앞의 논문(2001).

15) 定森秀夫, 「韓國慶尚南道昌寧地域出土陶質土器の檢討 —陶質土器に關する一私見—」, 『古代文化』 第33卷 第4號(1981), pp. 27~28.

16) 朴天秀, 「考古資料로 본 가야시기의 昌寧地方」, 『가야시기 창녕지방의 역사・고고학적 성격』(국립창원문화재연구소 2001년도 학술대회, 2001), p. 46. 당사자도 최근에 그에 대해 "문헌상 가야로 되어 있으면 무조건 가야로 파악하여 상하 교호투창고배를 기본으로 하는 伽耶土器 洛東江 以東群이라는 표현을 쓴 것이다"라고 토로하였다(定森秀夫, 「考古學からみた伽耶」, 『古代を考える 日本と朝鮮』(吉川弘文館, 2005), p. 186.). 다만 가야 토기 낙동강 이동군이라는 표현은 실은 기왕의 연구(李殷昌, 앞의 논문)를 수용한 데서 비롯된 바가 더 크다고 하겠다.

인데 학문 연구의 편의상 둘로 나누어 놓았을 뿐이라는 관점에서 통합 문제에 접근하는 시각도 있다.[17] 이미 지적하였듯이 고고학에서는 자료의 해석 단계에 이르러서야 비로소 고대사와 접목을 꾀할 것이 아니라 해석 틀의 구성 단계부터 그렇게 해야 한다.

둘째로 한 지역만이 아니라 적어도 영남 전역의 고고학적 현상을 설명하면서 그와 동시에 해당 지역의 현상도 일관성 있게 설명할 수 있는 포괄적이고도 통합적인 자료 해석 모델에 기반을 두어야 하는데 그렇지 못하였다고 여겨진다. 이러한 포괄적 해석 모델은 하나의 대가설大假說로서 기능하며 그런 만큼 위에 말한 고고학과 문헌사 두 분야의 연구 자료 모두에 대해 타당해야 한다.

이 포괄성의 기준에 따르면 결국 어떤 해석(혹은 해석 틀)이 고고 자료 및 문헌 기사를 모두 가장 포괄적으로 모순 없이 일관성 있게 설명해 주느냐로 그 타당성(혹은 효용성)이 판정된다. 그래서 이를테면 이동지방 각 지역 토기 양식의 의미를 해석하는 문제에서 의성 지역의 경우는 신라에 속함을 나타내지만 창녕 지역은 그렇지 않다는 식의 개별지향적 해석[18]은 자의적일 뿐만 아니라 이러한 포괄성의 기준에도 반하기 때문에 설득력이 없다. 그리고 문헌사에서 『일본서기』 신공기에 나오는 탁순국卓淳國을 지리적 위치 관계, 음사 등을 근거로 대구에 비정하는 견해[19] 또한 그 자체의 논리로는 그럴듯할지 모르나 이 역시 포괄성을 지니지 못한 일면적 시각의 소산이다. 만약 그렇다면 대구 지역 고분문화가 신라 일색인 점은 어떻게 설명할 것인지는 차치하고라도 『삼국사기』 초기 기록에 해당하는 첨해이사금 沾解尼師今 15년(261)조의 달벌성達伐城 축조 및 성주 임명 기사 같은 것은 어떻게 해석할 것인지 반문한다면 뭐라고 답할지 궁금한 것이다.

뒤에서 논하듯이 문헌사의 자료 공백기라 할 4~6세기의 고고 자료인 낙동강

---

17) 이러한 시각에 선 연구들을 모은 책의 제목이 『고고학과 고대사의 경계 허물기』로 되어 있어서 매우 시사적이다. Eberbard W. Sauer(ed.), *Archaeology and ancient history: Breaking down the boundaries*(Routledge, 2004).

18) 朴天秀, 앞의 논문(2001), p. 60.

19) 노중국, 「가야의 대외교섭 —3~5세기를 중심으로—」, 『가야의 해상세력』(제11회 가야사학술회의, 2005), pp. 44~45.

이동 양식 토기가 지속적으로 출토되는 지역들에서 그 토기와 착장 위세품, 고총은 상호 시간적으로 연동되면서 혹은 상관관계를 가지면서 변화하는 정형성을 갖고 있다. 더욱이 그 착장 위세품들은 양식적으로 동일한데다 거의 대부분 경주로부터 사여되었다고 판단되며 단순 위세품이 아니라 복식품인 이상[20] 그냥 증여된 것은 아니며 하사된 것이다. 복식은 공통된 정치, 사회적 맥락을 가진 권역 안에서만 의미를 가지는 것이지 그것이 다른 사회라면 의미를 잃어버리는 특성을 지니기에, 예컨대 신라 복식을 백제 지배층 혹은 왜의 누군가 증여받아 착용한다는 것은 생각하기 어려운 것이다. 그래서 낙동강 이동 양식 토기란 곧 신라 양식 토기이며 그것의 분포권은 단순히 동일 토기문화권을 가리키는 것이 아니라 그와 동시에 동일한 정치권을 나타내는 것이고 그 권역 안에서 각 지역은 경주로부터 간접 지배를 받았다고 해석된다.

이 포괄적인 해석 틀에 따라 신라 영역으로 설정한 낙동강 이동 지역의 고총군에서 만약 앞으로 가야 토기가 '양식'의 수준에서 지속적으로 출토됨이 확인된다면 이 모델은 설득력을 완전히 잃어버릴 것이다. 그러나 그런 현상은 지금까지의 조사 예로 보아 기대 난망이다. 그러므로 문헌사에서 이러한 고고학적 해석을 도외시하고 낙동강 이동의 어떤 지역이 5~6세기에 가야였다고 논단할 수는 없다.[21] 더욱이 문헌사 중 신라사에서는 대체로 5세기 초 이후로 낙동강 이동이 신라 영역이었다고 보는 것이 통설인데도 그에 대한 별다른 반론 없이 대구가 탁순이라든지 창녕이 555년까지 가야라고 한다면 과연 진정한 고대사 복원이 가능할지는 극히 의문스럽다. 즉 이는 신라사의 관점이나 연구 성과로 볼 때 도저히 이해할 수 없는 해석으로 바로 이 포괄성의 기준에 저촉되는 것이라서 고고학의 연구 성과와는 관계없이 그것만으로도 성립할 수가 없는 것이다. 또 영산 일대를 창녕으로부터 떼어내어 6세기 전엽까지 존재했던 가야국인 탁기탄에 비정한다든지[22] 아니면 계성 지구 이남을 하나로 묶어 계성桂城·영산靈山《가야》라고 한 것[23] 역시 이러한 포괄성의 견지

---

20) 李熙濬, 「4~5세기 신라 고분 피장자의 服飾品 着裝 定型」, 『韓國考古學報』 47(2002), pp. 63~92.

21) 다만 4세기대에 대해서는 고고학 자료의 증가를 기다려 추가로 해석을 해내야 한다고 본다.

22) 金泰植, 앞의 책, p. 188.

에서만 보아도 입론의 여지가 없다.

셋째로 지금까지 고고학에서 토기 양식을 기준으로 신라 · 가야의 경역境域 구분 문제나 한 지역의 귀속 문제를 검토할 때 낙동강 유역권 전체에서 나타나는 현상을 고려 대상으로 하지 않고, 이서 지방은 무조건 가야로 일단 떼어 놓고 유독 낙동강 동안 일부 지역에 대해서만 문제시하였는데 이 또한 방법론적으로 잘못된 것이다. 그러한 편향된 접근 방식은 기본적으로는 『삼국유사』 5가야조 기사를 지나치게 의식한 데 기인하지만 그러면서도 다른 한편으로는 그 때문이든 아니든 토기 양식 구분을 객관적으로 하지 않은 데 오류가 있다. 이상하게도 고고학에서 낙동강 이서 지방이 가야라는 데는 별다른 이의가 제기된 적이 없다.[24] 신라 · 가야를 고고학적으로 구분하는 것이 가능하지도 않을 뿐더러 연구에 별 도움이 되지도 못한다는 입장에 선 논자[25]조차도 그러한 듯하다.

낙동강 이서 지방을 고고학적으로 모두 가야라고 보는 견해는 무엇에 근거한 것인가? 무엇보다도 낙동강에 연한 지역이 모두 가야라고 한다면 그보다 서쪽 지방은 당연히 그리 보아도 무방할 것이다. 여기서 고령이나 함안의 경우는 경주가 신라이듯이 문헌적으로나 고고학적으로 가야임에 틀림없다고 하자. 그리고 합천 지역까지도 또한 그렇다고 치자. 그러나 의령과 같은 곳은 무엇을 근거로 가야라고 할 것인가? 문헌사에서 우륵의 출신지 성열현省熱縣을 의령 북부의 부림면 일대로 비정하기도 하는 점을 고려하지 않는다면 결국 고고학적으로는 이곳에서 출토되는 당시 토기를 기준으로 삼고 있는 것은 아닌가? 이는 의령 일대에 어떤 고대 정치체가 존재하였는지는 차치하고라도 결국 그에서 출토되는 토기가 고령권이나 함안권의 토기 양식이 주류라는 점[26]을 염두에 둔 해석이다.

하지만 낙동강 이서 지방은 토기 양식의 견지에서 볼 때 실은 낙동강 이동 전

23) 武田幸男, 「伽耶〜新羅の桂城「大干」―昌寧 · 桂城古墳群出土土器の銘文について ―」, 『朝鮮文化研究』 1(1994), pp. 59〜76.

24) 이렇게 반문한다고 해서 이서 지방을 가야로 보지 않는 것은 아니다. 다만 고고학은 고대사와 전혀 별개로 연구를 한 후 나중에 통합을 해나가는 방식이 옳다는 논자들도 실은 문헌사의 연구 성과를 이미 전제로 삼고 문제에 접근하고 있으면서 그렇지 않은 듯이 착각하고 있다는 사실을 지적하고픈 것이다.

25) 李盛周, 「新羅 · 伽耶社會의 分立과 成長에 대한 考古學的 檢討」, 『韓國上古史學報』 13(1993), p. 296.

체와는 구별되는 다소 분산적인 양태의 지역 양식들이 분포한다고 할 수 있는 정도로 결집성을 나타낼 뿐이다. 그런데도 이를 낙동강 이서 양식 혹은 가야 양식이라는 하나의 양식이 포괄하는 권역으로 묶은 것은 기실은 문헌을 근거로 한 것이며 낙동강 이동에 대비한 상대적 설정이라 할 수밖에 없다. 그에 비한다면 낙동강 이동의 고고학적 현상은 위에서 언급하였듯이 토기 양식뿐만 아니라 다른 요소들까지도 전체적으로 훨씬 유기적으로 연관되면서 결집성이 강하고 정형적이다. 이런데도 굳이 이동 지방 중 어떤 지역의 귀속이 논란이 되는 이유는 고고학적 판단보다는 바로 문헌 기록, 특히『삼국유사』5가야조 때문이다. 낙동강 이서의 이른바 대가야권, 아라가야권, 소가야권을 모두 하나로 묶는 토기들의 공통성, 즉 이서양식이 양식의 견지에서 볼 때 과연 낙동강 이동 지방 전역에서 출토되는 토기의 공통성, 결집성에 비해 강하다고 할 수 있는지는 유사도 지수를 근거로 컴퓨터 등을 통한 계량적 비교를 해보지 않더라도 직관적으로 보아 부정적이다.

넷째로 낙동강 이동 양식(해석적 의미의 신라 양식) 토기의 지역색 혹은 지역 양식이라는 것이 개념적으로나 실제적으로 보건대 어디까지나 대양식 안에서의 소양식인데도 그 의미를 해석하면서 이런 전제를 망각하고 마치 그것을 나타내는 지역의 독자성을 입증하는 증거인 듯이 보기도 하였는데 이는 방법론적으로 잘못된 것이다. 지역 양식이라는 개념 규정에는 모호한 부분이 없지 않으나 어떻든 이 시각에서는 그것이 사라지고 경주양식화한 시점부터가 신라라고 본다. 그러나 이 지역색은 반드시 점진적 과정을 거쳐 탈색 소멸하기 때문에 그렇게 보기가 어렵다.

〈그림 II-1〉은 경주, 경산, 창녕 지역 고분군 출토 고배를 필자의 편년안에 따라 단계별로 도시한 것이다. 창녕과 경산 지역에서 지역색 탈색 과정이 대체로 같은 속도로 일어남을 볼 수 있으며 그런 만큼 이는 경주를 매개로 한 공통 변화라는 사실을 짐작할 수 있다. 다만 그 속도가 다소 빨라지는 하나의 획기를 굳이 집어내라면 5세기 중기 정도를 들 수 있을 것이다.

---

26) 이에 관해서는 지표조사 자료가 실린 宜寧文化院 · 慶尙大學校博物館,『宜寧의 先史 伽耶遺蹟』(1994) 과 발굴 자료가 실린 慶尙大學校博物館,『宜寧 雲谷里古墳群』(2000) 및 同,『宜寧 景山里古墳群』(2004)을 참조.

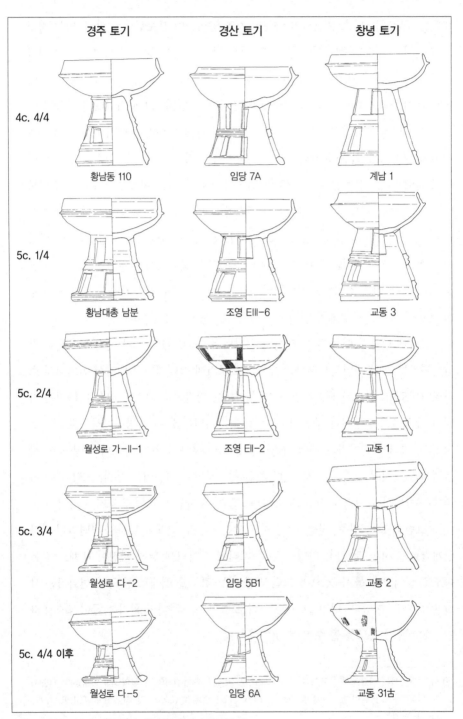

그림 II-1 경주 양식, 경산 양식, 창녕 양식 토기의 변천 비교도

그래서 만약 낙동강 이동 지방 각 지역의 토기 양식이 정치적 독자성을 나타낸다고 해석한다면 이러한 점진적 변화 혹은 소멸 과정은 그 어느 단계에 해당 지역이 가야에서 신라로 전환되면서 당연히 일어났을 것으로 예상되는 토기 양식의 급격한 변화를 전혀 반영하지 않아서 자기 모순에 빠진다. 그리고 그처럼 독자성을 나타낸다는 지역 토기 양식이 경주양식화를 향해 불가역적不可逆的 과정을 밟는다는 점에 대해 별다른 설명 또한 필요하다. 그래야만 지역 양식 신라 토기의 등장 및 고총의 출현이 신라 국가가 해당 지역을 간접 지배한 결과이며 그것의 소멸 혹은 고총 내부의 석실화는 직접 지배에 기인한다는 필자의 해석에 맞서는 하나의 대안적 설명으로 성립할 수 있고 그로써 앞에 말한 포괄성의 기준을 일부나마 충족시킬 수 있을 터인데 전혀 그럴 수 없는 점은 어떻게 할 것인지 궁금하다.

　　한편 이러한 지역 양식의 정치적 독자성 해석은 토기만을 기준으로 하고 있는 점도 문제이다. 그렇게 해석하려면 토기만이 아니라 그와 공반되는 경주식 위세품 등과 함께 고총의 돌연한 등장 이유도 설명해내야 한다. 그래야 비로소 위에 말한 포괄적 설명이 된다. 그러므로 경주양식화하기 전의 창녕 지역 토기 양식이 창녕 지역의 독자성을 말하는 듯이 이해하기는 무리이며 창녕 지역 토기 양식은 어디까지나 이동 양식의 한 지역 양식이므로 그에 따라 창녕 지역도 신라 영역이었다고 해석함이 올바르다.

　　신라 토기 지역 양식이 독자성을 의미하는 것이 아니라면 왜 처음부터 낙동강 이동 각 지역에서 한층 더 획일적인 토기 양식이 형성되지 않고 그런 지역색이 나타나느냐는 반문이 제기될 수도 있겠다. 이 지역 양식이라는 현상은 기실은 해석적 의미의 독자성을 대변한다기보다는 서술적 의미의 전통성이 발현된 것이라고 보는 편이 적확할 터이다. 그래서 그런 전통성이 유지된다고 해서 그것이 해당 지역의 정치적 독자성, 독립성을 보증하는 것은 아니다. 지금 지역 양식이 발현하는 과정을 잘 알지 못하는 것이 결정적 걸림돌이기는 하지만 이는 신라 국가가 아직 지방의 생산체계를 직접 장악하지 않은 간접 지배 단계에 있었기 때문에 당연히 나타날 만한 현상이며 그런 정치적 배경 속에서 여러 가지 이유로 각 지역에서 선대의 토기 제작 전통이 강하게 지속된 결과로 보아 무방할 것이다. 이를테면 창녕 지역 신라 양식 고배의 배부 형태가 전대의 가야 양식 고배 배부 형태를 그대로 이은 것으로 추정되는 점이나 유독 항아리나 연질토기 같은 기종에서 그런 전통성이 더 오래 유지되는 경향은 이런 추정을 뒷받침한다.

다소 장황하였지만 신라와 가야의 권역 구분 문제에 대한 고고학과 문헌사의 접근에서 유의할 네 가지 지향점인 두 연구 분야의 통합 연구, 영남 전역 포괄, 낙동강 동서 토기 양식 동시 고려, 토기 지역색의 올바른 이해를 중심으로 논의하였다. 마지막으로 이 책의 기본 관점을 피력하기 전에 『삼국유사』 5가야조에 관련된 문제 한 가지를 언급해 두기로 하겠다. 그것은 이 기록이 근년의 사료 비판으로 나말여초의 부회일 가능성이 크다는 사실이 밝혀졌지만 전적으로 나말여초의 부회라고만 할 것인가 하는 의문 때문이다.

우선, 이 새로운 해석을 전면 수용하여 가야라는 인식이 당시에 없었다고 단언할 수는 없다. 왜냐하면 광개토왕비에 의하면 늦어도 5세기 초에는 신라라는 정치체가 명백하게 드러나므로 그에 상대되는 어떤 정치적 결집체로서의 가야의 존재를 상정하지 않을 수 없기 때문이다.[27] 또 5가야로 지칭된 지역 가운데 일부 지역은 그 역사 발전 과정에서 처했던 한 시기의 상황이 나말여초 필요에 의해 강조된 것으로 볼 수도 있다. 예컨대 『日本書紀』 神功紀 49년(369년)조에 언급된 이른바 加羅 7國 平定 기사가 그 주체와 연대의 신빙성과는 관계없이 일정한 역사성을 담고 있다고 본다면 그에 등장하는 비자발은 분명히 현재의 창녕으로 비정되므로 창녕 지역이 한때 가야였고 그래서 나말여초에 이 지역 세력이 비화가야를 내세운 끝에 5가야조에 그처럼 기록된 것은 아닐까 하는 것이다.

이리하여 진 · 변한이 가야와 신라로 분립된 후 이 책의 해석 틀처럼 이동 양식 토기의 분포권을 근거로 늦어도 4세기 후엽~5세기 초에는 상호 경계가 낙동강으로 확실해졌다고 보되, 다만 4세기대에는 그 경역에 큰 변화는 아니더라도 약간의 변화가 있었던 것으로 해 둠으로써 아직 불분명한 4세기대의 고고학 자료가 증가

---

27) 물론 그 가야는 시간의 흐름에 따라 성격이 변하였을 것이며 명칭은 任那 등으로 달리 불렸을 수도 있다.

될 때에 해석 틀이 수정될 여지를 남기는 편이 좋다고 생각된다.

　그렇게 하면 영남 지방 고대 사회가 진·변한으로부터 신라·가야로 바뀌면서 경계가 정해진 이후 6세기 중엽 가까이까지 변동이 없었다는 시각의 불합리한 경직성을 피할 수가 있다. 사실 당시 사회를 그처럼 몰시간적, 정태적으로 볼 수 있는지는 지극히 의문스럽다. 4, 5세기의 한반도와 그를 둘러싼 지역의 정세가 격동하였다는 역사적 정황은 차치하고라도 고고학 자료가 시간의 흐름에 따라 확실한 변화를 나타내기 때문이다. 더욱이 이 경계 불변론은 신라가 지금의 경주 일대를 차지하였을 뿐이고 나머지 지역이 모두 가야였다고 보는 데 근본적으로 문제가 있다. 하지만 그것은 『삼국유사』 5가야조를 무비판적으로 받아들여 확대 해석한 결과일 뿐이다. 앞의 논의와 같이 그런 해석은 이제 별다른 근거가 없으며 또 여기에서 논하듯이 고고학 자료도 그 사실성을 부정한다.

　그래서 신라와 가야의 구분 문제에 접근하는 기본 틀은 다음과 같이 정리할 수 있다. 진·변한 단계에서 다소 혼재하였다고 생각되는 두 단위의 범위[28]는 신라·가야로의 전환 초기 단계에서 어느 정도 분명하게 구분되기 시작하였을 것으로 상정되며, 그 후 변화가 있었다면 신라권이었던 지역이 가야로 되기보다는 가야권 또는 중간권中間圈에 속하였던 지역이 신라권으로 편입되는 쪽이 주를 이루었던 것으로 보인다. 그러한 변화가 일어난 지역은 아마도 낙동강 중류역中流域 일대였을 것이다. 또 동안 지역 일부에 대해 이러한 유동성 또는 독립성을 인정하더라도 그것은 신라·가야로 전환된 초기 단계에나 해당되며, 후술하듯이 5세기 이후로는 그런 유동성이 거의 없어졌다고 보아야 한다. 물론 두 정치체의 경계가 오늘날 민족 국가의 국경과 같은 성격을 띠지는 않았을 것이다.

　고고자료 문화반영론과는 달리 토기나 위세품의 양식이 정치성을 띤 것으로 해석하는 경우에도 그 양식 분포권 내 여러 집단 사이의 정치적 관계를 추론하는 데서는 약간의 혼란이 있다. 이는 기본적으로 고대 국가 형성부터 확립에 이르는

---

28) 이는 『위지 동이전』에서 "弁辰與辰韓雜居"라고 되어 있는 기사를 진한과 변한이라는 두 교환망 모두에 참여한 지역들이 일부 있었음을 나타낸다고 해석한 데 근거한 것이다. 그에 대해서는 제2부 제I장에서 논의한다.

도정에 대한 오해에서 비롯되는 듯하다. 즉 부지불식간에 연맹적 단계의 다음 단계
에는 바로 고대 국가가 완성되는 것처럼 전제한 때문이 아닌가 한다. 낙동강 이동
에 나타나는 공통된 양식의 존재가 사로국을 중심으로 하는 신라 연맹체를 나타낸
다는 설[29]이 그 예가 되겠다. 물론 이는 낙동강 동안의 여러 지역에 소재한 고총군
이 그곳에 독립적 세력들이 있었음을 나타낸다는 것을 또한 전제로 하고 있다. 또
앞에 말한 인식의 연장선상에서 어떤 지역을 신라라고 하면 그것은 곧 그 지역이
신라 국가의 '직접 지배'를 받은 권역이라고 등식화하는 인식도 꽤 퍼져 있는 듯하
다. 그래서 명시적으로 드러내지는 않았으나 공통된 토기 양식 등의 존재는 인정하
면서도 위와는 달리 『삼국유사』 5가야조를 의식하여 낙동강 동안의 여러 지역을 친
신라계가야親新羅系伽耶라고 명명하기도 한 것으로 추정된다.

　　그러나 이는 신라의 변화 과정에 대한 올바른 해석 틀을 기반으로 한 것이 아니
다. 후술하듯이 고총이 등장하는 단계에서 나타나는 경주와 지역 사이의 일정한 격
차를 보면 그 관계를 단순한 연맹체 수준으로 볼 수는 없다. 더구나 신라식 위세품
들이 사로로부터 하사되었다고 본다면 이는 분명한 정치적 상하관계, 즉 경주—지
역 간의 지배 신속의 표시로 해석해야 할 것이다. 그래서 일단 고총의 존재가 상징
하는 상대적 독자성을 어느 정도 인정하면서 공납 관계에 의한 간접 지배의 개념[30]
으로써 공통된 토기 양식 및 위세품의 분포를 충분히 합리적으로 설명할 수가 있다.

2. 낙동강 이동 지방 고분 자료의 정형성

낙동강 이동의 4, 5세기 고분 자료가 나타내는 정형성과 그 의미에 대해서는 그간

---

29) 崔鍾圭, 「中期古墳의 性格에 대한 약간의 考察」, 『釜大史學』 7(1983), pp. 1~45.
30) 李漢祥, 「5~6世紀 新羅의 邊境支配方式 —裝身具 分析을 중심으로—」, 『韓國史論』 33(1995), pp. 1~
78과 朱甫暾, 『新羅 地方統治體制의 整備過程과 村落』(신서원, 1998)을 참조. 한편 역사적, 民族誌的
예로 보아 간접 지배 방식은 피복속 지역에 대한 지배 방식의 한 가지로서 상당히 보편적이었던 것 같
다.(Abraham I. Pershits, "Tribute relations," *Political Anthropology: The State of the Art*, eds. S. Lee
Seaton & Henri J. M. Claessen(Mouton Publishers, 1979)), pp. 149~156.

토기 양식의 면, 위세품의 면 등에서 상당한 논의가 이루어졌다. 그러나 그 논의들은 대부분 통시적 관점을 결여하였다. 그래서 주로 양식 구분의 문제, 분포 양상 등에 관심을 집중하였으며 그 자료들의 시간상 변화와 공간상 변이에는 별반 주목하지 않았다. 또 그러한 유물이 출토되는 고분이 5세기를 전후하여 고총화高塚化하는 특유한 현상 그 자체에 대해서도 주목하지 않았다. 물론 이 세 가지를 상호 연계하여 논의하지도 않았다. 그 결과로 고분 자료가 내포한 주요 정형성들을 간과하였고 그에 따른 해석에서도 혼선이 빚어진 것 같다. 여기서는 그 동안의 연구 성과를 나름대로 요약하면서 시간적 변화와 공간적 변이를 함께 고려하는 시각에서 접근하고자 하는데 토기 양식, 위세품, 고총의 세 요소에서 그간 주목되지 않았던 정형성 몇 가지를 추출하고 그것들이 구조적으로 상호 연계되어 있음을 논함으로써 정형성 발현의 배경 요인을 낙동강 이동에 대한 신라 국가의 지방 지배에서 구하고자 한다.

1) 토기 양식

지금까지의 연구에 의하면 4세기 후반에서 6세기 초에 걸친 낙동강 이동 지방—좀 더 정확히 말하면 금호강 이남에서는 이동 지방, 그 이북에서는 이동 및 이서의 양쪽 지방—의 고분에서 출토된 토기는 전체적으로 낙동강 이서 지방의 토기들에 뚜렷이 대비되어서 '낙동강 이동 양식'이라는 하나의 범주로 포괄할 수가 있다. 그간 낙동강 '동안' 지역의 여러 고총군에서 출토되는 토기들을 '가야 토기 낙동강 이동군以東群'이라는 하나의 양식으로 묶어 경주 일대를 한 단위로 하는 토기 양식과 대비되는 별개 양식으로 파악하기도 하였다.[31] 그러나 이는 앞에서 논한 대로 낙동강 동안 지역들이 한때 가야였다는 문헌 해석에 얽매여 경주와 그를 구분하려는 데서 나온 것일 뿐이며 양식적으로 보아 '동안' 지역 토기들을 하나로 묶어 경주 일대의 토기와 구분해야 될 별다른 근거는 없다. 더욱이 그것을 '가야 토기' 낙동강 이동군으로 명명할 근거는 사실상 없다. 그보다는 큰 범주의 이동 양식 안에 존재한 창녕

---

31) 李殷昌, 앞의 논문.

양식, 의성 양식, 경주 양식 등의 지역 양식들로 이해하면 아무런 문제가 없다.

한편 이동 양식은 이서 양식에 비해 양식 결집도가 한층 크다. 이는 동·서안 여러 지역 토기의 유사도를 계측적 속성을 기준으로 비교한 연구[32]에서 잘 예증된다. 이에서는 5세기 전반대로 잡은 김해, 성주, 대구 지역 토기 사이의 유사도가 서안 지방의 그 어떤 지역 사이의 토기 유사도보다도 높은 것으로 나타났다. 이런 결과는 해당 지역들을 하나의 양식권으로 묶을 수 있음을 간접적으로 말한다고 보아도 좋을 것이다. 분석 범위를 더 확대해서 경주를 비롯한 낙동강 이동의 다른 지역을 포함하였어도 결과는 마찬가지였을 것으로 추정된다. 그리고 이런 높은 결집성은 시간의 흐름에 따라 더욱 강해진다. 이는 양식의 의미를 떠나 이동 지방이 이서 지방에 비해 한층 분명한 한 단위를 이루고 있었음을 시사한다 하겠다.[33]

그동안 이동 양식 토기가 출토된 지역들 전부를 하나의 단위로 설정하느냐 마느냐의 문제에 관심이 집중된 탓에 그것이 지닌 몇 가지 정형성에 주목하지 못한 느낌이 있다. 그 정형성들을 분명히 파악하기 위해서는 앞서 말했듯이 시간적 변화와 공간적 변이를 함께 살펴보아야 한다.

시간적 변화상에서 가장 중요한 문제는 역시 양식의 형성 과정이라 하겠다. 이동 토기 양식이 어떤 과정을 거쳐 성립하였는가를 밝힐 수 있다면 양식의 의미나 성립 계기를 추론해 낼 수가 있을 것이기 때문이다.

이동 토기 양식의 형성 과정에 대해서는 경주에서 일원적으로 성립하여 다른 지역으로 퍼져 나갔다는 설[34]과 지역 상호간에 중심지 없는 '양식적 선택성'이 작용하면서 성립하였다는 설[35]로 대별된다. 전자는 양식이 일거에 성립한 듯이 보는 반면 후자는 비교적 서서히 형성되었다고 보는 점이 대비되는데 양식 형성 속도에 관해서는 기본적으로 후자의 시각이 옳은 것 같다. 그러나 이동 양식이 과연 중심

---

32) 權鶴洙, 「加耶諸國의 相互關係와 聯盟構造」, 『韓國考古學報』 31(1994), pp. 137~162.

33) 崔秉鉉, 「新羅土器」, 『韓國美術史의 現況』(藝耕, 1992), pp. 89~119.

34) 崔秉鉉, 『新羅古墳硏究』(一志社, 1992), pp. 616~623.

35) 李盛周, 「洛東江東岸樣式土器에 대하여」, 『제2회 영남고고학회학술발표회 발표 및 토론요지』(1993), pp. 31~50. 申敬澈, 「新羅土器의 發生에 對하여」, 『韓日古代文化의 連繫』(서울프레스, 1994), pp. 210~214도 대략 같은 견해이다.

지 없는 양식적 상호작용 속에서 형성되었는지는 의문스럽다. 지역 상호간에 '양식적 선택성'이 자연스레 작용하면서 성립한 것이 아니라 원신라 양식이라 할 경주 토기 양식이 먼저 성립하고 그것이 다른 지역으로 확산되면서 각 지역 기존 토기에 '양식적 선택압(selective pressure)'이 작용한 결과 범이동汎以東 양식이 성립한 것으로 판단되기 때문이다. 지금 그 과정을 구체적으로 추적할 만한 자료가 충분히 축적되지 못한 상태이지만 이동 양식 성립을 전후한 시기의 토기상이 어느 정도 밝혀진 동래 복천동 고분군을 예로 이를 어렴풋이나마 더듬어 볼 수는 있다. 편의상 고배에서 상하단 교호투창고배가 등장하는 현상을 이동 토기 양식 성립의 지표로 삼아 살피기로 한다.

다음 장의 편년에서 보듯이 동래 복천동 고분군의 이동 토기 양식 성립을 전후한 시기의 주요 고분들은 35 · 36호, 25 · 26호→31 · 32호→21 · 22호→10 · 11호로 상대 편년된다. 이에 따라 고배를 중심으로 토기상의 변천을 보면[36] 35 · 36호에서는 이른바 고식 도질토기(古式 陶質土器) 단계의 고배로 이 지역 특유의 외절구연 장각 고배(外折口緣 長脚 高杯) 형태에 상하 일렬一列 이단 투창이나 세장방형 일단 투창이 뚫려 있지만(그림 II-2의 ①, ②) 아직 교호투창은 나타나지 않는다. 그리고 같은 단계인 25 · 26호에서는 투창 없는 외절구연 장각 고배가 다수이고 일부는 그 기형에 세장방형의 일단 투창만을 가졌다(그림 II-2의 ④). 그렇지만 다음 단계인 31 · 32호에 가면 기존 기형(그림 II-2의 ⑧)에 이단교호투창을 뚫은 것(그림 II-2의 ⑨, ⑩)이 출현한다. 이로써 부산 지역이 범이동汎以東 양식권의 한 지역에 들게 되는 셈인데, 이에 후속하는 21 · 22호에서는 그러한 고배(그림 II-2의 ⑪) 이외에 경주 양식임이 분명한 고배(그림 II-2의 ⑫)들이 다량으로 나타난다. 그 다음 단계인 10 · 11호에서는 잘 알려져 있듯이 기존의 재지 기형은 완전히 사라지고 이동 토기 양식 안의 부산 지역 양식이 확립된다(그림 II-2의 ⑬, ⑭).

21 · 22호에서 경주 양식 토기가 다량으로 나타난 후 그 다음 단계인 10 · 11호

---

36) 이하의 논의는 일부 보고된 토기 도면 이외에 부산대학교 박물관에서 관찰한 바를 토대로 한다. 일부 보고된 토기 도면 중 31 · 32호 것은 全玉年 · 李尙律 · 李賢珠, 『東萊福泉洞古墳群 第2次 調査槪報』(釜山大學校 博物館, 1989)에 의하고 25 · 26호, 35 · 36호 것은 申敬澈, 위의 논문에 의한다.

그림 II-2 4세기 중·후반의 초기 신라 토기

①~③ 복천동 35·36호   ④, ⑤ 복천동 25·26호   ⑥, ⑦ 월성로 가-13호
⑧~⑩ 복천동 31·32호   ⑪, ⑫ 복천동 21·22호   ⑬, ⑭ 복천동 10·11호

에서 지역 양식이 확립되는 것을 보면 그 성립에 경주 양식 토기가 일정한 관련이 있음이 분명하다. 따라서 문제는 31 · 32호에서 재지 기형의 이단 교호투창고배가 처음으로 나타나는 과정에 대한 설명이 되겠다. 지금까지 공표된 자료에 의하면 31 · 32호에는 재지 기형을 변형한 교호투창고배만이 있고 경주식 기형의 것은 없다. 그래서 이로만 보면 마치 기존의 고식 도질토기 전통 위에서 경주는 경주대로, 부산은 부산대로 지역마다 이동 양식의 형성을 향한 독자적 변화를 거친 듯이 생각할 수도 있다.[37] 여러 지역 사이의 순전한 양식적 상호작용 속에서 이동 양식이 형성되었다는 것이다.

하지만 31 · 32호에서 출토된 교호투창고배의 대각에 주목하면 그렇게 볼 수 없을 듯하다. 이 고배들의 배부杯部는 모두 이 지역 재래의 형태이지만 교호투창 대각은 엄밀히 보면 두 가지 양상을 띤다. 배신 곡률이나 대각 저경을 비교하건대 재래의 무투창 대각에다 이단 투창의 구조를 받아들인 것(그림 II-2의 ⑨)이 있는가 하면 대각 저경이 상대적으로 커지고 곡률이 달라진 형태도 있다. 후자에 속하는 것은 경주 양식의 강한 영향을 반영한다고 판단되는데 그 점은 하단 투창 아래 돌대를 두 줄 두르고 다시 각단과의 사이에 돌대를 한 줄 더 두른 데서 잘 나타난다(그림 II-2의 ⑩). 또 이런 것 중에는 두 돌대 사이에 투창을 한 단 더 뚫은 것도 있다. 그래서 이는 아무래도 경주 양식의 양식적 '선택압'이 작용한 결과로 보아야 할 것이다.

설사 그것을 양식적 선택압의 결과가 아니라고 보더라도 낙동강 이동 지방의 여러 지역에서 교호투창이라는 공통된 속성을 채택한 계기가 무엇이었는지는 여전히 숙제로 남는다. 더욱이 31 · 32호 앞 단계인 35 · 36, 25 · 26호 고분에서 출토된 비재지형非在地形 고배를 참고한다면 그와 달리 선택압의 결과로 볼 여지가 많다. 35 · 36호에서 출토되어 도면이 알려진 예(그림 II-2의 ③)는 투창이 하단에만 뚫려 있지만 가로 폭이 넓은 투창 형태는 분명히 이단 교호투창고배 계통이다. 또 보고되지 않은 고배 한 점은 구연이 더 직립하고 이단 교호투창의 3단 대각에다 최하단 폭이 넓은 형태로서 전형적인 초기 경주 양식과 잘 통한다. 한편 25 · 26호에서는

---

37) 申敬澈, 위의 논문은 바로 이러한 관점에 서 있다.

교호투창고배는 아니지만 비슷한 시기의 경주 월성로 가-13호 출토품(그림 II-2의 ⑥)과 잘 통하는 형태로 대각 상부의 지름이 큰 이단 일렬 투창의 비재지 기형 고배가 한 점 출토되었다(그림 II-2의 ⑤). 그런데 월성로 가-13호에는 같은 형태이면서 이단 교호 투창인 고배(그림 II-2의 ⑦)가 공반될 뿐 아니라 주류를 이룬다. 그러므로 이러한 교호투창고배가 단지 25 · 26호분에 부장되지만 않았을 뿐이지 그 단계에 이미 부산 지역으로 유입되었을 가능성은 크다고 하겠다.

위에서 말한 비재지 기형 고배들이 어느 곳에서 온 것인지는 지금 정확히 알 수가 없는 형편이다. 하지만 현재로서는 경주산 또는 경주 양식 토기로 보는 것이 가장 합리적이라 생각된다. 그래서 31 · 32호에서 초현初現하는 부산 지역 이동 토기 양식의 형성에 그 앞 단계부터 모종의 선택압이 작용하였음을 가리키는 하나의 방증이라고 해석할 수가 있는 것이다.

아직 다소 무모하지만 위의 예를 일반화한다면, 경주 이외의 지역에서 이동 토기 양식은 경주 양식 토기의 양식적 선택압에 의해 형성되며 그 때문에 성립 당초부터 공통 양식이면서 지역색을 나타낸다. 성립 당초의 지역색은 앞 단계 토기인 소위 고식 도질토기의 지역색을 바탕으로 한 것이다. 그리고 일정 기간이 지난 후에는 각 지역에서 다시 복천동 10 · 11호의 경우처럼 새로운 지역 양식이 성립하는 것으로 추정된다. 물론 그 지역 양식은 고배의 대각이나 배부의 형태로 보건대 앞 시기보다 이동 양식으로서의 공통성을 한층 강하게 지니면서도 나름대로 지역색을 가진 형태들이다.

이와 같이 성립하였다고 추정되는 이동 토기 양식은 그 후 시간의 흐름에 따라 지역별로 토기 양식의 내용 또한 변화하는데 그 변화가 일정한 방향성, 즉 정향성定向性을 보이고 있는 점이 주목된다. 기본적으로 각 지역 토기 양식의 지역색이 탈색되는 쪽으로의 정향성을 나타내며 지역색이 다시 강해진다든지 하는 역전 현상은 없다. 바꾸어 말해 이동 지방 전역에서 양식상의 공통성이 점점 강해지는 방향으로 변화한다. 그리고 그 변화의 끝에는 결국 한 지역 양식이 전 지방을 지배하게 되는 바, 경주산 토기가 아니면 적어도 경주 양식 토기[38]가 전면 부장되는 것이다. 경주, 경산, 창녕 지역의 토기를 비교한 앞의 〈그림 II-1〉이 이를 단적으로 보여준다.

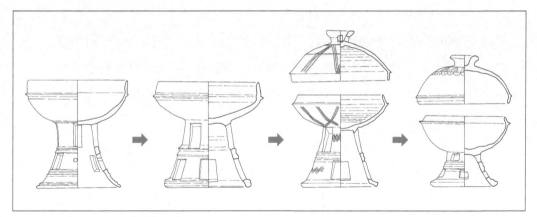

그림 II-3 신라 토기 변천 개념도

    그런데 이러한 통시적 정향 변화는 이동 전역에서 공간적으로도 일정한 정형성을 나타낸다. 아래에서 그 점을 약간 살펴보기로 한다.

    이른바 이동 양식은 교호투창고배를 기준으로 할 때 4세기 중엽에 성립한 후 6세기 중엽에 단각고배短脚高杯가 등장하기까지 크게 네 단계의 변화를 겪은 것으로 생각된다[39](그림 II-3).

    제I단계는 이동 양식 고배가 형성되는 단계이다. 이 단계의 초기에는 대각의 상부 지름이 커지면서 투창이 교호로 이단 뚫리거나 뚫릴 수 있는 형태가 되었으나 대각은 아직 곡선적인 팔자형八字形이고 배부의 직립 뚜껑받이는 형성되지 않았다. 이 단계의 늦은 시기에는 뚜껑받이가 생기지만 뚜껑이 공반되지 않는 경우가 많으며 대각은 좀더 직선화하였으되 아직 3단으로 구성된 것이 많다.

    제II단계는 절두원추형截頭圓錐形의 교호투창 이단 대각에다 직립하거나 약간 내경한 뚜껑받이를 갖춘 고배가 확립되는 단계이다. 이후 이 속성들은 거의 변함없이 유지된다. 뚜껑 손잡이는 대각도치형이 기본이다. 종래에 대개 이 단계의 토기

---

38) 5세기대 경주 양식 토기 또는 경주계 토기(이 개념에 대해서는 李盛周, 「洛東江東岸樣式土器에 대하여」, 『제2회 영남고고학회학술발표회 발표 및 토론요지』(1993), p. 48을 참조)의 제작 기법에서 나타나는 특징은 朴天秀, 앞의 논문(1993), pp. 160~166을 참조.

39) 단, 여기서 말하는 각 단계의 특징은 주로 경주 양식을 기준으로 한 것이다.

를 본격적인 신라 양식으로 규정하였다.

제III단계는 사격자문斜格子文, 이중거치문二重鋸齒文 등 여러 가지 문양이 유행하는 단계이다. 대각이 상대적으로 홀쭉해지는 것도 한 가지 중요한 변화이다. 이 단계의 늦은 시기에는 대각과 배부의 높이가 대략 같아지면서 표준화가 더욱 강하게 진전된다.

제IV단계는 단각화短脚化가 진행되는 단계이다. 이 단계의 고배는 개와 배부를 결합한 형태가 구형球形을 띠는 것이 특징이라 할 수 있다.

각 단계의 절대연대를 비정할 때 염두에 두어야 할 점은, 다음 장에서 지적하겠지만 크게 보아 양식의 형성 초기 단계에서는 변화가 빠르고 다소 다양한 양상을 보이나 표준화가 어느 정도 이루어지고 나면 실제 시간은 많이 흘러도 형태 차이는 별반 없다는 것이다.[40] 또 이른바 단각고배가 6세기 중엽에는 등장하였을 것이라는 점이 하나의 커다란 기준이 된다.

본 연구의 연대관[41]에 따르면 제2단계 토기가 출토된 황남대총이 5세기 초이므로 제2단계는 5세기 전반으로 잡으며 제I단계는 이동 토기 양식의 성립이 4세기 중기를 전후하므로 4세기 후반으로 한다. 그리고 토기 제작의 표준화가 정착된 이후 단각화, 왜소화矮小化하는 단계에서는 변화 속도가 더딜 것이라는 관점에서 제4단계를 6세기 전반으로 하며 제3단계는 5세기 후반으로 한다.

이상을 전제로 전고[42]에서는 시간의 흐름에 따라 단계별로 경주계 토기의 분포권 혹은 영향권 확산이 일어난 것으로 상정하고 각 지역 토기가 그와 궤를 같이하여 점차 범이동 양식으로 통합된다고 보았다. 그러나 경주계 토기의 확산 과정을 아직은 명확히 설명해내기 어렵다고 판단되므로 일단 여기서는 그에 대한 구체적 설명은 유보하고 개략적인 경향성만 서술해 둔다.

---

40) 李盛周, 「洛東江東岸樣式土器에 대하여」, 『제2회 영남고고학회 학술발표회 발표 및 토론 요지』(1993), pp. 37~38.

41) 이는 다음 장에서 상술한다.

42) 李熙濬, 「4~5세기 新羅의 考古學的 硏究」(서울大學校 大學院 考古美術史學科 博士學位 論文, 1998), pp. 44~47.

먼저, 제I단계에서 경주계 토기는 경주를 중심으로 하는 울산, 동래, 흥해, 영천 등지와 대구 복현동 고분군, 멀리 강원도 명주 하시동 고분군 등에서 확인되며 해당 지역에서는 이동 양식이 이미 확립된 것으로 보인다. 그래서 이 단계에 경북 북부 지역을 제외한 낙동강 이동 지방에서 일차적으로 이동 토기 양식으로의 전환이 일어났던 것으로 볼 수 있겠다.

다음으로 제II단계에 들어서면 북부 일부 지역에서 해당 시기의 고분이 조사되지 못하기는 하였으나 상주 청리 고분군에서 이 단계 초기의 경주계 토기[43]가 출토되었으므로 5세기 초에는 이미 경주에서 멀리 떨어진 경북 북부 지역들에도 이동 양식으로의 강한 선택압이 작용하였음이 분명하다. 그래서 이 단계의 초에 대개 이동 지방 전역에서 이동 토기 양식이 확립된다고 추정해 둔다.

제III단계에서는 다시금 경주 양식 토기 자체 또는 그 문양 요소가 이동 지방 전역에 광범한 영향을 미치는 것으로 보이며, 그 결과로 이동 전역에서 양식적 통일성이 한층 강화된다. 예컨대 앞 단계까지 경주 양식의 영향이 다른 지역에 비해서는 좀 미약하던 창녕 지역에서도 이런 현상이 분명하게 확인된다.[44]

제IV단계에서는 단각화가 상당히 진행된 경주 양식 토기가 이동 지방 전역에 거의 일시에 널리 퍼짐을 볼 수 있다.[45] 사실 이 단계의 초에는 경주를 제외한 지역의 대형 고총이 이미 거의 소멸하거나 그 주체부가 횡구, 횡혈식 석실로 바뀐다.

끝으로 한 가지 더 지적해 둘 정형성은 어떤 지역의 토기 양식이 경주가 아닌 다른 지역의 토기 양식으로 대체된다든지 한 지역에 두 지역 양식이 상당 기간 혼재하는 경우는 없다는 점이다. 즉 토기 양식으로 보는 한 경주 지역을 제외한 지역들 상호간의 영향은 없이 지역성이 유지되다가 경주 양식에 의해 통일되는 양상이다.

---

43) 청리 유적 C-7호 목곽묘 출토 대부파수부완을 예로 들 수 있다.
44) 교동 11호분 출토 토기가 이를 잘 보여준다.
45) 이상의 분포권 확대 등에 관련된 토기 도면 자료는 이동 양식 토기 자료를 대략 집성한 李盛周, 「洛東江東岸樣式土器에 대하여」, 『제2회 영남고고학회 학술발표회 발표 및 토론 요지』(1993), pp. 31~78을 참조할 수 있다.

이상으로써 이동 토기 양식의 성립과 시공적 변천 과정의 기저에 경주 지역으로부터의 선택압이 지속적으로 작용하였던 것으로 판단할 수 있다. 이는 이동 토기 양식의 분포권이 문화적 공통 권역임은 물론 모종의 공통된 정치권역이었음을 간접적으로 나타낸다고 추론된다. 거기에다 후술하듯이 경주계임이 분명한 위세품이 같은 분포권을 공유하는 사실을 중첩시키면 공통된 정치권이라는 해석은 한층 더 힘을 얻는다 하겠다.

2) 위세품威勢品

낙동강 이동 지방의 여러 지역에 축조된 5세기대 고분에서 동일 양식의 관冠, 대장식구帶裝飾具, 대도 등 소위 장신구류가 출토되고 있음은 잘 알려진 대로이다. 이 장신구류들은 그냥 몸을 치장하는 데 그치는 것이 아니라 착용자 개인의 위세威勢를 시각적으로 강조하기 위한 위세품(prestige goods)들이다. 이 위세품들의 재질이 금·은·금동이라는 사실은 그러한 기능 해석을 잘 뒷받침한다. 이것들은 '착장형著裝形' 위세품이라고 성격 규정을 할 수 있는데, 그 중 특히 대장식구는 이것들이 단순히 위세품이 아니라 복식품服飾品[46]으로서 기능하였음을 말해준다. 나중에 언급하듯이 낙동강 이동 지방의 각 지역 고분에서 피장자가 착장한 상태로 출토된 이 위세품들의 조합 관계를 살펴보면 일정한 정형성이 뚜렷하게 관찰되므로 복식품으로 기능하였음이 분명하다.

이러한 위세품들이 낙동강 이동 지방의 여러 고분에서 한 벌의 복식품으로 부장되기 시작하는 때는 5세기 초로 연대가 비정되는 황남대총 남분의 예나 그 앞 단계인 황오동 14호분의 예로 보아 대개 4세기 후엽 즈음일 것으로 짐작된다. 물론 4세기 후반 초로 생각되는 경주 월성로 가-13호분의 금공품이 이미 고도로 발달된 수준임을 감안하면 4세기 후엽보다 더 이른 시기에 정형화되었을 가능성은 있다. 그렇더라도 황남대총 남분에서 주인공이 착장한 채로 출토된 것은 산자형 관(山形

---

46) 李漢祥, 「5~6世紀 新羅의 邊境支配方式 —裝身具 分析을 중심으로—」, 『韓國史論』 33(1995), p. 46.

字 冠)이고 그에 대비되는 이른바 초화형 관(草花形 冠)[47]은 그냥 부장된 점으로 미루어 산자형 관을 위시한 허리띠 장식 등의 위세품이 한 벌로서 정착되는 것은 역시 대개 4세기 후엽으로 추정되는 것이다.

이 착장형 금공 위세품의 등장은 전대의 위세품과는 크게 대비되는 중요한 변화이다. 원삼국시대에서 삼국시대에 걸쳐 영남 지방의 고분에 부장된 위세품의 변화 과정을 통시적으로 보면 그 점을 금방 알 수 있다. 서기전 1세기에서 서기 3세기에 걸친 진·변한 시기에는 아직 자료가 그다지 많지 않아 불분명한 부분이 많으나 유기질 관(有機質 冠) 등 이외에 유리·수정제 옥류(水晶製 玉類)를 주체로 하는 경식류頸飾類가 주된 위세품으로서 장기간에 걸쳐 큰 질적 변화 없이 애용된 것으로 보인다. 그리고 4세기 전반 혹은 그 이전 3세기대의 어느 시기에는 동래 복천동 고분군이나 김해 대성동 고분군의 자료를 볼 때 용기류와 같은 '보유형保有形' 위세품이 오히려 특별한 의미를 지녔다고 할 수 있다.[48] 그러다가 낙동강 이동 지방에서는 4세기 초를 전후한 시기에 착장형 위세품으로서 경옥제 곡옥(硬玉製 曲玉)을 주체로 하는 경식류가 등장하면서 진·변한 이래의 위세품에 일차로 중요한 변화가 일어난다. 그 중심지는 5세기대의 양상을 보건대 아무래도 경주 일대의 사로였던 것 같다. 이 경옥硬玉은 금공 위세품이 본격 등장한 이후에도 신라의 위세품류에서 그에 버금가는 중요성을 가지지 않았나 싶다. 산자형 관에 부착된 경옥제 곡옥은 그런 사실을 잘 말해준다.

이러한 배경 속에서 4세기 후반에 등장한 착장형 금공 위세품은 이제 지배층의 위세품에서 기왕과는 달리 보유형이 아닌 착장형이 분명하게 중심적 위치를 차지하는 쪽으로 변화가 일어났음을 말해준다. 물론 그 이후로도 보유형 위세품은 계속 존재한다. 하지만 착장형 금공 위세품은 진·변한 시기의 옥류처럼 단순한 장신구가 아니라 복식의 주된 요소가 되기에 근본적 성격 변화의 의의를 가진다. 다른 한편으로 3세기에서 4세기의 이른 시기까지 중요시된 위세품은 보유형이면서 외래

---

47) 朴普鉉, 「樹枝形立華飾冠의 系統」, 『嶺南考古學』 4(1987), pp. 13~33.
48) 예컨대 대성동 고분군에서 출토된 銅鍑과 같은 용기류를 들 수 있다.

기원의 것이 주인 데 비해 4세기 후반~5세기의 금공 위세품은 주로 영남 지방의 소산인 점도 중요한 변화라 하겠다.

보유형 위세품은 전세傳世 등에 의해 소유주가 바뀔 수도 있었을 터이지만 착장형 위세품은 그와 다르다. 즉 이는 기본적으로 특정 착장자를 위해 제작된 물품으로서 그 개인에게만 위세가 배타적으로 인정되는 사회적 의미를 지닌 물품이며, 그래서 보유형 위세품과는 성격이 아주 다르다. 특히 시각적 효과가 강한 이 위세품은 그 자체로서 착장자의 신분을 상시적으로 나타냄과 동시에 신분층(지배 계층)내에서의 위계를 구체적으로 드러내 준다. 그런 점에서 금은제金銀製 착장형 위세품의 출현은 지배 계층 안의 큰 변화를 시사한다고 생각된다. 즉 착장자 개인간의 우열이 분명하게 표현된다는 점에서 지배 계층 내의 분화分化가 전보다 심화되었음을 추론할 수 있다. 이는 그것들이 부장되는 고총의 존재와 중첩시켜 보면 더욱 분명히 드러난다.

착장형 금공 위세품 중 특히 관류冠類를 정밀하게 분석해 보니 동일한 형식이 없다고 하면서 그것들이 각 지역에서 자체 제작되었을 가능성을 제기하기도 한다.[49] 하지만 그것은 지나친 분해 분석의 결과로 보아야 할 것이다. 무엇보다도 통시적으로 보면 각 지역의 관류가 경주의 그것과 궤를 같이 하면서 형식 변화를 하는 것이 분명해 그 점만으로도 이 위세품들이 각 지역에서 제작되었을 가능성은 별로 없어진다. 각 지역에서 매 시기에 경주의 것을 모방해서 생산하였다고는 생각하기 어렵기 때문이다. 그 외에 개발 가능한 금광의 분포 편재성偏在性, 금공품 제작에 필요한 고도의 기술 등을 고려하면 각 지역 고분에 부장된 위세품은 기본적으로 경주로부터 하사되었다고 보아야 할 것[50]이다.

잘 알려져 있듯이 이러한 위세품은 공간적으로 낙동강 이동이라는 한정된 지

---

49) 朴晉鉉, 앞의 논문(1987), pp. 13~33.

50) 崔鍾圭, 앞의 논문 및 李漢祥, 앞의 논문(1995). 이외에 신라 국가가 지역 工人層을 장악하여 금공품을 제작한 것으로 보는 견해(全德在,「新羅 州郡制의 成立背景研究」,『韓國史論』22(서울대학교 국사학과, 1990), p. 37)도 있지만 그런 경우는 간접 지배의 수준을 넘어선 상태이며 그리되면 후술하듯이 각 지역 고총의 존재 이유를 설명할 길이 없게 된다.

방[51])에만 분포한다. 즉 이동 양식 토기 분포권 안에 있는 고분에서만 출토된다. 또 4세기 후엽 이후로 이동 지방의 대부분 지역에서 고총이 집단적으로 축조됨과 동시에 부장되기 시작하여 거의 대부분 5세기대로 한정되는 기간 동안에만 부장된다. 이로써 우선 그러한 착장형 위세품들이 경주로부터 각지 지배층에 하사된 이후로 각지의 고총이 조영되기 시작하였을 가능성을 점쳐 볼 수 있다. 그리고 각 지역에 경주 양식 토기가 전면 등장하는 단계(대개 5세기 말 6세기 초)에 가면 그 지역들에서 위세품류가 현격하게 감소하며 특히 전형적인 산자형 관류는 더 이상 부장되지 않는다.[52] 이는 금공 위세품들이 부장되기 시작하는 4세기 후엽이 조금 지난 시점에 이동 양식 토기가 초기의 다양성을 벗어나 통일성이 일차 강화된다는 점과 더불어 금공 위세품의 부장이 이동 토기 양식이 보이는 변화와 모종의 상관관계가 있음을 시사한다.

각지 고분 출토 위세품 자체도 정형성을 나타내는데, 잘 알려져 있듯이 경주 이외 지역의 위세품들은 경주의 최고위급 고총 출토품에 비해 재질에서 일정한 낙차를 보인다. 산자형 관을 예로 들면 경주의 최고위급 고분에서 나오는 금관은 지방 고분에서는 출토되지 않고 한결같이 금동관으로만 한정된다. 게다가 대부분이 소위 녹각형 입식이 없는 등 간화된 것이다. 또 대장식구의 경우는 두어 예가 금동제일 뿐 나머지 모두가 은제이다. 그래서 크게 보아 경주 지역의 초대형급 고분 다음 급 이하의 고분에서 출토되는 것에 대응된다고 말할 수 있다.

최근에 이러한 위세품을 복식품으로 보는 견지에서 낙동강 이동 각지의 4~5세기 고분 피장자들이 착장한 상태로 출토된 대관帶冠, 관식冠飾, 관모冠帽, 태환이식太鐶耳飾, 세환이식細鐶耳飾, 대장식구帶裝飾具, 대도大刀, 경식頸飾, 천釧, 지환指環의 공반 관계를 분석해 본 바 있다.[53] 그에 의하면 경주 지역 고분의 경우 공반 관계의 정

---

51) 낙동강 이서의 玉田 고분군 M6호에서도 산자형 관이 출토된 바 있으나 그것은 낙동강 이동의 것들과는 의미를 달리한다. 그에 대해서는 李熙濬, 「토기로 본 大伽耶의 圈域과 그 변천」, 『加耶史硏究 —대가야의 政治와 文化—』(慶尙北道, 1995), pp. 421~422를 참조.

52) 앞의 토기 변천을 염두에 둘 때 6세기 전엽 이후 변형된 형태의 산자형 관들이 몇 점 출토되었는데 그것들이 출토된 고분은 대개 해당 지역의 중심고분군 지구가 아닌데다가 6세기의 변화된 정치적 상황을 고려하면 그 의미는 5세기대와 다르다고 생각된다.

형성이 다소 불분명한 관류를 제외한 나머지 복식품들의 공반 관계는 A군(세환이식+대도 부장), B군(태환이식), C군(세환이식·대도), D군(태환이식·경식), E군(세환이식·과대), F군(태환이식·과대), G군(태환이식·과대·경식), H군(세환이식·과대·대도), I군(태환이식·경식·천+일부 과대 혹은 지환 착장), J군(세환이식·과대·대도·경식), K군(태환이식·경식·과대·천·지환+대도 부장), L군(세환이식·대도·경식·과대·천·지환)으로 나뉘며 대체로 A에서 L로 가면서 높은 위계를 이룬다. 경주 이외 지역의 고분에서는 경주와 동일한 공반 관계를 가진 대응군인 d, e, g, h, j군으로 나뉘며 이들은 경주의 중상위 군에 해당된다.

여기서 세환이식은 남성, 태환이식은 여성을 가리키는 것으로 해석되기 때문에 위의 12개 군은 A·B，C·D, E·F, G·H, I·J, K·L의 6개 남녀 대응군으로 묶을 수 있으며, 다시 크게 A~D, E~H, I~L의 세 개 군으로 통합 분류된다. 이들은 A에서 L로 가면서 새로운 복식품을 한 가지씩 더하거나 다른 복식품으로 대체하든지 아니면 아예 하위 군의 복식품들을 통합하는 누층적, 단층적 구성을 지닌다. 또 약 150년이라는 긴 시간대에 걸친 것인데도 경주와 다른 지역들이 구분 없이 공통된 정형을 나타낸다. 이는 당시에 이동 지방 전역을 포괄하는 복식제도가 존재하였음을 시사한다고 추론된다.

이러한 정형성들은 위에서 말한 대로 이동 지방의 공통 양식 위세품들이 사로로부터 하사되었을 가능성을 강력히 뒷받침하며, 그와 동시에 경주와 기타 지역 사이의 일정한 위차를 말해 주는 것[54]으로 생각된다. 다만 그렇다고 해서 각 지역 고총의 위세품 부장에 엄격한 유형이 있는 것처럼 상정하고서 그 유형별로 등급을 매겨 신라 중고기 이후의 관계 조직 위계에 대비시키는 것[55]은 바르지 않다고 본다. 무엇보다도 이 시기의 경주 지역에 그처럼 일원적으로 조직된 엄격한 관등 제도가 존재하였는지 자체가 의문시되기 때문이다. 또 그러한 분석은 으레 시기가 다른 위세품도 재질이나 형태가 같으면 동일 유형으로 분류하고 같은 위계를 나타낸다고

53) 李熙濬, 「4～5세기 新羅 고분 피장자의 服飾品 着裝 定型」, 『韓國考古學報』 47(2002), pp. 63～92.
54) 朴普鉉, 「威勢品으로 본 古新羅社會의 構造」(慶北大學校 大學院 史學科 博士學位 論文, 1995).
55) 毛利光俊彦, 「朝鮮古代の冠―新羅―」, 『西谷眞治先生古稀記念論文集』(1995), pp. 683～718.

전제하기 때문에 시간의 흐름에 따른 위세품의 의미 변화를 무시할 수밖에 없어 문제가 된다.

위에서 언급한 4~5세기 낙동강 이동 지방의 복식제도는 흔히 말하듯이 관등제에 직결되는 것이 아니라 신분제를 기반으로 한 것으로 경주에서 인지되는 세 개의 복식군은 지배층 안에 존재하였던 세 개의 신분 단층에 대응된다고 추정된다. 그리고 이와 동일한 신분제가 그대로 적용되지 않았던 다른 지역들의 경우는 경주 지역의 복식제도가 준용되었다고 생각된다.

3) 고총高塚

고총이라는 말은 아주 흔하게 쓰이고 있으나 분명하게 정의된 예는 별반 없는 것 같다.[56] 대상이 되는 고분 대부분이 지금도 그 분구墳丘를 즉각 인지할 수 있어서 현상적으로 명백하기 때문일 것이다. 그러나 때로는 그 식별이 단순히 가시적 차원의 문제에 그치지는 않는다. 우선 성토 분구를 기준으로 한다면 늦어도 전대의 목곽묘 단계부터 어떤 형태로든 분구는 있었으므로 그것들과 준별하는 문제가 있다. 또 매장 주체부가 거의 완전히 지하에 설치되었기 때문에 원래 분구가 그다지 고대高大하지 않았던 고분인 경우 봉분이 후대의 삭평 등에 의해 아주 저평해져서 외관상 분명하지 않을 수도 있을 것이므로 역시 문제가 된다.

고총을 개념 규정하는 데서는 진·변한 이래로 일어난 고분 변화의 연속선상에서 어떤 단계부터를 고총으로 규정할 것이며, 그 기준은 무엇으로 할 것인지가 관건이라 하겠다. 그렇다면 역시 분구 형태가 가장 일관성이 큰 기준 속성이 될 듯싶다. 그것은 고분古墳의 '분墳'이 곧 묘墓로 통하기도 하지만 둘을 구분하는 경우 지면 위로 높이 솟은 것을 분墳이라 하고 평평한 것은 묘墓라 하며[57] 고총高塚이라

---

56) 崔鍾圭, 「原三國時代の墓制」, 『日韓交涉の考古學』(六興出版, 1991), pp. 211~214가 예외적이며 金龍星, 「林堂 IA-1號墳의 性格에 對하여—高塚의 始原的 樣相—」, 『碩晤尹容鎭敎授 停年退任紀念論叢』(1996), pp. 311~343에서 최초로 엄밀하게 정의되었다.
57) 中華民國 三民書局, 『大辭典』〈上〉, p. 923.

할 때의 '총塚'이 『설문해자說文解字』에 나오듯이 '고분高墳'을 의미하는 데서 단적으로 드러난다.

그래서 진·변한 이래의 무덤이 분구를 기준으로 할 때 분묘墳墓→고분古墳→고총高塚[58]으로나 묘→분→총[59]으로 단계화된다는 관점에 서서 고총을 정의하면, 성토 분구(盛土 墳丘)의 평면형이 호석護石이나 주구周溝 등에 의해 원형이나 타원형으로 나타나면서 분명한 분묘 단위를 이루는 고분을 가리킨다고 할 수 있다.[60] 이렇게 보면 동래 복천동 고분군처럼 매장시설 위에 일정 높이로 성토하였으되 원 분구가 저평하고 평면이 장방대형長方臺形에 가까웠을 것으로 추정되는 고분들은 고총의 범주에서 제외된다. 한편 횡혈식 석실을 내부 주체로 하는 고분은 고총에 포함된다.[61]

고총은 진·변한 이래의 고고학적 현상을 통시적으로 볼 때 그 외형만으로도 가장 두드러지며, 그래서 고총의 출현은 흔히 일반적 고분의 출현과 더불어 시기 구분의 중요한 지표로 삼는다.[62] 또 고총은 지역에 따라 약간의 시차를 가지며 등장하지만 상당히 광역적인 현상으로서 대체로 5세기를 중심으로 하는 기간 동안 집중적으로 축조되므로 각 지역 무덤이 공통적으로 거치는 단계로 설정할 수 있다. 그래서 이는 진·변한 이래의 무덤 변천에서 목곽묘의 등장, 부곽의 발생과 마찬가지로 획기적인 변화라 할 수 있다.

고총의 분구는 이전 시기 고분의 분구와 비교할 때 훨씬 크고 높게 보이려는 축조 의도를 분명하게 담고 있으며 또 실제로 지금도 현저하게 크고 높다. 5세기 초에

---

58) 金龍星, 앞의 논문(1996).

59) 李熙濬, 「新羅 高塚의 특성과 의의」, 『嶺南考古學』 20(1997), p. 4 註)16.

60) 이상의 고총 개념과 아래에서 언급하는 낙동강 이동 지방 고총의 특성에 대한 더 자세한 논의는 李熙濬, 위의 논문을 참조.

61) 단, 金龍星, 앞의 논문(1996), pp. 311~343에서는 본고와 비슷하게 분구를 기준으로 고총을 정의하면서도 횡혈식 석실분은 그 범주에서 제외하였다. 이에 대해 金大煥, 「新羅 高塚의 지역성과 의의」, 『新羅文化』 23(2004), p. 133에서는 고분의 내부 주체가 경주에 석실이 도입되기 이전 단계에 해당하는 초기 석실인 경우는 고총에 포함시키고 그 이후의 석실은 제외하는 방안을 제시하였다. 내용적으로는 타당성이 있으나 고총의 정의 기준이 분구에 있다는 점을 감안하면 일관성은 떨어진다.

62) 이에 관한 자세한 논의는 金龍星, 위의 논문, pp. 317~321과 李熙濬, 「新羅 高塚의 특성과 의의」, 『嶺南考古學』 20(1997), pp. 1~25를 참조.

축조된 황남대총의 고대高大함(높이 22미터 내외)은 전대前代의 목곽묘에 비할 수 없는 것이어서 고총 단계에 일어난 변화를 상징적으로 보여준다. 또 고총의 주체부가 애초의 지하식에서 시간의 흐름과 함께 반지상화 혹은 지상화하는 현상도 묘와 더불어 봉분을 일체적으로 쌓음으로써 노력은 적게 들이되 외견상 고대高大하게 보이는 과시 효과를 극대화하려는 의도에서 비롯된 것이다. 특히 구릉에 축조된 이런 고총들은 사면의 경사를 적절히 이용함으로써 봉분 토량은 적게 들이면서도 한층 거대하게 보이는 효과를 올리고 있다.[63] 분구를 쌓는 방법도 이전과는 달라졌는데 판축상版築狀으로 쌓아 올림으로써 장기 존속을 분명하게 기도하였다.

이처럼 고총은 무엇보다 분구를 양적으로 강조한 점에서 전대前代 고분과는 분명하게 구분이 되며 그래서 이 단계에 이르러 모종의 사회적 변화가 일어났음을 시사한다. 우선 봉분 축조에 동원되었을 노동력의 규모로 판단하건대 피장자(혹은 무덤 축조자)의 권력이 앞 시기보다 훨씬 커졌음을 말해준다. 그와 동시에 평면 원형 · 타원형 분구로써 고분 개개의 묘역이 분명해지고 독립성이 강조되는 형태를 띤 점은 고총 주인공들인 지배층 안에서 피아의 구별이 한층 분명해졌음을 말한다.

사실 앞 시기의 고분들은 무엇보다 봉분의 형태나 크기가 시각적으로 현저하지 않아서 그것이 조영되던 당시와 그 후의 주민들에게 각 고분간의 차이보다 고분군 전체의 집단성이 오히려 더 강하게 인식되었을 것이다. 그러나 고총 단계에 들어서면 그러한 집단성과 더불어 각 고분 단위가 매우 강조됨으로써 그에서 탈피하려는 경향성을 강하게 느낄 수 있다. 고총 이전의 고분 단계에서는 축조 당시에도 묘의 배치나 분구의 형태 때문에 고분 분구간의 차이가 현저하지 않지만[64] 일정한 시일이 경과하면 그 차이조차 한층 약화된다. 목곽이 내려앉아 분구가 꺼지고 봉토 자체가 쉽게 유실되어서 고분 개개의 외형이 불분명해짐은 물론이거니와 인접 고분끼리 접속 평탄화가 이루어지기 때문이다. 그에 반해 고총의 경우는 내부 구조가 석곽인데다가 장기 존속을 겨냥한 봉분 축조 방식 덕택에 분구가 거의 그대로 유지

---

63) 이러한 성토 방법은 낙동강 이동 지방에서 많이 채용된 듯한데 성주 星山洞 고분군을 그 예로 들 수 있겠다.

64) 이에 관한 자세한 논의는 金龍星, 앞의 논문(1996)을 참조.

되므로 상호간의 차이가 지속적으로 인지된다.

이처럼 고총은 이전 단계 고분들과 달리 축조 당시 사람들뿐만 아니라 그 후세 사람들에게도 일종의 기념물로서 인식될 것을 분명하게 의도하였다. 이는 당시 사람들이 무덤에 대해 가졌던 인식이 크게 바뀌었음을 반영한다. 또한 그들이 계세 사상에 따라, 말하자면 무덤을 망자가 사는 공간이라고 여겼던 점을 감안할 때 그런 인식 변화는 당시 사회에 일어난 중요한 변화를 시사한다고 생각된다. 대부분의 고총에 부장된 유물의 질과 양이 앞 시기에 비해 격단의 차를 보이는 점도 그러한 변화를 뒷받침한다. 대표적 예로 경주 지역 고분의 분구 크기가 현격하게 커지는 변화와 궤를 같이 하여 부장 유물의 질과 양도 비약적으로 증대되는 현상[65]은 역시 무엇인가 큰 변화를 암시한다고 보아야 할 것이다.

아래에서는 낙동강 이동 지방 고총의 분포 정형과 통시적으로 본 특성 및 공시적으로 본 특성들을 검토하고 그것들이 앞에서 말한 위세품이나 이동 양식 토기의 정형성들과 상호 어떻게 관련되어 있는지를 보기로 한다.

첫째로 이동 지방의 고총군은 무엇보다도 그 분포에서 경주 지역과 관련성을 나타낸다. 중대형의 고총을 주체로 하는 대규모 고분군은 양산, 창녕, 대구, 경산, 선산, 의성, 안동 등 거의 대부분이 낙동강 본류변 및 지류변의 분지에 분포한다. 물론 그를 벗어난 곳에도 일부 있다. 먼저 경주의 고총군을 들 수 있고, 동해안 지역 영덕의 괴시동 고총군이나 동해안 지역의 남단에 해당하는 곳인 동래의 연산동 고총군도 있다. 이런 이동 지방 고총군의 분포가 지닌 첫 번째 정형성을 들라 하면 해당 소재지가 교통의 요지라는 점을 꼽을 수 있겠다. 〈그림 II-4〉는 낙동강 이동의 수계水系를 염두에 두고 각 지역에서의 비고比高를 기준으로 산지와 평지를 구분한 후 고총군의 분포와 그로부터 상정되는 교통로를 도시圖示한 것[66]인데 이로부터 그 점을 대략 알 수가 있다.

---

65) 4세기대의 경주 지역 고총 중에 황남대총에 견줄 超大形墳이 있었을 가능성이 없지는 않지만 현재로서는 5세기 초의 황남대총이 이를 웅변한다 하겠다.

66) 이는 金龍星, 「大邱·慶山地域 高塚古墳의 研究」(嶺南大學校 大學院 文化人類學科 博士學位 論文, 1997), p. 220의 揷圖 13을 토대로 일부 수정한 것이다.

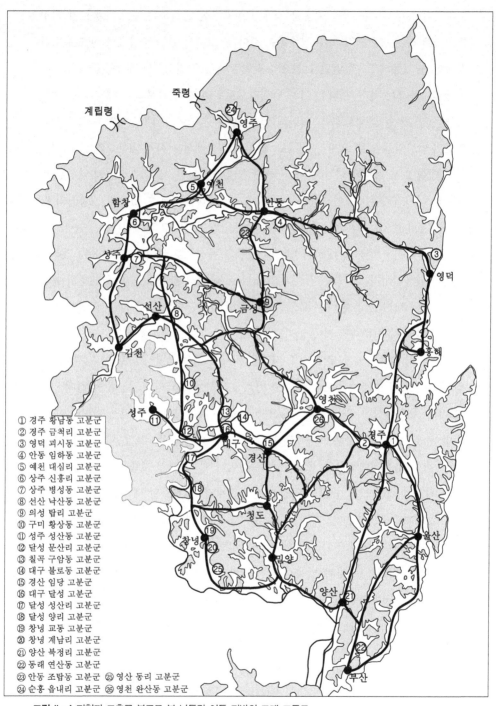

그림 II-4 지형과 고총군 분포로 본 낙동강 이동 지방의 고대 교통로

① 경주 황남동 고분군
② 경주 금척리 고분군
③ 영덕 괴시동 고분군
④ 안동 임하동 고분군
⑤ 예천 대심리 고분군
⑥ 상주 신흥리 고분군
⑦ 상주 병성동 고분군
⑧ 선산 낙산동 고분군
⑨ 의성 탑리 고분군
⑩ 구미 황상동 고분군
⑪ 성주 성산동 고분군
⑫ 달성 문산리 고분군
⑬ 칠곡 구암동 고분군
⑭ 대구 불로동 고분군
⑮ 경산 임당 고분군
⑯ 대구 달성 고분군
⑰ 달성 성산리 고분군
⑱ 달성 양리 고분군
⑲ 창녕 교동 고분군
⑳ 창녕 계남리 고분군
㉑ 양산 북정리 고분군
㉒ 동래 연산동 고분군
㉓ 안동 조탑동 고분군 ㉕ 영산 동리 고분군
㉔ 순흥 읍내리 고분군 ㉖ 영천 완산동 고분군

여기서 주목되는 점은 고총군 소재지 상호간을 연결하는 주요 교통로가 가장 많이 교차하는 결절지가 바로 경주라는 점이다. 그래서 이를 중심으로 한 교통망을 상정할 수 있는데 그 각 방면 교통로의 말단부나 중요 결절지에 고총군들이 위치하고 있다. 동래는 울산 지역을 거쳐 남해안으로 나아가는 관문지에 해당하며, 양산 지역은 경주로부터 낙동강 쪽 최단거리의 남단부 지역이다. 대구 지역은 경주 서쪽 방면의 낙동강에 연한 요지라 하겠고, 의성은 경주에서 서북쪽 내륙 지역으로 나아가는 데 반드시 거쳐야 할 요지이다. 한편 창녕은 청도를 거쳐 가장 멀리 낙동강 방면으로 나아간 곳이다. 이러한 정형성은 결코 우연이라 할 수 없으며 고총군의 생성과 분포에서 경주 지역이 구심적 위치에 있음을 말한다고 해석된다.

물론 이러한 해석에 대하여 반드시 경주를 중심으로 보아야 할 이유는 없다는 반론이 있음직하다. 그러나 앞에서 본 대로 이동 양식 토기와 금공 위세품의 분포가 경주를 구심점으로 한다는 사실을 고려하면 고총군의 분포상分布相 또한 그러하다고 보아서 하등 문제될 것이 없다.

각 지역 고총군의 규모도 경주 지역을 핵으로 하는 경향성을 보인다. 경주로부터 다른 고총군 소재지를 거치지 않고 바로 도달하는 지역의 고총군—예컨대 양산 북정리, 동래 연산동, 영천 완산동 고분군[67] 등은 다른 고총군 지역을 거친 후에 도달할 수 있는 지역의 고분군—예컨대 의성 탑리, 경산 임당·조영동, 대구 달성 고분군 등에 비해 전반적으로 규모가 작은 것이다.[68] 각 지역 고총군의 규모가 해당 축조 집단의 세력 크기나 축조 기간과 상관관계가 있다고 할 때 이는 경주에 상대적으로 가까울수록 그만큼 지역의 세력이 약하였거나 축조 기간이 짧았음을 뜻하는 동시에 역시 경주의 구심적 위치를 나타낸다고 해석할 수밖에 없다.

둘째, 통시적으로 볼 때 낙동강 이동 지방 각 지역의 고총은 대체로 4세기 후반에 처음 등장한다고 말할 수 있지만 지역별로 묘구墓區의 고소高所에서 일정한 군을 이루기 시작한 것은 대부분 4세기 말에서 5세기 초이다.[69] 그런데 공교롭게도

---

67) 宋春永·鄭仁盛, 「영천 완산동 고분군」, 『博物館年報』6(大邱教育大學校博物館, 1996), pp. 9~38.
68) 전자는 대개 10기 내외로 이루어진 데 반해 후자는 최소 20여 기 내외에서 그 이상 수십 기, 때로는 100기 이상이다.

이때는 앞에서 말하였듯이 이동 전역에서 토기 양식의 통일성이 강화되고 동시에 신라식 금공 위세품이 확립되는 시기이다. 그리고 경주 이외의 지역에서 경주식 착장 위세품이 처음으로 출현한 이후 고총군이 형성되거나 아니면 고총군의 형성과 동시에 그러한 위세품이 부장되기 시작하는 때도 바로 이 시기이다. 고총군 출현을 전후한 시기의 고분들이 많이 조사된 지역을 예로 보면 전자에 해당하는 것은 부산 지역이고 후자에는 경산 지역이 해당된다.

부산 복천동 고분군에서는 4세기 말로 편년되는 10·11호와 동1호에 각각 신라식 위세품이 부장되었는데 이들은 아직 고총이 아니며 그에 후속하는 연산동 고분군 단계에서 비로소 고총화가 이루어진다. 한편 경산 임당·조영동 고총군에서는 가장 이른 4세기 후엽의 임당 7A호에서부터 신라식 위세품이 부장되고 있다. 그런데 이 경우도 해당 위세품이 주인공의 생전에 분여되었을 것이라서 시간적으로 고총군의 형성에 앞서 위세품이 분여된 셈이다. 이러한 선후 관계는 결코 우연이라고는 볼 수 없으며 깊은 의미를 담고 있을 터이다. 그래서 두 가지 경우 모두 경주식 위세품의 분여와 고총군의 출현 간에 상관관계가 있음은 물론 일정한 인과관계가 있다고 상정할 수가 있다. 후술하듯이 4세기 말 5세기 초의 이러한 변화는 낙동강 이동 지방에 커다란 정치적 변화가 일어났음을 반영하는 것이다.

흔히 상정하듯이 고총은 그저 지역간의 문화적 모방에 의해 나타난 현상으로만 볼 수는 없다. 대규모 노동력을 동원할 수 있는 권력의 집중 현상 등 각 지역 집단 내의 여건이 성숙되지 않으면 축조가 불가능하기 때문이다. 한편 고총 출현이 지역 사회의 진화를 기반으로 한다는 점에서 각 지역의 독자성을 나타내는 듯이 볼 수도 있다. 그러나 이러한 비교적 급작스런 변화가 공통된 토기 양식을 전제로 하고 경주식 위세품을 동반하면서 일어나는 데서 보듯이 이는 오히려 외적 선택압에 의해 일어난 집중화 현상 내지는 내적 응집의 측면이 강함을 부인할 수 없다.

셋째, 각 지역 고총을 공시적 관점에서 볼 때 대개 목곽묘를 주체로 하는 고분 단계와는 달리 그 내부 구조가 강한 지역색을 띤 점이 주목된다. 목곽묘에서는 지

---

69) 이에 대해서는 다음 장의 편년표를 참조.

역간에 평면 형태 등이 다소 차이를 보이기는 하지만 그래도 구조에서는 그렇게 큰 차이가 없었다. 그와 달리 고총 단계에 와서는 갑자기 지역 차가 아주 커져서 어떤 측면에서는 지역마다 다른 내부 구조를 갖게 된다.

지금까지 적석목곽묘를 주체로 하는 경주 지역 고총을 제외한 여타 지역 고총의 내부 주체는 대개 석곽묘로 일괄 분류되어서 그 안에서는 별다른 차이가 없는 듯이 인식되는 경향이 강하였다. 나아가 이러한 분류와 인식은 적석목곽묘가 주 묘제인 경주 지역과 석곽묘가 분포하는 나머지 이동 지방 전체를 한 묶음으로 대비시킴으로써, 전자가 곧 신라이고 그 외 지역들은 모두 가야라고 잘못 해석하는 데 적지 않은 영향을 끼쳐 온 것이 사실이다.

그러나 위와 같은 분류는 실상을 가리는 피상적인 분류에 지나지 않는다. 경주의 적석목곽묘가 워낙 개성적이라서 다른 지역의 묘제가 지닌 개성이 상대적으로 부각되지 못하였을 뿐 구체적으로 묘곽을 구축한 방식이나 묘곽과 봉토의 관계 등 구조적 측면을 보면 지역마다 다를 정도로 모두가 개성이 강한 묘제를 갖고 있다. 즉 이들은 개념적으로만 석곽묘로 일괄될 수 있을 뿐 기실은 각양각색인 것이다. 예를 들어 경주의 적석목곽묘에다 경산 지역 고총의 지하식 석개石蓋 목곽이라는 내부 주체[70]와 대구 지역 달성 고분군의 반지상식半地上式 판석板石 석곽묘 및 할석割石 석곽묘를 비교해 보면 모두 제각각이라서 뒤의 셋만 따로 석곽묘로 일괄해야 할 하등의 이유가 없다(그림 II-5 참조). 다른 지역 고총의 내부 주체들도 마찬가지로 기본적으로는 큰 차이를 보인다.[71]

종래에는 이런 석곽묘 유형들이 시기 차를 나타낸다고만 생각하고 그에 주목한 탓에 지역성을 깊이 인식 못하였지만 그러한 유형 차이가 반드시 시기 차이 탓만은 아님이 분명하다. 6세기대에 범신라식汎新羅式의 횡구식 석실과 그에 이은 횡혈식 석실이 이동 각 지역에 전면적으로 도입될 때까지 각 지역의 석곽묘 유형이 해당 지역에서 하나의 전통으로서 대체로 유지되는 양상을 보이는 점은 이를 잘 말

---

70) 金龍星, 『新羅의 高塚과 地域集團 —大邱·慶山의 例—』(춘추각, 1998)에서는 이를 가리켜 岩壙木槨墓라 명명하였다.

71) 이에 대한 자세한 논의는 金大煥, 앞의 논문, pp. 115~147을 참조.

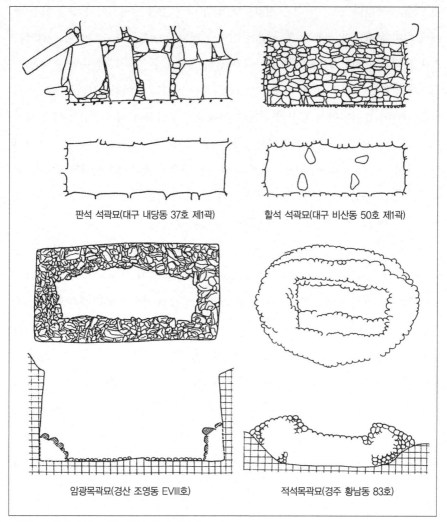

판석 석곽묘(대구 내당동 37호 제1곽)

활석 석곽묘(대구 비산동 50호 제1곽)

암광목곽묘(경산 조영동 EVIII호)

적석목곽묘(경주 황남동 83호)

그림 II-5 대구, 경산, 경주 지역 고총의 내부 구조 비교도

해준다. 또 각지의 이런 고유 묘제 속에 가끔 혼재하는 경주 지역의 적석목곽묘를 제외하고는 다른 지역의 묘제가 섞여 나타나는 경우가 없는 점도 각지 묘제의 지역성을 잘 말해준다.

이처럼 낙동강 이동 지방 고총의 내부 구조는 지역성이 강할 뿐만 아니라 각 지역에서 전대前代의 목곽묘 구조와는 바로 연결되지 않는 단절적 양상을 띠는 점이 또한 주목된다. 고총이 다른 지역보다 일찍 나타난 경산 지역이나 고총 이전 단계에 이미 석곽묘가 채용된 부산 같은 지역을 제외한 대부분의 지역에서 석곽묘는 전대 목곽묘의 전통을 잇는 것이 아니라 전혀 새롭게 돌연 나타난 듯한 형태이다. 그래서 석곽묘의 어떤 원형이 영남 바깥으로부터 전파된 것이라기보다는 지역마다 고총 단계에 들어가면서 개성적 형태의 석곽묘를 창안하여 마치 스스로의 정체성 identity을 표방하고 독자성을 과시하고자 한 듯 여겨진다.[72] 그뿐만 아니라 각 지역 안에서도 지구에 따라 현저한 차이를 나타내는 경우가 많다. 대구 지역의 달성 고분군과 칠곡 구암동 고분군이 그러한 예가 되겠다. 이는 예사로운 현상은 아니고 지역간의 차이와 마찬가지로 의미 있는 현상임이 분명하다.

5세기를 전후한 낙동강 이동 지방의 고총 현상을 공시적 관점에서 비교할 때 두드러지는 또 한 가지 특징은 각 고총군에 부장된 토기가 모두 이동 토기 양식이라는 하나의 양식에 속하면서도 제일성을 띠지 않고 지역색을 나타낸다는 점이다. 이는 지금까지 일반적으로 인정되는 현상으로서 모모某某 지역 토기 양식이라는 이름으로 불리는데, 이 지역색이라는 것을 어떻게 규정할 것이며 그 구체적 양상이 어떠한지는 앞으로 검토해야 할 부분이 적지 않다.[73] 또 이동 양식 형성기인 4세기 후반대의 토기상이 잘 밝혀져 있지 않아 각 지역색이 어떤 과정을 거쳐 출현하였는지도 아직 불분명한 점이 많다. 다만 지금까지 발굴된 각 지역 고총군 중 가장 이른 것에 부장된 토기가 모두 경주 지역 토기 양식과는 일정한 차이를 보이고 또 지역

---

72) 고대인이 繼世思想을 바탕으로 고분을 축조하였을 것으로 상정하면 저승의 유택격인 무덤 자체에 이승의 관념이 투사되지 말라는 법이 없다. 즉 축조 집단이 그를 통해 자기 정체성을 확인 또는 표현하려는 의도가 없었다고는 못할 것이다. 계세사상에 대해서는 邊太燮, 「韓國古代의 繼世思想과 祖上崇拜信仰」, 『歷史敎育』 3(1958), pp. 55~69 및 「韓國古代의 繼世思想과 祖上崇拜信仰(下)」, 『歷史敎育』 4(1959), pp. 73~95를 참조. 한편 金大煥, 위의 논문에서는 지역성을 세분하여 경산, 부산 지역의 경우는 경주식 고총이 확산된 후 그것이 변형되어 지역성을 띤 경우이고 대구, 창녕 지역의 경우는 창안된 경우이며 성주, 김천 지역은 창안된 것을 모방한 경우로 보았다. 어떻든 각 지역에서 주체적으로 도입한 묘제라는 점에서 창안이라고 보아도 별 문제가 없을 것이다.

73) 李惠眞, 「5~6世紀 慶山·大邱地域 土器樣式의 統計學的 硏究」(경북대학교 대학원 고고인류학과 석사학위 논문, 2006. 12)에서는 그동안 막연히 각 지역을 아우르는 지역색을 상정한 것과 달리 실제로는 지역 안의 지구색이랄까 소지역색이 한층 두드러진다는 분석 결과를 제시하였다.

상호간에도 다르다는 점은 곧 지역색이 시간적으로 각 지역 고총군의 출현에 앞서 형성된 사실을 말해준다. 즉 이동 지방 각지의 고총군은 해당 지역 토기 양식이 성립한 후나 그 성립과 거의 때를 같이 하여 축조되기 시작한 것으로 볼 수 있겠다. 또 각 지역 토기는 그 이후에도 나름대로 지역색을 유지하기는 하나 시간이 흐름에 따라 점점 경주 양식의 영향을 강하게 나타내면서 양식적으로 통일되는 쪽으로 변화한다. 그런데 이 지역 토기 양식에서는 경주 지역으로부터의 영향은 있되 그 외 지역 상호간의 영향은 나타나지 않아서 이 또한 경주 지역을 중핵으로 하는 선택압의 존재를 시사한다.

3. 4~5세기 신라의 영역과 그 성격

이상에서 본 바와 같이 낙동강 이동 지방의 고분 자료들은 몇 가지 중요한 정형성을 띨 뿐 아니라 그 정형성들은 상호 구조적으로 연관되어 있다. 가장 중요한 연관성으로는 경주식 위세품이 이동 양식 토기 분포권 안에 있는 고분에서만 출토되는 점, 경주를 제외한 각 지역의 고총군이 시간적으로 경주식 위세품이 사여된 이후에 등장하는 점, 각 지역 토기 양식이 해당 지역 고총의 출현과 동시나 그 전에 성립하는 점을 들 수 있겠다.

이처럼 낙동강 이동 지방 각지에서 이동 토기 양식의 성립, 경주식 위세품의 사여, 고총군의 등장이 시간상 계기적繼起的으로 발생하는 현상을 어떻게 해석해야 할 것인가? 또 그러한 구조적 연관성이 공간상으로는 경주 지역을 중핵으로 하고 있음은 무슨 의미인가? 결론부터 말하면, 이러한 정형성들은 단순히 문화적 동질성만을 나타내는 것이 아니라 낙동강 이동 지역 집단간의 강한 정치적 관계 또한 함축하는 것이며, 그와 동시에 정형성들이 경주 지역을 핵으로 하는 구심적 양상을 띠므로 이는 아무래도 경주를 중심으로 한 정치적 관계라는 해석을 할 수밖에 없다.

낙동강 이서 지방의 양상을 이동 지방에 대비해 보면 이런 해석이 간접적으로 뒷받침된다. 낙동강 이서 지방에서는 토기 양식이 대략 5세기 중기까지 이동 지방만큼 전역을 망라하는 뚜렷한 결집성結集性을 나타내지 않고 그 대신에 지역별 양식이나 몇 개 지역을 한 단위로 하는 양식들이 더 두드러진다. 그래서 이서 지방 전역을 포괄하는 하나의 양식을 설정할 수 있는지 자체가 의문시되기도 한다. 그러나 이동 양식에 대비되는 광역적 공통성은 존재한다고 보아 이서 양식을 설정할 수 있다고 생각한다. 다만 분명한 것은 이동 지방과 달리 그 토기 양식을 낳은 상호작용의 뚜렷한 핵심 지역이 드러나지 않는다는 점이다. 그리고 위세품 등에서도 이동 지방과 같은 분포의 정형성이 보이지 않는다. 그래서 고분 자료에 의할 때 이서 지방에 대해서는 지역 상호간의 느슨한 연계를 상정할 수 있을 뿐이다. 이는 곧 이서 지방의 지역간 연계나 통합 정도가 이동 지방에 비해 훨씬 낮았음을 말해주는 것이다.

반면 금호강 이남의 낙동강 이동 지방과 그 이북의 이동·이서 지방 전역에서는 늦추어 잡더라도 5세기에 들어서면 낙동강 이동 양식이라는 단일한 토기 양식의 존재가 분명히 확인되므로 늦어도 그때부터 이 지방 전역이 하나의 정치체를 구성하였다고 해석되며, 그 정치체는 두말할 것도 없이 신라이다. 또 이런 신라 영역 안의 각 지역 고총군은 신라 국가가 각 지역의 지배층을 매개로 공납 등의 방식으로써 해당 지역을 간접 지배[74]하거나 그를 강화하는 과정에서 나타난 현상으로 이해된다.[75]

여기서 낙동강 이동 토기 양식의 출현이 지닌 의미에 대한 그간의 논의에서 약간의 오해랄까 미묘한 이해 차이가 감지되므로 그에 대해 언급해 두기로 한다. 즉 낙동강 이동 지방의 어떤 지역에 이동 토기 양식이 출현해야 비로소 그 시점부터 신라의 영역에 든 것처럼 왕왕 이해하는 데 대한 문제 제기이다. 본 연구에서는 그와는 약간 달리 어떤 지역의 토기 양식이 다른 지역의 토기 양식으로 바뀌고 그것이 계속 유지되는 현상이 관찰될 때 그러한 양식 전환이 일어난 시점부터 비로소 두 지역간에 정치적 관계가 개시된 것이 아니라 오히려 그 이전에 일어난 정치적

---

74) 李漢祥, 앞의 논문 및 朱甫暾, 『新羅 地方統治體制의 整備過程과 村落』(신서원, 1998).

75) 이러한 신라 고총의 출현 배경에 관해서는 제2부 제II장에서 자세히 논급한다.

관계를 포함한 모종의 관계를 기반으로 해서 그 시점에 새로운 국면의 변화된 정치·경제적 관계가 성립하였음을 가리킨다고 해석한다.[76] 그러므로 낙동강 이동 지방의 어떤 지역에서 어느 시점에 이동 토기 양식이 성립하거나 출현하면 이는 반드시 그때 비로소 그 지역이 신라의 영역으로 통합되었음을 가리키는 것이 아니라 대개 그 전에 이미 간접 지배하에 들었던 것인데 그 즈음에 새로운 차원의 변화가 시작되었음을 가리킨다. 다만 지금 그 과정을 방법론적으로나 실제 자료를 구사하면서 분명하게 해명할 수 있을 정도로 연구가 진전되어 있지는 못한 상태이다. 그래서 일단 그러한 토기 양식의 성립은 그 전과는 다른 새로운 경제적 관계를 기반으로 한 간접 지배의 강화에 부수한 현상이라고만 해둔다.

4세기 신라의 영역에 대해서는 자료의 부족으로 엄밀하게 규정하기가 쉽지 않다. 하지만 방금 언급한 대로 이동 양식 토기의 출현 자체가 신라의 성립을 전제로 한 현상이라고 판단되므로 뒤의 편년 장에서 논의하는 낙동강 이동 양식 I단계 초기 토기가 출토되는 지역은 일단 4세기 중기를 전후해서 신라를 구성한 것으로 보아도 좋다고 추론된다. 이렇게 본다면 현재 낙동강 상류 지역은 불분명하나 창녕처럼 문헌상 4세기 후엽 초에 가야로 나오는 일부 지역을 뺀 낙동강 중·하류역의 이동 지방 대부분이 늦어도 4세기 중기 이래로 신라였던 것으로 설정할 수 있다. 창녕 지역의 경우는 문헌 기록과 고고학적 증거를 합체해서 볼 때 4세기 말 즈음에 신라 영역에 든 것으로 해석된다.[77] 또 낙동강 상류역은 아직 고고학적 증거가 불충분하지만 후술하듯이 문헌적 틀까지 합체해서 본다면 거의 대부분의 지역이 늦

---

76) 李熙濬, 「합천댐 수몰지구 고분 자료에 의한 대가야 국가론」, 『가야 고고학의 새로운 조명』(혜안, 2003), p. 222. 이와 비슷한 인식은 成正鏞, 「4~5세기 백제의 지방통치」, 『4~5세기 한국 고대사와 고고학의 만남―한국 고대국가 권력의 성장과 지방통치의 실현―』(제3회 한국고대사학회 하계세미나, 2001), pp. 71~72에서 "삼국시대 토기 양식의 유사도가 높아지는 것은 기초적인 하부 생산체계가 통합되어 가는 과정을 반영하는 것이며, 중앙이 필요로 하거나 관심도가 높은 지역은 그 이전에 어떤 형태로든 관계를 맺었을 가능성이 있다"고 한 데서 엿보인다. 또 成正鏞, 「토기 양식으로 본 고대국가 형성」, 『국가 형성에 대한 고고학적 접근』(제31회 한국고고학전국대회, 2007), pp. 83~95에서도 구체적으로 피력하였다.

77) 자세한 논의는 李熙濬, 「4~5세기 창녕 지역 정치체의 읍락 구성과 동향」, 『嶺南考古學』 37(2005), pp. 1~14를 참조.

어도 5세기에는 신라였던 것으로 보아도 좋을 것이다. 그래서 낙동강 이동 양식 토기는 곧 신라 토기요 경주식 위세품은 곧 신라식 위세품이라 하겠다.[78]

본 연구의 주된 목적은 신라 토기의 성립을 전후한 시기부터 신라식 위세품이 등장하고 고총이 발생하였다가 이윽고는 쇠퇴하기까지의 과정과 그 이후 신라가 낙동강 이서의 가야 지역으로 진출하는 일련의 변화와 과정을 지역간 관계사의 관점에서 그려 보고자 하는 데 있다. 여기서 앞의 논의를 전제로 우선 그 밑그림을 그려 두기로 하는데 대강 다음과 같은 이 지방 사회의 진화 과정에 대한 기본 시각model을 근간으로 한다.

진·변한 단계에 이르러 처음으로 지역을 단위로 한 정치체들을 이루었다고 추정되는 영남 지방 각지의 집단[79]은 그 상호간의 작용과 그것들이 속한 진·변한이라는 하나의 체계에 대해 환경과 같은 역할을 한 다른 사회 체계들과의 상호작용의 결과로 저마다 진화를 거듭했다. 그런데 이 단계에서는 지역 단위간의 관계가 아직 강력한 정치적 관계는 아니고 대체로 경제적 관계를 기반으로 하는 느슨한 정치적 관계에 머물러 있었을 것[80]으로 이해된다. 다만 이 단계의 영남 지방 사회가 하나의 체계system였는지 아니면 체계의 경계는 다소 불분명하더라도 이미 구분되는 두 개의 체계로 분화되었는지는 쉽게 단정하기 어렵다. 그러나 일단 한 체계로 보더라도 전체적으로 그 구성단위인 '국'들이 크게 두 개의 아체계(亞體系, subsystem)로 나뉜 상태에서 상호작용하였을 것이다. 즉 진한과 변한이라는 구분되는 명칭이 있는 이상 각각에 속하는 단위들이 있었다고 본다면 두 개의 아체계를 이루었을 가능성이 농후하다. 다만 체계론의 관점은 다수의 소체계小體系가 하나의 커다란 체계에 포괄되고 다시 그 포괄적 체계가 더 큰 체계에 포괄되는 식의 내장성內藏性을 상정하므로[81] 좀더 크게 보면 진·변한이 서쪽의 마한과는 구분되는 하

---

78) 이하 특별한 경우가 아니면 신라 토기와 신라식 위세품이라는 용어를 쓰기로 한다.

79) 이에 관한 논의는 李熙濬, 「대구 지역 古代 政治體의 형성과 변천」, 『嶺南考古學』 26(2000), pp. 79~117을 참조.

80) 朱甫暾, 『新羅 地方統治體制의 整備過程과 村落』(신서원, 1998), pp. 25~36.

81) 기구치 도시오(윤정숙 역), 『역사지리학방법론』(이회, 1995), p. 184.

나의 체계를 이루고 있었다고 보아도 무방할 것이다.

　이 체계는 4세기 초에 이르러 그간 누적된 자체 진화 동력에다 '체계외적'인 큰 변화가 더해지면서 분열되었고, 그 과정에서 낙동강 이동 지방은 사로국을 중심으로 모종의 단계적 통합이 진행되어 신라가 성립한다.[82) 어떤 이는 신라·가야 단계에서도 앞의 진·변한 단계와 마찬가지로 영남 지방 전역의 '국'들이 하나의 체계 속에서 상호작용한 듯이 상정하기도 한다.[83) 하지만 이는 문헌 기록을 완전 도외시하고 순수 고고학적으로만 당시 사회를 이해하려는 해석 모델이라서 현실을 반영한다고 보기 어렵다. 사실 진·변한 단계에서 영남 지방 전역의 집단들이 과연 하나의 체계로 기능하였는지도 아주 의문스러운데 하물며 그에서 어떤 중대한 변화가 일어남으로써 성립하였을 신라·가야 단계의 사회를 그리 볼 수는 없는 것이다.

　초기 단계의 신라라도 사로와 여타 지역 사이에는 정치적 상하 관계가 분명하게 성립하였을 터이다. 하지만 그 기미의 강도는 미약하였을 것이라서 당시의 정치적 역학 관계가 고고학 자료에 뚜렷하게 반영되어 있을지는 다소 의문스럽다. 그래서 순수하게 고고학 자료만으로 상호관계를 귀납적으로 추론하기는 쉽지 않다. 굳이 물질적 증거를 들라면 아마도 경주를 핵核으로 하는 지배층 상호간의 관계를 시사한다고 보이는 위세품 정도에 지나지 않을 것이다.[84) 그러나 이도 잠시였을 뿐 얼마 지나지 않아 사로를 중심으로 한층 강력한 통합이 진전되면서 이동 지방 전역에서 고고학 자료에 강한 공통성이 나타나게 되니 신라 토기 양식의 성립을 그 중 가장 분명한 현상으로 꼽을 수 있겠다. 그 후 신라의 이동 지방 지배는 점점 강화되었고 이윽고는 전 지방에 대한 직접 지배가 관철되는 중고기中古期로 진입한다.

　이상의 틀에 입각하여 대략 마립간기에 해당하는 시기 동안에 일어난 일련의 변화를 고찰하려 할 때, 우선 신라 토기 양식이 성립하는 4세기 중엽을 주목할 수

---

82) 이의 직접적인 계기는 후술하듯이 대개 사로국의 타국 정복이라는 군사행동이거나 그에 앞선 타국 스스로의 來降이었다.

83) 李盛周, 「新羅·伽耶社會의 分立과 成長에 대한 考古學的 檢討」, 『韓國上古史學報』 13(1993), pp. 295 ~308.

84) 여기에는 제IV장에서 논의하듯이 경옥제 곡옥이 포함되며 초기의 금공품도 그 후보이다.

있다. 이때부터 경주 분지를 중심으로 동남쪽 울산, 동래 등지에서 경주 지역 토기와 묘제의 직접적인 영향[85]이 강하게 느껴지기 시작하고 그러한 경향은 북쪽 동해안 지역에서도 나타난다. 서쪽으로는 대략 경산 일대까지가 그러한 영향권이었던 것으로 보인다.

다음으로 토기 양식의 변화와 분포 확대로 보아 4세기 후엽 즈음에 다시 낙동강 이동 지방의 거의 전역에 대한 경주 세력의 정치적 영향력 강화가 느껴지는데, 이제 신라 토기는 강한 제일성을 띤다. 그리고 이를 기반으로 4세기 후엽에서 말쯤에는 경산, 동래 등지에 신라식 위세품이 등장하며 이때 경산 지역에는 고총들이 묘역의 고소를 차지하면서 무리를 이루고 축조된다. 다만 동래 지역은 그보다 약간 늦게 고총이 등장하는 것 같으며, 다시 양산 지역은 그와 비슷하거나 약간 늦은 것 같다. 두 지역 고총군의 중대형 고총 수가 경산에 비해 적은 점도 주목할 부분이다.

영남 지방의 대내외 교통로라는 관점에서 보면 부산과 양산 지역은 진·변한 이래로 비교적 유리한 위치에 있으므로 자체 발전의 기반은 다른 지역에 뒤떨어지지 않을 텐데도 이처럼 고총의 등장 시기가 늦고 규모도 비교적 작은 것은 무슨 이유인가? 이는 결국 이 두 지역이 일찍부터—대략 고총 출현을 전후한 시기 이전부터—경주 사로의 강한 흡인력 아래 있었음을 말해준다. 또 이는 역으로 말해 이 지역들이 그만큼 신라의 발전에 중요한 의미를 가졌음을 시사한다.

동래 지역은 낙동강 하구에서 남동해안을 따라 한반도 동북 지방으로 올라가는 연안 항해의 길목이라서 진·변한 시대에는 낙동강 하류 지역에 집적된 철 등의 물자가 동북의 예濊 등지로 이동하려면 반드시 거쳐야 하는 교역상의 중요 거점이었을 것이다. 또 경주를 중심으로 본다면 육로로는 울산 지역보다 원거리에 위치하지만 왜倭 등지로 나아가거나 그로부터 들어오는 관문지에 해당한다. 따라서 이 지역 세력의 향배는 사로국에 지극히 중요하였을 터이고 그래서 아마 다른 어느 지역보다도 일찍부터 공략 대상이었을 것으로 상정하기 어렵지 않다.

---

85) 金龍星, 「新羅 高塚의 擴散過程」, 『新羅文化』 23(2004), pp. 85~114에서는 특히 묘제의 확산이라는 관점에서 이를 논하였다. 다만 각 지역 고총의 성립 시점이 해당 지역의 신라화 시점인 듯이 본 데는 찬동할 수 없다.

양산 지역은 낙동강 하구를 바로 낀 곳이라서 이 중요한 교통로를 이용하거나 그에 영향을 미침으로써 경제적 이득을 얻고자 했을 사로국이 어느 지역보다도 빨리 세력을 뻗쳤을 가능성이 있다. 『삼국사기』 초기 기록에 신라와 가야의 주전지主戰地로 나오는 황산진구黃山津口가 양산 부근이라는 견해가 있어[86] 이러한 해석에 참고가 되며, 5세기 초 신라 역사의 중요 인물인 박제상朴堤上의 출신지 삽량주歃良州가 양산으로 비정됨 또한 그런 관점에서 유의할 필요가 있다.

어떻든, 이 시기에 출현하는 산자형 관과 삼엽문 투조 대장식구(三葉文 透彫 帶裝飾具)는 큰 의미를 가진다. 이들은 4세기 후반 고구려계 위세품의 연장선상에 있으면서도 분명히 새로운 변화를 상징한다고 생각되기 때문이다. 4세기 후반의 고구려계 위세품, 그 중에서도 형태적 다양성이 풍부한 초화형 관에다 이 산자형 관을 대비시켜 보면 이를 짐작할 수가 있다. 후자는 전자를 발전시킨 것일 가능성이 농후하지만 그에서 탈피한 창안이라 해야 할 정도로 고도의 도안화가 이루어져 양식상의 획일성이 두드러진다. 그래서 이를 단순히 문화적인 변용이라고만 볼 수는 없다. 위세품이 고도의 정치성을 내포하고 있음을 감안할 때 그렇게만 해석하기 어려운 것이며, 이 경주식 위세품은 4세기 후반 신라의 새로운 변모[87]를 상징적으로 표출하고 있다고 보아야 할 것이다.

이 신라식 위세품의 등장 배경에 대해서는, 새로이 신라로 편입된 지방의 지배층과 그에 대응되는 중앙[斯羅]에서 동시에 쓰기 위해 창안된 것으로 볼 수도 있겠다.[88] 하지만 이와는 약간 달리 신라의 성장과 더불어 사로 내 지배층의 분화가 심화되면서 계서가 한층 뚜렷해짐에 따라 그를 외적으로 나타내기 위해 창안되었던 것인데, 4세기 중엽 이후 새로 휘하에 들어오게 된 각 지역의 지배 계층에 대해서도 어느 시점부터는 일정 권력을 인정하는 표징으로 사여되면서 같이 쓰였다고 보

---

86) 金泰植, 『加耶聯盟史』(一潮閣 1993), pp. 68~70.
87) 『삼국사기』 권3, 新羅本紀 奈勿尼師今 26년(381년)條의 新羅使 衛頭와 前秦王 符堅의 대화 내용은 신라에서 일어난 모종의 변화를 단적으로 암시한다.
88) 李熙濬, 「낙동강 以東 지방 4, 5세기 고분 자료의 定型性과 그 해석」, 『4·5세기 한일고고학』(영남고고학회·구주고고학회 제2회 합동고고학대회, 1996), p. 20.

는 편이 낮다고 판단된다. 이는 4세기 말~5세기 초의 경주 지역 고분과 지방 고분에서 출토된 관들을 비교해 보면 짐작할 수 있다.

축조 연대가 5세기 초로 추론되는 황남대총 남분을 내물왕릉奈勿王陵으로 볼 수 있다면 그에서 출토된 여러 개의 산자형 관은 왕이 생시에 사용한 것들로 그 중에서 가장 이른 것은 4세기 중엽 혹은 그 이전으로 제작 시기가 거슬러 올라갈 것이다. 그렇다면 경주 교동 출토 금관의 형태가 산자형이 아닌 점[89]과 동래 복천동 10 · 11호나 의성 탑리 제I묘곽 출토 금동관이 이른바 초화형인 점을 감안할 때 4세기 후반의 신라 관은 크게 보아 산자형과 비산자형의 두 가지 형태로 제작되었던 셈이 된다. 그런데 지금까지 경주 이외의 지방에서 출토된 산자형 관은 대개가 황남대총 남분의 관들 중 초기 관보다는 늦은 형식이라 판단된다. 그래서 산자형 관은 처음에는 사로 지역에 국한되어 사용되다가 후엽 즈음에 지방에 분여되기 시작했다고 볼 수 있는 것이다.

이 새로운 위세품은 고구려의 신라에 대한 의관 복식 사여를 모델로 하여[90] 경주 이외 다른 지역의 지배층에 대해 나름대로 계서를 부여하는 기능을 하였을 것이다. 신라의 지방 고분에서 출토되는 위세품의 조합이 경주의 최고위 고분보다 적어도 한두 단계 낮은 고분에 대응하는 조합을 보이는 점[91]이나 그 중에서도 산자형 관의 입식立飾 수가 지역에 따라 다르다든지 하는 점 등은 이를 시사한다. 이 신라식 위세품에서 지방의 것과 경주의 최고위급 위세품 사이에 일정한 위차가 있음은 두말할 것도 없이 그 위세품이 복식품으로서 경주와 지방 사이의 지배 · 신속 관계를 상징하는 표징이었음을 잘 말해준다.

5세기 초에 들어가면 다시금 커다란 변화가 일어난다. 신라 토기 양식이 이동 전역에 확고히 자리잡음과 동시에 신라 주요 지역에서는 고총이 집단적으로 축조되고 신라식 위세품이 본격 등장한다. 이러한 변화는 이제 낙동강 이동 전역이 신라의 강한 통제하에 놓였음을 의미한다. 이는 물론 4세기 후엽의 연장선상에서 나

---

89) 다만 이 관에 대해서는 진위 논란이 있기는 하다.

90) 李漢祥, 앞의 논문(1995), p. 77.

91) 李熙濬, 「4~5세기 新羅 고분 피장자의 服飾品 着裝 定型」, 『韓國考古學報』 47(2002), pp. 63~92.

타난 변화이지만 그러면서도 광개토왕비에 나오는 서기 400년의 이른바 고구려 남정南征 이후 일어난 새로운 변화라고 할 것이다.

이동 토기 양식의 분포에서 알 수 있듯이 신라는 4세기 후엽쯤에 낙동강 이동의 거의 전 지역을 포괄하는 강대한 세력이 되었고, 그것은 바로 낙동강이라는 교역로를 이용하는 서안西岸의 세력들, 즉 가야에 대한 압박을 의미하는 것이었다. 당시 국제관계가 백제−가야−왜라는 축과 고구려−신라라는 축이 대립한 상황이었음을 감안하면 이는 전자를 자극하는 것이었고 아마도 그것이 하나의 이유가 되어 백제를 배후로 한 왜·가야의 신라 침입이 일어났고, 그에 따라 고구려의 남정이 이루어졌을 것이다. 고구려군의 남정은 낙동강 서안의 가야 세력에 큰 타격을 주기도 하였을 터이지만 다른 한편으로 신라로 편입된 지 얼마 안 된 단계의 간접 지배 속에서 다소 유동적이고 불안정하였던 낙동강 이동의 여러 지역 세력에게도 중요한 변화를 몰고 왔다. 즉 이제 신라 국가는 고구려군의 주둔을 배경으로 낙동강 이동 지방에 대한 지배를 한층 공고히 하였을 것으로 추론되는 것이다. 그것을 역설적으로 말해 주는 것이 여러 지역에서 5세기 초 이후 본격화되는 위세품의 부장과 고총의 집단적 축조이다.

신라식 위세품의 부장과 고총군의 축조는 불가분의 관계에 있으며, 이 신라식 위세품은 경주와 지역 간의 지배 신속 관계를 나타낸다. 그 지배의 성격은 지역 지배층을 매개로 한 이른바 간접 지배였다. 지역의 지배층은 신라 국가로부터 역내의 지배 권력을 인정받고 그를 배경으로 전대에 비해 획기적으로 강화된 권력을 누리게 되었다. 그리고 신라 국가에 바칠 공물을 지역 내에서 수취하는 과정에서 스스로의 경제적 기반 또한 키워 나갔으니 재지 세력의 이러한 경제·정치적 성장을 상징하는 것이 바로 고총이다. 그러나 다른 한편으로 신라 국가에 의한 지역 수탈은 점점 더 심해졌을 것이고 그 과정에서 지역 공동체의 생산력은 크게 증대되었을 것이지만 역내의 계층 분화 또한 그에 비례하여 심화되면서 공동체의 해체가 가속화되었을 것이다.

한편 신라 국가는 간접 지배의 과정에서 지역 지배층이 지나치게 성장하는 것을 막기 위해 이미 진행되고 있었던 지배층 내부 분화를 조장하거나 이미 분화된 집단을 상호 경쟁시킴으로써 지배층 내의 여러 집단을 견제와 균형 속에서 통제하고자 했을 것이다. 이러한 집단 내 분화를 시사하는 대표적인 고고학적 징표로는 고총군이 몇 개의 소군小群으로 나뉘어 분포하는 현상[92]을 들 수 있으며, 또 그에 분산적으로 나타나는 신라식 위세품도 신라 국가가 시행한 이런 지배 방책을 보여주는 것으로 추정된다.

5세기 초 이후 시간의 흐름에 따라 신라 국가의 지방에 대한 통제력은 점차 강화되었으며, 그것은 지역 고총의 규모가 점점 작아지는 데서 엿볼 수 있다.[93] 그리고 신라 국가가 낙동강 동안 지역을 완전히 장악함과 더불어 심화되었을 가야와의 대립에 따라 낙동강에 면한 지역들이 전략적으로 더욱 중요시되었을 것이다. 그래서 예를 들어 일찍부터 경주 사로 세력의 지역간 견제 및 균형 정책하에서 병행적으로 발전하였을 경산 지역과 대구 지역의 고분 자료를 비교하건대 전자에는 4세기 말부터 금공 위세품 부장이 두드러졌으나 대략 5세기 후반에 가면 대구 지역 고총의 금공 위세품 부장이 상대적으로 우세해지는 현상은 이러한 전략적 변화를 반영하는 것으로 보인다.

한편 지역 지배층의 기반은 점차 약화되어서 마침내 5세기 말 6세기 초에 신라 국가가 지방관을 파견하여 직접 지배를 실현하기에 이르자 지방 지배 세력의 상징물인 고총과 위세품은 쇠퇴의 길을 걷게 된다. 그를 잘 보여주는 현상은 기본적으로 추가장追加葬을 전제로 하는 횡구 · 횡혈식 석실분의 등장이다.

---

92) 이에 대해서는 제2부 제II장 제1절에서 자세히 언급한다.
93) 신라권과 대립한 대가야의 故地 고령의 池山洞 고분군에서는 5세기 초 이후로 고분의 규모가 점차 커지는 경향이어서 이와 좋은 대조를 이룬다.

제 III 장

신라 고분의 편년

이 장에서는 신라 양식 토기의 변천상을 근거로 신라 고분의 분기를 정하고 낙동강 이동 지방 주요 지역 고분의 편년적 위치를 설정, 종합하고자 한다. 이는 대략 4세기에 들어 신라가 성립한 이래 그 핵심인 사로가 시간의 흐름과 함께 낙동강 이동 지방 각 지역과의 관계를 어떻게 변화시켜 갔는지를 앞으로 논의하기 위한 기초 작업이기도 하다. 지금 각 지역 주요 고분의 편년적 위치에 대해서는 견해가 구구하고 각 지역 편년을 일관성 있게 상호 연계해서 종합한 연구 성과도 드물다. 때문에 어느 정도라도 안정된 편년 체계를 기반으로 해서 영남 지방 고분 자료가 가진 역사적 의미를 제대로 해석해내는 데는 어려움이 많다고 하겠다. 여기서는 각 지역 주요 고분의 상대 편년과 절대연대에 관한 이견들을 나름대로 정리해서 종합된 편년 체계를 수립함으로써 그러한 해석의 기초를 마련하고자 한다. 그래서 순서배열법과 같은 세밀 지향의 편년법보다는 이동 양식 토기의 변천에 대한 필자의 분기를 틀로 삼아 기존 연구 성과를 종합하는 접근법을 택하기로 한다.

먼저 기존 편년 연구가 지닌 주요 경향과 그 문제점을 방법론 면에서 검토하고 본 연구의 편년 방법을 제시한다. 다음으로 본 연구의 편년 기준인 신라 양식 토기의 변천에 관해 분기와 절대연대를 달리하는 주요 안寀들을 검토한 후 그를 토대로 필자의 안을 제시하여 종합 편년의 기초로 삼는다. 이어서 지역별로 대략 4세기 중기에서 6세기 전반 사이에 축조된 고분을 대상으로 하여 분기와 편년을 하는데, 앞에서 말한 대로 기존 연구 성과를 최대한 활용하여 순리적으로 종합한다. 지역 단위는 경주, 부산, 양산, 경산, 대구, 성주, 창녕, 의성으로 구분하였다. 마지막으로 본고의 편년 결과에 관련된 몇 가지 해석상의 문제에 대해 간략히 언급한다.

　　궁극적으로 편년을 하는 고분의 분포 범위는 낙동강 이동 지방이지만 편년 연구의 현황에 관한 논의는 굳이 이동 지방에 대한 연구로만 한정하지 않고 영남 전역에 대한 편년 연구로 확대하기로 하겠다. 사실 대부분의 편년 연구가 지역 단위를 대상으로 하지 않은 것은 물론이거니와 낙동강 이동이나 이서로 한정하고 있지도 않기 때문이다.

1. 편년 연구의 현황과 분기 및 편년의 방법

1) 편년 연구의 현황

그간의 영남 지방 고분 연구에서 편년 체계 수립 노력이 차지하는 비중은 아주 컸으며 그에 따라 상당한 성과를 거둔 것이 사실이다.[1] 그럼에도 지금 편년이 안정된 상태로 확립되었다고 하기는 어렵다. 특히 절대연대에서는 큰 시각차가 엄존한다. 예컨대 경주 지역 고분 편년에서 상대 편년은 잘 알려져 있듯이 연구자들 사이에 어느 정도 견해의 일치를 보고 있지만 절대연대는 때로 100년 이상의 차이를 보인다. 이는 단순히 연대관의 차이에 그치지 않고 고분 자료의 해석에서도 엄청난 차이를 낳고 있다.

---

1) 1990년대 초까지의 편년 노력과 성과에 대한 것은 崔秉鉉, 「新羅・伽耶의 考古學―研究史的 檢討―」, 『國史館論叢』 33(1992), pp. 177~221을 참조. 신라 토기를 기준으로 한 고분 편년에 대한 논의는 白井克也, 「新羅土器の型式・分布變化と年代觀―日韓古墳編年の竝行關係と曆年代―」, 『朝鮮古代研究』 4(2003), pp. 1~42를 참조.

이런 현상을 타개하고 편년 연구의 진전을 이루기 위해서는 다방면의 노력이 더 필요하지만, 우선 지금까지의 연구에서 무엇이 문제였는지를 분명히 인식하는 것도 긴요하다고 본다. 이런 관점에서 그간의 영남 지방 고분 자료 편년 연구를 통관하면 대체로 네 가지 경향성을 읽을 수 있다. 아래에서 각 경향과 그 문제점에 대해 요약[2]하기로 한다.

첫째, 영남 지방의 지역별로 편년 연구를 심화한 후 그 성과를 종합해서 영남 전역의 편년 체계를 완성하려는 쪽이 아니라 곧바로 영남 전역 편년을 이끌어내는 데 일률적으로 적용할 수 있는 한 가지 편년 기준을 모색하는 쪽에 치중해온 경향이다. 대표적 예로 한 지역 고분의 조사 성과를 토대로 설정한 묘제나 묘곽 형태의 형식분류를 기준으로 삼아 지역간 교차연대를 정하거나 때로는 영남 지방 고분 전체의 분기를 설정하고 편년을 하는 방식[3]을 들 수 있다.

그런 연구에서 설정한 유구의 형식과 그에 근거한 변천 도식은 대체적 흐름을 파악하는 데는 어느 정도 유용하다. 그렇지만 그 변천 도식에 입각해서 다시 개별 유구를 상대 편년하는 데서는 때로 큰 오류가 일어날 수 있다. 무엇보다 이 방식은 각 형식의 유행 기간이 중복됨을 고려하지 않기 때문에 그렇다. 그 오류는 적용되는 공간 범위가 넓을수록 한층 커질 것이다.

이러한 방법론적 문제점 외에 유구의 형식차를 낳는 요인을 시간 요소에서만 구하는 것도 큰 문제점이다. 유구의 변이를 낳는 요인은 다양할 것이라서 오로지 시간 탓으로만 돌릴 수는 없다. 결국 이 경향은 고분 자료의 변화를 문화적 차원의 문제로만 환원하고 그 변화가 영남 전역에서 거의 획일적으로 일어났으리라고 전제한 데서 비롯된다. 그러나 그렇게 미리 상정할 수 있는 아무런 근거는 없다.

한 지역에서 조사된 유구의 유형을 설정하고 그 변천 도식을 통해 영남 또는 낙동강 이동 지방의 전체적 경향성을 파악하는 것은 무방하다. 하지만 그것을 근거

---

2) 이에 관한 자세한 논의는 李熙濬, 「토기에 의한 新羅 고분의 分期와 편년」, 『韓國考古學報』 36(1997), pp. 48~55를 참조.

3) 예컨대 洪潽植, 「竪穴式石槨墓의 型式分類와 編年」, 『伽耶古墳의 編年研究 II—墓制—』(第3回嶺南考古學會學術發表會 發表 및 討論 要旨, 1994), pp. 5~44.

로 다시 개개 유구의 상대 편년을 하는 방식은 일종의 순환논증이라서 해당 지역에서도 때로 문제의 소지가 있을 뿐 아니라 이를 일반화해서 다른 지역으로 확대 적용하는 것은 더욱 위험하다. 한 지역의 조사 성과를 어느 정도로 널리 일반화할 수 있는지는 신중하게 평가해야 한다.

유물 한 가지를 기준으로 영남 전역에 적용할 수 있는 단계 구분을 시도하는 경향도 지금까지의 편년 연구에서 아주 두드러지는데 토기의 한 기종을 기준으로 삼는다거나 철기 한 종류 또는 귀걸이, 대도와 같은 위세품을 기준으로 하는 경우 등 다양하다. 이 중에서 예컨대 토기 한 기종의 속성들이 영남 전역 출토품에 대해 같은 수준에서 비교될 수 있을지는 극히 의심스럽다. 토기 이외에 철기 같은 유물은 원래부터 토기에 비해 변이성이 적기 때문에, 마구와 같은 경우는 그 수효가 많지 않기 때문에 이런 일률적 형식분류를 통한 상대 편년과 분기는 대개 미리 설정된 어떤 편년 틀에 맞추기가 십상이다. 앞에 언급한 유구 형식분류에 입각한 편년관이나 한 지역 고분 조사를 토대로 한 편년관을 일단 묵시적으로 전제한 후 다시해당 유물의 형식들이 마치 이를 입증하는 듯이 편년을 하기 때문에 순환논증을 피하기가 어려운 것이다.

둘째, 관모, 허리띠 장식, 귀걸이, 대도 등 위세품류의 형식을 근거로 한 편년을 곧바로 고분 자체의 편년으로 해석해서 지역 편년과 지역간 교차연대를 정하는 경향이다. 이러한 위세품류는 양식적 공통성이 강하고 상당히 광범위한 분포를 보이므로 지역간 교차연대 결정에 유효한 바가 있다. 그러나 이런 유물의 형식을 이용한 편년은 결정적 문제점을 지니고 있다. 편년을 위해 설정된 각 형식은 제작 당시에 유행한 형태를 근거로 한 것이라서 아무리 정치하게 분석하여 설정하더라도 그 형식의 편년 서열은 유물 제작 시점의 편년 서열은 나타낼지언정 그것이 부장된 고분의 시간상 서열을 그대로 반영하지는 않는다는 사실이다. 즉 이러한 위세품류는 부장副葬 전용으로 제작된 것이 아닌 이상 무덤에 들어가기까지 언제나 일정한 사용기간을 가지기 때문에 그 형식 편년은 고분 축조 시점의 편년과는 때로 크게 어긋날 수가 있다.

앞에서 보았듯이 낙동강 이동 지방의 주요 고총에서 출토된 착장형 위세품류는 신라의 지방 지배와 관련되어 경주로부터 각 지역에 하사된 것이다. 그렇다면 그 하사의 계기는 고분 주인공의 사망보다는 생애 중의 여러 중요 사건에 관련되었을 가능성이 한층 크다. 그래서 이런 유물의 제작-분여 연대와 고분 축조-부장 연대 사이에는 상당한 시차가 생길 수 있다.[4] 요컨대 위세품류에 의한 편년은 대세적으로 참고할 바가 많지만 그것을 곧바로 고분 자체의 편년으로 환치하는 데서는 다소 불안하지 않을 수 없다.

셋째, 역시 영남 전역을 대상으로 하되 토기류의 변화를 기준으로 서력기원西曆紀元 전후한 때부터 고총 축조기까지를 두세 시대(또는 유사시대類似時代[5])로 나누고 다시 각 시대를 세분하여 동일 연대 폭을 부여해 나가는 접근 방식이 주류를 이루는 경향이다. 이는 시대를 일단 구분하고 다시 그 안에서 시기를 "두부 자르듯이 잘라" 가는 식[6]이기 때문에 시대 구분과 그 기준 연대가 각 분기의 절대연대에 결정적 영향을 미치는 접근 방식이다. 그런데 무의식간에라도 간단명료한 연대를 기준으로 삼기가 쉬워서 대개 서력기원 전후라든가 서기 300년 또는 400년이라는 연대를 기준으로 획기를 하고서는 이를 고집하는 경향이 두드러진다. 이는 편리하기는 하다. 다만 그 연대가 절대 부동인 것처럼 매달려서는 안 될 것이다. 선사시대에는 물리화학적 방법에 의한 절대연대 이외에는 의지할 연대 기준이 거의 없고 또 분기의 폭이 넓기 때문에 그처럼 상대연대에 따라 분기를 설정하고 절대연대를 부여하는 방법이 통용될 수 있다. 그러나 원사·역사 시대에는 드물기는 해도 역연대 또는 교차연대의 참고 자료가 있으므로 분기를 할 때 그를 미리 참고해야지 이런 기계적 분기 방식이 반드시 적절할 수는 없다. 이 방법만을 고집하게 되면, 예컨대

---

4) 경주의 예이지만 황남대총 남분에서 형식으로 보건대 상당한 시차가 있는 帶冠들이 여럿 출토된 사실은 이를 웅변한다. 이와 더불어 그 관들이 부장 전용품이 아니라 생전에 어떤 의미로든 실용되었음을 시사한다. 그에 관해서는 藤井和夫, 「新羅·加耶古墳出土冠研究序說」, 『東北アジアの考古學』 第二[槻域] (깊은샘, 1996), p. 327을 참조.

5) 토기를 기준으로 삼아 시대구분을 하는 것이 어디까지나 편리하기 때문일 뿐이고 반드시 토기가 절대적인 시대구분 기준이 될 수는 없다는 의미에서 이렇게 이름지어 보았다. 崔鍾圭, 「陶質土器의 起源」, 『考古學誌』 제6집(1994), pp. 76~77에서도 토기류의 변화만을 기준으로 시대구분을 하는 것은 곤란하다는 견해가 피력되었다.

6) 金龍星, 「土器에 의한 大邱·慶山地域 古代墳墓의 編年」, 『韓國考古學報』 35(1996), p. 123.

경주 고분에서 출토되는 유물 중 드물게나마 주변 지역과의 교차연대 결정이 가능한 자료의 가치가 완전히 몰각되는 결과를 빚을 것이다.

넷째, 위에 언급한 시대 · 시기 구분의 틀 안에서 토기를 기준으로 지역 단위의 상세한 편년을 추구하는 경향이다.[7] 이로써 이른바 지역색의 특정特定, 지역 고분군의 상대연대 추론과 단계 설정 등에서 중요한 성과를 거두었으며, 전역의 편년에 앞서 지역별 편년을 추구하기에 방법론으로도 올바르다 하겠다. 그렇지만 크게 보아 이미 정해진 획기 틀 속에서 편년 연구가 진행되는 측면이 강하기 때문에 절대연대의 문제 등에 대해서는 소기의 진전을 거두지 못할 수밖에 없다. 또 각 지역 편년을 상호 연계시키려고 노력하지만 그 결과는 아직 강한 설득력을 지니지 못하고 있다. 그래서 상호 연계된 종합 편년을 과제로 남기고 있는 실정이며, 원래 의도한 바는 아니지만 편년 연구가 다음 단계의 연구로 이어지지 못하고 어떤 면에서는 편년을 위한 편년에 그치고 있는 상태이다.

2) 분기와 편년의 방법

위에서 본 바와 같이 신라 · 가야 고분 편년 연구는 그간 방법론적으로 여러 가지 문제점을 안고서 진행되었다. 그렇지만 그렇다고 해서 편년 작업을 원점에서 다시 시작해야 할 이유는 없을 것이다.[8] 비록 낙동강 이동 지방 또는 영남 전역의 고분에 대한 분기와 절대연대관에서는 연구자 사이에 때로 큰 차이가 보이지만 그간 다방면으로 연구가 이루어진 덕택에 지역별 상대 편년의 큰 틀은 세워졌으며 최소한 고분 변천의 정향성은 분명하게 드러났기 때문이다. 또 어차피 편년이란 그 자체로서 존재 의의를 가진다기보다는 당시 사회와 문화 전반에 걸친 해석을 해내는 작업

---

7) 뒤의 본문에서 언급하듯이 定森秀夫와 藤井和夫에 의한 일련의 논고가 그 예이다.

8) 물론 새로운 편년 방법의 모색과 적용으로 편년을 개선하려는 노력은 계속되어야 할 것이다. 그에 관련하여 고무적인 상대 편년 및 분기 방법으로 다차원척도법을 들 수 있는데 그 소개와 적용은 權鶴洙, 「多次元尺度法을 통한 相對年代測定法의 개선연구」, 『韓國考古學報』 32(1995), pp. 5~40와 李惠眞, 「5~6世紀 慶山 · 大邱地域 土器樣式의 統計學的 研究」(경북대학교 대학원 고고인류학과 석사학위 논문, 2006. 12)를 참조.

의 도구이기 때문에 굳이 참신한 편년만을 고집할 일도 아니다. 그래서 현재의 과제는 일관된 기준에 따라 합리적인 분기와 절대연대 비정을 하고 그것을 바탕으로 상충되는 여러 편년을 조정함으로써 그간의 지역별 연구 성과를 종합 또는 통합하는 데 있다고 본다.[9]

먼저, 앞에서도 보았듯이 편년의 기준은 아무래도 토기가 되어야 할 듯하다. 제작과 폐기(즉 고분 부장) 사이의 사용기간 문제가 거의 없고 변이성이 가장 풍부하기에 이로써 파악된 변천의 양상은 정향성을 가지기 때문이다. 다만 토기의 변화상을 근거로 삼더라도 여러 지역의 상대 편년을 상호 연계할 때 기준으로 삼을 지역을 정하는 문제가 있다. 다른 지역에 비해 조사가 많이 이루어져 자료 축적이 잘 되어 있고 편년 연구의 성과 또한 많은 곳이라야 할 터인데 그러한 곳으로는 역시 경주 지역을 꼽아야 할 것이다. 낙동강 이동 토기 양식이 성립한 이후 이동 지방의 여러 지역에는 경주 양식 토기가 시기를 조금씩 달리하면서 유입되어 지역 양식 토기와 공반 출토되므로 각 지역의 단계를 경주 지역의 단계에 상호 연계할 수 있는 점도 이를 기준 지역으로 삼는 데 유리한 점이다. 또 경주 지역에서는 절대연대 혹은 교차연대 관련 자료가 약간이나마 출토되어 다른 지역에 비해서는 분기나 절대연대의 기준을 잡기가 유리하다. 더욱이 토기를 기준으로 하면서 그와 별도로 광역적 분포를 나타내는 경주식 착장형 위세품에 대한 연구 성과를 보조 또는 검증 자료로 활용할 수도 있다.

다음으로 분기는 세분할수록 그만큼 자의적이 될 위험성이 커지지만 그에 입각한 해석은 상대적으로 정치해질 수 있으므로 가능한 한 세분이 필요하다. 또 앞에서 지적하였듯이 순전히 상대편년 결과에 따라 분기를 하는 듯하지만 실제로는 각 연구자의 절대연대관과 불가분이라 할 정도로 상호 연계되어 있음을 부인할 수 없다. 그래서 이동 양식 토기의 성립과 변천에서 중요한 전환점을 나타낸다고 판단되는 경주 월성로 가-13호분과 황남대총 남분에 대한 필자의 절대연대관[10]을 참고

---

9) 지금까지의 연구 경향을 요약한 부분에서는 언급을 생략하였지만, 사실 그간의 연구는 다른 연구자의 성과를 수용하기보다는 각자 그와는 상관없는 듯이 나름의 기준을 모색하고 편년을 시도한 경향 또한 두드러진다.

로 분기를 설정하는 접근 방식을 택하기로 하겠다. 다만 이런 연대 참고 자료가 없는 5세기 이후의 분기와 연대 비정은 다소 임의적일 수밖에 없겠다.

2. 신라 양식 토기의 변천과 분기

1) 변천 · 분기 · 절대연대의 재검토

필자는 바로 위에 언급한 접근 방식을 염두에 두고서 10여 년 전에 경주 양식 토기의 변천관을 아주 간략하게 제시한 바 있다.[11] 이는 金元龍의 신라 토기 변천관[12]을 바탕으로 하고 李盛周의 낙동강 이동 양식 토기 변천안[13]을 받아들이되 황남대총 남분의 연대를 5세기 초로 보는 연대관에 서서 후자의 분기와 절대연대를 조정한 것이었다. 다만 당시 발표의 성격상 후자의 안에서 조정되어야 할 점이나 필자의 분기 근거라든지를 자세하게 제시하지는 못하였다. 한편 金龍星은 대구 · 경산 지역에서 출토된 원삼국시대 이래의 토기가 보이는 통시적 변화를 기반으로 분묘의 분기와 편년을 하고, 낙동강 이동 지방의 다른 주요 지역 고분의 편년까지 하는 중에 자신의 연대관을 피력하면서 필자의 황남대총 남분 5세기 초설에 대해 비판한 바 있으며[14] 咸舜燮 역시 황남대총 남분 내물왕릉설에 대해 반론을 제기하였다.[15] 이는 황남대총 남분이라는 한 고분의 연대론에 그치지 않고 영남 지방 전역

---

10) 李熙濬, 「경주 월성로 가-13호 積石木槨墓의 연대와 의의」, 『碩晤尹容鎭敎授 停年退任紀念論叢』(1996), pp. 287~310; 「경주 皇南大塚의 연대」, 『嶺南考古學』 17(1995), pp. 33~67.

11) 李熙濬, 「낙동강 以東 지방 4, 5세기 고분 자료의 定型性과 그 해석」, 『4 · 5세기 한일고고학』(영남고고학회 · 구주고고학회 제2회 합동고고학대회, 1996), pp. 7~9.

12) 金元龍, 「신라 토기」, 『한국민족문화대백과사전』 13(한국정신문화연구원, 1995), pp. 748~752.

13) 李盛周, 「洛東江東岸樣式土器에 대하여」, 『제2회 영남고고학회 학술발표회 발표 및 토론요지』(1993), pp. 31~78.

14) 金龍星, 앞의 논문(1996), pp. 119~121.

15) 咸舜燮, 「大邱 達城古墳群에 대한 小考 —日帝强占期 調査內容의 檢討 —」, 『碩晤尹容鎭敎授停年退任紀念論叢』(1996), pp. 371~372.

의 고분 및 토기 변천에 대한 분기관 및 연대관과 깊숙이 관련된 비판 혹은 반론이다. 그래서 자설自說을 보강, 부연해 둘 겸 다소 장황할지 모르지만 이러한 견해들을 자세히 검토해 둘 필요가 있겠다. 단, 논의가 복잡해지는 것을 피하기 위해 개개 고분 상대 편년을 둘러싼 세부적 견해 차이에 대해서는 필요한 경우를 빼고는 뒤의 '지역별 편년' 장으로 미루기로 하겠다.

논의의 순서상, 그리고 편의를 위해 李盛周의 편년안부터 검토하기로 하는데 토기의 변천관, 분기의 근거, 절대연대에 초점을 두고 좀 세밀히 보기로 한다. 그는 낙동강 이서 양식과 뚜렷이 구분되는 전형적인 낙동강 이동 양식의 존속 기간은 대체로 5세기 중엽에서 6세기 전반대에 걸치되 이동 양식의 출현은 5세기 초라고 보면서 다음과 같이 경주 양식 토기의 변천 단계를 설정하였다.

I기: 월성로 가-13호. 이른바 고식도질토기에서 이동 양식으로의 과도기로서 유개식 무개고배의 조형이 보이고 장경호의 기형은 완성되나 대부장경호는 미출未出.

II기: 미추왕릉지구 제5구역 1호, 제5구역 6호. 마지막 단계에서 이단투창 유개식 무개고배가 완성되고 대부장경호가 출현.

III-1기: 월성로 나-9호. 파상문으로 장식된 이동 양식의 대부장경호, 투창이 뚫린 대각도치형 꼭지가 달리고 파상문波狀文이나 사격자문斜格子文이 돌려진 뚜껑이 완성되어 이단투창 유개식 무개고배는 유개고배로 바뀜.

III-2기: 월성로 나-12, 14, 가-11-1호. 경주 지역의 토기가 문양과 기형에서 다른 지역보다 앞서 가는 시기. 장경호의 목과 어깨, 고배 뚜껑, 배신杯身에 신라 양식이라 할 만한 다양하고 화려한 장식 문양이 출현하고 고배의 배신이 불룩하게 곡선화 됨.

IV기: 역시 두 기로 구분되는데 IV-1기에 비해 IV-2기는 유개고배의 배신이 반구형半球形에 가까워지고 각부도 짧아짐. IV-2기에는 IV-1기와 달리 컴퍼스 원점문이 장경호의 목과 어깨에 등장하고 부가구연 장경호가 출현.

V기: 유개고배의 대각은 더욱 축소되고 구연은 더 내경하며 유개고배의 뚜껑에 반원형 컴퍼스문과 삼각조대문三角組帶文이 결합되어 시문되는 것이 특징. 대부장경호의 크기도 작아지고 동체는 편구형扁球形으로 변화. 고배, 장경호의 굽다리

끝부분이 말려 올라가며 유개고배 뚜껑의 굽다리 꼭지도 말려 내려옴.

이러한 분기에 절대연대를 부여하는 데서는, 먼저 기존의 경주고분 편년안 중 대표격인 藤井和夫와 崔秉鉉의 안[16]이 150년 내의 연대 폭에 집어넣어야 할 토기 자료를 200년간으로 늘어놓았기 때문에 후자처럼 6세기 전반대에 소속시켜야 할 자료를 5세기 후반에서 6세기 전반까지 늘어놓거나 전자처럼 6세기 전반에서 후반까지 늘어놓음으로써 토기 형식의 변화 속도가 무척 느려 보이는 결과를 낳았다고 비판하였다. 그래서 다소 막연하지만 지금까지 파악된 원삼국시대 이래 토기상의 전체적인 흐름에 대한 기존 이해가 타당하다고 보고 또 황룡사지皇龍寺址 출토 유물의 절대연대 근거를 수용하는 입장에서 이동 양식 출현기의 상한을 5세기 초로, 소멸기의 하한을 6세기 중엽의 어느 시점(정확히는 6세기 중기)으로 보아서 다음과 같이 연대를 비정하였다.

이상과 같은 그의 안에서 우선 문제 삼을 수 있는 것은 이동 양식의 존속기간 이 되겠다. 사실 그 하한이 6세기 후반까지 내려가지 않는다는 것은 이제 거의 공인되다시피 되었다. 다만 경주 보문리 부부총 토기와 황룡사지 기반토층 토기 사이에 차이가 뚜렷하여서 그 하한은 6세기 후반으로부터 다소 시차를 두어야 하겠지만 그렇다고 崔秉鉉이 애초에 설정하였듯이 6세기 초까지 끌어올리기는 어렵다. 또 단각고배의 형성기간을 염두에 둔다면 李盛周의 안처럼 6세기 중기까지 끌어내리는 것도 불합리하다. 그래서 후술하는 金龍星의 견해와 같이 6세기 전엽까지나 그에서 그리 늦지 않은 시점까지 존속한 것으로 보아야 할 것이다.

---

16) 藤井和夫, 「慶州古新羅古墳編年試案 —出土新羅土器を中心として—」, 『神奈川考古』 6(1979), pp. 121 ~170. 崔秉鉉, 「古新羅 積石木槨墳의 變遷과 編年」, 『韓國考古學報』 10 · 11(1981), pp. 137~228 및 『新羅古墳研究』(一志社, 1992).

한편 李盛周의 안에서 이동 양식의 상한에 대해서는 특별히 구체적인 근거가 제시되지 않다. 다만 월성로 고분군의 상대 서열을 가-30호→가-5호→가-6 · 29 · 31호→가-8 · 13호로 보고 31호, 29호에서 출토된 왜계倭系 유물에 대한 일본 학계의 비교 연대[17]가 해당 고분의 상한 연대와 관련되리라는 점을 고려해야 한다고 함으로써 연대관의 근거를 간접적으로 제시하였다. 그래서 그가 분명한 입장을 밝히지는 않았지만 진 · 변한 이래 토기 변화의 주요 획기들을 4세기 초와 5세기 초에 두는 입장에 선 듯이 보이므로 결과적으로 고구려 남정을 변화의 주요 획기로 삼는 연대관과 같은 셈이다.[18]

사실 이동 양식의 존속기간을 별도의 근거 제시 없이 150년이든 200년이든 선험적으로 단언할 수는 없는 일이다. 그의 지적처럼 편년의 근거로 각자에게 유리한 유물의 연대관을 열거하거나 역사기록을 편리하게 해석하여 부회해서는 안 될 일이다. 하지만 앞에서 비판한 대로 원삼국시대 이래 토기의 흐름에 따른 분기와 인위적인 연대 비정 방식을 우선함으로써 교차연대 자료가 엄존하는 황남대총 남분과 같은 고분의 의의가 몰각되어서도 안 될 것이다.

다음으로 분기에 대해서 보자. 그의 제안대로 150년의 연대 폭 안에 넣는다 하더라도 다섯 기로 나누어 놓고 I, II, V기에는 25년씩의 폭을 두되 III기는 다시 둘로 나누어 25년씩의 폭을 부여한 반면에 그와 마찬가지로 둘로 세분한 IV기에는 합쳐서 25년의 연대 폭을 부여한 점은 아무래도 어색하다. 이는 결국 분기의 바탕을 이루는 토기 형식 변화관이 다소간 문제시될 수 있음을 말해준다. 더욱이 자신의 분기 및 절대연대 비정의 근거를 마련하기 위해 스스로 이동 양식 토기에 대해 통계학적 분석을 실시하였는데 그 결과에 대한 그의 해석은 이러한 분기 및 절대연대

---

17) 이는 西谷正이 「慶州月城路古墳群が提起する問題」, 『東アジアの古代文化』 68(1991), pp. 43~54에서 4세기 말~5세기 초로 본 것을 가리킨다. 그러나 뒤에서 검토하듯이 이 왜계 유물에 대한 그런 절대연대관은 올바르다고 할 수 없으므로 그를 교차연대로 원용하여 이동 양식의 상한을 5세기 초로 본 이성주의 연대관은 근거가 별반 없는 셈이다.

18) 그의 案에 대한 토론문인 申敬澈, 「洛東江東岸樣式土器의 諸問題」, 『제2회 영남고고학회학술발표회 발표 및 토론 요지』(1993), p. 79에서 "전체적인 면에서 기왕의 우리의 연대관을 推認하는 것으로 여겨진다"라고 한 데서 이것이 단적으로 드러난다.

비정과는 모순되는 것으로 여겨진다. 그런데 역으로 보면 이 모순 현상이 이동 토기 양식의 변화상에 대한 이해와 분기 및 절대연대 비정에 중요한 한 가지 근거를 시사하므로 그에 관련된 부분을 잠깐 인용하면서 살피기로 하겠다.

그는 "토기의 형식 변화가 느려지게 되는 것은 그릇이 전체적으로 소형화됨으로써 변화의 여지가 줄어드는 단계, 제작의 표준화가 고도로 달성되어 성형기법의 행위적인 규칙이 정형화되는 단계에 도달하는 것과 관련이 있다"라고 한다.[19] 이는 그가 기형器形의 다양성이 시간이 흐름에 따라 감소하는 경향을 주성분분석主成分分析으로 인지한 데 근거한 해석이다. 그런데 이 분석에 따르면 이단투창고배를 기준으로 할 때 기형의 다양성은 (그의 연대관으로) 5세기 후반까지 크게 감소하고 6세기 초경에는 그렇게 감소한 상태가 상대적으로 유지되므로 제품의 표준화가 대체로 5세기 후반 초에 이르러 완성됨을 시사한다. 아마도 그렇기 때문에 5세기 후반의 III기를 둘로 나누어 각각에다 다른 기期와 동일한 연대 폭을 부여한 것으로 보인다. 그러나 다양성이 감소된 상태가 유지되는 그 이후 단계에서는 거의 비슷한 형태의 토기들이라 하더라도 그 사이에 상당한 시간차가 존재할 수 있다는 역의 해석이 가능하다. 그러므로 그의 분석대로라면 III기는 물론이거니와 오히려 IV기 이후에는 그보다 더 큰 연대 폭을 부여해야 마땅하며 반대로 초기라서 다양성이 풍부한 I, II기에는 작은 연대 폭을 부여하는 것이 옳다.

그래서 필자는 그의 III-1기에 해당하는 황남대총 남분이 5세기 초로 판단되고 또 이동 양식 출현기의 월성로 가13호가 4세기 중기에 비정되므로 전고前稿에서 대체로 그의 상대 편년안을 따르되 분기에서는 신라 토기가 정형화되는 III단계 이전의 I기와 II기를 한 단계로 묶어 제I단계로 하고 그의 III-1, 2기 역시 한 단계로 묶어 제II단계로 하였으며 그의 IV기도 같은 연대 폭의 한 단계인 제III단계로 설정하였다. 그리고 마지막 단계인 그의 V기를 제IV단계로 하여 모두 네 단계로 분기를 설정하였던 것이다.

---

19) 李盛周, 「洛東江東岸樣式土器에 대하여」, 『제2회 영남고고학회학술발표회 발표 및 토론요지』(1993), p. 46.

한편 이미 말했듯이 金龍星은 황남대총 남분이 5세기 초에 축조되었다는 필자의 설에 반대하면서 5세기 후반 초에 축조된 눌지왕릉訥祇王陵으로 보는 연대관에서 경산과 대구 지역을 기준으로 김해, 경주, 동래 지역 고분의 분기 및 편년을 하였다. 그는 기존의 눌지왕릉설이 가진 많은 문제점을 인정한다면서도 다음 세 가지 각도에서 황남대총 남분을 내물왕릉으로 보기 어렵기 때문에 눌지왕릉일 가능성이 더 크다는 주장을 펴지만 각각에 대한 반론의 여지는 적지 않다.

첫째, 경산 임당林堂 유적 자료를 근거로 할 때 낙동강 이동 양식이 출현해서 황남대총 남분이 축조되기까지의 토기 변화상과 그 이후의 변화상을 비교하면 그 변화 정도는 비슷한 데도 전자에는 50년, 후자에는 약 100년을 부여하는 것은 '상식'에 어긋나는데, 그 이유는 단각고배를 비롯한 후기 신라 토기가 6세기 초나 전엽에서 출발한다고 할 때[20] 남분의 토기와 이들 사이의 간격이 너무 넓어져 문화 지체 현상이 발생하기 때문이라는 것이다. 그러나 이러한 시각의 문제점에 대해서는 앞에서 李盛周의 토기 변화상 분석을 비평하면서 논한 바 있으므로 이미 반론을 한 셈이다.

한편 그는 구체적으로 초기의 시간 폭이 넓어야 한다는 근거를 제시하였는데,[21] 황남동 109호에서 110호로 이어지는 단계의 고분들이 경주에서 많이 발굴되지 않았기 때문에 바로 연결되는 듯이 보이지만 임당고분군의 이른 시기 고총들과 복천동 10·11호, 39호, 안계리 3, 4호 등 경주 주변 지역과 낙동강 동안 지방 여러 지역의 고분 다수가 그 사이에 편년되므로 그에 단계가 더 필요하다는 것이다. 그에 따라 월성로 가-13호, 황남동 109호 3·4곽→안계리 3호, 복천동 10·11호→복천동 53호→황남동 110호, 황남대총 남분으로 단계를 세분 설정하였다(뒤의 〈표 1〉 참조). 그러나 후술하겠지만 이미 崔秉鉉이 지적하였듯이 황남동 109호 3·4곽→110호→남분의 순서는 분명한 것이고 복천동 53호와 황남동110호는 같은 단계이며 안계리 3호도 거의 같은 시기이다.[22] 또 복천동 10·11호는 황남동 110호

---

20) 이를 필자가 前稿에서 지적하였다고 하였으나(p. 119) 사실은 6세기 초나 전엽까지 올려보지는 않았다.
21) 金龍星, 앞의 논문(1996), p. 120 註)35.

보다 늦으므로 같은 단계로 할 수는 있을지언정 그처럼 두 단계나 앞으로 둘 수는 없다. 요컨대 황남동 109호 3·4곽과 110호 사이에 든다고 한 고분들은 서로간에 약간의 시차는 있을지라도 모두 황남동 110호와 같은 단계의 고분들이다.

김용성은 필자의 이러한 반론에 대해 재반론을 할 겸 자설을 보강하기 위해 작성한 신고新稿[23]에서 이 문제에 대해 보완하는 논의를 폈다. 그에 대해 여기서 일일이 재반박을 할 필요는 없으리라 여기지만 한 가지 사항만 지적하고 넘어가기로 한다. 즉 이 단계에 해당하는 여러 지역 분묘의 예들을 들고 그들 사이의 시차를 생각할 때 이를 모두 포괄하려면 긴 시간 폭이 필요하다고 하였지만 한 고분군에서 이 단계에 해당하는 고분의 수가 과연 그렇게 많은 경우가 있는지를 생각해보고 그 수와 황남대총 이후 단계 고분의 수를 비교해 보면 역시 그렇게 긴 시간 폭을 부여하기 어렵다는 점을 쉽게 실감하리라 싶다.

둘째, 내물왕릉은 『三國遺事』에 첨성대 서남西南에 있다고 분명히 기록되어 있으므로 북서에 위치한 황남대총을 내물왕릉으로 볼 수는 없다는 것이다. 그래서 내물왕릉으로는 인교동 115호(sic! 119호)분을 후보로 꼽았는데 이를 동서 장축으로 연결된 표형분으로 보아 이른 시기의 복천동 주요 대형분이나 김해 대성동 1호, 2호의 일렬 배치와 유사하다는 점을 그 방증이라 생각하는 듯하다. 또 초대형분으로서 왕릉일 가능성이 가장 큰 봉황대와 황남대총을 잇는 연장선상에 황남동 105호, 그리고 좀더 남쪽에 이 119호가 위치하고 있음도 어떤 의미를 함축하고 있는 것으로 보고[24] 그 중 제일 남쪽의 인교동 119호가 대형묘들 가운데서 가장 이를 가능성을 제기한다.

황남동 105호가 그 연장선의 남쪽에서 두 번째에 있고 그 동쪽에 있는 106호가 전미추왕릉傳味鄒王陵이므로 문헌에 나오는 실성實聖과 미추味鄒의 가계家系 관계까지를 염두에 두고 105호가 실성왕릉實聖王陵임을 간접적으로 암시한 것이 아닌가

22) 崔秉鉉, 「新羅古墳 編年의 諸問題 —慶州·月城路·福泉洞·大成洞古墳의 상대편년을 중심으로—」, 『韓國考古學報』30(1993), pp. 109~129.

23) 金龍星, 「皇南大塚 南墳의 年代와 被葬者 檢討」, 『韓國上古史學報』42(2003), pp. 57~86.

24) 金龍星, 앞의 논문(1996), p. 120 註)37의 내용으로 보아 아마도 이들이 왕릉임을 시사하는 듯하다.

추정이 된다. 또 106호를 실제 미추왕릉으로서 그가 다음 세 번째 반론의 증거로 든 눌지왕대에 수즙修葺된 역대 원릉 중 하나로 보는듯 싶다. 그러나 경주 시내 고분군의 분포를 볼 때 과연 119호―봉황대라는 축이 우연의 일치가 아닌 기획적인 것으로 인지되고 또 그 축에 있는 고분이 왕릉이라는 정형화가 가능한지는 지극히 의문스럽다 하겠다. 전미추왕릉과 같은 구전口傳을 도대체 진지하게 고려할 만한 것인지도 물론 의문이다. 한편 咸舜燮도 내물왕릉의 비정은 고고학적 판단에 앞서 제반 문헌사료의 검토가 선행되어야 한다고까지 하면서 역시 119호를 내물왕릉 후보로 보았다.[25]

그러나 과연 『삼국유사』의 내물왕릉 위치 기록을 그대로 신빙해도 좋을지에 대해 의문을 제기할 수 있다. 그는 "우리 고대사학계의 흐름이 적어도 내물왕 이후의 『三國史記』나 『삼국유사』의 기사들을 대체로 긍정하고 있기 때문"이라 하는데 설사 고대사학계의 흐름이 그렇다 하더라도 이러한 개개 기록에 대해서마저 그런 확대 추론이 가능한지는 의문시된다. 또 그 기사가 실린 『삼국유사』 왕력王曆의 사료 계통이나 가치에 대해 신빙할 만한 근거가 확인되지 않는 한[26] 일단 이 위치 기술記述은 그대로 신뢰할 것은 못된다고 하겠다. 더욱이 고고학적 판단에 앞서 문헌사료의 검토가 선행되어야 한다고 한 咸舜燮의 인식은 다소 위험스럽게 보인다. 자칫 그러한 인식이 확대되면 그 많은 고고학적 자료는 무용지물이 되어 버림으로써 고고학 허무론으로 흐를 위험조차 있기 때문이다.

다음으로 인교동 119호는 金龍星이 생각하는 것과는 달리 그냥 표형분으로 보기에는 의문스런 부분이 많다. 현재 상태를 기준으로 할 때 봉토의 정부頂部가 서에서 동으로 가면서 점차 낮아지는 듯한 형상이고 평면 형태도 서쪽에 비해 동쪽의 폭이 좁아서 통상의 표형분이 보이는 외형과는 사뭇 다르다. 또 咸舜燮은 길이가 약 100미터이고 폭이 58미터라고 보고하였는데,[27] 황남대총의 경우 대등한 크기의

---

25) 咸舜燮, 앞의 논문, p. 372.

26) 金相鉉, 「三國遺事 王曆篇 檢討 ―王曆 撰者에 대한 疑問―」, 『東洋學』 15(檀國大學校 東洋學硏究所, 1985), pp. 221~237에서는 왕력이 삼국유사의 다른 篇과 사료 계통을 다소 달리 하고 一然에 의해 쓰이지 않았음을 논증하여서 참고가 된다.

두 봉분을 합친 길이가 대략 120미터이고 폭이 80미터라는 점을 염두에 두고 119호의 외형이 보통의 표형분과 다른 점에다 이런 수치상의 불균형을 합쳐 생각하면 본 고분이 표형분이기는 어렵다는 사실을 알 수 있다. 서쪽의 넓고 높은 부위에 지름 58미터인 하나의 원분圓墳이 있다고 가정하고 그것을 중심으로 보면 통상의 표형분에서 선축先築한 고분의 호석 위치에다 후축後築 고분의 중심을 두므로 만약 동쪽 부위가 한 봉분이라면 이는 동서 반경은 42미터이지만 남북 반경은 29미터 이하인 기형이 되고 마는 것이다. 그래서 크기가 다른 두 고분이 합쳐진 것으로 볼 수는 없고 차라리 대소大小 3기 정도의 고분이 연접한 양상이라고 생각된다.[28]

그런데 咸舜燮은 서쪽의 높고 큰 부분이 선축되고 동쪽이 추가된 표형분이되 서분西墳이 방대형方臺形 또는 말각방대형抹角方臺形 고분이었을 것이라서 이런 형상을 띠게 된 것으로 해석하는 듯하다. 더욱이 이에 그치지 않고 방대형이라는 추측을 확대해서 그것이 연대가 오래되었음을 시사하는 근거로까지 보는데, 방대형이라면 그처럼 분구가 높은 점이 쉽사리 설명되지 않고 또 이는 고분 축조 후 시간의 흐름에 따른 변형 등을 고려하지 않은 너무나 취약한 근거 위에 선 비약이라 하겠다.[29] 어떻든 만약 그렇다고 한다면 金龍星이 다음 셋째 항에서 제기하듯이 이 서분西墳은 나중에 수축되었을 것이라는 해석과는 상치된다.

셋째, 『삼국사기』 눌지마립간 19년(435)조의 '수즙역대원릉修葺歷代園陵'이라는 기사를 눌지왕이 직계 조상의 무덤을 확대 개축한 것으로 해석하는 입장을 취할 때 황남대총이 그의 부父인 내물왕의 능이라면 응당 수즙의 흔적이 있을 터인데 그렇지 않으므로 이는 내물왕릉이기 어렵다는 주장이다. 부연하여 전미추왕릉, 황남동 105호, 인교동 119호 등이 수즙의 대상이 되었던 고분이 아닌가 보고 이들은

27) 咸舜燮, 앞의 논문, p. 371.

28) 2007년 6월에 서울대학교 규장각 소장 조선시대 읍성 지도집에 실려 있는 '正祖 20년 慶州府圖 筆寫'본(1798년 이후 제작 추정)을 우연히 관찰하였는데 그에는 이 인교동 119호로 추정되는 고분이 흥미롭게도 봉분 세 개가 연접된 형태로 표현되었다. 다만 가장 큰 봉분은 실제와는 반대로 동쪽 끝의 것으로 되어 있다.

29) 발굴되지 않은 대형 고분에 대한 이런 과도한 추정은 고고학의 인식론에서 도무지 타당하다고 생각되지 않으며 그래서 설득력을 가지기 어렵다고 본다.

435년까지는 가장 큰 무덤이었겠지만 이들 이후에 축조되었을 황남대총, 봉황대 고분보다는 작게 수축修築되었을 것이라는 논리를 폈다. 여기서 후자의 논리는 그의 표현상 모호함 때문이겠지만 435년 당시 수축한 왕릉급 고분이 장차 그 이후에 축조될 왕릉급 고분보다 클 수는 없을 것이라는 일종의 결과론적 역논리라서 수긍하기가 어렵다.

다음으로 위 기사의 '역대원릉'에 내물왕릉이 반드시 포함되어야 할 이유는 없다고 반론할 수 있다. 주지하듯이 내물왕은 신라사에서 한 획을 긋는 왕이었으므로 그의 무덤이 축조 당시부터 컸을 개연성은 충분히 있는 것이다.[30] 또 '수즙'이 확대 개축을 의미할 가능성이 가장 크지만 반드시 확대한 사실만을 가리킬 이유도 없다. 퇴락한 무덤을 그야말로 수즙한 사실을 기록한 것일 수도 있기 때문이다.

결론적으로 말해서 다분히 정황적인 논리만으로 고분의 절대연대를 정하거나 왕릉을 비정할 수는 없다고 재반론하는 바이며, 앞에서도 지적하였듯이 만약 그러한 정황 논리를 우선한다면 고고학 자료 자체가 가진 잠재력은 몰각되고 말 위험이 아주 크다. 덧붙여 말한다면 황남대총 남분 5세기 초설에 대한 반론은 원래의 설이 근거한 논리와 자료를 중심으로 이루어져야만 설득력을 가질 것이라고 본다.

필자는 전고에서 황남대총 남분의 연대가 5세기 초라는 주장의 주된 근거 중 하나로 그에 한 단계 선행하는 칠성산96호분 등자가 풍소불묘(415년) 등자와는 계보를 달리하며 그 연대는 5세기 이후로 내려올 수 없고 4세기 후엽이라고 논증하였는데, 이는 등자를 비롯한 유물의 형식학적 편년에 입각하여 연대를 어느 정도 추정할 수 있는 효민둔 154호묘라든가 원대자묘袁台子墓와의 교차 편년을 근거로 한 추정연대였다. 그런데 이러한 연대 추정은 최근에 하한연대 393년이라는 절대연대 자료를 가진 태왕릉 등자가 출토[31]됨으로써 다시 든든한 근거를 확보하게 되었다. 즉 태왕릉 등자와 병행하는 칠성산96호분 등자의 연대가 필자가 상정한 연대에 부

---

30) 5세기 전반에 고구려군이 신라에 주둔하였음을 근거로 신라에서 5세기 후반에 가서야 비로소 초대형 분 축조가 가능하였을 것이라는 설에 대해서는 이미 李熙濬, 「경주 皇南大塚의 연대」, 『嶺南考古學』 17(1995), pp. 33~67에서 비판한 바 있다.

31) 이에 대한 논의는 李熙濬, 「太王陵의 墓主는 누구인가」, 『韓國考古學報』 59(2006), pp. 74~117를 참조.

합된다는 사실이 뒷받침됨과 동시에 황남대총 남분의 연대가 5세기 초라는 추론 또한 빗나가지 않았다는 사실이 새삼 확인된 것이다. 그러므로 바로 이런 등자의 형식 계열 설정에 초점을 맞춘 반론이 직접 펼쳐져야 비로소 논쟁다운 논쟁이 이루어질 수 있다는 사실을 지적해 두는 바이다.[32]

2) 신라 양식 토기의 변천과 분기

이상에서 논의한 사항을 전제로 하면서 필자의 구고舊稿[33]에서 네 단계로 나누었던 신라 양식 토기 분기안을 과감히 세분해 보고자 한다.[34] "과감히"라고 한 이유는 그 네 단계도 그러하거니와 이 세분細分 또한 어느 정도는 특별한 연대 근거 없이 두부모 자르듯이 할 수밖에 없기 때문이다. 그렇지만 분기와 편년을 바탕으로 좀더 세밀한 해석을 이끌어내기 위해서는 필요하다고 보아 시도하기로 한다. 이는 신라 토기 양식의 정향적 변화를 가장 잘 요약해 보여주는 경주 양식 이단투창고배를 기준으로 하고 고배 뚜껑, 장경호를 보조 기종으로 한다. 원론적으로는 되도록 많은 기종을 들어 조합 관계를 기술하는 것이 바람직하다. 하지만 그러지 않고 몇 가지로 한정한 이유는 모든 기종이 뚜렷한 정향적 변화를 보이는 것은 아니므로 많은 기종을 포함시킬 경우 오히려 혼란스럽기만 할 수도 있기 때문이다.

먼저 구고舊稿에서 이미 맨 앞의 I단계가 두 기로 세분될 수 있음을 시사한 바 있다. I단계의 이른 시기인 Ia기는 낙동강 이동 양식의 성립기라고 하겠는데 지금까지 이 단계의 토기가 발굴되어 보고된 지역이 부산 동래, 경주 시내, 울산 중산

---

32) 자신의 구고를 보완하면서 필자의 반론에 대한 재반론을 일부 편 신고(김용성, 「皇南大塚 南墳의 年代와 被葬者 檢討」, 『韓國上古史學報』 42(2003), pp. 57~86)에 대해서도 대체로 마찬가지 평가를 할 수 있다.

33) 李熙濬, 「낙동강 以東 지방 4, 5세기 고분 자료의 定型性과 그 해석」, 『4·5세기 한일고고학』(1996, 영남고고학회·구주고고학회 제2회 합동고고학대회), pp. 1~25.

34) 舊稿에서 IV단계로 비정한 월성로 가-15호는 이 細分에서 약간 올려 III기의 말로 비정한다. 사실 이를 분명히 어느 쪽이라 정해주는 절대연대 자료는 없으므로 분기 비정은 다소 유동적일 수밖에 없다. 또 막연히 6세기 전반으로 하였던 IV단계의 연대 폭도 여기서는 대략 6세기 전엽으로 한정한다.

리, 포항 학천리, 영천 청정리 등 대체로 경주 일대로 한정되고 실제 토기 수도 많지 않아 아직 불분명한 부분이 많다. 각 지역에서 출현기의 토기들은 다양한 양상을 보이며 경주 분지에서조차 토기 형태에 상당한 변이가 있는 듯하다. 고배를 보면 앞 시기의 곡선 팔자八字형 대각의 상부上部가 두터워져서 투창이 교호 이단으로 뚫리되 대각은 기본적으로 3단 구성이며 뚜껑받이는 형성되지 않았고[35] 고배의 뚜껑도 없다. 대부장경호는 출현하지 않았다.

Ib기는 고배 대각의 직선화가 진전되고 상부가 더욱 두터워지면서 절두방추형截頭方錐形에 가깝게 된다. 뚜껑받이가 직립의 형태로 생겨나지만 뚜껑이 반출되지 않는 것이 대부분이며 늦은 시기에는 대각도치형에 네모 투창이 뚫린 꼭지를 가진 전형적인 신라식 고배 뚜껑이 반출되기도 하나 지역성이 있어서[36] 그 유무만으로 선후를 논하기는 어렵다. 대각도 3단 구성이 기본이지만 늦은 시기에는 절두방추형의 2단 구성이 확립된다. 이 절두방추형 고배의 투창은 5개인 경우도 있다. 일단 투창 대각을 가진 대부장경호가 등장한다.

IIa기에는 이동 전역에서 절두원추형의 2단 대각에 약간 내경하거나 직립한 뚜껑받이를 가진 고배가 확립된다. 고배의 배신이나 뚜껑에 삼각조대문三角組帶文이나 파상문이 유행하고 집선문도 보인다. 대부장경호의 대각은 2단도 등장하며 장경호 어깨의 사각斜角짓기가 분명하다.

IIb기에는 기본적으로 IIa기의 주조主調가 이어지나 고배 대각의 지름이 배신에 비해 축소되어 대각이 전체적으로 세장한 형태로 변한다. 또 IIa기에는 일단투창고배의 뚜껑 꼭지가 주로 투창을 갖춘 대각도치형이었으나 이 단계에는 굽형도 상당수 있다. 고배의 문양이 다양화하는데 IIa기에서는 주로 삼각조대문이었지만 이 시기에는 집선문이 크게 유행한다. 장경호에도 다양한 문양이 시문되고 장경호의 목이 전체 비례상 약간 길어지기 시작하는데 특히 돌대突帶로 구분된 최상단이 그러하다. 어깨의 사각짓기는 이 기의 늦은 단계에 가면 현저하게 둔화된다.

---

35) 단, 월성로 가-13호 출토품처럼 드물게나마 신라식 대각에 이른바 가야식 유개 고배 배부와 뚜껑이 결합된 예도 있다.
36) 현재로서는 경주 일대로만 한정되는 것이 아닌가 한다.

IIIa기에는 이단투창고배에 이중거치문二重鋸齒文이 유행하며 앞 시기까지는 투창이 네 개짜리였으나 이제 세 개짜리가 주류를 이룬다. 이 이단투창고배의 뚜껑은 꼭지 상부가 둥근 테 모양이 되고 투창이 더욱 작아지며 때로 원형 투공透孔에 가까운 형태나 아예 투공형도 나타난다. 뚜껑받이의 길이가 짧아지고 내경도도 강해지며 대각 상부는 더욱 좁아진다. 내경한 뚜껑받이가 붙은 원저장경호에는 앞 시기의 파상문 대신 원점圓點 · 집선集線 결합문이 성행한다. 또 대부장경호의 목이 더 길어지면서 전체적으로 좀더 벌어져 올라가고 돌대로 구분된 최상단부에서 안으로 약간 꺾이면서 외반하여 끝난다. 어깨의 사각짓기는 이 단계의 후반에는 거의 사라진다. 장경호의 대각은 대부분 2단식이 된다.

IIIb기에는 고배의 배신이 깊어지고 대각 길이가 현저히 짧아지기 시작하는데, 아직은 대각이 배신보다 높은 것이 주류지만 거의 같은 정도로 낮아진 것도 나타난다. 고배의 문양으로는 앞 시기에 나타난 사격자문이 유행한다. 이단투창고배의 뚜껑 꼭지는 투공이 뚫린 굽형으로 바뀌었고 때로는 무투공 굽형도 있다. 그리고 장경호에서는 반구장경호盤口長頸壺가 자리잡는다.

IV기에는 고배의 단각화가 진행되기 시작한다. 이 단계의 고배는 개와 배신을 결합한 형태가 구형을 이루며 개에는 반원형 컴퍼스문과 삼각조대문의 결합 문양이 유행한다. 대각의 높이가 배신과 같거나 때로는 그보다 낮은 것도 있다. 대부장경호의 크기가 축소되고 동체부도 편구형이 되어가며 고배, 장경호의 대각단이 반전되는 형태를 보인다(이상의 분기별 토기 예는 뒤의 〈그림 III-1, 3, 4〉를 참조).

각 기의 절대연대는, Ia기에 속하는 월성로 가-13호의 연대가 4세기 중기를 전후한 시기로서 늦어도 후반 초로 비정되고 IIa기의 초두에 위치한 황남대총 남분이 5세기 초이므로 일단 Ia기는 4세기 3/4분기, Ib기는 4세기 4/4분기로 해 둔다.[37] 다음 IIa기는 5세기 1/4분기, 그에 이어지는 IIb기는 5세기 2/4분기, IIIa기는 3/4분

---

37) 사실 월성로 가-13호의 연대가 이동 양식의 상한을 나타내는 것은 아니고 형성기의 한 시점을 말하는 것이므로 이동 양식의 상한은 좀더 올라갈 가능성이 다분하다. 그래서 이 I단계의 폭을 좀더 넓게 4세기 중엽까지로 잡아서 Ia기를 4세기 중엽, Ib기를 4세기 후엽으로 하는 것이 나을지도 모르겠다. 앞으로 그 앞 단계 토기의 절대연대를 일러줄 자료가 증가하기를 기대하면서 가능성을 열어두기로 한다.

기, 그리고 IIIb기는 4/4분기로 비정하며 마지막의 IV기는 좀더 넓게 잡아 6세기의 전엽 정도로 한다.

3. 신라 고분의 편년

낙동강 이동 지방의 여러 지역 중에서 대규모 고분 또는 고총의 발굴조사가 다소간 이루어진 경주, 부산, 양산, 경산, 대구, 성주, 창녕, 의성 지역의 주요 고분들을 편년하되 앞에 설정한 분기를 축으로 각 지역 토기의 변천상에 근거한 편년을 그에 대응시키기는 방식을 취하기로 하겠다. 이는 엄밀히 말하면 분기 작업을 연장 혹은 확대하는 것이지만 지역간 동기 배열(同期 配列) 작업이 이루어지므로 넓은 의미의 편년에 넣어도 될 것이다. 분기와 편년은 지역별로 하되 경주 지역과 부산 지역은 같이 다루기로 하는데 다른 지역에 비해 조사가 많이 되었고 서로 연계되는 자료가 다수 있어서 실제로 여러 연구자가 상호 관련지어 논하고 있기 때문이다.

전고 발표 후 새롭게 정식 보고된 고분들이 있으나 편년의 목적이 다음 장들의 해석을 위한 토대를 마련하는 데 있으므로 특별한 경우가 아니면 다루지 않는다. 그리고 정식 보고서로 출간된 개별 고분의 전거를 각주로 인용하는 번거로움을 피하기 위해 해당 고분 뒤 괄호 속에 저자와 연도만 표기하고 이 장의 뒤에 일괄해서 인용문헌 목록을 실어두기로 하겠다.

1) 경주 · 부산 지역

경주 지역 고분의 편년 연구는 가장 집중적으로 이루어졌으나 그런 만큼 이견異見도 적지 않음은 잘 알려진 사실이다. 앞에서 신라 토기의 변천 단계를 기술하면서 경주 양식 토기를 기준으로 기존 연구 성과를 나름대로 종합하였으므로 그 바탕이 된 연구들을 일일이 대비하면서 논할 필요는 없을 것이다. 그래서 여기서는 최근의 두세 연구와 관련지어 검토하는 정도로 해두며, I기와 그 앞 시기의 편년에 관해서는 자료가 가장 많이 축적된 지역 중 한 곳이 부산 지역이므로 그곳 고분과의 병행 관계를 고려하여 주요 견해들을 대비하기로 한다.

경주에서 월성로 고분군(國立慶州博物館·慶北大學校博物館·慶州市, 1990)이 발굴되기 전까지 조사된 고분 중 I기에 해당하는 토기가 출토된 예로는 황남동 109호 3·4곽(齋藤忠, 1937), 미추왕릉지구 제5구역 1호분과 6호분(金廷鶴·鄭澄元, 1975), 그리고 황남동 110호(李殷昌, 1975)를 들 수 있다. I기 안에서는 그간의 연구 성과를 종합하면 109호 3·4곽→110호의 상대 순서이며 다시 110호 뒤에는 II기의 황남대총 남분(문화재관리국 문화재연구소, 1993·4)이 이어진다. 110호와 남분을 같은 시기로 설정하기도 하나 상대연대에서 뚜렷한 차이가 있어 다른 단계로 구분하는 것이 좋을 것이다. 물론 단계 구분의 기준과 목적에 따라서는 양자를 같은 기로 설정할 수 없는 바는 아니지만 본고처럼 토기의 변화를 기준으로 한다면 단계 구분을 하는 편이 낫다고 본다.

그런데 월성로 고분군이 조사되고 나서 이 고분들과 월성로 고분군을 상호 관련짓는 데서 상당한 이견들이 제시되었다. 또 이 견해차는 복천동 고분군의 이 시기에 해당하는 고분들에 대한 편년의 상위와도 얽혀 자못 복잡한 양상을 띤다. 그래서 여러 견해를 정밀하게 대비할 필요가 있다.

우선 I기를 중심으로 보기로 하자. 신라 양식 형성기를 전후한 월성로 고분의 편년은 宋義政에 의해 본격화되었는데,[38] 그는 가-16·30·31호→가-29·12호→가-5·6·14호→가-13·8호의 순서로 단계화하였다. 그리고 명확히 말하지는 않았지만 황남동 109호 3·4곽에서 교호투창고배交互透窓高杯가 출토된 데 반해 가-5·6호 단계에서는 경배頸杯와 직렬투창고배直列透窓高杯가 출토되었으므로 전자가 후자보다 늦은 것으로 볼 수 있다고 하여 황남동 109호 3·4곽은 월성로 가-13호 단계 이후로 보는 듯하다.

이에 대해 李盛周는 대체로 동의한다고 하면서도 가-16·30호→가-5호→

---

38) 宋義政, 「慶州月城路 出土遺物의 分析—상대편년을 중심으로—」(서울大學校 大學院 考古美術史學科 碩士學位 論文, 1991). 후술하듯이 최병현도 이미 1990년에 이를 대략 편년한 바 있었으나(「新羅古墳 硏究」(崇實大學校 大學院 史學科 博士學位 論文)) 송의정은 이를 참고하지 못한 듯하다.

가-6 · 29 · 31호→가-8 · 13 · 14호로 보고 13호부터가 자신의 이동 양식 제I기이며 황남동 109호 3 · 4곽은 대부파수부단경호臺附把手附短頸壺의 존재로 보아 제I기에 속하되 마지막 단계라고 하였다.

한편 월성로 고분군에 대한 편년을 최초로 시도한 崔秉鉉은 처음에는 가-30호→가-6 · 29 · 31호→(황남동 109호 3 · 4곽)→가-5 · 13호→나-13호로 보았으나 그 후 재검토하여 가-30호→(황남동 109호 3 · 4곽)→가-8호→가-6호→가-13 · 5 · 31 · 나-13호로 수정하였다.[39]

그리고 金龍星은 가-29호→가-6호→가-13호, 황남동 109호 3 · 4곽으로 편년하고 각각 동래 복천동 고분군의 48, 50호→25 · 26호→31 · 32호, 21 · 22호에 대응시키고 있음[40]이 주목된다.

월성로 고분군에서 기종 구성이 다양하지 않은 12, 14, 16호를 일단 제외하고 위의 안들을 검토하기로 하자. 李盛周의 안에서 월성로 29 · 31호의 연대를 4세기 말 5세기 초로 본 西谷正의 견해를 의식하여 29 · 31 · 6호를 하나로 묶어 상대연대상 가-13호의 바로 앞에 둔 것은 이동 토기 양식의 상한을 5세기 초로 상정한 자신의 연대관을 방증하기 위한 것으로 좀 작위적이라 생각된다. 후술하듯이 29호의 연대는 꼭 그렇게 볼 수가 없으며 더욱이 31호는 29호와 같은 단계로 둘 수가 없다. 31호의 유개파수부대호有蓋把手附大壺(그림 III-1의 ③)는 복천동 38호의 대호[41](그림 III-1의 ④)와 같은 단계이거나 오히려 앞서는 요소를 가지고 있기 때문이다.

한편 崔秉鉉의 안은 월성로 고분군 토기 중에는 황남동 109호 3 · 4곽 토기를 직접 대비, 연계할 만한 자료가 별반 없는데도 그 위치에 너무 집착한 탓에 구고舊稿와 신고新稿의 상대 편년이 그처럼 크게 달라진 것이 아닌가 하는 느낌이 든다. 그래서 그의 신고에서 가-30호와 가-8호 사이에 109호를 위치시킨 것으로 보이는

---

39) 崔秉鉉, 「新羅古墳 編年의 諸問題 —慶州 · 月城路 · 福泉洞 · 大成洞古墳의 상대편년을 중심으로—」, 『韓國考古學報』 30(1993), p. 104에서 재인용. 처음 안은 위의 박사학위 논문에서 제시되었고 수정안은 『新羅古墳研究』(一志社, 1992)에서 제시되었다. 이하에서 전자를 舊稿라 하고 후자를 新稿라 한다.

40) 金龍星, 앞의 논문(1996).

41) 鄭澄元 · 安在晧, 「福泉洞 38號墳과 그 副葬遺物」, 『三佛金元龍教授 停年退任紀念論叢』 I 考古學篇 (1987), pp. 653~672.

그림 Ⅲ-1 월성로 가 지구 고분 토기 및 타 지역 대비 토기

①, ② 30호　　　　③, ⑤ 31호　　　　⑥∼⑨ 8호
⑩∼⑬ 29호　　　　⑭∼⑱ 6호　　　　⑲∼㉒ 13호　　　　④ 복천동 38호

데, 가-31호를 가-13호와 같은 단계로 본 것 역시 무리라고 생각된다. 다만 8호를 가-6호보다 앞에 둔 것은 宋義政의 상대 편년상 문제를 바르게 수정한 것이라 하겠다. 그리고 109호 3·4곽의 위치를 상향시키기 위해 상대적으로 끌어내리고자 한 가-13호는 고배의 각 부분 특징을 분리하여 볼 때 가야식 뚜껑은 전체 형태가 복천동 39호 것보다 이르지 않은 형식이고 대각도 전체 형태가 황남동 110호 고배의 3단 대각에 접근한다고 보아 110호에 거의 평행한다고 보았는데,[42] 이는 공반된 직렬투창고배라든지 무개식 고배, 일단투창고배의 형태를 볼 때 올바른 관찰, 비교라고 할 수가 없다. 또 그처럼 다른 요소가 결합되고 있다는 점이 바로 이행기의 특징을 나타냄이 아닐까 싶다.

이상을 종합할 때 우선 월성로 고분군은 가-30→31호→29호→8호[43]→5·6호→가-13호로 상대 편년이 될 수 있겠다(〈그림 III-1〉 참조). 그렇다면 가-13호가 4세기 후반 초로 비정되므로 가-5·6호부터 그 이전의 고분은 4세기 전반과 그 이전으로 비정된다. 이 중 31호에서는 전기前記한 대호와 늦은 단계의 와질 토기, 그리고 일본 토사기계土師器系 토기가 공반되었는데 이 왜계 토기 중 고배(그림 III-1의 ⑤)는 교차연대 자료가 되므로 그 성격 규정과 연대 비정을 둘러싸고 논란이 많다.[44]

먼저 安在晧는 배신은 포류계布留系이지만 대각은 장내식계庄內式系의 대각을 갖고 있다고 지적한 바 있다.[45] 그래서 필자는 전고에서 만약 그의 관찰과 대비가 옳다면 이는 31호가 늦어도 장내―포류의 전환기에 해당한다는 뜻으로 해석할 수 있으며, 최근 일본에서 말기 미생토기彌生土器의 연대 상승에 따른 장내식토기의 연대 상승 경향[46]을 고려한다면 이는 31호가 분명히 3세기대에 들어 있음을 말한다고

---

42) 崔秉鉉, 「新羅古墳 編年의 諸問題 ―慶州·月城路·福泉洞·大成洞 古墳의 상대편년을 중심으로―」, 『韓國考古學報』30(1993), p. 127.

43) 전고에서는 8호분→29호분으로 보았으나 전자에서 발형기대가, 후자에서 노형기대가 출토된 점을 근거로 그 반대로 보아야 한다는 朴天秀, 「대가야권 분묘의 편년」, 『韓國考古學報』33(1998), pp. 112~113의 지적에 따라 수정한다.

44) 이에 관해서는 井上主稅, 「嶺南地域 출토 土師器系土器의 재검토」, 『韓國上古史學報』48(2005), pp. 69~70을 참조.

45) 安在晧, 「土師器系軟質土器考」, 『伽耶と古代東アジア』(新人物往來社, 1993), p. 176.

보았다. 朴天秀는 이 고배를 장내식 병행기로 보아 3세기 3/4분기로 설정하였다.

그러나 井上主稅는 공반된 소형발小形鉢에서 장내식토기의 영향이 인정되나 조정 방법이 다르기 때문에 재지화된 것이고 소형 기대도 마찬가지이나 전체적으로 X형이므로 포류1식 이후로 보는 것이 옳다고 하였다. 고배 또한 장내식토기의 영향은 인정되나 조정 방법으로 보아서는 역시 재지화된 소형기대의 형태를 근거로 해야 할 터인데 그러면 3세기 말~4세기 초로 생각되지만 거기에 재지화된 점을 고려해서 그보다 약간 늦은 4세기 초로 보았다.

이런 왜계 토기의 연대론에서 어떻든 가장 문제가 되는 점은 명확한 제작 기법 파악과 형태 동정인데 이 왜계 토기들이 재지 생산품이라서 실은 연구자마다 그에 관해 세 가지 기종별로 미묘한, 때로는 상당한 견해 차이를 보이며 그래서 종합적인 판단이 필요하나 그것이 쉽지 않아 보인다는 것이다.[47] 또 한 가지 문제는 왜계 토기에서 재지의 제작 기법이 보인다고 해서 으레 이를 '재지화'라고 표현하는 점이다. 이는 혹시 그렇게 표현 혹은 파악함으로써 연대를 의도적으로 늦추려는 것은 아닌지 적이 의심스럽다. 즉 그만큼 원형으로부터 시간이 흘렀음을 의미하므로 일본의 해당 단계 토기가 지닌 교차연대를 그대로 비정할 수 없고 그보다 일정하게 늦게, 예컨대 한 세대 정도 늦게 잡아야 한다는 뉘앙스를 풍기려는 의도에서 그리 표현하였다는 것이다. 그런데 이 대목에서 의문스러운 점은 한국 고분에서 출토되어 보고되는 왜계 토기는 어떻게 해서 재지 토기라 하더라도 원형 단계의 것은 없고 언제나 그로부터 일정 세월이 지나 재지화한 토기, 즉 '변형된' 토기뿐이냐 하는 것이다. 그러한 정형성이 생겨난 이면에는 학자들이 재지화라는 용어로 왜곡하려는 실상이 감추어져 있는 것은 아닌가 하는 느낌마저 든다.

---

46) 일본고고학의 문외한이 이에 언급하는 것이 주저되지만 埋藏文化財硏究會, 『考古學と實年代』(第40回 埋藏文化財硏究集會 第1分冊 發表要旨集, 1996)와 n. n., 「年輪年代ー未來へつなぐ夢: 光谷拓實さん, 森岡秀人さんに聞く」, 『考古學硏究』第43卷 第4號(1996), pp. 18~19가 그러한 경향을 감지하는 데 참고가 될지도 모르겠다.

47) 柳本照男이 2006. 7. 21 日本における須惠器出現年代について一年輪年代學による年代ー를 주제로 실시한 (재)영남문화재연구원 고고학연구 공개강좌(제4회) 석상에서 고배 대각이나 소형 옹 저부 형태를 보면 분명한 庄內式土器 단계라고 한 점도 이를 시사한다.

요컨대 월성로 가-31호 출토 왜계 토기를 이용한 교차편년에서는 그 토기들이 적어도 장내식의 영향이 보이거나 남아 있는 토기들이라는 데 학자들의 의견이 일치하므로 이를 존중해야 한다고 본다. 그래서 전고대로 일단 장내식―포류식 교체기로 보되 이르면 3세기 중기에서부터 넓게는 3세기 후반대의 연대를 비정할 수 있다고 해둔다.

한편 29호 출토 왜계 유물인 석천石釧(그림 Ⅲ-1의 ⑩)의 연대도 4세기 말 5세기 초로 못박을 수 있을 정도로 일본 고분시대古墳時代 전기의 연대가 안정적인 것은 아니므로 상승 가능성이 크다는 점만 지적해 두고자 한다.[48]

이러한 월성로 고분군 편년에 관련하여 황남동 109호 3·4곽을 어디에 위치시켜야 할 것인지를 보자. 崔秉鉉은 다소 우회적으로 옥전 고분 토기 및 예안리 고분 토기와 관련지으면서 자신의 신고新稿를 뒷받침하고자 하였지만, 과연 그의 주장대로 109호 3·4곽 출토의 원저단경호가 예안리 117호 출토품과 같다고 볼 수 있을지[49]는 의문시된다.[50] 이 문제는 崔秉鉉도 논하였듯이 그보다 109호 3·4곽 고배와 거의 같은 고배가 출토된 복천동 21·22호를 포함한 복천동 고분군의 편년에 관련지어 논하는 것이 좋을 듯하다.

복천동 고분군의 편년에 대해 1차 보고서에서는 31·32호→35·36호→25·26호→21·22호→8·9호→10·11호의 상대 순서로 축조되었으며 이 중에서 35·36호의 위치가 능선 정부에서 다소 벗어나 있는 점을 고려하여 제외하면 복천동 고분군의 주요 대형분은 구릉 남쪽에서 북쪽으로 축조되어 나갔다고 보았다(이

---

48) 申敬澈, 「伽耶의 武具와 馬具―甲冑와 鐙子를 중심으로―」, 『國史館論叢』 7(1989), p. 3에서 4세기 말 5세기 초의 일본제로 생각된다고 하고 이 石釧은 한일 양국 고분의 교차연대를 조정할 수 있는 최근 남부지방 출토 자료의 추세로 보아 전세의 가능성은 전혀 없을 것으로 판단한다고 하였으나(p. 25의 註)62), 申敬澈, 「三韓·三國時代의 東萊」, 『東萊區誌』(1995), p. 218 註)71에서는 29호분이 토기로 보아 4세기 3/4분기로 상정된다고 하였다. 절대연대 상향 조정의 근거가 어디에 있는지 궁금하지만 하여튼 29호 출토 石釧의 절대연대도 다소 유동적임을 시사하는 예라 하겠다.

49) 崔秉鉉, 「新羅古墳 編年의 諸問題―慶州·月城路·福泉洞·大成洞 古墳의 상대편년을 중심으로―」, 『韓國考古學報』 30(1993), pp. 121~124.

50) 金龍星, 앞의 논문(1996), p. 114에서는 예안리 117호를 월성로 가-6호와 같은 단계로 보아 109호 3·4곽보다 한 단계 앞으로 설정하였다. 朴天秀, 「大伽耶圈 墳墓의 編年」, 『韓國考古學報』 39(1998), p. 113도 같은 견해이다.

하 〈그림 III-2〉참조).[51] 그런데 제2차 조사에서는 31 · 32호의 남쪽에서 보고자가 10 · 11호보다 늦다고 본 39호가 발굴되었기에 이는 10 · 11호 북쪽에 대형분이 들어설 공간이 없어서 그리된 것이라는 다소 궁색한 해석을 하였다.[52]

崔秉鉉은 이에 대해 비판을 하면서 구릉 정상부 가까이에 25 · 26호분이 먼저 축조되고 이어서 31 · 32호분, 39호분의 순으로 내려왔고 35 · 36호분은 31 · 32호분과 39호분 사이에 축조되었으며 정상부에서 북쪽으로 내려가는 대열은 35 · 36호분이 설치된 다음 21 · 22호분이 배치되고 이어 8 · 9호분으로 내려갔다고 보았다.[53] 이는 복천동 고분군에서 내부 구조가 순수 목곽묘에서 중간 단계를 거쳐 수혈식 석곽묘로 전환되어 가는 과정을 염두에 둔 것이었으므로 올바른 변천관이다. 다만 이렇게 되면 그의 편년에서 순수목곽묘인 35 · 36호의 편년상 위치가 문제될 것인데 후술하듯이 金龍星은 그 점을 인지하여 35 · 36호의 위치를 31 · 32호 앞으로 끌어 올려 조정하였고 이것은 바른 판단이다. 한편 全玉年도 보고서의 편년이 "다소 지나친 세분細分의 감感도 없지 않다"라고 보고 "지나친 세분에서 오는 무리를 피하고 유구적 특성 또한 편년체계의 기준에 포함시켜 31 · 32〜25 · 26호분까지를 크게 토광목곽묘의 최후 단계로 설정해 두고 수혈식 석곽묘제가 채용되는 본단계(21 · 22호분) 이후부터는 새로운 단계로 대분大分해 두려 한다"라고 하였다.[54]

어떻든 복천동 보고서에서는 명시적으로 말하지 않았지만 이 구릉의 고분들이 어떤 원리에 따라서, 즉 동일 집단의 최고 수장묘가 일계一系로 이어지면서 축조되었으리라 상정하였던 것이 아닌가 싶다. 그러나 후술하듯이 10 · 11호보다 39호분이 결코 늦지가 않다는 점에서도 이러한 설정은 반드시 들어맞지는 않는다고 보인다.

마지막으로 金龍星은 崔秉鉉의 견해를 대체로 받아들이되 25 · 26호와 35 · 36호에서는 일렬투창고배가 출토된 데 반해 31 · 32호에서는 교호투창고배가 출토된

51) 鄭澄元 · 申敬澈, 『東萊福泉洞古墳群 I(本文)』(釜山大學校博物館, 1983), pp. 7〜10.
52) 釜山大學校博物館, 『東萊福泉洞古墳群 第2次 調査槪報』(1989), p. 2.
53) 崔秉鉉, 『新羅古墳研究』(一志社, 1992), pp. 103〜104.
54) 全玉年, 「遺物 (1)土器」, 『東萊福泉洞古墳群 II(本文)』(1990), p. 73 註)78.

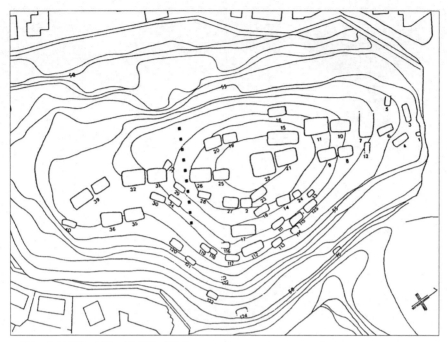

그림 III-2 복천동 고분군 묘곽 분포도(일부)

점과 25 · 26호 출토 일렬투창고배에는 예안리 117호, 월성로 가-6호 등에서 출토
된 예와 동형同形의 것이 있는 점을 들어 25 · 26호, 35 · 36호를 한 단계(그의 III1a
단계), 31 · 32호는 그 다음 단계(그의 III1b단계)의 이른 시기, 21 · 22호는 늦은 시
기로 보았다.[55] 현재로서는 가장 타당하다고 본다. 그렇다면 발굴 보고자의 견해처
럼 대형묘가 구릉 아래에서 위로 축조되어 나간 것도 아니고 崔秉鉉의 해석처럼 높
은 데서 낮은 데로 내려온 것만으로 보기도 어렵다. 그보다는 이러한 고분 편년과
제5차 발굴까지의 유구 배치[56]를 참조할 때 크게 보아 25 · 26호 이북의 고분군을
한 그룹, 그리고 31 · 32, 35 · 36, 39호를 다른 한 그룹으로 나누어 축조 순서를 생
각해 볼 수 있지 않을까 싶다(그림 III-2 참조).

---

55) 金龍星, 앞의 논문(1996), p. 105 註)12.

56) 宋桂鉉 · 洪潽植 · 李海蓮, 「東萊 福泉洞 古墳群 第5次 發掘調査 槪報」, 『博物館硏究論集』3(釜山廣域市
立博物館, 1995), p. 5.

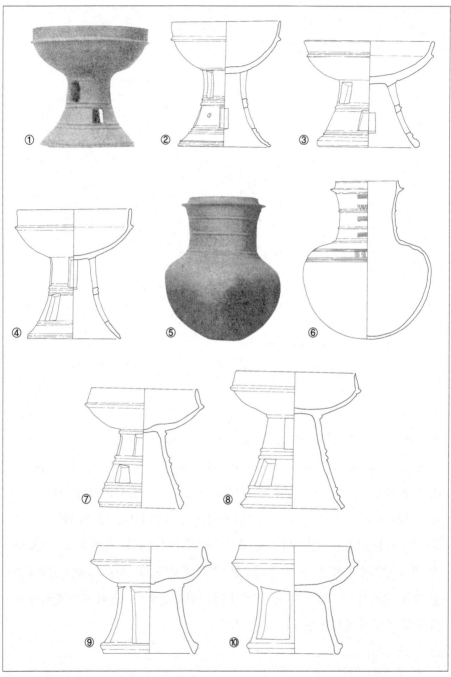

그림 III-3 경주 및 부산 지역 I기 토기

①, ⑤ 황남동 109호 3 · 4곽 ②, ③ 복천동 21 · 22호 ④ 미추왕릉지구 5구역 1호

⑥ 복천동 31 · 32호 ⑦, ⑨ 황남동 110호 ⑧, ⑩ 복천동 1호

복천동 고분군을 이와 같이 단계화하면 낙동강 이동 양식이 처음 출현하는 31 · 32호분이 본고의 Ia단계에 해당하므로 35 · 36호와 25 · 26호는 바로 그 앞의 월성로 가-6호 단계에 대응시킬 수 있다. 그리고 황남동 109호 3 · 4곽의 위치는 그 고배(그림 III-3의 ①)와 같은 것이 복천동 21 · 22호 고배 중에 있지만(그림 III-3의 ②) 이 고배 형식의 시간 폭이 어느 정도 있을 것이라는 점,[57] 또 崔秉鉉의 지적처럼 21 · 22호에서는 다소 후행하는 요소를 가진 고배(그림 III-3의 ③)가 공반되는 점 등을 유념해서 결정해야 한다.[58] 그래서 31 · 32호의 원저장경호(그림 III-3의 ⑥)와 유사한 것이 109호 3 · 4곽에 있음(그림 III-3의 ⑤)을 중시하여 31 · 32호와 109호 3 · 4곽을 같은 단계로 보는 것이 좋다. 이리 보면 황남동 109호 3곽에서 출토된 이식耳飾이 永和 九年(353년)銘 평양역구내 전축분 출토품과 같은 형식이라는 점[59]이 지극히 자연스럽게 된다.

이상과 같은 다소 복잡한 논의의 결과로 본고의 Ia기에 황남동 109호 3 · 4곽, 월성로 가-13호, 복천동 31 · 32, 복천동 21 · 22호를 비정하면 경주 지역에서 I기 중 늦은 단계, 즉 Ib기에는 대표적인 고분으로 황남동 110호를 넣을 수 있다. 상대연대 로는 그 앞으로 볼 수 있는 미추왕릉지구 제5구역 1호분과 6호분은 전자가 후자보다 빨라서 109호 3 · 4곽→5구역 1호→동同 6호→110호로 순서를 정할 수 있을 것이 다. 그런데 5구역 1호의 이단투창고배 대각은 3단 구성에다 곡선이 강하게 남아 있으나 최하단의 폭이 좁아지고 배신도 얕아졌으며(그림 III-3의 ④) 일단투창고배는 109호 3 · 4곽 출토품에서 다소 떨어진 느낌을 주어서 이 1호의 위치를 꼭 말하라면 Ia와 Ib의 경계쯤이나 Ib의 초두에다 두고 6호는 Ib의 이른 시기로 두고 싶다.

한편 복천동 고분군에서 대개 10 · 11호 다음에 53호(釜山直轄市立博物館, 1992)

---

57) 사실 경주 사라리 유적 13호 목곽묘에서도 같은 형식의 고배가 출토되었지만 이 목곽묘는 공반된 직선 형 대각 고배나 여타 유물에서 109호 3 · 4곽보다 다소 늦게 보아야 할 점이 많아서 이를 뒷받침한다. 嶺南埋藏文化財研究院, 「慶州 舍羅里 古墳群 發掘調査」(현장설명회자료 5, 1996. 2.), pp. 16~17.

58) 그러나 앞에서 말했듯이 그렇다고 해서 이 공반된 고배의 대각이 그의 지적대로 황남동 110호 단계 이 후 형식의 것이라고 볼 수는 없다.

59) 伊藤秋男, 「耳飾の型式學的研究に基づく韓國新羅時代古墳の編年に關する一試案」, 『朝鮮學報』 64(1972), pp. 60~61.

와 39호(釜山大學校 博物館, 1989)를 두는 식으로 상대편년을 하지만 앞에서 지적하였
듯이 그것은 엄밀히 말해 미리 상정한 유구 형식 변천, 입지 변화를 기준으로 한 결
과이다. 토기로 보아 53호, 39호가 10·11호보다 이르다고 본 崔秉鉉의 견해가 타
당하다고 판단된다. 또 10·11호는 상대연대에서 황남대총 남분보다는 이르다. 그
래서 분기는 어느 정도 자의성이 있기 때문에 53호·39호를 한 단계로, 10·11
호·남분을 또 한 단계로 하는 구분이 불가능한 것은 아니지만 5세기 초로 정한 황
남대총 남분의 연대를 존중해서 10·11호를 53호, 39호와 함께 Ib기에 소속시키되
그 말쯤에 두고 싶다. 그리고 동아대 발굴의 복천동 1호분(金東鎬, 1971)은 그에서
출토된 산자형 금동관을 근거로 이른바 초화형 금동관이 나온 10·11호보다 당연
히 늦다고 보는 듯하지만 반드시 그렇지는 않다. 이는 초화형 관→산자형 관의 상
대 편년에 입각한 선입견 때문이고 토기를 보면 복천동 1호분 고배(그림 III-3의 ⑧, ⑩)
가운데 황남동 110호 고배(그림 III-3의 ⑦, ⑨)와 거의 같은 것들이 있어서 10·11호와
1호는 대략 같은 시기이거나 1호가 오히려 이를 가능성도 있다. 이를 보아서도 앞
에서 비판한 대로 유구 구조를 단순 비교해서 양자를 시간적으로 멀찍이 띄워 놓은
견해는 성립할 수 없다.

　　Ib기에 속하는 월성로 고분으로는 나-13호를 들 수 있다. 일단투창고배가 없
어 불분명하지만 대부파수부완(그림 III-4의 ②)의 형태가 황남동 110호 출토품(그림 III-
4의 ③)과 닮은 점이나 특히 약간 외반하는 목의 원저장경호(그림 III-4의 ①)로 보아 다
음의 황남대총 남분 단계로 내리기[60]는 어렵다고 판단된다.

　　II기 중 이른 시기인 IIa기의 대표적 고분으로는 황남대총 남분을 들 수 있다.
또 미추왕릉지구 제1구역 E호(尹容鎭, 1975)도 이에 속한다. 이외에 월성로 나-9호
도 이 IIa기의 말쯤에 위치시킬 수 있겠다. 부산 지역의 복천동 고분군에서는 아직
까지 정식 보고된 예가 별반 없어 분명히 말하기 어려우나 기존의 편년에서 5세기
후반으로 보고된 것들이 대개 II기에 해당할 것인데 그 중에서도 IIa기에 속하는 것

---

60) 李盛周, 「洛東江東岸樣式土器에 대하여」, 『제2회 영남고고학회학술발표회 발표 및 토론요지』(1993),
　　pp. 31~78.

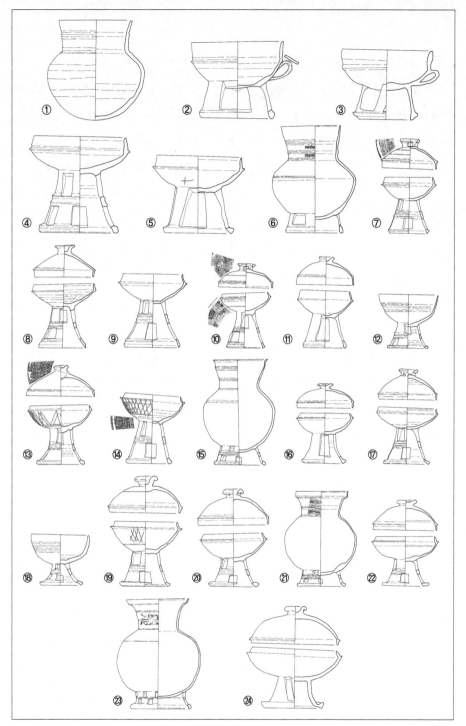

그림 III-4 신라 토기의 변천(Ib~VI기 경주 및 부산 지역 고분)

Ib: ①, ② 월성로 나-13호 ③ 황남동 110호

IIa: ④~⑥ 황남대총 남분 ⑦ 월성로 나-9호

IIb: ⑧ 복천동 4호 ⑨ 복천동 23호 ⑩ 월성로 나-12호 ⑪, ⑫ 월성로 가-11-1호

IIIa: ⑬~⑯ 월성로 가-4호 ⑰ 월성로 다-2호

IIIb: ⑱ 월성로 가-13-1호 ⑲ 월성로 가-15호 ⑳, ㉑ 월성로 다-5호 ㉒ 두구동 임석2호

IV: ㉓, ㉔ 덕천동 D지구 11호

이 많은 것 같다. 예컨대 동아대 발굴의 복천동 5호, 7호(金東鎬, 1984)가 있다.

그리고 복천동 4호, 23호는 배신이 직선적으로 뻗어 올라가고 뚜껑받이가 내경하며 단부端部가 뾰족한 고배들[61](그림 III-4의 ⑧, ⑨)이 있어 일단 IIb기에 비정할수 있을 듯하다. 그래서 부산 지역의 고분 축조는 복천동 고분군에서는 IIb기 이후로 겨우 명맥을 유지하는 선에서 그친 것 같고 이어서 연산동 고분군을 중심으로 이루어진 것으로 보인다. 연산동 고총군 중 발굴 보고된 제4호분[62]은 도굴 피해가심해 토기상이 분명하지는 않으나 늦어도 본고의 IIb기에 해당하는 듯하다. IIb기에 속하는 경주 고분으로는 월성로 나-12호분, 가-11-1호가 있다.

다음의 IIIa기에 해당하는 경주 고분으로는 월성로 가-4호를 들 수 있고 이 단계에서도 늦은 쪽에 다-2호가 위치한다.

IIIb기에는 경주 월성로 고분군에서 다-5호, 가-15호, 가-13-1호 등이 모두 이단계의 늦은 시기에 해당한다. 부산 지역에서는 하위 취락의 고분군인 두구동 임석유적의 1호(朴志明·宋桂鉉, 1990)가 고배 뚜껑이 반출되지 않아 다소 불분명한 바가있으나 이에 해당하지 않나 싶다. 그리고 2호도 이 단계의 말쯤에 해당하는 것으로 보인다.

마지막으로 IV기는 잘 알려진 대로 경주의 호우총壺杅塚으로 대표된다. 부산에서는 덕천동 고분군 D지구 11호분의 추가장 토기[63] 정도가 이 단계의 끝쯤에 해당하며 나머지는 이후 단계에 속한다고 하겠다(이상 앞의 그림 III-4 참조).

2) 양산 지역

현재의 양산시 전역이 아니라 지리상으로 양산천 일대를 근간으로 하는 지구대 지역을 양산 지역이라 설정하여 논하기로 하는데, 『삼국사기』 지리지를 보아도 이 양

---

61) 鄭澄元·洪潽植, 「釜山地域의 古墳文化—墓制와 高杯를 중심으로—」, 『釜大史學』 18(1994), p. 335.
62) 安春培, 「釜山蓮山洞 4號墳 發掘調査報告」, 『釜山女大史學』 6·7(1989), pp. 135~208.
63) 沈奉謹, 「德川洞D區古墳群」, 『釜山德川洞古墳』(釜山直轄市立博物館, 1983), pp. 145~213. 이 D11호의 초축 연대는 5세기의 4/4분기로 소급된다.

주(삽양주)의 영현領縣은 하나로 나와서 아마도 삼국시대의 이 지역 단위 정치체는 권역이 근래의 시군 통합 조치 이전의 양산읍 일대였던 것으로 짐작된다. 지금까지 북정리, 신기리 일대 중심 고분군의 조영 연대에 대해서는 대개 양산 부부총을 상한으로 하는 것처럼 보았으나 반드시 그렇지는 않은 듯하다. 두 고분군 남쪽의 양산 패총이 소재한 구릉에 축조된 중부동 고분군에서 채집된 토기 중에 본고의 I단계에 속하는 것[64]이 있는 점, 신기리 고분군 중 수혈식 석곽묘에서 출토된 무개식 고배, 이단교호투창고배가 "5세기 전반대의 복천동 고분 출토품"에 대비되고 있어서[65] 이들이 아마도 본고의 I단계로 소급될 수 있는 점, 그리고 북정리의 대형 고총들이 구릉의 정상부에서 축조되기 시작하여 점차 구릉 아래로 내려오다가 거의 끝 단계에 부부총이 축조되었을 가능성이 있는 점[66] 등으로 미루어 이곳 고총군의 축조 개시는 아무래도 부부총보다는 훨씬 소급된다고 보아야 할 것이다.

양산 부부총(沈奉謹, 1991)에서는 적어도 1회의 추가장追加葬이 이루어졌으므로 그 축조 연대에 대해서는 출토된 토기 중 이른 단계의 것을 기준으로 해야 할 터인데 일제시대의 원보고서에서 이를 구분해 놓지 않아서 문제이다. 그러나 유물 배치도를 보면 남주인공의 머리맡에 놓인 일군一群의 토기가 확인되므로 이를 참고할 수는 있겠다. 이 토기의 상대연대에 대해서는 藤井和夫가 미추왕릉지구 9구역 A호 파괴고분 1호곽(尹世英, 1975) 토기와 병행하거나 그보다 약간 이른 시기로 보았는데 이는 어느 정도 타당하지만 정확한 비정이라 할 수는 없다. A호 1호곽에서는 반구장경호가 출토된 데 반해 부부총에서는 출토되지 않아서 후자가 확실히 이르기 때문이다. 어떻든 그는 520년대로 추정한 금령총金鈴塚보다 부부총의 연대가 늦다고 보았고 9구역 A호 제1곽은 540~550년경으로 설정하였으며 부부총은 530년에서 560년 사이로 보았다.[67] 그의 절대연대관은 단각고배가 7세기경에 성립한 것으

---

64) 安順天·李柱憲,「慶南 梁山郡 梁山邑 中部洞 古墳群地表調査報告」,『伽倻通信』10(1984), pp. 12~22.
65) 鄭澄元,「梁山地域의 古墳文化」,『韓國文化研究』3(釜山大學校 韓國文化研究所, 1990), p. 28.
66) 위의 논문, p. 8.
67) 藤井和夫,「梁山夫婦塚出土陶質土器の編年に就いて —伽倻地域古墳出土陶質土器編年試案I —」,『神奈川考古』3(1978), pp. 95~106. 그리고 양산이 아마도 520년경에 이르러 신라에 병합되었을 것으로 생각하고 부부총이 신라에 병합된 후 영조된 것으로 해석하는 점(p. 102)도 도저히 납득이 되지 않는다.

로 보는 연대 틀에 입각한 것이라서 지금에 와서는 입론할 수가 없다.

崔秉鉉은 양산 부부총을 그의 고분 편년안 제2기 후기~제3기로 설정하여 4세기 말 5세기 초로 보았는데[68] 이는 그의 편년 및 분기에서 황남대총 북분과 병행한다고 본 데 근거한 것이다. 그러나 토기로 보건대 부부총 남주인공의 토기는 북분보다는 확실히 늦은 것이고 그가 그 다음 제4기에 비정한 미추왕릉 9구역 A호 제1곽보다는 빠른 것이다.

李盛周는 본고의 IIIa기에 대응하는 시기에 비정하였다.[69] 이 분기 비정이 정확하다고 생각된다. 한편 금조총金鳥塚도 이와 거의 같거나 약간 늦다고 보아 역시 IIIa기에 위치지울 수 있겠다.

3) 경산 지역

이 지역 고총의 편년에 관한 연구는 金龍星의 연구가 유일하다시피 하다. 그래서 본고에서 설정한 신라 양식 토기 변천안에 따라 金龍星의 안(표 1)을 전반적으로 검토한 후 경산 고분 편년에 대해 정리해 보고자 한다.

金龍星의 안에서 경산 지역 주요 고총 개개간의 상대 편년은 별반 문제 삼을 것이 없는 것으로 생각된다. 문제는 그의 분기와 절대연대인데, 앞에서 언급한 바와 중복되지 않는 범위에서 보기로 하겠다.

먼저 주목되는 점은 복천동 고분군과 경주 고분군의 상호 대비이다. 그에서 복천동 10·11호와 안계리 3호를 한 단계, 복천동 53호를 다음 한 단계, 그리고 황남동 110호와 황남대총 남분, 북분, 금관총을 그 다음 한 단계로 설정하였는데, 앞에서 논하였듯이 앞의 두 단계 고분들 사이에 선후는 있을지라도 그러한 분기 설정은 곤란하며 상대 편년 또한 그렇다. 이처럼 늘여 놓은 것은 그도 논하고 있듯이 황남동 109호 3·4곽과 110호의 토기 사이에서 보이는 차이를 110호와 그 이후 고분의

---

68) 崔秉鉉, 「『梁山 夫婦塚, 金鳥塚과 周邊古墳群』 討論要旨」, 『韓國上古史學報』 5(1991), p. 366.

69) 李盛周, 「洛東江東岸樣式土器에 대하여」, 『제2회 영남고고학회학술발표회 발표 및 토론요지』(1993), pp. 31~78.

단계	분기	연대	경산 지역	대구 지역	기타 지역
II ∧ 목 곽 ∨	2b	4세기 1/4분기	조영 1B-74 조영 1A-19		복천동 38호
	3a	4세기 2/4분기	임당 1A-1		월성로가-29호 복천동 48호, 50호
III ∧ 고 총 ∨	1a	4세기 3/4분기	임당 G-5, 6		월성로 가-6호 예안리 117호 복천동 25 · 26호
	1b	4세기 4/4분기	욱수 1C-77 욱수 1C-69		복천동 31 · 32호 복천동 21 · 22호 월성로 가-13호 황남동 109호3 · 4곽
	2a	5세기 1/4분기	임당 7A		복천동 10 · 11호 안계리 3호
	2b	5세기 2/4분기	임당 7B, 7C 조영 EIII-8, 북사 2, 3		복천동 53호
	3a	5세기 3/4분기	조영 EIII-6	내당 51-1, 2	황남동 110호 황남대총 남분, 북분 금관총
	3b	5세기 4/4분기	임당 2북 임당 5B1	비산 37-2, 1 내당 55, 50	천마총 연산동 4호
	3c	6세기 1/4분기	임당 6A	구암 56 비산 34	금령총 호우총

표 1 김용성(1996)의 낙동강 이동 주요 지역 고분의 분기와 편년

차이와 동일 차원에서 비교한 데서 비롯된 것이다. 하지만 이미 말한 대로 토기 양
식 형성 초기에는 변화가 빨랐음을 염두에 두어야 할 것이다. 또 경주 고분군 편년
항에서도 말했듯이 그 사이를 메우는 자료로 든 미추왕릉 5구역 1호분, 6호분 토기
를 보건대 그가 설정하는 만큼의 시간 폭을 인정하기는 어렵다. 뿐만 아니라 110호
와 황남대총 북분을 한 단계로 하기도 곤란하지만 거기에다 금관총까지 더한 것은
더욱 그렇다. 이는 역시 황남대총 남분의 연대를 5세기 후반으로 내림으로써 생긴

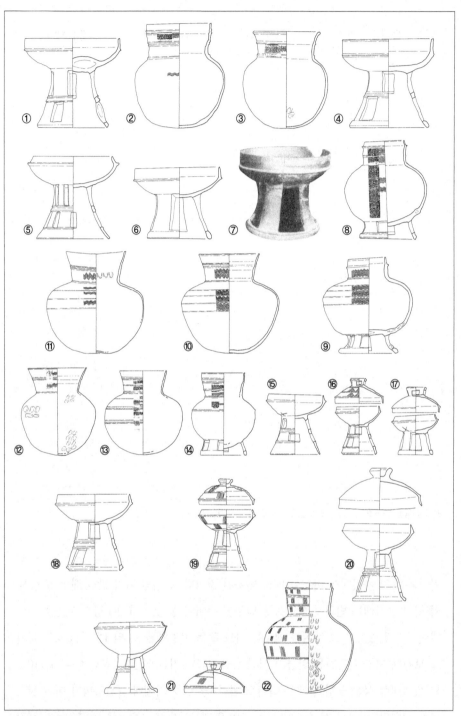

그림 Ⅲ-5 경산 지역 토기 및 타 지역 대비 토기

①, ② 욱수 1C-69호 ③, ④ 욱수 1C-77호 ⑤, ⑥ 임당 7A호 ⑦ 미추왕릉 5구역 1호 ⑧ 조영 CⅡ-1호
⑨~⑪ 복천동 10ㆍ11호 ⑫~⑰ 조영 EⅢ-8호 ⑱ 조영 EⅢ-6호 ⑲ 조영 EⅡ-2호 ⑳ 임당 5B1호
㉑, ㉒ 임당 6A호

편년 압축현상 때문에 한데 묶이게 된 것이고 둘은 물론이려니와 110호까지 같이 묶을 수는 없다. 요컨대 복천동 10 · 11호, 안계리 3호, 복천동 53호, 황남동 110호는 모두 한 단계이다.

그래서 임당 · 조영동 고분 중 가장 빠른 단계에 속하는 고분으로 비정한 임당 7A호(鄭永和 외, 2005)는 다투창고배를 보면 연대가 올라가는 듯이 생각될 수도 있으나 일단투창고배(그림 III-5의 ⑥)를 보면 미추왕릉지구 5구역 1호분(그림 III-5의 ⑦)을 앞서기 어려움을 잘 알 수 있으므로 본고의 Ib기에 두는 것이 좋다고 본다. 그가 다음 단계로 비정한 7B호(鄭永和 외, 2005) 역시 Ib기로 판단되며 조영 EIII-8호(鄭永和 외, 1994)도 마찬가지이다. 조영 EIII-8호에서 출토된 원저장경호(그림 III-5의 ⑫, ⑬)는 지역색이 다소 있기는 하지만 부산 지역의 복천동 10 · 11호 출토품(그림 III-5의 ⑩, ⑪)과 대응된다. 그리고 그가 7A호와 더불어 조영 EIII-8호의 앞 단계로 본 CII-1호(嶺南大學校博物館 · 韓國土地公社, 1999)의 대부장경호(그림 III-5의 ⑧) 역시 기본적으로는 복천동 10 · 11호의 대부장경호(그림 III-5의 ⑨)와 유사하다. 바로 이러한 점이야말로 그의 두 단계가 결국 한 단계 정도의 폭에 포괄될 수 있음을 말해준다. 덧붙여 본고의 Ia기에 대략 대응하는 경산 지역 고분으로 든 욱수 1C-69호, 1C-77호 등은 장경호(그림 III-5의 ②, ③)만 본다면 그렇게 보일지도 모르지만 이는 지역색으로 이해해야 할 듯하며 고배(그림 III-5의 ①, ④)로 보건대 그렇게 올릴 수는 없고 역시 Ib기에 소속시켜야 할 것이다.

다음 본고의 IIa기에는 임당 7C호(鄭永和 외, 2005)가 비정되며 조영동 EIII-6호(鄭永和 외, 1994)도 이 기의 이른 단계에 해당한다.

IIb기에는 EII-2호분이 비정되며 金龍星의 분기를 그대로 따를 경우 임당 5B1호(鄭永和 외, 2003)도 이에 속할 것이나 고배(그림 III-5의 ⑳)를 보면 전자보다 늦어서 다음의 IIIa기로 넘겨야 할 것이다.

임당 6A호(鄭永和 외, 2003)는 장경호(그림 III-5의 ㉒)로 보면 혹시 IIIa기로 해야 할지 모르지만 고배(그림 III-5의 ㉑)를 보건대 IIIb기로 내려야 할 것이다. 다만 이 고분에서 양산 부부총 남주인공의 귀걸이와 아주 흡사한 귀걸이가 출토되었으므로 양산 부부총이 IIIa기에 비정됨을 감안하면 IIIb기에서도 이른 시기에 두어야 함을 시사한다.

임당·조영동 고분군 이외의 고총군으로 북사리 고분군(李殷昌·梁道榮·張正男, 1991)이 있다. 金龍星은 북사리 2, 3호분을 임당 7B 및 7C와 같은 단계로 비정하였다. 藤井和夫는 3호분 출토 고배 중에 3단각이 있는 데 주목하고 경주 황남동 110호 출토 예에 가깝다고 보아 자신의 경주 고분 II기에 병행한다고 설정하였고 2호분도 같은 기로 비정하였으며 1호분은 자신의 IV기로 설정하였다.[70] 그런데 북사리 고분군의 토기 중 특히 고배는 임당·조영동 고분군 출토품과는 다른 소지역색小地域色(즉 지구색)을 보이므로 비교가 쉽지 않으며 3단각이라는 점도 그러한 견지에서 이해해야 한다. 또 3기의 고분 중 1호분은 정식 발굴된 것이 아니라서 보고된 유물이 확정적으로 모두 한 고분에서 나온 것인지가 의문시될 수 있다.

2호분과 3호분은 정식 발굴된 유물이 보고되었는데 장경호의 형태로 보건대 본고의 II기 이후로는 내려가지 않으며 그렇다고 I기까지 올리기는 어렵다고 판단된다. 아마도 IIa기에 둘 수 있을 것이다. 1호분은 상대적으로 약간 늦은 것 같으며 보고된 귀걸이를 공반 유물로 파악한다면 이는 황남대총 북분에 이어지는 형식으로 생각된다. 다만 과대의 과판 투공은 통상 보는 이단이 아니라 일단이라서 퇴화 형식으로 간주되며 그 때문에 과판 형식 중 가장 늦은 형식으로 분류되기도 한다.[71] 그러나 중국 동북지방 출토품 중에 이와 유사한 형태의 과판이면서 늦어도 북연北燕 시기의 것으로 추정되는 예가 있으므로[72] 반드시 그렇게 보기도 어렵다. 하여튼 다소 불분명하지만 북사리 1호분은 IIb기에 둘 수 있다고 본다.

---

70) 藤井和夫, 「洛東江中流域古墳出土陶質土器の編年(I) —伽耶地域古墳出土陶質土器編年試案IV—」, 『神奈川考古』 13(1982), pp. 164~165.

71) 尹善姬, 「三國時代 銙帶의 起源과 變遷에 關한 研究」(서울대학교 대학원 고고미술사학과 석사학위 논문, 1987).

72) 田立坤·李智, 「朝陽發現的三燕文化遺物及相關問題」, 『文物』 1994年 第11期, pp. 23~24.

4) 대구 지역

대구 지역 중심 고분군인 달성 고분군[73] 가운데 일제하에 발굴된 고분들(小泉顯夫·野守健, 1931)의 연대는 전반적으로 늦다고 보는 듯하다. 예컨대 李盛周는 거의 6세기 전반대(이는 그의 제IV기 이후)로 집중되어 그 사이에 시기적 차이를 발견하기 어렵다고 하였다.[74] 그러나 앞에서도 지적하였듯이 이는 기존의 고총 편년이 5세기 후반 이후로 압축되었기에 그리 보이는 것이고 꼭 그렇게 좁은 시간 폭으로 한정된다고 할 수는 없다. 이는 그런 압축 편년관에다가 달성 고분군의 석곽 구조 대부분, 그 중에서도 특히 판석식板石式[75] 석곽을 이른바 수혈계횡구식竪穴系橫口式 구조로 파악하여 연대를 늦추어 보는 일반적 시각이 겹쳐진 때문이 아닌가 싶다. 그렇지만 성주 성산동 고분군 발굴에서 그와 같은 판석식 구조는 모두 수혈식 고분으로 판명됨으로써 강한 의문이 제기되었다.[76] 이제 모두 없어진 달성 고분군의 판석식 구조가 어느 쪽인지 결정적으로 확인하기는 어려우나, 적어도 그것을 편년하면서 구조 때문에 늦추어 보는 선입견은 배제하고 접근할 필요가 있음을 지적해 둔다.

토기를 가지고 달성 고분군의 편년을 처음 시도한 藤井和夫는 전체적으로 상당한 시간 폭에 걸친 것으로 보는 점이 특징이다. 그리하여 가장 이른 양상을 나타내는 고분을 내당동 51호로 보되 그 제2곽에 부속하는 적석을 제1곽이 자르고 축조된 듯하므로 제2곽이 제1곽보다 이를 가능성이 있다고 보아 전자를 자신의 경주 고분 편년안 II·III기 즈음, 후자는 III·IV에 병행한다고 보았다. 그 외에 비산동 37호 1곽은 경주 VII기, 비산동 34호 1곽·2곽, 50호 1곽·2곽, 비산동 37호 2곽은

---

73) 종래 달서 고분군, 비산동·내당동 고분군 등으로 불렀으나 咸舜燮, 앞의 논문의 제안에 따라 이렇게 부르기로 한다.

74) 李盛周, 「洛東江東岸樣式土器에 대하여」, 『제2회 영남고고학회학술발표회 발표 및 토론요지』(1993), p. 41.

75) 金鍾徹, 「北部地域 加耶文化의 考古學的 考察 —高靈·星州·大邱를 중심으로—」, 『韓國古代史研究』 1(1988), pp. 245~249.

76) 金鍾徹, 「星州 星山洞 古墳」, 『第11回 韓國考古學全國大會 發表要旨』(1987), p. 110. 李熙濬, 「大邱 達城古墳群의 着裝形 遺物 出土 定型 —日帝下 發掘報告書의 再檢討(3)—」, 『慶北大學校 考古人類學科 20周年 紀念論叢』(2000), pp. 15~37에서도 이와 같이 판단하였다.

VIII기, 55호는 IX기 병행으로 보았다.[77]

역시 토기에 의한 편년으로 朴光烈의 안이 있는데 그는 내당동 51호 1, 2곽, 50호 1곽→내당동 50호 2곽, 내당동 55호, 비산동 37호 2곽→비산동 34호 1, 2곽, 비산동 37호 1곽으로 상대 편년하였다.[78] 전술한 金龍星도 역시 내당동 51호 1, 2곽을 가장 이른 것으로 보아 황남동 110호, 황남대총 남분 등과 같은 단계로 설정하였고 그 다음은 내당동 50호, 비산동 37호 2곽, 비산동 37호 1곽, 내당동 55호를 같은 단계로, 그리고 비산동 34호는 가장 늦은 단계로 보았다.[79]

이처럼 기왕의 달성 고분군 편년안들은 논자에 따라 절대연대와 분기는 차치하고라도 상대연대에서 상당한 차이가 있다. 하지만 그런 가운데서도 51호 제1곽과 제2곽을 가장 이른 것으로 보는 점은 공통된다. 보고서에 따르면 이 고분 제2곽의 적석부를 제1곽이 자르고 설치된 듯이 해석될 여지는 있지만 확실한 것은 아니다. 또 보고된 제2곽의 고배 중 두 점이 팔자형 3단 대각이라는 고식古式의 요소를 보여서 그것만을 근거로 한다면 연대가 상당히 이른 것으로 생각할 수도 있다. 그러나 공반된 이단투창고배(보고서 도판 제80의 4[80])를 보건대 그처럼 올려 볼 수는 없다. 전자는 양식적으로 보아 이 지역 재지 기형은 아니고 아마도 외래품일 것으로 생각되며 성주 지역과의 공통성이 다소 보인다. 3단 대각은 나중에 창녕, 성주 지역 항에서 언급하듯이 이런 지역들의 이동 양식 토기가 앞 단계의 토기 제작 전통을 강하게 반영하는 현상이므로 그것만으로 연대를 많이 올릴 수는 없다. 어떻든 제2곽은 通式의 이단투창고배를 보면 본고의 IIa기 앞으로 올라갈 수는 없다. 공반된 장경호의 양식을 보더라도 IIa기의 늦은 단계에 비정 가능하다. 제1곽에서는 제2

---

77) 藤井和夫, 「洛東江中流域古墳出土陶質土器の編年(I) — 伽耶地域古墳出土陶質土器編年試案IV —」, 『神奈川考古』 13(1982), pp. 127~168.

78) 朴光烈, 「琴湖江下流域 古墳의 編年과 性格 — 陶質土器를 中心으로 —」, 『嶺南考古學』 11(1992), pp. 35~79.

79) 단, 그의 표 6(앞의 논문, p. 114)에서는 이를 앞의 것들과 같은 단계로 해 놓았는데 본문으로 보아 표의 잘못인 듯하다.

80) 달성 고분군의 토기는 보고서에 사진만 게재되었을 뿐 도면이 실리지 않았다. 그래서 여기서 예를 圖示하는 것은 생략한다.

곽과 차이가 거의 없는 이단투창고배가 출토되었으므로 제1곽이 제2곽보다 다소 늦을지언정 단계로는 같은 기에 두어야 할 것이라서 제1곽 역시 IIa기에 비정한다.

그 다음으로 설정할 고분에 대해서는 이견이 많은데 이단·일단투창고배의 뚜껑 꼭지 같은 것은 모두 지역색을 띠므로 바로 경주 지역에 대비하기가 어렵다. 그래서 장경호를 기준으로 한다면 37호 제2곽의 장경호(보고서 도판 39의 9)는 목 상단부가 아직 외반하지 않았으며 동체의 사각짓기가 뚜렷하다는 이른 단계의 속성을 보인다. 그 점에다 고배의 대각 상부가 잘록한 것을 감안하면 본고 IIb기의 늦은 시기에 비정 가능할 것이다. 37호 제1곽은 토기가 몇 점밖에 보고되지 않아 불분명하지만 제2곽보다 다소 늦어 IIIa기에 비정할 수 있지 않나 싶다.

다음으로 朴光烈은 50호 제1곽을 51호와 같은 단계로, 제2곽은 그 다음 단계로 두어 둘을 구분하였지만, 제1곽은 곽내의 유물 출토 양상으로 보아 어떤 주된 곽의 부곽으로서 순장자가 있었을 가능성이 크다고 보이므로, 발굴 양상으로는 이 묘곽과 T자상으로 배치된 제2곽을 그 주곽이라 봄이 순조로운 해석일 것이다. 다만 양자의 토기 양상이 약간 다르게 나타나는데 이를 가지고 시차를 두기는 어려우며,[81] 제1곽의 대부장경호를 보건대 목이 위로 올라가면서 외반하는 기미를 나타내고 그 상단부에서 다시 꺾여 외반하므로 51호와 같은 단계로 보기는 곤란하다. 이제50호 1·2곽은 IIIa기에 비정해야 할 것이다.

한편 55호분의 이단투창고배에는 사격자문이 시문되고 뚜껑 꼭지의 상부가 둥근 테 모양이되 원형으로 보이는 투공이 뚫려 있는데 장경호에는 아직 반구盤口가 나타나지 않은 것 같아서 IIIa기의 말쯤에 위치시킬 수가 있겠다.

마지막으로 34호분 제1곽의 편년적 위치에 대해서는 대개 늦게 보는 경향인데 토기상이 명확하지는 않으나 대부장경호(보고서 도판 149의 1)로 보건대 목이 외반하면서 올라가고 원점문이 시문되어 있어서 경주의 미추왕릉 7지구 5호 출토품(金廷

---

81) 대형 고분의 주부곽에 부장된 토기가 양상을 달리하는 경우는 종종 관찰된다. 이 점에 관한 구체적 지적은 朴普鉉, 「樹枝形立華飾冠 型式分類 試論」, 『歷史敎育論集』 9(1986), p. 1의 註)1을 참고. 다만 그러한 현상이 제작 시기의 차이를 의미하는 것으로 해석하는 듯한 뉘앙스로 언급하였는데, 주·부곽의 토기 사이에 제작 시점의 차이는 있을지언정 시기를 달리할 정도는 아닐 것이다.

鶴 · 鄭澄元 · 林孝澤, 1980)과 유사한 점이 있다. 이 7지구 5호에서는 초기 형태의 반구장경호가 공반되므로 비산동 34호 제1곽은 아무래도 IIIb기에 위치시켜야 할 것이다. 이단투창고배가 왜소해진 점도 이를 뒷받침한다.

달성 고분군 이외의 대구 지역 고분군 중에 구암동 고분군이 있는데[82] 이곳에서 발굴된 유일한 고분이 56호(金宅圭 · 李殷昌, 1978)이다. 이 구암동 56호의 토기는 金龍星도 토로하고 있듯이 대구 지역의 다른 고분군 토기와는 달리 강한 소지역성을 나타내어 비교가 곤란한 점이 없지 않다. 그 중 본분本墳에서는 자신이 IX형이라 분류한 범자이단각삼투창고배凡字二段脚三透窓高杯 형태가 있고 사이부직구호四耳附直口壺, 단경호 가운데 목을 비교적 길게 만들고 문양을 시문한 토기가 있는 점을 들어 자신의 3b기의 늦은 시기나 3c기의 이른 시기에 해당한다고 보았다. 이처럼 구암동 56호는 대개 늦은 시기로 보는 것이 일반적이다. 그래도 필자는 전고에서 몇 가지 방증을 들면서 다소 무리가 있을지 모르겠다는 단서를 붙이기는 하였지만 IIa기에 비정하였다. 그러나 金龍星이 지적한 대로 본분 부곽 출토의 고배 한 점(보고서 도판 제64의 ①)과 대부장경호(보고서 도판 69의 ③)를 중시하면 그처럼 올려 보기는 어려운 것 같다. 그래서 여기서는 그의 단계 구분을 따라 비산동 34호와 같은 단계인 IIIb기로 비정한다.

5) 성주 지역

성주 지역의 고분군 중 발굴되어 정식 보고된 대형 고총은 일제시대에 조사된 성산동星山洞 고분군 1, 2, 6호(梅原末治 · 濱田耕作, 1922)와 계명대학교 박물관에서 1986~87년 발굴하여 최근 보고된 5기(38, 39, 57, 58, 59호분)(啓明大學校 行素博物館, 2006)가 있다. 전고에서는 일제하 발굴 3기를 중심으로 하고 당시 극히 일부 자료가

---

82) 李盛周, 「洛東江東岸樣式土器에 대하여」, 『제2회 영남고고학회학술발표회 발표 및 토론요지』(1993), pp. 31~78에서는 대구 지역과 칠곡 지역을 구분하였지만 朱甫暾, 「新羅國家形成期 大邱社會의 動向」, 『韓國古代史論叢』 8(1996), pp. 83~146에서처럼 칠곡 지구의 구암동 고분군은 대구 지역 단위 정치체를 구성한 한 邑落의 고분군으로 봄이 합리적이다.

공개된 계명대학교 발굴분을 참고하여 2호·38호→1호→59호→6호로 설정하였는데 계명대학교 박물관의 보고서에서는 2호분·38호분·59호분→39호분·57호분→58호분·1호분→6호분으로 단계를 구분하였다. 여기서는 전고의 논의를 최대한 살리는 선에서 약간 보완하기로 한다.

성산동 고분군에서 출토된 토기류는 거의 대부분이 "성주 양식"이라 이름 붙일 수 있을 정도로 강한 지역색을 띤다. 그렇지만 定森秀夫는 나름대로 변화의 정향성을 파악하고 2호→1호→6호의 순으로 상대편년을 하였다.[83] 李盛周는 그에 동의하면서 2호를 그의 III-1단계, 1호를 III-2단계, 그리고 6호를 IV-1단계로 비정하였다. 이러한 상대 편년에 관해서는 그대로 인정해도 좋을 것이다. 그러나 세 고분이 과연 연속하는 단계의 것인지가 문제시될 수 있으며 특히 6호가 그러하다. 그 점에 관해서는 이미 定森秀夫도 그 앞 단계로 설정한 1호분 출토 토기와는 "형태차가 상당히 있는 것으로 판단되기 때문에 금후의 자료 증가에 따라 이 간격을 메울 만한 자료가 출토될 가능성이 있음"을 지적한 바 있다.[84] 그런데 6호에서는 아직 지역성이 강한 토기만이 출토되었기 때문에 이를 바로 경주 양식 토기의 분기에 결부하기가 어렵다. 그러나 본고의 IIIb기에 나타나듯이 전체적으로 납작해진 신라 양식 토기의 특징을 공유한 6호분 고배의 기형을 보면 높은 기고를 큰 특징의 하나로 하는 앞 시기 성주 토기 양식의 틀에서 많이 벗어나 이미 범汎신라 양식의 강한 영향을 보이는 것이 아닌가 싶다. 또 단경호의 뚜껑에서 드림의 모습은 경주 양식과 같지 않지만 꼭지는 이른바 보주형寶珠形인 점은 역시 늦은 시기의 요소로 보인다. 그래서 이 6호분은 본고의 IIIb기의 늦은 단계에 비정된다.

상대연대로 가장 이른 2호분에서 보고된 토기도 전부 성주 양식뿐이라서 편년적 위치를 선뜻 정하기가 어렵다. 그렇지만 定森秀夫가 이미 지적했듯이[85] 2호분에서 출토된 통형 기대筒形 器臺와 거의 똑같은 기대가 38호분 부곽에서 출토되어서

---

83) 定森秀夫(全玉年 譯), 「韓國慶尙北道 星州地域出土 陶質土器에 대하여」, 『伽倻通信』 17(1988), pp. 25~37.

84) 위의 논문, p. 32.

85) 위의 논문, p. 30.

양자는 대략 같은 단계로 보아 큰 무리는 없을 것이다. 기타 고배류에서도 양자는 거의 같은 양상을 보인다. 다만 일단투창고배로 보면 38호분보다는 약간 늦은 형태이다. 그런데 38호분 부곽에서는 편원어미형扁圓魚尾形 행엽이 출토되었으며 그 형태와 크기는 창녕 계남리 1호 출토품과 흡사하다. 창녕 계남리 1호분은 뒤에서 편년하듯이 본고의 Ib기 말까지 소급될 가능성이 아주 커서 38호분 역시 Ib기의 말로 소급될 가능성도 있는 셈이다. 그러나 38호분 부곽의 통형 기대 위에 얹혀 있었던 원저장경호는 경주 양식 토기이고 이는 분명히 IIa기에 속하는 형태라서 Ib기로 소급하기는 어렵다. 그리고 주, 부곽에서 출토된 경주 양식 토기들을 보면 상대연대로는 황남대총 남분 출토 토기보다는 다소 늦어서 IIa기에서도 다소 늦은 시기에 속한다고 할 것이다. 그래서 이 38호분과 2호분은 IIa기에 비정하는 것이 적절하다 하겠다.

다음 1호분은 성주 양식 이단투창고배가 2호보다 기고가 높아지는 쪽으로 변화되었고 일단투창고배의 형태도 2호분 다음 단계의 양상을 보인다. 그래서 IIb기로 비정할 수 있다. 한편 계명대학교 박물관 보고서에서는 59호분도 38호분과 같은 단계로 설정하였으나 그에서 출토된 일단투창고배를 보면 결코 그렇게 올려 볼 수는 없으며 38호분 출토품과는 다소 시차가 있다고 생각된다. 전고에서는 6호와 1호 사이에 큰 시차가 있음을 강조하느라고 59호분을 1호 다음 단계인 IIIa기에 두었다. 그러나 전형적인 IIIa기 토기 양상을 가진 양산 부부총 출토 토기보다는 분명하게 빠르다. 그래서 일단 IIb기로 설정해 둔다. 다른 고분들도 대략 같은 단계로 보이나 여기서는 상세히 비교할 겨를이 없어 차후로 미룬다.

6) 창녕 지역

지역 단위 편년을 전론專論한 연구가 어떤 지역보다도 일찍 제시된 지역이다. 그렇지만 초기의 연구는 일제하의 단편적인 자료를 대상으로 한 것이기 때문에 상당히 불안정하였다. 그러다가 최근에 와서 발굴 자료가 많이 늘어나고 또 창녕 양식 토기가 특히 낙동강 하류역을 중심으로 꽤 널리 확산되었던 점이 확인됨에 따라 교차연대결정을 비롯한 다양한 시도가 이루어졌다. 하지만 창녕 지역 토기도 잘 알려진 대로 신라 양식이기는 하지만 강한 지역성을 띠고 있어서 분기와 절대연대 비정에는 다소 어려움이 있다. 다만 늦은 시기에 나타나는 경주 양식 토기의 영향을 단서로 거슬러 올라가 교차연대를 비정하는 것이 가능하다. 아래에서 토기를 대상으로 한 편년 연구를 발표 순서에 따라 검토하고 나름대로 평가를 덧붙인 후 종합하기로 한다.

1981년에 定森秀夫와 藤井和夫가 각기 창녕 고분 편년안을 제시하였는데, 전자는 교동 소재 일제하 발굴 고총을 주 대상으로 하였고 후자는 그보다 계성 사리 고분군에 비중을 두었다.[86] 定森秀夫는 교동 116호, 89호, 31호의 순으로 상대편년하고 116호는 3단각이라는 대각 형태의 유사성을 주된 근거로 창녕 계남리 1호, 황남동 110호와 견주어서 5세기 중엽에, 89호는 110호보다 약간 새로운 요소가 보이므로 5세기 후엽에 그리고 31호의 토기는 일반적으로 두 부류로 나누는 데 반해 세 부류로 나누고는 그 I류는 6세기 전반대로, II · III류는 6세기 후반대로 보았다.

藤井和夫는 계남리 1호와 4호를 그의 경주 편년 II~III기에 병행하는 것으로, 교동 31호는 IX기에 비정하였다. 한편 사리 A지구 1호분의 제2관 역시 경주 IX기에 병행하는 것으로, 제1관은 다소 불분명하지만 유개합有蓋盒을 근거로 소급시켜 VIII기 병행으로 보았다.

두 연구에서 우선 눈에 띄는 것은 교호투창고배의 3단각 형태에 주목하여 그것들이 출토된 고분을 바로 경주 양식 변천의 이른 단계에 대비한 점이다. 이는 그 후의 조사에서 창녕 지역 고배의 지역적 특색이라는 사실이 드러났으므로 그것을 근거로 경주 토기 편년의 이른 시기에 대비하는 것은 곤란해졌다. 또 늦은 단계의 절대연대를 그처럼 늦추어 본 것은 황룡사지 축토층 출토 단각고배의 참고 연대가 아직 알려지기 전이라서 어쩔 수 없는 일이다. 그러나 定森秀夫는 이와는 별도로

---

86) 定森秀夫, 「韓國慶尙南道昌寧地域出土陶質土器の檢討 —陶質土器に關する一私見 —」, 『古代文化』 第33卷 第4號(1981), pp. 201~234. 藤井和夫, 「昌寧地方古墳出土陶質土器の編年に就いて —伽耶地域古墳出土陶質土器編年試案III —」, 『神奈川考古』 11(1981), pp. 135~178.

창녕 지역의 정치적 향방이나 고분 연대를 추론하는 데 중요한 간접적 논거로 문헌 기사 해석을 염두에 두었음을 시사한 점이 주목된다. 즉 그는 모두冒頭에서 "문헌에 의하면 창녕은 6세기 중엽경에 신라에 병합된 것이 확인된 지역"[87]이라 한 것이다. 그 문헌이란 물론 『삼국사기』 신라본기 진흥왕 16년(555년)조의 비사벌比斯伐에 완산주完山州를 두었다는 기록과 그와 관련된 지리지의 기록이다.

창녕이 6세기 중엽경에 신라화되었다는 데 대해서는 일찍이 崔鍾圭가 반론한 바 있지만,[88] 아직까지 문헌사학계에서조차 이 기사를 '병합'을 나타내는 기사로 또는 심지어 처음으로 복속하고는 주를 설치한 것으로 해석하는 견해[89]가 있다. 주의 설치는 병합의 하한연대를 가리키는 것이고[90] 복속은 그보다 훨씬 소급될 것이다.[91] 그런데도 창녕 지역이 그처럼 6세기 중기에야 비로소 신라화된 듯이 보는 시각은 의외로 고고학의 연대관에 커다란 영향을 끼치고 있는 듯하다.[92] 그런 까닭에 창녕 지역 토기를 가야 토기 낙동강 이동군으로 설정한 후 그 토기의 변천 과정에서 처음으로 경주적 요소가 강하게 나타난다는 교동 31호분의 연대를 6세기 후반 초로 보는 것이다. 이러한 시각의 문제점에 대해서는 근본적 비판을 한 바 있으므로[93] 여기서 재론하지는 않는다.

이상의 초기 연구에 이어 1990년대에는 창녕 지역 고분에 대한 조사가 새로이 실시되고 또 영남 지방의 다른 지역에 대한 조사에서 창녕계 토기가 다수 발견됨에 따라 본격적인 창녕 고분 편년 또는 창녕 토기 편년 연구들이 나왔다. 그 주요 편년

---

87) 定森秀夫, 위의 논문, p. 203.
88) 崔鍾圭, 「中期古墳의 性格에 대한 약간의 考察」, 『釜大史學』 7(1983), pp. 1~45.
89) 白承玉, 「比斯伐加耶의 形成과 國家的 性格」, 『韓國文化研究』 7(釜山大學校 韓國民族文化研究所, 1995), p. 93.
90) 崔鍾圭, 「中期古墳의 性格에 대한 약간의 考察」, 『釜大史學』 7(1983), p. 26.
91) 이에 대해서는 朱甫暾, 「新羅國家形成期 大邱社會의 動向」, 『韓國古代史論叢』 8(1996), p. 105를 참조.
92) 穴澤咊光, 馬目順一, 「昌寧校洞古墳群 ―「梅原考古資料」를 中心으로 한 谷井濟一氏發掘資料의 研究 ―」, 『考古學雜誌』 第60卷 第4號(1975), pp. 69~70에서 창녕 교동의 일제하 발굴 고분들이 거의 5세기 후반에서 6세기에 걸친 것으로 보면서 그 하한을 신라가 창녕을 병합한 6세기 중기라 한 데서 이러한 인식을 엿볼 수 있겠다.
93) 李熙濬, 「4~5세기 창녕지역 정치체의 읍락 구성과 동향」, 『嶺南考古學』 37(2005), pp. 1~38과 이 책 제1부 제II장 제1절 참조.

朴天秀(1993)			鄭澄元·洪潽植(1995)			朴天秀(2003)		
연대	단계	고분	연대	단계	고분	연대	단계	고분
						4C 4/4	4기	옥전 23
						5C 1/4	5기	가달 5
5세기 중엽	III	교동 116 계남리 1				5C 2/4	6a기	옥전 31
							6b기	계남리 1 계남리 4, 교동 3
			5C 3/4	III	계남리 1, 4 복천동 8	5C 3/4	7기	교동 2
5세기 후엽	IV	옥전 31	5C 4/4	IV	교동 3 교동 116	5C 4/4	8기	교동 11
6세기 전엽	V	교동 11	6C 1/4	V	교동 1, 11, 교동 31	6C 1/4	9기	계성 A1호 2관
6세기 중엽	VI	교동 31 고식	6C 2/4	VI	계성 B13 계성 C14			
			6C 3/4	VII	계성 A1			

표 2 창녕 지역 고분 편년안

안을 비교하기 쉽게 표로 나타내면 다음 〈표 2〉와 같다.

이 중에서 鄭澄元·洪潽植의 안[94]은 기본적으로 편년의 바탕에 고분 구조의 변화를 깔고 있는데, 그것은 예컨대 횡구식으로 알려진 교동 1호, 11호, 31호를 같은 단계로 하는 데서 잘 드러난다. 반면에 새로 발굴된 교동 고분 자료를 미처 편년 대상에 넣지 않은 朴天秀의 구고(1993)는 11호와 31호를 단계상 구분하였고[95] 옥전 고분 출토품까지 대비한 그의 신고(2003)는 제대로 보고되지 않은 불분명한 자료는 빼고 정식 보고된 고분만을 대상으로 하였는데 교동 3호를 계남리 1, 4호와 같은

94) 이 案에서는 본문 중의 단계 구분 및 절대연대 추론과 그 요약 記述(p. 77) 사이에 약간의 상위가 있는 등 혼선이 보이지만 여기서는 문맥에 따라 위의 표와 같이 연대를 정리하였다.
95) 朴天秀, 「三國時代 昌寧地域 集團의 性格研究」, 『嶺南考古學』13(1993), pp. 157~207.

단계로 하고 그 다음 단계에 교동 2호를 설정한 점이 특색이다.[96]

교동 31호 출토 토기는 잘 알려져 있듯이 고古·신新의 두 단계로 나뉘는데 늦은 부류는 본고의 IV기에 잘 부합하며 이른 부류는 IIIb기에 비정 가능하다. 그래서 상대연대로는 1호→11호→31호 이른 단계→31호 늦은 단계임이 분명하며 1호와 31호 이른 단계 사이는 단계 구분을 해야 마땅하다. 문제는 11호를 따로 한 단계로 해야 할지의 여부이다. 11호의 토기상은 잘 알려져 있지 않지만 보고된 토기 중 고배(그림 III-6의 ⑫)만을 보면 31호의 이른 단계(그림 III-6의 ⑰, ⑱)와 가까운 점도 많다. 그러나 후술하듯이 교동 1호의 다음 단계인 교동 2호의 고배(그림 III-6의 ⑪)와 함께 보면 11호의 고배는 2호에서 31호 이른 단계로 변해가는 과도적 형태임을 알 수 있다. 더욱이 대부파수부완이 공반된 사실과 그 형태[97](그림 III-6의 ⑯)로 보아서 이 고분을 31호의 이른 단계와 같이 두기는 어려울 것이다. 그래서 11호는 본고의 IIIb기에 둘 수는 없고 그 앞의 IIIa기로 올리는 것이 옳다고 본다.

교동 11호 이전의 편년에 대해서 보면 朴天秀의 구고가 11호의 바로 앞 단계에 옥전 31호를 둔 반면에 신고에서는 이를 한참 밀어 올려 계남리 1, 4호 및 교동 3호와 같은 기이되 상대적으로 이른 단계로 설정하였다. 교동 1호와 그 앞 단계의 편년을 위해서는 교동 2~4호의 토기상을 검토해야 한다. 교동 고분 발굴보고서(沈奉謹 外, 1992)에서는 3·4호→1·2호로 상대편년하였는데 토기 전체상을 보건대 3호와 1호는 뚜렷이 구분되는 단계라 하겠다. 또 상대연대는 3→4→1→2호로 정할 수 있는데 문제는 3호와 4호 사이, 4호와 1호 사이, 또는 1호와 2호 사이를 다른 단계로 세분할 수 있을 것인가이다. 우선 1호와 2호를 비교할 때 그 사이는 어떠할까? 보고서에서는 1호의 기대器臺(그림 III-6의 ⑬)를 양산 부부총 출토품(그림 III-6의 ⑭)과 같다고 하였으나 배부가 상대적으로 깊고 대각도 높은 1호보다 늦은 2호 것(그림 III-6의 ⑮)이 양산 부부총 출토품에 더 유사하며 또 장경호를 보더라도 1호분을 본고

---

96) 박천수「地域間 並行關係로 본 加耶古墳의 編年」,『가야 고고학의 새로운 조명』(혜안, 2003), pp. 181~186.

97) 이상 11호의 토기에 대해서는 朴天秀,「三國時代 昌寧地域 集團의 性格研究」,『嶺南考古學』13(1993), pp. 157~207의 도면을 참조.

그림 III-6 창녕 지역 토기 및 타 지역 대비 토기
① 계남리 1호 ② 계남리 4호 ③, ④ 가달 5호 ⑤, ⑥ 교동 3호 ⑦ 옥전 31호 ⑧ 교동 4호 ⑨, ⑩, ⑬ 교동 1호 ⑪, ⑮ 교동 2호 ⑫, ⑯ 교동 11호 ⑭ 양산 부부총 ⑰, ⑱ 교동 31호 古式

의 IIb기 이후로 내려 IIIa기의 양산 부부총과 같이 두기는 어렵다. 더욱이 1호 출토 고배 중에 창녕 양식이 아닌 것(그림 III-6의 ⑩)이 있는데 이는 약간의 상위가 있기는 해도 직선으로 뻗은 배부杯部 등 복천동 4호 고배(앞의 그림 III-4의 ⑧ 참조)와 아주 유사하여서 역시 1호를 IIb기로 비정하고 2호는 그 다음 IIIa기의 초쯤, 그리고 교동 11호는 같은 단계의 말末로 보고자 한다.

3호와 4호, 그리고 1호의 토기를 볼 때 삼자를 각기 다른 단계로 할 수는 없으며, 3호와 4호를 한 단계로 하기보다 4호와 1호를 한 단계로 해야 할 것 같다. 그것은 3호와 4호의 파배가 분명한 차이를 보이고 유개 고배도 그러하기 때문이다. 그런데 보고서에서는 교동 3호분의 파배(그림 III-6의 ⑥)가 옥전 31호의 파배(그림 III-6의 ⑦)와 유사하다 하여 둘을 같은 시기로 보았다. 하지만 3호와 4호의 파배(그림 III-6의 ⑧)를 비교하면 배신이 깊은 데서 얕은 쪽으로 변화하는 것을 읽을 수 있으므로 이에 견주어 보면 옥전 31호 것을 3호와 같은 것으로 볼 수는 없고 3호에서 4호 쪽으로 변해 가는 과도기에 해당한다고 생각된다. 그래서 옥전 31호는 본고의 IIa기와 IIb기의 경계쯤에 두거나 IIb기의 초두에 두어야 할 것 같다. 결국 옥전 31호를 제외하면 교동 고분군에 관한 한 교동 3호→4호, 1호→2호, 11호→31호 고古→31호 신新으로 단계 설정을 할 수 있고[98] 이는 각각 본고의 IIa, IIb, IIIa, IIIb, IV기에 대응한다(이상 그림 III-6 참조).

사리 고분군의 A지구 1호분(鄭澄元, 1977)은 제1관과 제2관이 토기에서 차이가 있는데 제2관은 대체로 교동 31호 신新 단계의 토기상과 유사해서 IV기에 비정되며 전자는 교동 31호 고古 단계보다 앞설 가능성이 있으나 일단 같은 단계로 보아 IIIb기에 비정해 둔다.

이제 남은 것은 계남리 1호분과 4호분(李殷昌 · 梁道榮 · 金龍星 · 張正男, 1991)인데 양자 사이에 선후는 있을 것이나 같은 단계로 보고자 한다. 문제는 鄭澄元 · 洪潽植의 안처럼 둘과 교동 3호를 다른 단계로 해야 할지 아니면 朴天秀의 신고처럼 같은 단계로 해야 할지이다. 계남리 고분들의 이단투창고배는 뚜껑받이 턱이 교동 3호

---

98) 이러한 논의에서는 전고에 인용한 李盛周의 미간 원고에 힘입은 바 컸다.

출토품처럼 배신 상부에서 바로 안으로 꺾이는 형태가 아니라 뾰족한 돌대 모양으로 돌출한 형태가 주류를 이룬다든지 대각 단부端部가 수평상인 것이 많은 점 등에서 상대연대로 보아서는 교동 3호보다 약간 앞선다고 생각된다. 다만 양자 사이에 단계 구분을 해야 할지 어쩔지는 자체 토기만으로는 결정하기가 어렵다. 이 문제에 관해서는 멀리 낙동강 하류 김해 가달 5호에서 출토된 교호투창 창녕 양식 토기가 참고가 된다.

鄭澄元·洪潽植은 정향적 변화가 그다지 뚜렷하지 않은 일단투창고배를 기준으로 가달 5호(宋桂鉉·洪潽植, 1993)가 창녕 양식 토기가 나온 고분 중에서 가장 이르다고 편년하였다. 朴天秀의 신고에서는 교동 3호를 계남리 1, 4호와 같은 단계로 하되 이들과 가달 5호 사이에 옥전 31호를 개재시키면서까지 양자를 다른 단계로 설정하였는데 아직 계보가 분명하게 밝혀지지 않은 가달 5호 출토 상하일렬투창팔자형대각고배上下一列透窓八字形臺脚高杯를 고식의 창녕 양식 고배로 보는 데 근거를 둔 듯하다. 그러나 앞에서 말했듯이 옥전 31호는 상대연대가 교동 3호보다 오히려 늦기 때문에 가달 5호와 계남리 1호 등을 떼어 놓는 간접 근거가 될 수는 없다. 어떻든 상대편년으로는 가달 5호→계남리 1, 4호→교동 3호의 순으로 볼 수 있는데 가달 5호에서 출토된 단경호(그림 III-6의 ③)는 계남리 출토품(그림 III-6의 ②)과 유사한 바가 많다. 그런데 가달 5호는 공반된 쌍이대부완雙耳臺附碗(그림 III-6의 ④)으로 볼 때 본고의 Ib기에 비정할 수 있다고 여겨진다. 그에 따라 계남리 1, 4호 역시 Ib기의 말로 소급될 가능성이 크다. 그래서 여기서는 계남리 1, 4호를 교동 3호와는 단계를 달리하여 지금까지 창녕 지역에서 발굴된 고분 중에서는 가장 이른 Ib기의 말에 두기로 하겠다. 이러한 분기는 계남리 1, 4호가 IIa기의 극초로 비정되는 황남대총 남분보다 상대연대로 조금이나마 이른 듯한 점도 고려한 것이다.

7) 의성 지역

현재 금성면 탑리 일대에 중심 고분군이 소재한 의성 지역의 고분에 대한 조사는 그다지 활발하지 못하였다.[99] 본격적인 편년 연구도 定森秀夫의 안案밖에 없다. 定

森秀夫는 정식 발굴 보고서가 나온 대형 고총인 "탑리고분"의 묘곽들(金載元·尹武炳, 1962)과 소형 고분군인 장림동 고분군(尹容鎭, 1981)을 대상으로 단계 구분을 하였다. 그런데 장림동 고분군은 소형 석곽으로 이루어진 고분군으로서 출토 토기의 양이 적어 토기 공반상을 근거로 묘곽 단위의 개별 편년을 하기는 무리이다. 그래서 여기서는 탑리고분의 묘곽들에 대해서만 분기와 편년을 하기로 한다. 다만 의성 지역 토기 역시 신라 양식이지만 지역성이 강하여서 경주 양식 토기의 변천에 바로 대비할 수가 없으므로 장림동 고분군과 조탑리 고분군에서 경주 양식 토기와 의성 양식 토기가 공반된 예를 참고하여 단계 비정을 하기로 한다.

장림동 고분군과 조탑리 고분군은 탑리 고분군이 속한 위천 수계가 아니라 현재의 안동 방면으로 북류하는 낙동강 지류 미천의 유역에 소재하고, 더욱이 조탑리는 현 행정구역으로도 안동에 속한다. 그러나 지금까지의 조사로 드러난 두 고분군의 토기상이 완전한 의성 양식 토기 분포권에 속하여서 미천 유역은 삼국시대에 탑리 고분군을 중심으로 하는 의성 지역 정치체에 속하였던 것으로 판단된다.

탑리고분의 묘곽들에 대한 편년에 앞서 몇 가지 지적해 두기로 한다. 첫째, 보고서에서 제I곽을 횡구식으로 파악하고 그것을 전제로 이 묘곽 내의 주된 매장 위치를 벗어난 곳에 있는 인골이 먼저 매장되고 주인공은 나중에 추가장된 것처럼 해석한 데 대해서이다. 영남 지방에서 일반적으로 수혈식 석곽 다음에 횡구식 석곽 혹은 석실이 출현한다고 파악되기 때문에 보고서의 해석이 사실이라면 이는 곧 이 묘곽의 절대연대 및 상대연대 비정에 알게 모르게 영향을 끼쳐 그 연대를 떨어뜨릴 가능성이 있다. 그러나 발굴보고자의 판단은 트렌치 발굴 방식 때문에 일어난 오판일 가능성이 크다.[100] 무엇보다도 金鍾徹이 이미 지적하였듯이 목개木蓋 구조를 한 이 묘곽에서 추가장을 상정하기는 곤란하기 때문이다.[101] 이 묘곽은 의성 특유의

---

99) 이 지역 및 안동 지역의 고분에 대한 조사와 연구에 관해서는 尹容鎭·李在煥, 『大邱-春川間 高速道路 建設區間內 安東 造塔里古墳群II('94)(本文)』(慶北大學校博物館, 1996), pp. 16~19를 참조.

100) 일제하의 발굴에서 트렌치 발굴 방식 때문에 묘곽 구조를 오판했을 가능성이 크다는 지적은 李熙濬, 「解放前의 新羅·伽耶古墳 發掘方式에 대한 硏究 ─日帝下 調査報告書의 再檢討(2)─」, 『韓國考古學報』 24(1990), pp. 49~80을 참조.

목곽묘 또는 변형 적석목곽묘[102]로 보아야 할 것이다. 다만 그 경우 문제는 이 묘곽의 단벽 바깥으로 열려 있는 듯이 나타난 석축상石築狀 구조의 존재이다. 사실 트렌치 발굴로 이미 파괴해버린 그 쪽 단벽을 입구라고 추정했던 주된 근거가 바로 이것이었는데, 지금 확정적으로 말할 수는 없지만 이는 분구를 구축할 때 평면상으로 구획해서 쌓은 흔적이라 해석[103]하면 될 것으로 보인다.

둘째, 제I곽을 단곽식單槨式 구조로 파악한 데 대한 의문이다. 트렌치 발굴로 봉토가 전면 제거되지 않은 상태에서 내린 판단이라 오류가 개재되었을 수 있으며 그 발치나 장벽長壁 쪽에 부곽이 있었을 가능성이 충분히 있다고 생각된다. 이는 의성 대리리 3호분(박정화 외, 2006)에서 적석목곽묘인 제2곽의 부곽이 목곽으로서 여러 가지 정황으로 미루어 순장자가 든 곽으로 판단되는 점을 고려한 추정이다. 또 본 고분의 주체가 횡혈식일 것으로 예단豫斷하고 발굴을 시작하면서 트렌치로 입구를 찾느라고 제I곽 부분을 중심으로 서반부西半部와 동반東半의 남쪽 일부만을 조사하였는데 고분의 분구 평면형과 발굴된 묘곽의 배치를 보면 발굴 안 된 나머지 부분에 주 묘곽이 더 있을 가능성도 있다. 어떻든 제II곽의 경우도 제I곽과 마찬가지로 부곽을 가졌을 가능성이 크다고 생각된다. 제I, II곽의 연대를 고찰하는 데서는 이 점을 고려해야 할 것이다.

셋째, 보고서에서 '봉토 내 유물군'으로 보고한 유물들에 대해서이다. 이는 姜仁求의 지적대로[104] 또 하나의 묘곽으로 보는 것이 바르다. 그래서 본고에서는 이를 제VI곽으로 하겠다.

발굴에서 나타난 사실 중 묘곽 편년에 참고가 되는 점은 제I곽이 주곽으로서 가

---

101) 그래서 金鍾徹, 「古墳에 나타나는 三國時代 殉葬樣相—加耶·新羅지역을 중심으로—」, 『尹武炳博士回甲紀念論叢』(1984), p. 269에서는 묘곽 내 주 매장 위치를 벗어난 곳의 인골을 이 고분의 제III곽과 같은 경우인 순장자로 재해석하였는데 이는 올바른 관찰과 해석이다.

102) 이는 의성 대리리 3호분 제1곽(박정화·신동조·서경민·이현정, 『義城 大里里 3號墳』(慶北大學校博物館, 2006))에서도 마찬가지인 구조가 확인되어서 붙인 이름이다.

103) 분구의 구획 성토에 관한 다른 예로는 曺永鉉, 「封土墳의 盛土方法에 관하여—區分盛土現象을 中心으로—」, 『嶺南考古學』 13(1993), pp. 31~54를 참조.

104) 姜仁求, 『三國時代墳丘墓研究』(嶺南大學校 出版部, 1984), p. 215.

장 먼저 축조되었고 그에 이어 제II곽이 축조된 후 III, IV, V, VI곽이 축조되었다는 것이다. 제III곽이 제I곽의 호석 바깥에 위치한 점이나 나머지 묘곽이 봉토 중에 설치되었다는 점은 이를 뒷받침한다. 문제는 III~VI곽의 상대편년과 단계 구분이다.

定森秀夫는 I · II · IV곽을 탑리 I단계, III · V · VI곽을 탑리 II단계로 구분하였다.[105] 그 근거는 기본적으로 고배형 기대에서 상정되는 변화이다. 크게 보아 그가 설정한 변이가 관찰되지만 아직까지 출토 예가 많지 않은 고배형 기대를 기준으로 삼는 데는 불안한 점이 있다. 그래서 이 탑리고분 토기에 대체로 후속하는 의성 양식 토기와 경주 양식 토기가 공반된 사례가 있는 장림동 고분군과 조탑리 고분군의 자료를 참고하여 이 묘곽들의 존속 기간을 추론하고 그에 따른 분기를 해보기로 한다. 사실 定森秀夫도 그런 관점에서 장림동 고분군의 자료를 이용하였다. 다만 그는 장림동 고분군 I · II지구의 묘곽 10기를 단계화하고 그를 근거로 교차연대를 비정하였지만, 그보다는 의성 양식 토기와 경주 양식 토기가 공반된 경우만을 참고하는 편이 나을 것 같다. 또한 이에는 조탑리 고분군의 새로운 자료가 도움이 된다.

탑리고분의 III~VI곽 중에서 V곽은 보고서에서도 지적한 바와 같이 일단투창 고배의 투창 수가 나머지 묘곽 출토품과 달리 3개인 것이 대부분이라는 점 등에서 늦은 시기임이 상정된다. 제VI곽도 또한 공반된 등자의 형태 등 철기로 보아 마찬 가지로 늦은 것으로 판단된다. 이 묘곽들의 토기를 조탑리 고분군 출토 예에 대비해 보자. 조탑리 고분군 중 1994년 발굴분(尹容鎭 · 李在煥, 1996)에서는 의성 양식 토기와 경주 양식 토기가 공반된 예들이 확인되었는데, 그 중에서 특히 32호 석곽이 참고가 된다. 이는 호석으로 보건대 32-1호 석곽과 32-2호 석곽의 두 묘곽이 아마도 한 분구를 이루고 있었을 것으로 추정되고 배치로 보아 전자가 먼저 축조되고 후자는 전자와 거의 동시이거나 약간 늦게 축조되었을 것으로 추정된다.

그런데 전자에서는 탑리V곽 출토 일단투창고배 및 대부완(그림 III-7의 ⑤ · ⑥)과 아주 유사한 고배 및 대부완(그림 III-7의 ① · ②)이 출토되었다. 또한 기대器臺(그림 III-7

---

105) 定森秀夫,「韓國慶尙北道義城地域出土陶質土器について」,『日本民族 · 文化の生成』1 永井昌文敎授退官記念論文集(1988), pp. 811~826.

그림 Ⅲ-7 의성 지역 토기

①, ②, ③, ⑩ 조탑리 32-1곽 ④ 조탑리 32-2곽 ⑤, ⑥, ⑪ 탑리 Ⅴ곽 ⑦, ⑧ 장림동 Ⅱ-9호 ⑨, ⑫ 탑리 Ⅳ곽

의 ⑩도 공반되었는데 이는 定森秀夫가 설정한 속성 변화를 기준으로 하면 그가 V곽의 것(그림 III-7의 ⑪)보다 이르다고 한 IV곽의 것(그림 III-7의 ⑨)에 차라리 가깝다고 생각된다. 그래서 일단 32-1곽은 탑리 제V곽과 병행하거나 적어도 그 하한에 가깝다고 할 수 있겠다. 그런데 32-1곽에서는 경주 양식의 고배 뚜껑(그림 III-7의 ③)이 앞에 말한 고배에 공반되었고 32-2곽에서도 일단투창 대부완(그림 III-7의 ④)이 출토되었는데, 이 두 점의 유물은 본고의 IIIa기에 속한다고 볼 수 있는 것들이다(앞의 그림 III-4 참조).

한편 장림동 II지구 9호 석곽에서는 의성 양식의 외반 구연 이단투창고배(그림 III-7의 ⑧)가 경주 양식의 대부완(그림 III-7의 ⑦)과 공반되었는데 이는 탑리고분 제IV 묘곽의 고배(그림 III-7의 ⑫)와 비교가 가능하다. 의성 양식 고배는 정향적 변화를 분명히 알 수 있을 정도로 자료가 집적되지는 않았지만 투창의 크기가 크고 네 개인 것에서 작고 세 개인 것으로 변화하는 경향성을 가진다고 생각된다. 또 뚜껑받이 부분도 외반하는 것에서 그냥 외경하는 쪽으로 변화하는 것으로 보인다. 그렇다면 탑리고분 제IV곽은 장림동 II지구 9호 석곽보다 늦지는 않다고 하겠다. 그런데 이 장림동 석곽에서 공반된 경주 양식 대부완은 본고의 IIIa기 이후로는 볼 수 없는 형태이다(앞의 그림 III-4 참조).

이상을 종합하면 탑리고분 묘곽들 중 가장 늦다고 보이는 V, VI곽은 일단 본고의 IIIa기로 비정하는 것이 안전하겠다. 다만 그 이른 단계일 것이다. 그러면 가장 이르다고 생각되는 I곽의 편년상 위치는 어떻게 잡을 것인가? 그것은 토기만으로 정하기는 사실상 어렵고 금동관이나 과대 등을 참고해야 할 것이다. I곽에서 출토된 과대의 과판은 황남대총 남분 출토품과 아주 유사하고[106] 금동관의 제작 기법에서도 역시 남분과 통하는 점이 엿보인다. 그러나 금동관 그 자체는 산자형 관에 앞서는 이른바 초화형 관 형태로 제작 시점은 상당히 소급될 가능성이 커서 남분 축조 시기보다 이른 시기에 경주 지역으로부터 하사되어 일정 사용기간을 거쳐 부장되었을 수 있겠다. 공반된 귀걸이도 황남대총 출토품보다는 오히려 고식이라고도

---

106) 李漢祥, 앞의 논문(1995), p. 24.

할 수 있다. 그래서 안전하게 잡는다면 IIa기에 비정하겠지만 약간 소급시켜 Ib기의 말쯤으로 해두고자 한다. 그리고 제II곽은 IIa기에 비정한다.

이렇게 볼 때 III, IV곽이 문제가 된다. IV곽 출토 이단투창고배는 VI곽 출토품 보다 앞 선 단계의 것임은 분명하다. 또 단경호 뚜껑의 운두가 아주 높고 꼭지가 크다든지 투창이 있는 점 등도 물론 V곽보다 앞서는 요소들이다. 이 단경호류의 변화 상과 분류에 대해서는 앞으로 자료의 증가에 따라 연구가 필요하지만 운두를 기준으로 하면 IV곽 출토품은 V, VI곽보다 한 단계 정도 이르다고 판단되어 본고의 IIb기에 비정할 수 있겠다. 다만 III곽은 토기 자체가 거의 보고되지 않아 불분명한데 일단투창고배에서는 각단이 외반하는 기미가 강하고 기대에서도 그처럼 좀 늦은 요소가 보인다. 그러나 이 정도의 불충분한 자료로써 단정하기는 어렵다고 생각된다. 분명히 V곽 고배 뚜껑보다는 꼭지가 아직 큰 점과 I, II곽 이외에는 다른 묘곽에 없는 관모 장식이나 대도 같은 위세품이 출토된 점을 합쳐서 생각하면 이 묘곽이 II 곽에 이어 축조되었을 가능성도 없지 않다. 그래서 설사 IV곽보다 나중에 축조되었을지언정 V, VI과 같은 단계로 하기에는 주저되어 IV곽과 함께 본고의 IIb기에 비 정하여 둔다.

8) 종합

이상의 각 지역 고분 편년을 종합하면 다음과 같다.

	이동양식 이전	이동양식 Ia	Ib	IIa	IIb	IIIa	IIIb	IV
	4세기 2/4분기	4세기 3/4분기	4세기 4/4분기	5세기 1/4분기	5세기 2/4분기	5세기 3/4분기	5세기 4/4분기	6세기 전엽
경주	월성로 가-5, 6	월성로 가-13 황남동109 3·4곽	미추왕릉 지구5구역 1, 6 황남동 110 월성로 나-13	황남대총 남분 미추왕릉 1구역 E	월성로 나-12 가-11-1	월성로 가-4 다-2	월성로 다-5, 가-15, 가-13-1	호우총

	이동양식 이전	이동양식 Ia	Ib	IIa	IIb	IIIa	IIIb	IV
	4세기 2/4분기	4세기 3/4분기	4세기 4/4분기	5세기 1/4분기	5세기 2/4분기	5세기 3/4분기	5세기 4/4분기	6세기 전엽
부산	복천동 25·26 35·36	복천동 31·32 21·22	복천동 53, 39 10·11, 1	복천동 5, 7	복천동 4, 23 연산동 4		두구동 임석 1, 2	덕천동 D11
양산						부부총 금조총		
경산			임당 7A 임당 7B 조영 EIII-8	임당 7C 조영 EIII-6 북사리 2, 3	조영 EII-2 북사리 1	임당 5B1	임당 6A	
대구				내당동 51-1, 2	비산동 37-2	비산동 37-1 내당동 50-1, 2 내당동 55	비산동 34-1 구암동 56	
성주				성산동 2 성산동 38	성산동 1 성산동 59		성산동 6	
창녕			계남리 1, 4	교동 3	교동 4, 1	교동 2, 11	교동 31古 사리 A1 제1관	교동 31新 사리 A1 제2관
의성			탑리 I	탑리 II	탑리 III, IV	탑리 V, VI		

표 3 각 지역 고분 편년

4. 편년에 관련된 몇 가지 문제

위의 편년안을 바탕으로 낙동강 이동 지방 고분 자료에서 여러 가지 정형성을 추출할 수 있겠지만 여기서는 앞으로 신라 양식 토기가 출토된 지역 상호간의 관계를 통·공시적으로 구명하는 데 관련되는 두 가지 사항을 간략히 지적하는 선에서 그치고자 한다. 한 가지는 이동 양식 안의 지역 양식 발현 양태와 변화 양상에 관한 것이고 다른 한 가지는 토기로 추론한 고분의 축조 연대와 위세품을 기준으로 추론한 축조 연대의 차이가 갖는 의미에 관해서이다.

앞에서 본 대로 지역별 조사 정도의 불균형 때문에 본고의 I기에 해당하는 고분은 주로 경주, 울산, 부산, 영천, 경산 정도에서만 확인된 상태이다. 그래서 지금까지의 자료를 증거로 각 지역에서 지역 양식이 발현하고 변화하는 과정을 추적하고 종합, 비교하는 데는 어려움이 많다. 또 이동 지방의 각 지역 양식이 이서 지방의 고령 토기 양식처럼[107] 어느 정도 명확히 설정 또는 규정되어 있지 못해 논의에 모호함이 없는 바도 아니다. 나아가 이동 양식의 형성 계기 및 변화 과정이 이서 양식의 그것과 반드시 같았을 것으로 상정되지는 않으므로 이동 지방의 각 지역 양식이 고령 양식만큼 비교적 뚜렷이 설정되고 지역성이 추출될 수 있을지조차 의문스럽다. 게다가 지금까지 막연하게 지역 양식이라고 설정한 것들이 실은 각 지역 중심 읍락 고분군의 양식에 해당[108]하든지 아예 실체를 뚜렷하게 규정할 수 없는 것이라는 통계학적 분석 결과[109]도 나와 있어서 문제가 간단치 않다. 그렇지만 희미하나마 드러난 단서들을 합쳐서 본다면 지역에 따라 이동 양식의 발현과 변화에 다소 차이가 있음을 알 수 있다.

부산 지역에서는 4세기 전반의 기형에 이동 양식으로의 선택압이 작용하여 형성된 이동 양식이 변화하는 중에 Ib기 말쯤에는 부산 양식이라 이름 붙일 수 있는 양식이 성립하는데 이 양식은 경주 양식과의 유사도가 아주 높다. 경산 지역에서는 I기의 이른 시기와 그 앞 시기의 양상이 제대로 보고되어 있지 않아 확언하기 어려우나, 역시 I기부터 경산 양식이라 부를 만한 것이 확립되는데 상대연대로 보면 부산 지역보다 좀 빠른 느낌이다. 경주 양식과의 유사도는 역시 높다고 하겠으며 군

---

107) 李熙濬, 「토기로 본 大伽耶의 圈域과 그 변천」, 『加耶史硏究 ─ 대가야의 政治와 文化 ─』(慶尙北道, 1995), pp. 372~380.
108) 본고에서처럼 지역의 하위 단위로 지구를 설정한 데 따르면 이는 지역 양식, 지역색이 아닌 지구 양식, 지구색이라 해야 맞다.
109) 李惠眞, 앞의 논문.

이 비교하자면 부산 지역보다는 다소 낮은 것 같다. 대구 지역은 I기와 II기 초의 양상이 불분명하여 뭐라 단정하기 어려우나 경산과 인접하였으면서도 그와는 다른 양상인 듯하며 뚜렷한 지역색이 느껴지지 않는다. 또 경주 양식 토기가 일찍부터 다소나마 유입되는 양상[110]을 보여 주목된다. 그리고 경산 지역에서 동일 단계의 임당·조영동 고분군과 북사리 고분군 토기 사이에 다소 차이가 있어서 소小지역성의 존재를 엿볼 수가 있듯이 대구 지역에서도 칠곡 지구와 달성 지구 사이에는 상당한 차이가 나타나는 것이 흥미롭다. 이는 부산 지역에서 II기 이후 중심 고분군인 복천동, 연산동 지구와 그 하위 고분군의 토기 사이에 차이가 별반 없이 거의 제일성을 띠는 것과는 대비가 된다. 아마도 각 지역 단위의 구조나 통합 정도에 차이가 있음을 반영하는 것으로 보인다. 이에 반해 양산 지역은 늦추어 보아도 대략 IIIa 단계부터 이미 지역 양식으로서의 양산 양식이라는 것을 설정할 수가 없을 정도로 경주 양식과의 유사도가 높다.

이처럼 경주에 인접하거나 상호 교통에 장애가 별반 없는 지역들과 달리 창녕, 성주, 의성 등 경주에서 멀리 떨어진 지역들이 지역색을 한층 강하게 나타냄은 이미 잘 알려진 사실이다. 그런데 앞에서 보았듯이 이러한 곳들의 I기 양상을 잘 알 수 없어 지역 양식의 성립에 관해서는 앞으로의 과제로 남겨두어야 할 것이나 그 이후의 변화 양상은 조금씩이나마 차이를 보인다.

먼저 창녕 지역 토기는 I기의 늦은 시기에 특히 낙동강 하류를 중심으로 '확산'되고 또 대안의 합천 옥전 지역에서도 그에 비해 강도는 훨씬 덜한 듯싶으나 대략 같은 시기부터 그러한 점이 감지되는데, 그 배경이나 의미는 앞으로 해명되어야 할 중요한 과제라 하겠다. 그것은 어떻든 창녕 지역에서는 5세기 후반 초(이 책의 IIIa기)가 되면 창녕 양식 토기가 형태상으로나 제작 기법 면에서 경주 지역의 강한 영향을 받아[111] 한 차례 변질이 일어난 후 그 다음 단계(IIIb기)에 가서는 양식적으로 거의 통합된 양상을 보인다. 성주 지역의 경우도 과정은 대개 비슷할 것 같으나

---

110) 이에 관해서는 李盛周, 「洛東江東岸樣式土器에 대하여」, 『제2회 영남고고학회학술발표회 발표 및 토론요지』(1993), pp. 31~78을 참조.

111) 이러한 제작 기법의 변화에 대한 지적은 朴天秀, 앞의 논문(1993)을 참조.

그런 변화가 좀더 늦게 일어나지 않은가 싶은데 앞의 편년에서 보았듯이 5세기 후반 초의 자료가 아직 공백 상태라서 발굴 보고의 증가를 기다려야 할 것 같다.

의성 지역도 상당히 늦게까지 지역색을 유지하는 것으로 보이며 조탑리 고분군 토기로 볼 때 IIIa기의 늦은 단계나 IIIb기쯤에 경주 양식의 영향을 강하게 받기 시작하여 제작 기법이나 형태의 변화가 일어나는 것[112]으로 생각된다. 그러면서도 의성 양식 토기는 거의 이동 양식 통일기에 이르기까지 지속적으로 부장되는 것이 아닌가 싶다. 예컨대 의성 학미리 제1호분[113]은 탑리 고분군과 동일 고분군에 속하는 횡혈식 석실분인데 이 고분과 주변의 관련 유구에서 출토된 토기는 일부가 본고의 IV기에 속하는데도 여전히 의성 양식으로 제작되는 것이다. 또 청원 미천리 유적처럼 소백산맥을 넘어선 지역에서 의성 장림동 고분군에서 보이는 것과 같은 비교적 늦은 시기의 의성 양식 토기가 출토되는 점도 이를 시사하는 것으로 볼 수 있을 것이다. 나아가 이는 경주 지역과 관련지어 볼 때 혹시 신라 국가가 의성 지역을 낙동강 상류 일대와 내륙을 지배하는 데 중요한 지렛대나 중간 거점 지역의 하나로 삼았음을 가리키는 것은 아닌가 싶어 흥미롭다. 제2부의 제II장에서 서술하듯이 크게 보아 경북 북부권에 속하는 조탑리 고분군이 의성 양식 토기 권역 안에 들면서 횡구식 석실묘 단계의 고분 축조가 현저한 점도 이와 관련이 있을 가능성이 없지 않다.

이상에서 간략히 보았듯이 경주 지역에서 남쪽으로 통하는 지구대와 낙동강 중류에 연결되는 동서 지구대 안에 든 지역의 이동 양식 토기에서는 역시 일찍부터 경주 양식의 영향이 나타나는 반면에 경주로부터 교통이 원활하지 않거나 거리가 먼 지역에서는 지역색이 한층 강하고 상대적으로 오래 유지된다고 할 수 있다. 앞으로 이런 규칙성이랄까 정형성을 좀더 명확히 밝혀내고 그 의미도 더욱 세밀하게

---

112) 조탑리 고분군에서는 이 시기에 杯部와 臺脚을 구분해서 경주 양식이나 의성 양식 중 어느 한 가지에 따라 제작하거나 전체적으로 경주 양식을 강하게 모방한 것이 제작되기 시작한다. 尹容鎭·李在煥, 『大邱-春川間 高速道路 建設區間內 安東 造塔里古墳群II('94)(本文)』(慶北大學校 博物館, 1996), pp. 288~289 참조.

113) 李白圭·李在煥·金東淑, 『鶴尾里古墳』(慶北大學校 博物館·義城郡, 2002).

검토해야 하겠지만, 우선 이는 당시에 경주 지역이 신라 토기 양식의 변화에서 중핵의 위치에 있었음을 간접적으로나마 말해주는 것으로 해석된다. 그래서 이동 지방 각 지역 토기 양식의 성립과 변화가 단순히 문화적 영향을 반영한다기보다는 각지의 토기 제작에 그러한 영향을 초래한 경주 지역과 해당 지역 사이의 정보 교류의 빈도 및 강도를 반영함을 가리킨다. 또 이는 그런 만큼 양식의 유사도를 당시 두 지역 사이에 벌어진 사회 · 정치적 상호작용의 강도를 재는 척도로 이해할 수 있음을 시사한다.

둘째로, 본고의 편년 결과는 토기를 기준으로 한 고분 편년이 위세품류에 의한 고분 편년과는 때로 상당한 차이가 있음을 말해준다고 생각된다. 여기서 이를 자세하게 분석할 겨를이 없으므로 앞으로의 과제로 남겨야 하겠지만 허리띠 장식과 귀걸이를 기준으로 한 편년[114]과 대비한다면 양자의 차이는 분명히 드러난다. 그런데 이는 토기의 변천 양상을 잘못 이해하거나 위세품류의 형식 변천 파악에 커다란 오류가 있기 때문보다는 두 편년 자료의 성격 차이에 기인한다. 앞에서 지적한 대로 위세품류는 제작된 이후 때로는 상당히 긴 사용기간을 거쳐 고분에 부장될 수 있어서 위세품류를 통해 고분 축조 시점의 선후를 아주 정밀하게 결정하기는 어렵다. 또 그런 시차 때문에 위세품류의 연대(즉 제작연대)에 입각해서 바로 그 고분에 관련된 해석을 한다면 오류가 생길 수 있다. 그렇다고 위세품류 자체의 형식분류와 편년이 전혀 의미가 없다는 것은 물론 아니다. 일단 낙동강 이동 지방의 고분에서 출토되는 위세품류 대부분이 신라의 지방 지배와 관련하여 경주 지역으로부터 각 지역에 하사된 것들로 상정되므로 그를 감안하면서 토기 편년과의 상위를 이해하는 것이 중요하다는 뜻이다.

토기에 의한 편년으로부터 도출된 고분의 절대연대는 같이 부장된 위세품류가 제작된 하한 연대나 그것이 그 지역에 유입된 하한 시점을 나타낼 뿐이다. 즉 위세품류가 고분 주인공에게 하사된 시점은 대개 고분 축조 연대보다 소급된다는 것이며 위세품류를 가지고 해당 지역과 경주 지역의 관계를 추론하는 데서는 이 점을

---

114) 李漢祥, 앞의 논문(1995) 참조.

반드시 감안해야 한다. 토기의 경우 어떤 고분에서 경주 양식의 영향이 처음으로 나타난다면 대략 그 고분의 축조 시점부터 두 지역 사이의 관계에 모종의 새로운 변화가 있었다고 상정할 수 있다. 반면에 위세품류는 그것이 부장된 때, 즉 고분의 축조 시점부터가 아니라 고분의 주인공이 생시에 어떤 계기로 이를 하사 받은 때부터 그와 같은 의미를 가지는 것이다. 황남대총 남분의 축조 연대와 그에서 출토된 여러 관의 양태로 미루어 축조 연대를 4세기 말로 본 의성 탑리 제I곽에서 출토된 초화형 관은 그것이 제작되고 경주로부터 하사된 시점은 그보다 상당히 거슬러 올라간다고 보아야 한다. 그래서 의성 토기 양식이 신라 토기 중의 한 양식으로 성립한 때가 설령 이 묘곽 축조를 전후한 시점부터라고 하더라도 경주 지역과 의성 지역 사이에 모종의 새로운 관계가 개시된 때는 그때부터가 아니라 늦어도 그 이전 제I곽 주인공 생시에 금동관이 하사된 때부터라고 해석해야 한다. 바로 이러한 점에서 위세품류는 토기와 다른 차원의 의미를 가진다 하겠다.

부산 지역에서 금동관이 출토된 주요 고분인 복천동 10·11호분과 1호분을 비교해 보면 그러한 차이가 잘 드러난다. 앞에서 편년한 대로 두 고분은 대개 비슷한 시기에 축조되었는데 금동관의 형식은 상당한 차이가 있다. 지금까지의 이해를 기반으로 한다면 10·11호분의 초화형 관이 먼저 하사되고 1호분의 산자형 관은 그보다 뒤에 하사된 것이므로 두 고분의 주인공 생시에 각 위세품을 보유한 기간은 후자가 그것을 하사 받은 때부터 겹치게 된다. 즉 후자가 금동관을 하사 받은 이후에는 이 지역에서 적어도 두 사람이 그러한 관을 가진 셈이다. 이러한 현상의 의미를 알기 위해서는 다각도의 분석이 필요해서 제2부 제II장으로 넘기지만, 각 지역 고분의 위세품이 가진 의미는 토기의 경우와는 다른 차원이 있음을 말해 주는 좋은 예라 할 것이다. 그래서 낙동강 이동 지방의 지역간 관계와 그 변화의 실상에 접근하는 데서는 적어도 토기류와 위세품류 양자를 동시에 고려해야 할 것으로 여겨진다.

괄호 표기 인용 고분 출전 목록

啓明大學校 行素博物館, 2006, 『星州星山洞古墳群 ― 제38·39·57·58·59號墳 ―』.

國立慶州博物館·慶北大學校博物館·慶州市, 1990, 『慶州月城路古墳群 ― 下水道工事에 따른 收拾發掘調査 ―』.

金東鎬, 1971, 『東萊福泉洞第一號古墳發掘調査報告』(東亞大學校博物館).

_____, 1984, 「東萊 福泉洞古墳 發掘調査報告」, 『上老大島(附:東萊福泉洞古墳·固城東 外貝塚)』(東亞大學校博物館).

金廷鶴·鄭澄元, 1975, 「味鄒王陵地區 第5區域 古墳群發掘調査報告」, 『慶州地區 古墳發 掘調査報告書』第一輯.

金廷鶴·鄭澄元·林孝澤, 1980, 「味鄒王陵第七地區 古墳群 發掘調査 報告」, 『慶州地區 古墳發掘調査報告書』第二輯.

金載元·尹武炳, 1962, 『義城塔里古墳』(乙酉文化社).

金宅圭·李殷昌, 1978, 『鳩岩洞古墳發掘調査報告』(嶺南大學校博物館).

梅原末治·濱田耕作, 1922, 「慶尙北道星州郡古墳」, 『大正七年度古蹟調査報告』第一冊 (朝鮮總督府).

文化財管理局 文化財研究所, 1993·4, 『皇南大塚 南墳發掘調査報告書』.

박정화·신동조·서경민·이현정, 2006, 『義城 大里里 3號墳』(慶北大學校博物館).

朴志明·宋桂鉉, 1990, 『釜山 杜邱洞 林石遺蹟』(釜山直轄市立博物館).

釜山大學校 博物館, 1989, 『東萊福泉洞古墳群 第2次 調査概報』.

釜山直轄市立博物館, 1992, 『東萊福泉洞53號墳』.

小泉顯夫·野守健, 1931, 『慶尙北道達成郡達西面古墳調査報告』(朝鮮總督府 大正十二年 度古蹟調査報告 第一冊).

宋桂鉉·洪潜植, 1993, 『生谷洞加達古墳群I』(釜山直轄市立博物館).

沈奉謹, 1991, 『梁山金鳥塚·夫婦塚』(東亞大學校博物館).

沈奉謹 外, 1992, 『昌寧校洞古墳群』(東亞大學校博物館).

嶺南大學校博物館·韓國土地公社, 1999, 『慶山 林堂地域 古墳群IV ― 造永 CI·CII號 ―』.

尹世英, 1975, 「味鄒王陵地區 第9區域(A號破壞古墳)發掘調査報告」, 『慶州地區 古墳發掘

調査報告書』第一輯.

尹容鎭, 1975,「味鄒王陵地區 第1, 2, 3區域 古墳群 및 皇吾洞 381番地 廢古墳發掘調査
　　　報告」,『慶州地區 古墳發掘調査報告書』第一輯.

_____, 1981,『義城長林洞廢古墳群』(慶北大學校博物館).

尹容鎭·李在煥, 1996,『大邱 — 春川間 高速道路 建設區間內 安東 造塔里古墳群II
　　　('94)(本文)』(慶北大學校博物館).

李殷昌, 1975,「味鄒王陵地區 第10區域 皇南洞 第110號古墳 發掘調査報告」,『慶州地區
　　　古墳發掘調査報告書』第一輯.

李殷昌·梁道榮·張正男, 1991,『慶山 北四里 古墳群』(嶺南大學校博物館).

李殷昌·梁道榮·金龍星·張正男, 1991,『昌寧 桂城里 古墳群 — 桂南1·4號墳 —』(嶺南
　　　大學校博物館).

鄭永和·金龍星·具滋奉·張容碩, 1994,『慶山 林堂地域 古墳群II — 造永 EIII-8號墳外
　　　—』(嶺南大學校博物館·韓國土地開發公社慶北支社).

鄭永和·金龍星·金大煥·孫貞美, 2003,『慶山 林堂地域 古墳群VII — 林堂 5·6號
　　　墳 —』(嶺南大學校博物館).

鄭永和·金龍星·金大煥·安柄權·金絃珍, 2005,『慶山 林堂地域 古墳群 VIII — 林堂7
　　　號墳 —』(嶺南大學校博物館).

鄭澄元, 1977,「A地區 古墳發掘調査報告」,『昌寧桂城古墳群發掘報告』(慶尙南道).

齋藤忠, 1937,『慶州皇南里第百九號墳皇吾里第十四號墳調査報告』(朝鮮總督府 昭和九年
　　　度古蹟調査報告 第一冊).

제2부

4～6세기 신라고고학

4세기 신라의 성장

이 장의 주된 목적은 통시적 관점에서 신라의 성장 과정을 나름대로 재구성해 보고, 현재까지의 고고학 자료로부터 부산 지역을 대상으로 4세기대 신라의 지방 지배 양상을 엿보고자 하는 데 있다. 특히 전자에 대해서는 현 단계의 고고학 자료 축적 수준에서 문제에 접근하는 한 가지 방법을 제시하는 데 비중을 두기로 한다. 그 이유는 4세기를 전후한 시기의 고고학적 조사가 부진한 탓에 이용할 수 있는 자료가 단편적인데다가 그나마 공표된 자료 또한 많지 않아 그것만을 가지고 신라의 성립이나 성장 과정을 다소라도 복원하기란 지극히 어렵기 때문이다. 하지만 이 책의 모두冒頭에 언급하였듯이 문헌 연구의 성과와 지리 분석 등을 합체해서 접근한다면 불가능하지는 않을 것이다.

먼저, 신라의 성장에 관한 기왕의 고찰에서 별반 주목하지 않았던 지리적 요인의 문제를 중심으로 원原신라인 사로국이 지역들 사이에서 우위에 설 수 있었던 배경을 더듬어 본다. 다음으로 3세기 후반에서 4세기 전반에 걸친 시기에 일어난 낙동강 이동 지방의 지역간 관계 변화를 시사하는 문헌적 증거와 고고학적 증거를 근거로 신라의 성장 과정을 재구성해 본다. 끝으로 4세기 후반 신라가 지방 지배를 어떤 식으로 진척시켰는지를 부산 복천동 고분군에 초점을 맞추어 살펴보기로 한다.

1. 신라의 성립 배경

진 · 변한이 성립한 이래 영남 지방 각 지역 정치체가 걸었던 정치적 도정은 대략 다음과 같이 모델화할 수 있을 듯하다.

영남 지방을 중심으로 진 · 변한이 성립하고 또 그것이 둘로 분립하게 된 배경 요인들은 늦어도 청동기시대에는 이미 생성되어 있었을 것이고, 그 연원은 어쩌면 신석기시대에 영남 지방을 포함한 한반도 남부에서 물자 및 정보의 교환망 혹은 교역망이 성립하고 분화한 시점까지 거슬러 올라갈 것이다. 하지만 문헌 기록에 의하는 한 진정한 삼한의 출발점은 서기전 3세기부터 늦어도 2세기 초에는 이미 존재한 것으로 확인되는 지역적 · 종족적 단위로서의 한韓이 경제적 · 정치적 단위로서의 삼한으로 분리되는 시점이라 보아야 한다. 그렇다면 삼한 중 아마도 먼저 성립하였을 마한馬韓과는 구별되는 어떤 광역 관계망이 영남 지방 각 지역에서 '국'들이 형성됨과 더불어 생겨난 때를 기준으로 해야 할 터인데 그 연대는 서기전 1세기대로 볼 수 있다.[1] 이를 말하여 주는 고고학적 증거가 곧 와질토기瓦質土器라고 생각되는데, 이 토기는 한반도 남부의 고고학 자료를 통시적으로 볼 때 양식 측면에서 처음으로 영남 지방의 상당 부분을 한 단위로 묶는 강한 공통성을 띤 물질문화 현상이다.[2] 또 이러한 마한과 진 · 변한의 분립을 가져온 요인으로는 여러 가지가 있겠으

---

1) 10여 년 전부터 원삼국시대라는 명칭 대신에 삼한시대를 선호하는 경향이 특히 영남 일각에서 두드러진다. 이에서는 문헌사료의 '韓'이 존재한 것으로 추정되는 서기전 2세기 초에는 '三韓'이 이미 성립하였다고 본다. 또 고고학으로는 좀더 소급하여 초기철기시대의 점토대토기 · 세형동검기 또는 철기가 일부 등장하는 때부터로 기점을 잡아 서기전 4세기 말 또는 3세기 초부터가 삼한시대라고 하고, 종래의 원삼국시대에 해당하는 시기를 삼한 후기, 그 이전을 前期로 한다(申敬澈, 「三韓 · 三國時代의 東萊」, 『東萊區誌』(1995), pp. 182~186). 고고학적 타당성 여부를 떠나서 문헌상 '韓'의 등장을 곧 '三韓'의 시작이라고 볼 수 있을지는 의문이며 그것은 어디까지나 '韓'으로 보아야 할 것이다. 이에 관한 비판은 李熙濬, 「초기철기시대 · 원삼국시대 再論」, 『韓國考古學報』 52(2004), pp. 69~94를 참조.

2) 權五榮, 「三韓의 '國'에 대한 研究」(서울大學校 大學院 國史學科 博士學位 論文, 1996), pp. 41~46. 일부에서 와질토기의 개념을 확대하여 한반도 남부 전역에 존재하였던 것으로 보고자 하지만 설령 그것이 가능하다 해도 영남 지방의 와질토기가 보이는 공통성은 다른 지방에 비해 두드러지므로 이를 근거로 진 · 변한의 대체적 범위를 정하여도 무방하리라 본다. 이에 관한 논의는 이희준, 「초기 진 · 변한에 대한 고고학적 논의」, 『진 · 변한사연구』(경상북도 · 계명대학교 한국학연구원, 2002), pp. 146~150을 참조.

나 중서부의 마한 지방과 영남 사이에 가로놓인 소백산맥이 지리적 장애로서 중요한 몫을 하였음은 부인할 수 없다.

한편 『위지 동이전』에서는 한에 마한, 진한, 변한이 있다고 하고서는 정작 변한에 대한 기술에서는 변진弁辰이라 하였으며 그 변진은 진한과 잡거雜居한다고 기술하였다. 이에 대해서는 여러 가지 해석이 있으나 전체적으로 보아 진한과 변한이 구별되면서도 한편으로 완전히 그렇지는 못한 부분이 있음을 말한다고 하겠다. 진한과 변한의 성격이 무엇이었는지에 대해서도 의견이 구구하지만 진한을 구성한 '국'들은 그들끼리, 그리고 변한을 구성한 '국'들 또한 그들끼리 상대적으로 긴밀한 경제적 관계를 맺고 있었고 그것을 토대로 느슨한 정치적 관계를 형성하였던 것으로 보아도 크게 틀리지는 않을 것이다. 즉 각각은 기본적으로 한 단위의 대외 교역망 혹은 대내 교환망이었던 것으로 파악할 수가 있겠다. 그래서 『위지 동이전』의 '잡거'라든지 하는 표현은 양자가 완전히 뒤섞인 상태였다기보다는 그 중 일부 지역 단위들은 두 교환망을 넘나들기도 하였다는 표현으로 이해된다. 그에는 다시 지리적 요인이 크게 작용하였던 것으로 보이며 그 중 큰 역할을 한 것은 역시 낙동강이었을 것이다.

『위지 동이전』의 국명 중 삼국시대까지 이어진 덕에 위치가 분명한 경주 사로국斯盧國, 김해 구야국狗邪國, 함안 안야국安邪國을 기준으로 본다면 진한과 변한은 대체로 이 낙동강을 경계로 하여 구분되었을 터이다. 그러면서도 그 양안의 세력들은 낙동강을 이용한 상호 교류가 손쉽고 또 낙동강을 타고 오르내리는 교환, 교역로 위에 직접 자리잡은 이점 때문에 진한이나 변한의 어느 한쪽에 배타적으로 소속되지 않은 채로 존립하면서 자신에 유리한 대로 양자의 대내, 대외 교환에 참여하였을 것이다. 바로 그러한 사정이 대외적으로는 한군현漢郡縣이나 중국 측에 진한과 변한이 명확히 구분되는 정치적 단위로 인식되지 못하고 잡거한다는 인상을 주었던 것은 아닌가 싶다. 그처럼 융통성이 컸던 곳은 낙동강 중·상류역, 특히 강폭이 넓지 않은 상류 지역 일대였을 것이다.[3]

이처럼 진한과 변한은 전체적으로 구성국간에 강한 정치적 연계는 이루지 못하였고 병렬적이고 분산적인 양상을 띠었는데,[4] 그러나 그렇다고 해서 영남의 '국'

들이 신라가 성립하기까지 줄곧 완전히 자치적이었다거나 상호 독립적인 관계였다고 할 수는 없다. 대외적으로 드러나지 않았을 뿐이지 시간의 흐름과 함께 지역간에 어떤 형태로든 우열이 생겨나고 그것이 지속되거나 강화되는 현상이 있었을 것이고 그러한 우열 관계는 이윽고 지역간 통합의 기반이 될 터였다. 그 통합의 주역은 다름 아닌 사로였다. 이러한 관계 변화의 움직임을 상정할 수 있는 시기는 문헌 기사로 보아 영남 지방이 아직 대외적으로 진한과 변진이라는 두 권역으로 나뉘어 불리고 있었던 3세기 말이다.

3세기 말의 사정을 전하는 『晉書』에는 진한이 서진西晉에 사신을 보낸 것으로 나오는데 그 견사遣使의 주체는 아마도 사로였을 것이다. 이때도 진한의 성격은 여전히 '국'간 병렬적 관계망의 수준을 크게 벗어나지는 않았고 연맹체 구성이나 대외 활동의 주체는 유동적이었을 가능성조차 있다고 보기도 한다.[5] 그러나 이때에 이르면 진한 전부는 아니더라도 사로 주변의 일부는 사로와 일정한 상하 관계에 들어간 것으로 봄이 순리적이라 생각된다. 후술하듯이 『三國史記』 초기 기록 중 사로에 의한 이른바 소국 복속 기사의 연대를 대개 3세기 중엽 이후 4세기 전반까지로 수정해서 볼 때 그 중에서도 초기에 복속된 지역들은 어쩌면 4세기 이전 아직 진한으로 불린 때에 이미 그리된 것으로 볼 수도 있다. 그 후 시간의 흐름과 더불어 낙랑이 멸망하는 등 지역 사이의 통합을 가속화시킬 요소들이 작용하는 가운데 사로의 적극적인 복속 활동이 벌어지면서 4세기 전반에 이르러 대체로 낙동강 이동의 옛 진한 땅을 중심으로 신라가 성립하였다고 보는 것이다. 그 때 낙동강 중·상류, 특히 상류 지역에서 진·변한 양쪽을 넘나들던 세력들[6]도 신라에 포함되었을 것으

---

3) 金榮珉, 「嶺南地域 三韓後期文化의 特徵과 地域性—洛東江 東西岸地域 比較를 中心으로—」(釜山大學校 大學院 史學科 碩士學位 論文, 1996)에서 낙동강 하류의 진·변한 시기 고고학적 문화가 낙동강 以東과 以西로 구분되는 요소를 많이 갖고 있음을 지적하였는데, 하류역에서는 낙동강을 경계로 진한과 변한이 상대적으로 명확히 구분되었음을 시사하는 것이 아닌가 싶다.

4) 이를 어느 정도 뒷받침하는 것은 각 지역 '國' 안의 중심 집단과 여타 집단 사이의 관계를 '不能善相制御'라고 한 『위지 동이전』의 기록이다. 각 '國' 안의 사정이 그러할진대 '國'간의 관계 또한 그 수준을 크게 벗어나지 않았을 것이기 때문이다.

5) 李賢惠, 「原三國時代論 檢討」, 『韓國古代史論叢』 5(1993), pp. 18~20.

로 추정된다. 『삼국사기』 초기 기록에 사로의 복속 대상으로 나오는 소국에 낙동강 상류의 이서 지역이 포함되어 있는 점은 이런 생각이 과히 틀리지는 않음을 말한다고 판단된다. 또 신라의 성립 초기에는 낙동강 이동 지방 전역을 포괄했던 것은 아니고 동안의 일부 지역은 신라가 아닌 지역, 즉 가야로 한동안 잔존하다가 신라로 편입되었을 것이다.[7]

진·변한의 성격과 그 변화 과정을 위와 같이 본다면 진·변한으로부터 신라가 성립하는 과정을 생각하는 데서 두 가지 사항이 요점으로 떠오른다. 한 가지는 진·변한이 성립한 이래 그 성격이 한결같지는 않았고 시간의 흐름에 따라 다소 변화하였다는 점이다. 다른 한 가지는 진·변한의 기본 성격을 무엇으로 규정하든 단일한 정치적 통합체로 보지 않는다면 그것은 기본적으로 경제 교환에 바탕을 두고 결속한 관계망이라는 점이다.

이 두 가지 관점을 잘 부각시킨 견해는 비록 『삼국사기』 초기 기록을 그대로 수용하는 전기론前期論의 입장을 취하기는 하였지만 이미 제시된 바 있다.[8] 그에 따르면 소국들이 원래 느슨하고 대등한 가운데 경제적 교역 관계를 맺고 있었는데 대개 2~3세기 사이에 사로국이 주변국들을 정복하여 점차 그를 맹주로 하는 진한 소국연맹체를 형성하였으며 각 국은 3세기 중엽경 이후로 사로국에 의해 공물을 징수당하거나 물자 교역, 대외 교섭에서 일정한 제재를 받고 있었다고 한다.

다만 이와 같이 『삼국사기』 초기 기록의 연대를 그대로 받아들여 소국 복속 기사가 곧 진한의 형성 과정을 말하는 것으로 이해하는 경우 그 다음의 신라와 진한을 구별하는 기준은 무엇인가 하는 근본적 문제에 부딪힌다. 진한과 신라는 그 명칭이 전적으로 다른 점만 보더라도 전자에서 후자로의 전환 과정에서 큰 성격 변화가 일어났음을 추정할 수 있다. 그러나 위와 같이 보면 진한과 신라를 구성한 단위

---

6) 혹시 이런 이유 때문에 이 지역들 중 咸昌이나 星州 지역이 나말여초에 古寧伽倻, 星山伽倻로 부회될 정도로까지 뿌리 깊은 지역 의식이 오랫동안 잔존하였는지도 모르겠다.

7) 후술하지만 『일본서기』로 볼 때 일러도 4세기 중엽까지 가야로 나오는 昌寧의 比自㶱이 그 대표적 예이다.

8) 李賢惠, 『三韓社會形成過程研究』(一潮閣, 1984), pp. 188~193.

사이의 관계에서 모종의 질적 변화가 아니라 양적 변화만이 일어난 정도로 이해할 수밖에 없다. 한편 진한의 존재가 『위지 동이전』에 인용된 魏略의 廉斯鑡 설화로 볼 때 늦어도 1세기대로 거슬러 올라간다는 일반적 이해를 근거로 한다면 3세기 단계에 진한이 성립한다는 시각도 좀 곤란하다. 단, 위의 견해에서는 일반적 이해와 달리 염사치 설화가 구전되어 오던 중 진·변한 분립 이후 단계에 가서 기록으로 옮겨진 것으로 보았다.[9] 그러나 위략의 내용이 구전되다가 후대에 채록된 것으로 보기에는 너무 구체적이어서 문제이며 또 『삼국사기』 소국 복속 기사의 연대를 그대로 받아들이는 입장이라서 수긍하기 어렵다. 그리되면 『위지 동이전』에 분산적인 모습으로 기록된 3세기 중엽 진한 '국'들을 설명하기가 어렵기 때문이다.

어떻든 진·변한의 기본 성격을 경제 교환망으로 보는 경우 그에서 신라·가야로, 특히 신라로 전환하면서 그 성격은 크게 변모한 것으로 보아야 할 것이다. 물론 그러한 전환의 직접적 계기는 사로국이 다른 '국'들을 군사적으로 복속시킨 데 있다. 이는 또한 경제적 관계의 근본적 변화를 수반하였으니 곧 복속된 지역의 경제적 예속이다. 그런데 이 대목에서 한 가지 유념할 사실은 그와 같은 사로국의 군사 활동이 '국'간 관계 변화의 가장 큰 계기였음은 분명하나 그때까지 사로국이 다른 '국'에 대해 별다른 영향력을 갖지 못하고 상호 대등한 관계였으며 그러한 변화는 일시에 이룩된 것으로 볼 수는 없다는 점이다. 그보다는 진·변한이 성립한 이래 어느 시점 이후로 사로국이 점차 그 영향력을 강화한 끝에 국들 상호간에 어느 정도 불균등한 관계가 형성되었기 때문에 군사적 복속이 가능하였다고 봄이 옳다. 또 그러한 영향력 증대의 바탕에는 바로 사로국의 경제적 성장이 놓여 있으며, 그 배경 요인은 여러 가지가 있겠지만 그 중에서 사로국이 지녔던 지리적 이점이 큰 몫을 하였다고 봄이 합리적이다. 이렇게 보아야만 신라의 성립을 장기적 관점에서 파악할 수 있을 것이다.

논의가 다소 길어졌지만 이처럼 신라의 성립, 성장 문제를 영남 지방, 그 중에서도 낙동강 이동 지방에 존재하였던 각 지역 정치체 사이의 관계 변화라는 관점에

---

9) 위의 책, p. 182.

서 다루고자 하면 각 정치체의 지리적 위치 관계와 경제적 교환 관계가 당연히 중요한 주제로 떠오른다. 진·변한과 신라·가야를 체계라는 관점에서 볼 때 전자에서 후자로 변환되는 데는 진·변한 체계 내의 단위 지역간 경제 교환 관계에서 생긴 지역간 우열의 심화, 그 체계 전체에 대한 외부 입력(input)으로서의 대외 교역에 일어난 변동, 또 그 결과로 빚어진 지역 단위 사이의 통합 지향 움직임이 주요한 추동력이었을 가능성이 아주 크기 때문이다. 그리고 지리는 지역 사이에 벌어진 경제 교환 관계의 흐름이나 유형을 결정짓는 바탕이 되고 또 이 지방 전체를 포괄하는 교환망이 외부의 교환 체계들과 연계되는 과정에서 각 지역이 차지하는 비중을 결정짓는 데서도 가장 중요한 요소이다.

잘 알다시피 영남 지방은 산악이 크게 발달하여서 낙동강의 지류가 침식한 계곡이라든가 지구대 형상의 지형을 통해 지역간 교통이 이루어지며, 모든 지역이 사통오달한 것이 아니라 대체로 선상으로 연결되어 있다. 그래서 지역 사이의 상호관계도 균질적, 다원적일 수는 없었으며 그들 사이의 상호작용은 처음부터 몇 개의 지역을 단위로 하는 권역별로 일정한 틀 속에서 이루어졌을 것으로 상정된다. 예를 들어 경주 지역과 대구 지역의 관계는 그 사이에 있는 영천, 경산 지역을 빼놓고는 생각할 수 없는 것이다. 또 이러한 지리 관계 때문에 종국적으로 교통, 경제 교환에서 유리한 위치에 있는 지역과 그렇지 못한 지역 사이에 우열이 생겨났을 것임은 충분히 짐작할 수 있다. 그렇다면 사로국이 신라의 주체로 성장하게 된 데는 그것이 자리잡은 경주 지역에 지리상으로 무엇인가 특별히 유리한 점이 있었을 것으로 상정하고 그 점을 검토해볼 필요가 있겠다. 아래에서는 앞에서 서술한 사항들을 전제로 사로국의 성장에 주요 배경이 되었으리라 판단되는 지리적 특성을 간략히 살펴보기로 한다.

영남 지방 가운데 낙동강 이동의 지형에 초점을 맞추어 보면, 우선 소백산맥이 북쪽과 서쪽을 가로막아 상호작용의 공간을 정해 준다. 동쪽에는 남북으로 대척량인 태백산맥이 동해안에 근접하여 달리며 이와 소백산맥으로부터 대략 서쪽과 남쪽을 향해서는 낙동강의 상류와 그 대소 지류들이 흐르면서 곳곳에 대소 분지나 그에 유사한 지형을 형성하며 이들은 고래로 인간 집단이 활동하는 데 지리적 단위의 역할을 하고 있다. 그래서 사실상 거의 모든 지역들이 낙동강 본류 및 지류 유역을 따른 교통로로써 선상으로 연결되어 있다고 할 수 있으며, 그처럼 연결되지 않은 지역 사이의 교통은 수계를 따라 아주 멀리 우회하지 않는 한 사이사이에 놓인 상당히 높은 재를 통해 이루지는 형국이다.[10] 한편 이런 내륙과는 별도로 태백산맥 동쪽의 해안을 따라 남북으로 길게 교통로가 형성되어 있다.[11] 이 교통로는 영남 지방에 국한되지 않고 연안 항로, 육로 등을 거쳐 멀리 동북 지방으로까지 연장되며, 진·변한 당시에는 그 도중 함남 지방에서 서쪽 낙랑·대방군 소재지로 연결되는 길이 나 있었을 것이다.

이런 기본 구조를 가진 낙동강 이동 지방의 지형과 지리에서 신라의 성장에 관련지어 볼 만한 주요 특성을 뽑아 보면 다음 세 가지 정도로 요약된다.

첫째, 각 지역의 교통망이 방사상으로 다원화되어 있지 않으며 지역들은 대체로 선형적으로 연계된다. 그래서 각 지역의 연결 순서는 지역간 경제 교환 등의 상호작용에 일정한 영향을 주었을 것이며 그 자체만으로도 지역들의 균등 발전을 가로막는 요인이 된다. 이 선형 교통로를 낙동강 수로 및 그 하안로를 통한 남북로를 제외하고 대략 말단부로부터 들어 보면, 안동은 태백산맥의 황장재를 넘어 동해안의 영덕 지역으로 나아가든지 남쪽의 금성 탑리를 거쳐 갑령을 넘어 영천—경주로 나올 수 있다.[12] 낙동강 중류역의 요지인 대구로부터는 동으로 경산, 영천을 거쳐 경주로 연결되는 교통로가 중요한데, 이 중 경산에서는 남쪽의 밀양, 청도로도 통한다. 창녕 지역으로부터는 청도를 거쳐 북동쪽으로 나아가면 바로 경주 외곽 건천으로 통할 수 있다.

둘째, 경주 지역은 낙동강 이동 지방에서 동해안 및 남해안 지역을 빼고는 유

---

10) 예컨대 所也재(대구-군위), 甲嶺(영천-금성 탑리) 등을 들 수 있다. 그러나 그 양쪽은 이 재들을 거쳐 서로 통하기는 했어도 적어도 진·변한 시기에는 서로 다른 생활권역 내지는 정치권역을 이루었을 것으로 상정된다.

11) 이상의 지리, 지형을 보여주는 지도는 제1부 제I장의 〈그림 I-1, 2〉를 참조.

12) 영남 지방의 교통로에 주목해야 함을 잘 지적한 李盛周, 「1~3세기 가야 정치체의 성장」, 『韓國古代史論叢』 5(1993), p. 101의 〈그림 6. 영남지역 철산지와 교통로〉에서는 장애가 거의 없는 교통로에만 치중한 탓에 이러한 중요 내륙로는 간과하였다.

일하게 낙동강 수계에 속하지 않는 내륙이면서도 가장 많은 교통로가 수렴되어 결절도가 아주 높다. 앞에 말한 북쪽, 서쪽, 서남쪽으로부터의 교통로 이외에 지구대 지형을 통해 곧바로 동남의 울산 지역과 연결되고 거기서 다시 부산 동래 지역으로 쉽게 연결된다. 또한 지구대로 연결된 양산 지역을 통해 바로 낙동강 하구로 나아 갈 수 있다. 더욱이 경주 지역은 내륙지로서는 해안에 가장 인접한 지역이다. 앞에 말했듯이 울산, 동래 방면으로 쉽게 통하며 또 북쪽으로는 안강에서 영일을 거치거나 바로 형산강을 따라서 동해안에 쉽게 이른다. 그런데 경주 분지의 바로 북쪽까지는 태백산맥이 남북으로 뻗어 있어 그 이서의 내륙 지방에서 동해안 지대로는 위에 말한 낙동강 상류의 안동에서 산맥을 넘어 영덕으로 가지 않은 한 바로 통할 수가 없다. 안동 이남의 낙동강 상류나 중류 지역의 어디든지 육로로 동해안 또는 동남해안 지역으로 가려면 반드시 경주를 거쳐야 하는 것이다.

셋째, 위의 교통망 구조에 따른 당연한 결과이지만 경주는 대외 교역의 관점에서 볼 때 인접 해안 지대로의 출구만 확보되면 낙동강 중·상류 내륙에서 육로를 따른 교통의 완전한 관문지에 해당한다. 영남 지방에서 바깥 세계로 통하는 길은 아주 한정되어 있다. 낙랑·대방, 예, 고구려, 마한, 왜, 그리고 중국 본토와의 교역을 위해서는 일단 해안 지대로 나와 동해안을 거치든지 아니면 남서해안을 거쳐 연안항로(혹은 연안육로)를 이용하든지 그도 아니면 내륙으로 소백산맥을 넘어 나아가는 세 가지 길이 이용될 수 있다. 그런데 낙동강 중·상류의 내륙에서는 이 중 아주 험준한 소백산맥의 계립령, 죽령을 넘어 중부 내륙으로 나아가지[13] 않는 한 낙동강을 따라 내려와 동·남·서해로 나아가거나 육로로 경주에 도달한 후 거기서 동북의 동해안이나 울산, 동래의 동남해안 지역을 거쳐 나가는 수밖에 없다. 요컨대 이 지방의 대외 교역로는 각 지역에서 다방면으로 연결되는 것이 아니라 일정한 선로를 따르게 되어 있으며, 그래서 이는 종국적으로 김해나 경주 같은 관문 지역의 중심적 기능이 강화되는 바탕이 된다.

그간 김해 지역은 영남 지방의 관문지에 해당한다는 점이 대외 교역을 통한 성

---

13) 이 교통로에 대해서는 후술할 문헌 자료 항에서 다룬다.

장에 아주 유리했다고 보았다.[14] 김해는 낙동강 수로 또는 그 하안 육로를 통한 교환로의 관문에 해당한다. 그에 반해 경주의 관문지적 성격은 거의 주목하지 못하였는데, 위에 말했듯이 경주는 육로를 통한 교환망을 배후에 가진 관문지에 해당한다. 경주의 사로국과 김해의 구야국은 이런 이유로 상호 경쟁적이었던 것이다. 후술하듯이 이 경주의 관문지적 성격은 시간이 흐르면서 여러 가지 여건 변화와 함께 점차 김해에 비해 상대적으로 강점을 띠게 되었던 것으로 판단된다.

그런데 한반도 전역이 대체로 그러하듯 낙동강 이동 지방도 지역에 따라 자연환경의 차가 심하고 산물 분포도 매우 다양하여서 고래로 그곳 해안 지방과 내륙지방, 남부 지방과 북부 지방 사이의 경제 교환은 필수적이었다.[15] 더욱이 진 · 변한 시기 이래 철 수출과 같은 대외 교역 활동이 매우 활발하였으므로 지역 사이의 교환망은 아주 발달하였던 것으로 보아야 할 것이다. 그리고 이러한 대내 교환, 대외 교역은 점차 '국' 간의 우열을 낳아 종국적으로 그들 사이의 통합을 야기하는 중요한 요인들 중 한 가지가 되었을 터이다.

이런 관점에서 보면 경주 지역이 낙동강 이동 지방의 지리 및 교통 관계의 특성에 힘입어 대내외 경제 교환에서 확보할 수 있었을 이점은 그곳에서 사로국이 성립, 발전하고 또 그를 중심으로 신라가 성립하고 발전하기까지 내내 그 진화 추동력의 바탕 역할을 하였으리라는 것을 충분히 짐작할 수가 있다. 아래에서 이를 대내 교환과 대외 교역의 측면으로 나누어 살피기로 한다.

경주 지역의 위치가 대내 교환에서 극히 유리하였음을 단적으로 드러내 보이기 위해 현재 고고학적으로는 관련 증거가 남아 있지 않으나 생활필수품이었을 소금을 예로 들어 보자.

철과 더불어 소금의 재분배가 삼한 '국'의 형성과 발전에 중대한 역할을 하였음은 이미 지적된 바 있다.[16] 그런데 소금의 유통은 이에 그치지 않고 그 이후의 '국' 간 통합에도 큰 몫을 한 요소로 보아야 할 것이다. 각 '국'의 발전에 따라 '국'

---

14) 李賢惠, 「4세기 加耶社會의 交易體系의 변천」, 『韓國古代史硏究』 1(1988), pp. 157~179.
15) 崔永俊, 『嶺南大路 —韓國古道路의 歷史地理的 硏究—』(高麗大學校 民族文化硏究所, 1990), p. 65.
16) 權五榮, 앞의 논문, p. 95.

사이의 경쟁이 심화되면서 이 전략 물자의 획득과 유통을 통제함으로써 우위를 차지하려는 '국'들이 나타났을 것이고, 선의 형태를 띤 낙동강 이동 지방 교통로의 특성 때문에 실제로 그런 통제가 가능하였을 것이기 때문이다. 다만 현 단계의 자료 수준에서는 구체적으로 어떤 과정과 방식을 통해 그러한 통제가 이루어졌는지를 직접 추적하기는 어렵고 지리와 교통 관계의 측면에서 간접적으로 추론할 수 있을 뿐이다.

한반도에서 암염이 산출되지 않는 이상 내륙에서는 해안 지대에서 생산하거나 그곳에서 외부로부터 들여오는 소금을 이용할 수밖에 없다. 그렇다면 예컨대 진·변한 시기에 대구 이북의 낙동강 중·상류 지역민들이 소금을 구득하기 위해서는 앞의 지리 검토에서 보았듯이 낙동강의 수로나 하안로를 이용한 교환망이나 동해안, 동남해안에서 경주 지역을 반드시 거쳐 들어오게 되어 있는 육로 교환망을 이용해야 한다. 두 교환망 중 어느 쪽이 선호될지는 다른 특별한 조건이 없다면 기본적으로 운송비용에 달렸다. 얼핏 생각해서는 수운이 가능한 전자가 소요 시간 면에서 유리하므로 운송비가 적게 들 것이라고 판단할 수 있다. 그러나 문제는 그리 간단하지 않다. 운송 시간만이 운송비를 좌우하는 가장 중요한 요소는 아니기[17] 때문이다. 영남 전역이 자유방임적 시장 교환망 아래 있었다면 그럴 수도 있으나 정치적으로 비교적 독립된, 그래서 경제적으로도 독립된 정치체들이 교환망의 구성 단위였던 당시에는 그럴 수가 없다. 각 교환로에 포진한 여러 정치체가 어떤 형태로든 물자 이동에 간여하였을 터이므로 운송 시간만이 운송비의 과다를 결정짓는 요소가 되지 못하는 것이다.

당시의 교환에서 물품 이동 방식이 구체적으로 어떤 형태[18]였는지 지금 알 길은 없으나, 가령 일단의 상인이 해안에서 안동 지역까지 소금을 직접 운반한다고 가정할 때 수송단은 각 '국'의 관할지를 지날 때마다 일정 비용을 부담하였을 것으

---

17) Ross Hassig, "Roads, routes, and ties that bind," In Charles D. Trombold(ed), *Ancient Road Networks and Settlement Hierarchies in the New World*(Cambridge University Press, 1991), p. 20.

18) 교환의 여러 가지 방식에 대해서는 콜린 렌프류·폴 반(이희준 역), 『현대 고고학의 이해』(사회평론, 2006), p. 375~377을 참조.

로 상정할 수 있다.[19] 그렇다면 낙동강로와 내륙로 중 어느 쪽에 단위 정치체들이 더 많이 자리잡고 있었는지가 문제가 된다.

현재 진·변한 당시 각 지역 단위 정치체의 분포 양태를 구체적으로 알 수 있는 자료는 없다. 그래서 제1부 제I장에서 말했듯이 대략 5세기 이후의 대규모 고총군(들)이 분포한 분지 등에 진·변한 당시 각 '국'이 존재하였다고 본다면, 제1부 제II장의 〈그림 II-4〉에서 보이듯이 안동에서 금성을 거쳐 영천으로 나와서 경주에 이르는 육로에 비해 낙동강의 양안을 따라 훨씬 더 많은 '국'들이 포진한 낙동강로를 이용한 운송은 시간은 단축이 가능할지라도 전체 비용 면에서 결코 유리하다고 할 수 없는 것이다. 더욱이 낙동강로 양안에는 진한과 변한이라는 상호 구분되는 교환망에 속했을 여러 지역 정치체들이 소재하였을 것이라는 점도 고려해야 한다. 진한과 변한의 경계가 어디였는지 간단히 정하기는 어려우나 대략 낙동강이었다고 보아 무리는 없을 것이라서 낙동강로를 통한 수송, 이동에는 그만큼 위험 부담 내지는 비용 부담이 높았을 터이다.

요컨대, 경주 사로국이 해안에서 내륙으로 통하는 육로의 길목에 자리잡고 있다는 지리적 이점은 역내의 교환에서 일찍부터 다른 지역에 비해 우위에 설 수 있었던 천혜의 조건이며, 이는 결국 사로국이 국부를 축적하는 바탕이 되고 성장하는 데 주된 배경이 되었을 것으로 추론할 수 있다.

다음으로, 대외 교역의 측면을 보면 대내 교환의 측면과 표리 관계이므로 당연한 것이지만 경주의 지리상 이점이 특히 잘 드러난다. 이는 철을 예로 설명한다면 좋을 것이다.

잘 알려져 있듯이 『위지 동이전』 변진조에는 "國出鐵 … 韓濊倭皆從取之 … 又以供給二郡"이라 하고 『후한서 동이전』 변진조에는 "國出鐵 濊倭馬韓 並從市之…"라 하여 변진에서 산출되는 철을 낙랑, 대방, 마한, 예, 왜에 수출한 것으로 되어 있다. 또 이러한 대외 교역에서 중추적 역할을 한 세력은 대개 김해의 구야국이었으리라 본다. 이 대목에서 유념할 점이 두 가지 있다. 한 가지는 이 기사가 변진에 관

---

19) 각 지역이 물품을 중계하는 방식이었다 해도 이는 마찬가지였을 것이다.

련되어 나타난다고 해서 철의 수출이 반드시 변한에만 한정된 것으로 볼 이유는 없으며,[20] 진한의 철 수출도 그에 못지않게 활발하였으리라는 점이다.[21] 다른 한 가지는 변진의 철 수출에 관련하여 구야국을 핵심적인 '국'이라 할 때 그것은 철의 산지로서보다 집산지로서의 역할에 더 무게를 둔 해석이어야 한다는 점이다. 대내 교환 체계에서 철산지를 가진 지역이 그렇지 못한 지역보다 유리함은 두말할 나위가 없다. 그러나 잉여 생산된 철을 대외로 대량 수출함으로써 이익을 얻는 일에 이르러서는 산지별로 직접 수출을 하지 않는 이상 교역망의 대외 창구 역할을 하는 지리적 위치에 있다는 점이 산지라는 사실보다 훨씬 큰 이익을 가져다주는 요소임은 자명하다. 김해 지역이 바로 그러한 경우이며, 이는 김해 지역이 낙동강로에 연한 지역들을 일종의 배후지로 하는 이른바 관문 사회로서 가진 이점이다.[22]

그런데 앞에서 보았듯이 진한의 경주 지역도 김해에 결코 지지않는 관문지적 위치에 있다. 다만 경주는 낙동강을 통한 배후 교환망을 가진 김해와 달리 육로로 연결된 배후 교환망을 가짐으로써 상호 경쟁 관계에 있었고 그 경쟁에 커다란 관건이 되었을 운송비 면에서 김해에 비해 결코 불리하지 않았다. 또 중·상류역의 대외 교역에서 낙동강로를 통해 해안으로 나갈 때는 하구의 김해를 반드시 거치지 않고 하류에서 지금의 창원이나 함안을 통해 나가는 샛길이 있었을 가능성도 유념해야 한다. 더욱이 경주 사로국은 낙동강 하구에서 동해안을 따라 예濊로 향하는 교역로에 영향을 미칠 수 있다는 점에서 상대적으로 유리한 바가 있고 예를 매개로 한 고구려와의 교역에서도 훨씬 유리하다.[23] 물론 양산 지역을 통해 낙동강로에도 일정한 영향력을 행사할 수 있다. 또 울산만을 통해서나 그에서 다시 동래 지역을

20) 宣石悅, 『新羅國家成立過程研究』(혜안, 2001), pp. 92~93.
21) 후술하듯이 영남 지방 안에서 개발 가능한 鐵産地의 분포를 보더라도 그러할 개연성은 아주 크다 하겠다.
22) 李賢惠, 「4세기 加耶社會의 交易體系의 변천」, 『韓國古代史研究』 1(1988), pp. 163~164.
23) 李盛周, 앞의 논문(1993), p. 109에서는 동해안 교통로의 중요성이 삼한 시기에는 前代보다 약화되었다고 보지만 뚜렷한 근거는 제시하지 않았다. 반면에 李鍾旭, 「斯盧國의 成長과 辰韓」, 『韓國史研究』 25(1979), pp. 312~313에서는 경주의 지리적 위치가 동해안로를 통한 진한 소국의 대외 교역에서 주된 역할을 담당하게 되는 요인이었다고 보았다.

거쳐 왜나 낙랑·대방으로의 교역도 가능하다. 결국 경주 사로국의 대외 교역로도 김해 구야국에 못지않게 다변화되어 있었다고 보아야 한다.

한편 앞에서 낙동강 중·상류역을 예로 낙동강로를 이용한 교환로와 육로 교환로를 비교할 때는 각 교환로에 위치한 나라들이 다소간 수동적으로 이득을 추구하는 상황을 상정하였다. 하지만 시간이 흘러 각국이 발전함에 따라 '국'간의 경쟁이 심화되면 경유하는 나라 수가 적은 육로 교환로의 상대적 이점은 더욱 두드러질 것이라는 점도 유념해야 하겠다. 각 '국'의 군사력은 3세기 중엽까지 대체로 방어적 수준에 머물러 있었을 것이나 그 이후 군사력의 발전에 따라 이윽고 상대국에 영향력을 행사할 수 있는 수준에 도달하였을 것이다. 그리하여 저마다 대외 교역로에 더욱 깊이 개입함으로써 이득을 극대화하려고 하였을 터이고, 그 때문에 관문지역이 얻는 총체적 이익이 상대적으로 감소될 지경에 이르렀을 것이다.[24] 그러나 이 경우에도 배후 교환로에 간여하는 나라 수가 적은 사로국은 구야국에 비해 상대적으로 유리하였다고 생각된다.

마지막으로 사로국이 대내외 경제 교환에서 지닌 지리적 이점은 일시적 변수가 아니라 상수적이라는 사실을 지적해 둔다. 그래서 사로국의 형성이나 성장뿐만 아니라 신라의 성장이나 발전에도 기본적 배경이 되었으리라 본다.[25]

2. 신라의 성장 과정

위에서 본 지리적 배경을 염두에 두고 3~4세기의 사정을 전하는 문헌 자료와 고고학 자료를 활용하여 이 문제에 접근해야 하는데, 우선 문헌 자료 중에서는 '국'간 관계 변화를 말해주는 중요 기사로 『삼국사기』에 실린 사로국의 이른바 소국 복속 기사가 주목된다. 대개 1~3세기의 사실로 기록된 이 기사들의 기년에 문제가 있다

---

24) 어쩌면 이런 국면이 사로국을 정복 활동에 나서도록 만든 한 요인이었을 수 있다.
25) 이는 환경결정론의 관점보다는 사로국이 그러한 환경적 이점을 최대한 활용하였을 것이라는 관점에선 해석이다.

고 하는 것은 거의 통설이다. 그렇다고 이 기록 자체의 역사성이 그대로 부인되는 것은 아니다. 그래서 이른바 초기 기록 수정론의 입장에서 전체적으로 3세기 후반에서 4세기 전반에 걸친 사건을 반영한다고 보아[26] 신라의 성립과 성장에 관련된 중요 단서로 해석하고자 한다. 이는 앞서 말한 지리와 관련지을 때 정복 사건의 단순한 나열에 그치는 것이 아님이 한층 분명하게 드러날 것이다. 이외에도 대개 3세기 중엽까지의 상황을 전하는 『위지 동이전』의 세계로부터 변화된 모습을 말해주는 사료 두세 가지를 더 검토하기로 한다.

다음으로는 고고학 자료의 문제가 있다. 현재로서는 이 문제에 접근하는 데 훨씬 취약한 것이 고고학 부문이라 하지 않을 수 없다. 사실 3~4세기의 고고학 자료 중에서 지역간의 관계나 그 변화를 명확히 보여주는 자료는 아주 드물기 때문이다. 그간 조사된 몇 개 지역의 유적들을 유구의 규모나 유물의 질·양 면에서 비교하여 지역 사이에 상대적 우열을 정하고 그것으로써 지역간 상하 관계까지 추정하려 들기도 한다. 그러나 그것이 상호간의 우열은 가리킬지언정 상하 관계까지 보증할 수 없음은 두말할 필요가 없다. 더구나 그때 비교되는 유적들이 각 지역의 중심지를 대표하는 유적인지 또는 동급의 읍락 중심지를 대표하는지 지금으로서는 단언하기 어렵기 때문에 그런 우열 추론도 거의 추측에 지나지 않는다. 바꾸어 말하면 지금까지 축적된 3세기대나 그 이후 4세기 전반까지의 고고학 자료 수준에서는 지역 사이의 우월 관계를 굳이 논하는 경우 거개가 상대적인 상황만을 말할 수 있을 뿐 일정한 유물이나 유구에 결부지어 절대적 측면에서 비교함은 불가능하지는 않을지라도 근거가 지극히 박약하다. 특히 유구의 경우는 그러한 비교가 사실상 거의 무의미하다고 생각된다.

그래서 지금으로서는 당대의 고고 자료 일부와 상호관계 변화가 일어난 직후의 양상을 희미하게나마 반영한다고 생각되는 자료에다 약간 더 나중(대략 4세기 중기 이후)의 자료 중 변화된 지역간 상호관계를 더 뚜렷이 나타낸다고 생각하는

---

26) 姜鍾薫, 「3-4세기 斯盧國의 辰韓統合過程에 대한 考察—上古紀年의 檢討와 관련하여—」(서울大學校 大學院 國史學科 碩士學位 論文, 1991).

것을 보태어 그림을 그려나갈 수밖에 없다. 그러나 이것이 전혀 효용성이 없다고는 못할 것이다. 후대의 지역간 관계는 그 앞 시대의 역사적 과정이 빚어낸 결과일 것이기 때문이다.

1) 문헌의 검토

3세기 중엽 이후 일어난 일로서『위지 동이전』에 나타난 '국'들의 모습에서 무엇인가 달라진 상황을 가리킨다고 생각되는 문헌 기사를 뽑아 보면 다음과 같이 네 가지 정도를 들 수 있다.

첫째,『위지 동이전』의 국명과 다른『삼국사기』의 소국명小國名.
둘째,『삼국사기』의 이른바 소국 복속 기사.
셋째,『삼국사기』의 계립령로 및 죽령 개통 기사.
넷째,『晉書』의 對西晉 조공 기사.

이 중에서『진서』의 기사는 3세기 후엽 또는 말이라는 연대를 그대로 받아들여도 좋을 것이라서 그 연대만으로도 다른 시기의 사실을 말하는 것으로 보아 아무런 문제가 없겠다. 반면에『삼국사기』의 기사들은 그 연대를 그대로 취하는 경우『위지 동이전』의 사실과 타협할 여지가 거의 없다. 다만『위지 동이전』의 진·변한 국명을 3세기 중엽까지의 사실을 담고 있는 것으로 보되『삼국사기』의 정복 기사들은 대략 그 이전 단계의 사실을 말하는 것으로 보면[27] 타협이 가능하기도 하다. 그렇지만 이 경우『삼국사기』의 국명들이『위지 동이전』의 국명들로 바뀌었다가 다시 그 후에『삼국사기』에 국명으로 남은 과정과 이유는 여전히 잘 설명되지 않는다. 한 가지 타협 방법은『위지 동이전』의 국명들이 당시의 모든 주요 국명을 나타내는 것은 아니며『삼국사기』의 국명은 그에서 빠진 국명이라 보는 것이다. 그러나『삼

---

27) 예컨대 김재홍,「신라[사로국]의 형성과 발전」,『역사와 현실』21 (1996), pp. 1~37.

국사기』의 국명은 현재의 주요 분지를 대부분 망라하고 있거니와 『위지 동이전』에서도 진한과 변한의 주요국이 24국이라 하는 등 상당히 구체적으로 기술되어 있어서 이는 성립할 수 없다. 그래서 진·변한을 신라·가야의 전사前史로 보는 견지에서 『삼국사기』 초기 기록의 연대를 하향 조정함으로써 『위지 동이전』의 내용과 합체하는 것을 전제로 논의를 해 볼 수가 있다.

(1) 『위지 동이전』의 국명과 다른 『삼국사기』의 소국명

그런데 『삼국사기』의 초기 기록을 적극적으로 이용하기 위해 그 연대를 인하한다든지 하는 식으로 조정하더라도 남는 문제들이 있다. 그 중에서 가장 큰 문제 한 가지는 사로국, 안야국 등 나중까지 신라, 가야의 중심지로서 국명이 남은 극히 일부를 제외하고는 『위지 동이전』의 진한 또는 변진 국명과 전혀 일치하지 않는 국명들이 『삼국사기』에 등장하고 그것들이 사로국의 복속 대상으로 기술되어 있다는 사실이다. 『삼국사기』의 복속 기사를 중심으로 많은 연구가 이루어졌음에도 이 문제를 어떤 식으로든 정면으로 다룬 적이 거의 없음은 역시 별다른 방책이 없었음을 잘 말해준다.

　『삼국사기』의 소국명을 『위지 동이전』의 국명과 양립시키는 데는 이론상 다음세 가지 정도의 방법[28]이 가능하다.

　첫째는 『위지 동이전』의 국명들이 3세기 중엽 당시가 아니라 그 이전 어느 시기의 것들인데 그 이후 어떤 이유로 바뀐 국명들이 『삼국사기』에 실렸다고 보는 것이다. 가능성이 없는 것은 아니나 『위지 동이전』의 국명을 3세기 중엽이 아니라 그보다 훨씬 전의 것이라고 볼 적극적 근거가 없기 때문에 곤란하다 하겠다.

　둘째는 『위지 동이전』의 국들이 3세기 중엽 이후 4세기 전반 사이에 신라로 통

---

28) 白承玉, 「比斯伐加耶의 形成과 國家的 性格」, 『韓國文化研究』 7(釜山大學校 韓國民族文化研究所, 1995), pp. 91~117에서는 『위지 동이전』의 不斯國이 곧 현재의 창녕 지역을 가리키며 이는 『삼국사기』에 나오는 비사벌의 중국식 표기라고 보았는데 그러한 식의 이해를 일반화하는 것도 또 한 가지의 방법이 되겠다. 그러나 설사 不斯國의 경우는 그렇다 하더라도 다른 국명에서는 그러한 흡似마저 보이지 않기 때문에 일반화하기는 어렵다. 또 그렇다고 해서 『삼국사기』의 소국명들을 『위지 동이전』의 국명들과 같은 시기의 다른 발음 표기로 해석할 수 있는 것은 아니다.

합되기 전 무언가의 이유로 그 국명이 바뀌어서 『삼국사기』에 전해졌다고 보는 것이다. 이는 4세기를 전후한 시기가 격변의 시기였음을 감안하면 불가능하지만은 않다. 그 격변의 와중에서, 예컨대 각 '국'의 중심 읍락이 바뀜으로써 국명 또한 바뀌었을 경우를 상정할 수 있는 것이다. 그러나 그렇다 하더라도 『위지 동이전』의 각 국명이 일제히 바뀌다시피 한 이유가 쉽사리 설명되지 않는 점이 문제이다.

셋째로는 앞의 경우와는 전혀 달리 낙동강 이동의 여러 지역이 신라로 통합된 이후 각 지역을 가리켰던 지역명이 곧 『삼국사기』의 각 국명이라 보는 것이다. 신라가 성립한 후 상당 기간, 즉 마립간기의 대부분 기간 동안에는 각 지역이 신라 국가에 의해 완전 재편되지는 못하고 간접 지배하에 있었으므로 그들을 신라 내부적으로라도 가리키는 이름이 있었을 터이라 이렇게 상정해 봄은 일단 타당성을 가진다 하겠다. 물론 유래는 다양하였을 것인데, 그 대부분은 신라로 통합된 이후 완전히 새로이 붙여졌고 일부는 예컨대 위의 두 번째 이유로 3세기 중엽 이후 쓰인 국명이 전화된 경우도 있을 것이다.

『삼국사기』 지리지에서 소국명이 후대에 군현명郡縣名으로까지 정착되는 사실을 보면, 언제부터인지는 정할 수 없으되 『삼국사기』 초기 기록의 소국명들이 신라 국가의 각 지역 명칭으로는 상당 기간 쓰이고 있었음이 분명하다. 그것을 가장 일관되게 보여 주는 것이 창녕 지역이다. 『일본서기』 신공기 49년조의 이른바 가라 7국 평정 기사에서 창녕 지역의 국명은 '比自㶱'로 나오는데 『삼국사기』 신라본기 진흥왕 16년(555년)조에 '比斯伐'에 완산주를 두었다고 되어 있어 비자발, 비사벌이 그때까지 창녕을 가리키는 이름으로 사용되고 있었음을 말해준다. 더욱이 이후 경덕왕대에 화왕군으로 개명될 때까지도 창녕은 여전히 '비자화' 군으로 불리고 있었다. 그래서 창녕 지역이 가야였던 시절의 이름이 4세기 후엽 이후 신라로 통합[29]되고 나서도 여전히 그대로 이 지역 명칭으로 쓰였던 것으로 보아도 좋을 것이다.

한편 창녕에 관한 기사보다 약간 앞선 『일본서기』 신공기 47년조에는 사비신

---

29) 白承玉, 위의 논문처럼 진흥왕 16년조 완산주 설치 기사가 그때 처음으로 창녕이 신라에 복속된 것을 말한다고 본다면 이러한 이해는 다소 달라진다. 그러나 이 기사는 결코 그렇게 해석할 수 없으며 창녕이 신라 영역화한 것은 그보다 훨씬 이전이라는 점은 앞의 편년 장에서 이미 지적한 대로이다.

라沙比新羅라는 지명이 나온다. 이는 양산 지역을 가리키는 것으로 이해되고 있는데, 그렇다면 그 '신라'가 어떤 성격의 것이든 광역의 신라를 의미함은 분명하므로 이 신공기 기사의 연대를 4세기 후반 초(367년)로 보는 경우 양산이 그때에는 이미 신라였을 뿐 아니라 사비라는 지역명을 가졌던 셈이 된다. 그리고 사비라는 것이 나중의 양산을 가리키는 삽양주의 '삽'과 통하므로 그때부터 지역명으로서 그 이후까지 변치 않고 계속 쓰였던 것으로 보아야 할 것이다. 다만 '사비신라'를 모모가야와 같이 보아 신라가 가야 '국'들처럼 분산적 상태에 있었고 이 지역이 모모신라로서 대외적으로 독립된 단위였음을 나타내는 것으로 보아서는 아니 된다. 이는 신라내의 어떤 지역을 특정하는 의미일 뿐이며 그 이름은 실제로는 지역명으로서 거의 대내적으로만 의미를 가졌던 것으로 이해해야 한다. 이 대목에서 가야의 경우 다라多羅, 가라加羅 같은 각 국명이 그대로 대외적으로도 통용되고 아마도 모모가야라고는 쓰이지 않았을 것으로 추정되는 점[30]이 좋은 참고가 된다. 그 뒤의 신공기 49년조에서는 이런 가라 7국과 함께 신라가 평정 대상으로 나오는데 그에서 단순히 신라라고만 되어 있는 점도 같은 맥락에서 이해된다.[31]

　이와 같이 본다면 남는 문제는 이 지역명들이 언제까지 소급되는가 하는 것이다. 창녕의 경우를 일반화한다면 빨리 잡아 3세기 중엽 이후로 쓰였던 각 지역의 명칭이 신라로 통합된 이후에도 그대로 쓰여 결국 지리지의 현명縣名이나 군명郡名으로 대개 경덕왕대까지 남은 것으로 볼 수 있겠다. 그러나 과연 창녕의 경우를 신라 전역에 확대 적용할 수 있는가는 의문이다. 즉 지리지나 본기의 다른 국명들이 비자발처럼 3세기 중엽 이후 4세기 전반 사이에 새로이 생겨난 소국명이었을까 하는 것이다. 사실 지금 이를 확정하기는 어렵다. 하지만 그렇게 보기보다는 대부분

---

30) 金泰植, 『加耶聯盟史』(一潮閣, 1993), pp. 71~74에서는 당대에 그렇게 불렸을 가능성을 완전 부정하였다.

31) 이때의 신라를 곧 경주 일대의 斯盧라 보면서 가야 7국과 신라에 대한 공격의 순서 또는 방향성을 주된 근거로 탁순을 대구로 비정(白承玉, 「卓淳」의 位置와 性格—《日本書紀》 관계기사 검토를 중심으로—」, 『釜大史學』 19(1995), pp. 83~117)하기도 하지만 사비신라의 경우와 달리 특정 지역을 관칭하지 않은 신라의 한 지역을 공격한 것이라 보면 이러한 이해는 잘못임을 알 수가 있다. 그 신라는 아마도 낙동강에 연한 신라의 어떤 지역이었을 것이다.

의 지역에서 3세기 중엽 이후에도 『위지 동이전』 단계의 국명이 쓰이다가 신라로 통합되면서 비로소 중앙-지방 간의 관계에서 새로운 지역 명칭이 붙여졌던 것으로 추정하고자 한다. 아마도 창녕의 경우는 신라로의 통합 시점이 다른 지역에 비해 상대적으로 늦었던 데서 비롯된 특수한 경우일 것이다.[32]

그렇다면 『삼국사기』의 소국명이라는 것은, 그 찬자撰者가 신라의 성립을 서력 기원전으로 설정한 편년 체계 속에 각 지역을 3세기 중엽보다 대개 이르거나 때로 비슷한 시기에 복속된 것으로 기재하는 과정에서 위치가 확인되지 않는 3세기 중엽의 『위지 동이전』 국명들을 취할 수는 없으므로 후대의 지역명에다 '국'을 붙여 표현한 것으로 이해할 수 있다. 즉 신라의 중앙에 대비되는 지방명으로서 계속 쓰인 이름들을 그 지역이 신라로 통합되기 이전의 국명인 것처럼 부회한 것이다.

이와 같이 『삼국사기』 초기 기록의 소국명들은 그 자체가 바로 해당 지역들이 진·변한의 독립국에서 신라 국가의 일원이 되어 지방 지배를 받게 된 사실을 상징한다. 그 중 비사벌 같은 지역은 더 이상 '국'을 칭하지는 않되 원래의 지역명 또는 국명을 유지하였고 그 외 대부분의 지역들은 그나마 유지하지 못하고 새로운 이름을 쓰게 되었음을 말한다.

(2) 『삼국사기』의 소국 복속 기사

잘 알려져 있듯이 『삼국사기』에는 사로국이 주변 소국을 복속하는 과정이 연대기적으로 서술되어 있다. 『삼국사기』에 기술된 연대를 그대로 믿는다면 이는 물론 『위지 동이전』으로부터 추론되는 '국'간 관계에 관한 모습과 상치된다. 그래서 전사론前史論을 취해 소국 복속은 진·변한을 구성한 각 지역이 3세기 중엽 이후 신라로 되는 과정에서 일어난 사건들로 봄이 옳겠다. 그와 더불어 이는 진·변한에서

---

32) 白承玉, 「比斯伐加耶의 形成과 國家的 性格」, 『韓國文化研究』 7(釜山大學校 韓國民族文化研究所, 1995), pp. 91~117에서처럼 진·변한 시기의 不斯國을 창녕으로 비정하고 그것을 비사벌의 중국식 표기로 이해한다면 창녕의 경우는 진·변한 시기의 이름이 후대까지 이어진 셈이다. 그런데 이 견해를 일반화하려 해도 다른 지역에서는 진·변한 시기의 이름과 연결이 되지 않아서 문제인데 이는 오히려 『삼국사기』의 소국명 자체가 3세기 중엽 이후 새로이 생겨난 이름이라는 반증이 될 수도 있다.

신라로 전화되는 데 정복 활동이 직접적 계기가 되었음을 말해준다.

『삼국사기』의 기사 원문은 생략하고 정복 대상 소국들 중 낙동강 이동 지방으로 위치가 비정될 수 있는 국명(또는 촌명)을 『삼국사기』의 연대순으로 나열하면 다음과 같다.[33]

국명	기록 연대	전 거	복속 형태
于尸山國	탈해왕대(57~80)	列傳 4, 居道傳	정복
居柒山國	〃	〃	〃
屈阿火村	파사왕대(80~112)	地理 1, 臨關郡	〃
音汁伐國	파사왕 23년(102)	本紀 1	〃
悉直谷國	〃	〃	내항
押督國	〃	〃	〃
〃	지마왕대(112~134)	地理 1, 章山郡	정복
多伐國	파사왕 29년(108)	本紀 1	〃
召文國	벌휴왕 2년(185)	本紀 2	〃
甘文國	조분왕 2년(231)	〃	〃
骨伐國	조분왕 7년(236)	〃	내항
沙梁伐國	첨해왕대(247~261)	列傳 5, 昔于老傳	정복
伊西國	유례왕 14년(297) 以前	本紀 2	〃

표 4 낙동강 이동 지방으로 비정될 수 있는 국명(촌명)

이상 각 국의 현재 위치 비정에서 다소 논란은 있지만 우시산국于尸山國은 울산, 거칠산국居柒山國은 동래, 굴아화촌屈阿火村은 역시 울산, 실직곡국悉直谷國은 삼척, 압독국押督國은 경산, 소문국召文國은 의성 금성, 감문국甘文國은 개령, 골벌국骨伐國은 영천, 사량벌국沙梁伐國은 상주, 이서국伊西國은 청도 지역으로 비정하는 데 큰 이의는 없는 듯하다.

---

33) 宣石悅, 앞의 책, p. 129 〈표 15〉 初期記錄에 보이는 小國征服.

다만 음즙벌국音汁伐國에 대해서는 안강 지역으로 보는 것이 통설[34]이나, 전고에서는 현재의 안강과 경주 사이의 교통에 아무런 장애가 없을 뿐 아니라 두 지역은 형산강을 따라 그대로 연결되어서 안강에 어떤 다른 '국'이 있었다고 하기는 곤란한데다가 흔히 음즙벌국을 안강에 비정하는 근거로 삼는 『삼국사기』 지리지의 기사는 오히려 그렇게 비정할 수 없음을 말하는 반증이라고 보았다. 음즙벌국에 관련된 기사는 지리지의 의창군義昌郡조에 나오는데, 원래 음즙벌국인 음즙화현音汁火縣이 경덕왕 이후에는 불명이나 『삼국사기』 편찬시인 고려 때에는 안강현에 합속되었다고 되어 있어서 음즙벌을 꼭 안강에 비정해야 하는 것은 아닐 뿐더러 이는 오히려 원래 안강 지역에 있지 않았음을 시사한다고 보았던 것이다. 즉 고려시대의 안강현 범위가 어디까지인지 정확히 알 수는 없지만 대개 현재의 안강 분지라고 보면 일단 이 기사는 음즙벌국이 안강에 있지 않았음을 가리키며 다만 합속하였다는 것으로 미루어 인접 지역이었음을 알 수 있다고 해석하였다.

아직 이 견해를 견지하는 바이지만 여기서 안강의 지형에 관련지어 약간 보완해 두기로 하겠다. 지금의 안강 중심부는 실은 마립간기에는 형산강의 범람원이었을 터라 인간 삶의 대규모 터전으로서 안강 분지라는 것을 상정하고 거기에 삼한시기의 '국'을 상정하는 것 자체가 별 의미 없는 일이라 하겠다. 그런데 대동여지도 등에 이 형산강 북안에 해당하는 곳에 음즙벌이라는 지명이 나오는 것을 보면 형산강의 이동, 이남은 경주 시내와 그대로 연결되는 사로국의 직할지였지만 형산강 너머 그 이북은 어쩌면 후술할 포항, 흥해와 연결되는 곳이라서 후자에 중심을 두었던 음즙벌국의 변경이었을지도 모를 일이라 싶다.

다시 위의 지리지 기사로 돌아가기로 하자. 흥해군에 속한 현들을 음즙벌을 빼고 보면 안강安康, 장기長鬐, 신광神光, 영일迎日, 기계杞溪로서 지금의 지역명을 참고하건대 그 일대에서 빠진 지역은 결국 현재의 포항시 일대와 그 북쪽의 흥해 일대[35]이다. 이로 미루어 형산강 하류역인 현재의 포항시 중심부 일대와 그 북쪽 흥

---

34) 예컨대 全德在, 『新羅六部體制研究』(一潮閣, 1996), p. 43.
35) 단, 지금은 흥해가 행정상으로 포항시에 편입되었다.

해가 음즙벌국 중심지의 후보가 될 수 있다. 통일신라시대 의창군의 군치郡治가 있었을 북쪽의 흥해 지역은 동해안 북쪽으로부터 현재의 신광을 거쳐 경주로 들어오는 길목이 되고 포항 쪽은 사실 경주에서 동해로 나아가는 데 가장 손쉽고 가까운 곳에 자리잡고 있다. 물론 두 지역 모두 남해안에서 동해안을 따라 올라가기 위해 반드시 거쳐야 하는 요충이기도 하다.

다만 포항과 흥해를 한 단위로 보느냐 아니면 구분하느냐가 문제가 된다. 포항과 흥해 사이에는 나지막하지만 산줄기가 하나 가로놓여 있기 때문에 구분하려고 들면 둘로 나눌 수도 있을 듯하다. 또 흥해에는 군치가 있었으므로 굳이 한정해서 말하자면 포항 일대가 음즙벌국의 중심지일 가능성이 더 큰 편이 되겠다. 하지만 통일신라시대 흥해에 군치가 있었다고 해서 마립간기 당시 또는 그 이전의 흥해가 음즙벌국의 영역에서 반드시 배제되어야 하는 것은 아니다. 원래 안강 북변을 포함한 포항과 더불어 하나의 지역 정치체를 구성하였던 것인데 후대의 필요에 의해 분할하였을 수도 있기 때문이다.

어쩌면 음즙벌국 자체는 형산강 이북의 안강, 신광, 영일, 그리고 그 동쪽 동해안 일대의 더 넓은 지역을 포괄하였을 가능성도 있다. 예컨대 경산시 지역 일대를 포괄하였을 것으로 여겨지는 압독국이 지리지에 그 중 한 지구인 장산군치獐山郡治(지금의 경산시 임당·조영동 일대)에만 해당하는 듯이 기록된 것과 마찬가지로 음즙벌국 안에서 중심 읍락이 있었던 지구만을 음즙화현으로 기록할 수도 있기 때문이다. 더욱이 신라에 통합되기 전 음즙벌국의 중심 읍락이 지리지의 바로 그 음즙화현이었다는 보장도 없다. 다음 장에서 말하는 대로 의성 지역 소문국의 중심지가 후대에 바뀌었듯이 어떤 이유로 중심지가 아니었던 지구가 나중에는 이전 음즙벌국을 대표하는 듯 혹은 그 전부인 듯이 표기될 수 있기 때문이다. 또 이렇게 음즙벌국이 남북으로 좀더 길게 자리잡았을 것으로 설정하고 또 삼척에 중심을 둔 실직곡국의 범위도 그처럼 동해안을 따라 아래위로 다소 넓게 펼쳐졌던 것으로 본다면 다른 이점도 있다. 곧 말하듯이 이들이 중심지만으로 볼 때 서로 너무 떨어져 있기에 강역 다툼을 벌였다는 기록이 비합리적으로 보이는 문제점도 어느 정도 해소되고 한층 순조롭게 이해될 수 있는 것이다.

그래서 여기서는 음즙벌을 안강 일부 및 그 이북의 신광 등과 더불어 흥해를 포함하는 포항과 그 일대의 해안 지역으로 해 둔다. 그렇게 보면 이는 진·변한 시기에 주요 '국'이 복수의 읍락으로 구성[36]되면서 교통의 요지나 결절지에 자리잡은 점에 크게 어긋나지 않고 또 꽤 넓은 '벌' 지역에 자리잡은 셈이 되어서 그 이름에도 걸맞다. 또 후술하듯이 실직곡국(삼척)과의 강역 다툼 기사로 보건대 바다를 끼지 않은 안강으로만 보기보다는 그를 포함한 동해안 방면이었다고 봄[37]이 자연스러운 점도 하나의 방증이 된다.

한편 다벌국도 불분명하여 합천설, 대구설, 불명설이 있으나 후술하는 소국 정벌의 방향성과 음상사音相似를 고려하면 대구 지역일 가능성이 있다고 본다.

위의 소국 복속 기사를 전사론前史論의 입장에서 받아들일 때 실제 연대가 언제인지가 문제이다. 일정한 방법으로 기년을 조정하려는 안들이 있으나 그리 간단치는 않은 듯하다. 그래서 대략 3세기 후반에서 4세기 전반에 걸쳐 일어난 사실로 봄이 유력하다.[38] 그리고 일관성 있고 합리적인 조정 방식으로 기년이 확정되지 않는 한, 일단 이 사건들이 기록된 순서를 군이 따지기보다는 총체적으로 그 기간 동안 일어난 것으로 봄이 무난하다 하겠다. 그런데, 이를 전제로 하더라도 연대순에 따라 복속국의 위치가 일정한 방향성을 갖고 나타남[39]은 주목해야만 할 것이다. 경주를 중심으로 볼 때, 동남해안 방면(울산, 동래)이 가장 먼저 복속되고 다음은 북쪽 동해안 방면(흥해, 삼척), 그리고 그 다음은 서쪽의 낙동강 중류 방면(경산, 대구), 마지막으로 서북쪽 낙동강 상류 방면(의성 금성, 개령, 상주)으로 나타난다.

이는 결코 우연은 아니고 지리와 관련지을 때 일정한 의미가 있다고 해석된다. 또 복속에 관련된 기록 자체에서도 남쪽 방면의 복속 이후 북쪽 방면과 내륙으로

---

36) 음즙벌을 안강으로 비정한 견해는 이에서 약점을 지니고 있으니, 앞에서 말했듯이 당시의 안강은 형산강 북안의 좁은 지대에 불과해서 복수의 읍락이 들어설 곳이 못되기 때문이다.

37) 李鍾旭, 『新羅國家形成史研究』(一潮閣, 1982), p. 86에서 음즙벌국을 동해안 지역에 위치한 소국으로 보았으나 p. 85에서는 사로국 북쪽 동해안과 가까운 안강 지역 어딘가에 있었다고 하는 등 다소 모호하다.

38) 宣石悅, 앞의 책과 姜鍾薰, 앞의 논문.

39) 宣石悅, 위의 책, p. 130.

향한 복속이 이루어졌음을 시사하는 부분이 있다. 후술하듯이 압독과 실직의 경우는 내항하였다가 반叛하여 토벌된 후 사민徙民을 당한 지역들인데 흥미롭게도 그 사민지가 남비南鄙 또는 남지南地로 되어 있다는 것이다. 여기서 '남'은 아무래도 사로(경주)를 중심으로 한 방위일 가능성이 커서 사민 시점에서는 대략 경주 남쪽 방면이 이미 복속되었음을 방증한다. 또 사민을 그리로 한 목적이 새로 휘하에 들어온 해당 방면의 지배 강화에도 있다고 보면 이는 그 시점에서 이미 신라와 분명히 구분되는 체계였을 김해 지역을 비롯한 변한(가야)과 대면한 남쪽 방면에서 두 권역의 주된 이해가 교차되면서 상호 대립이 심화되었음을 시사하기도 한다.

물론 『삼국사기』에 기록된 복속 순서를 맹신할 필요는 없다. 경주에 가까운 경산 지역이 먼저 복속되었을 수도 있겠다.[40] 하지만 절대연대 자체는 맹종할 수 없지만 기재의 상대 순서는 하나의 틀로서 수용할 수 있다. 더욱이 기록의 내용이 완전 조작된 것이 아니라면 전술하였듯이 기록 자체에 어떤 일관성이 있어서 무시하기는 힘들다. 예를 들어 이른 시기에 복속된 지역의 명칭은 거칠산국, 실직곡국, 음즙벌국 등 대체로 지형지물을 딴 것이 많으며 지리적으로도 비교적 협소한 곳[41]인데다가 모두 교통의 결절지에 해당하는 분지는 아니다. 아무래도 그러한 곳의 사회적 잠재력이 다른 국보다는 낮았을 것이라서[42] 복속이 먼저 이루어짐직도 한 것이다. 한편 거칠산국, 굴아화촌, 음즙벌국 등 이른 시기에 복속된 지역은 지리지에 현으로 표현되고 그 뒤에 복속된 다른 대부분의 국은 군으로 표현된 것도 규모상의 차이 또는 세력의 차이를 방증하는 점이라 하겠다.

다만 영천의 골벌소국은 지리지에 현으로 표시되어 있으므로 이러한 일반화를

---

40) 金龍星, 「신라의 성립과 성장 과정에 대한 질의(약정토론요지)」, 『신라고고학의 제문제』(제20회 한국고고학전국대회, 1996), p. 136.

41) 김재홍, 앞의 논문에서는 『삼국사기』의 이 소국들을 모두 같은 수준의 '벌국'으로 보았다. 하지만 그보다는 지역 단위 자체가 작은 이 해안변의 소국들과 압독국, 다벌국처럼 분지 중심의 소국들은 구분해 보는 편이 나을 것이다.

42) 나중 시기의 사정을 말해 주는 고총군의 분포로 보면 이러한 해변 지역과 내륙 분지의 소국들은 고총군 수가 다르다. 예컨대 거칠산국의 부산 지역에는 중대형 고총군이 한 곳만 있으나 후자의 대표적 예라 할 대구 같은 곳은 여러 군데라서 크게 대비된다.

벗어난다. 그러나 본기에는 군으로 되어 있어서 그에 따르면 별 문제가 안 된다. 지리지와 본기의 기록에 차이가 있는 것은 나름대로의 이유가 있을 것이다. 영천을 거쳐야만 도달하는 경산이 내항, 토벌된 지 한참 지난 후에야 영천 지역 소국이 내항한 것으로 기록되어 있고 또 그 시점은 이곳을 거치지 않으면 진출할 수 없는 의성 지역의 복속보다도 나중이어서 의문의 대상이 되기도 한다. 그러나 골벌소국의 내항은 지배 집단의 핵심 세력이 왕경 지구로 이주한 것을 나타낸다고 해석되므로[43] 경산 등지의 내항과는 다른 성격을 띤 것으로 여겨진다. 다음 장에서 말하듯이 아마도 경산 등지의 복속이 이루어지기 훨씬 전에 내항하거나 정복이 되었는데 이때에 이르러 다시 핵심 세력이 경주로 이주하는 변화를 겪은 것으로 보아야 할 것이다.

한편 복속만이 아니라 내항이라는 평화적 과정을 거친 경우도 나타나는데, 이는 기본적으로 사로국으로부터 군사적 위협이나 외교적 압력 같은 것을 받았음을 전제로 한다. 경산 압독국의 경우 본기에 파사왕대에 내항하였다가 후에 일성왕 13년(146년)에 반하여 토평되었다고 나와 있다.[44] 압독국이 스스로 내항한 데에는 사로국으로부터의 압박을 일차적 요인으로 생각할 수가 있지만 어떤 별다른 사정이 있었던 것으로 상정할 수가 있는데, 그에서는 아무래도 주변에 포진한 소국과의 관계가 일차적 고려 사항이다. 이 경우 대구 지역이 주목된다. 다벌국을 대구로 비정할 근거가 불분명하다고 하면서 『삼국사기』에 그 이름이 안 나타나는 것은 대구가 일찍이 경산에 복속되었기 때문으로 보기도 하지만[45] 전술하였듯이 대구를 다벌국으로 비정할 수도 있으므로 반드시 그렇게 보지 않아도 될 듯하다. 그래서 당시의 권역별 통합 움직임에 따라 혹시 경산 지역이 대구로부터 받은 압박 때문에 사로 쪽으로 일단 내항하였을 가능성도 생각할 수 있지 않나 싶다. 그러다가 다벌국이 사로국에 복속된 이후 다시 압독국이 사로국에 반하였으나 결국 토벌된 것으로 해석하고자 한다.

이처럼 3세기 후반에서 4세기 전반에 걸친 시기에 진·변한 또는 신라[46] 안의

---

43) 朱甫暾, 「麻立干時代 新羅의 地方統治」, 『嶺南考古學』 19(1996), p. 30.

44) 다만, 地理志 良州 獐山郡조에는 祇摩王代에 伐取押梁小國이라 하여 '토벌'된 것으로 되어 있다.

45) 朱甫暾, 「三韓時代의 大邱」, 『大邱市史』第一卷(通史)(1995), p. 147.

지역간 관계는 역동적이었다. 그리고 내항이건 복속이건 이는 지역간 관계에서 거의 불가역에 가까운 대변화가 일어났음을 말하는 것이며, 복속이 아닌 내항의 경우다시 반한 사실은 내항으로 치르게 된 피지배의 부담이 만만하지 않았음을 말한다고 보면 지나친 억측일까? 이를 사로의 입장에서 말하면 이제 지배-피지배 관계를기반으로 전과는 전혀 다른 차원의 강력한 경제적 불평등 관계를 강화해 나갔다고볼 수밖에 없다. 그 관계는 진·변한 시기 말쯤에 맹주 사로국과 진한의 다른 지역들 사이에 형성되어 있었을 불균등 교환 관계의 수준을 훨씬 넘어선 새로운 차원의경제적 관계, 즉 사로에 의한 경제적 수탈의 관계였을 것이다.

(3) 『삼국사기』 신라본기 阿達羅尼師今조의 내륙로 개통 기사

三年(157) 夏四月 … 開鷄立嶺路.

五年(159) 春三月 開竹嶺.

이 기사들 역시 기년을 그대로 따를 수는 없지만 사실성 자체를 부정할 수는없다고 보며 대개 4세기 중엽 이전의 사정을 반영한다고 해석된다.[47] 이는 영남 지방의 대외 교역 체계에 새로운 내륙 출구가 확보되었음을 나타낸다. 물론 그 이전에도 북쪽의 주민이 남으로 이동하는 데 이 통로가 이용되었을 가능성이 커서 그때 처음으로 개통되었음을 의미하지는 않을 것이다. 이에 대해서는 그때에 이르러공식 교통로로서 국가적인 관리하에 둔 사실을 말한다고 해석하면서 신라 국가가그로써 대외 정치 교섭, 교역권의 창구를 일원화하려 했다고 본 견해가 있다.[48] 그렇다면 이는 『위지 동이전』의 세계와는 아주 달라진 양상을 분명히 말하는 기사가된다. 그리고 경주로부터 이에 이르는 내륙로(영천-금성-상주 또는 안동 경유)나

---

46) 사로의 범위를 넘어서는 광역 정치체를 이룬 것이 곧 신라라 보면 사로의 소국 복속이 일시에 이루어진 것이 아닐진대 남쪽 방면이 휘하에 들어온 때부터 이미 신라는 성립한 셈이 된다.

47) 朱甫暾, 『新羅 地方統治體制의 整備過程과 村落』(신서원, 1998), p. 29.

48) 위의 책.

낙동강 중·상류로(대구 경유)가 이미 확보되었음을 전제로 하는 것이어서 앞의 소국 복속 기사와 순서 조율이 필요할 수 있다. 또 후술할 진한의 對西晉 조공 기사와도 다소 관련이 있을 수 있다. 아무튼 이는 당시까지 영남 지방 대외 교역망의 출구가 소백산맥 이남으로 한정되는 해안 방면에만 있었던[49]데서 중요한 변화가 일어났음을 의미하는 한편 앞에서 말했듯이 육로 교환망을 가진 사로국이 이제 아주 유리한 국면을 개척하였음을 말해준다.

(4) 『晉書』 東夷傳 辰韓조의 對西晉 조공 기사

武帝太康元年(280) 其王遣使獻方物, 二年(281) 復來朝貢, 七年(286) 又來.

3세기 후엽의 이 조공은 진한의 맹주국인 사로국의 주도하에 이루어졌을 터인데 이때의 조공로로 위의 내륙로가 이용되었을 가능성은 배제하지 못한다. 그것은 어떠하든 마한과 진한이 낙랑·대방의 군현郡縣을 거치지 않고 진晉 본국과 교섭하였다는 사실은 두 가지 점에서 3세기 중엽까지와는 크게 달라진 모습을 나타낸다.

첫째는 사로국 중심의 진한 연맹체가 정치경제적으로 크게 성장하였음을 말한다는 것이다. 이러한 장거리 조공 무역[50]의 전개는 그때까지의 다원적이고 산발적인 대외 교역이 점차 지양되고 일정한 구심점을 가진 대외 교역 체계가 확립되었음을 가리키며,[51] 이는 곧 지역간 통합이 그만큼 진전되었음을 전제로 하기 때문이다.

둘째는 서진과의 장거리 교역에서 변한이 분명하게 드러나지 않는 것이다. 이 기사는 일단 3세기 후반에 들어서서 낙랑·대방군이 가진 교역지로서의 기능이 쇠

---

49) 단, 南江의 발원지를 거쳐 소백산맥을 넘어 지금의 南原으로 나아가는 길이 일찍부터 열려 있었을 가능성은 크다.

50) 李賢惠, 「1~3世紀 韓半島의 對外交易體系」, 『古代東亞細亞의 再發見』(호암미술관, 1994), pp. 165~178.

51) 李賢惠, 「三韓의 對外交易體系」, 『李基白先生古稀紀念 韓國史學論叢〔上〕—古代篇·高麗時代篇 一』(一潮閣, 1994), pp. 51~56.

퇴하기 시작하였음을 반영한다고 해석된다.[52] 그런 가운데 변한의 존재가 드러나지 않는 것은 3세기 후반에 이미 낙랑·대방을 둘러싼 교역 체계에 변동이 일어나고 그에 따라 마한과 진한은 일찍 발빠른 전환을 시도하였으나 변한은 기존 체제의 유지를 고집함으로써 새로운 전환이 늦어지고 결국 그로써 쇠퇴를 맞이하게 된 때문으로 보이는 것이다.[53] 그리고 이러한 현상은 다시 4세기 초에 고구려가 낙랑을 멸망시키고 그 자리를 대신함으로써 일어난 교역 체계의 변화로 한층 가속화되는 것이 아닌가 싶다.

2) 지리의 검토

이상의 문헌 기록을 지리와 관련지어 보면 그 의미가 한층 잘 드러날 것으로 생각된다.

3세기 중엽 이후 진·변한 '국'들의 군사력이 서로에게 위협을 가할 수 있을 정도였음을 단적으로 보여주는 기록은 이서국의 사로국 침입 기사이다. 이서국은 지금의 청도군 이서면에 비정되는데,[54] 그처럼 먼 거리에서 사로국을 침략하였다는 것은 그만큼 군사력의 수준이 크게 강화되었음을 말하여 준다. 또 창녕 방면의 낙동강 쪽으로 나아가지 않으면 내륙으로 통하는 길이라고는 경산으로 나오든지 경주 서편의 건천으로 나오는 길밖에 없는 청도 지역의 이서국이 아마도 교환 관계에서 겪는 불리를 타개하기 위해 진한의 맹주국인 사로국에 대해 감행한 사건이었을 것으로 추정할 수 있다. 이서국 지역에서 서쪽으로 비티재를 넘으면 창녕 지역인데 이 지역 역시 내륙 교환로의 측면에서 볼 때 청도 지역과 동일한 사정이었을 것이라서 이서국의 침략 감행 배후에는 창녕 세력이 개재되어 있었을 가능성도 있다 하겠다.[55] 어떻든 이 사건은 당시 교환 관계에서 지역간 불균형이 이미 심화된

---

52) 李賢惠, 위의 논문.

53) 朱甫暾, 「序說—加耶史의 새로운 定立을 위하여—」, 『加耶史研究—대가야의 政治와 文化—』(慶尙北道, 1995), p. 20 註)36.

54) 李炯佑, 「伊西國考—初期新羅의 西南方 진출과 관련하여—」, 『韓國古代史研究』 1(1988), pp. 7~29.

상태였음을 나타낸다고 해석된다.

다음으로 교역을 둘러싼 '국'간 갈등과 진·변한 맹주국들의 위상 및 그 변화를 엿볼 수 있는 기록으로는 『삼국사기』의 실직곡국과 음즙벌국 간 영토 분쟁 관련 기사[56]를 들 수 있다. 음즙벌국을 대개 안강으로 비정하나 앞에서 말한 대로 실직곡국(삼척)과 영토 분쟁을 벌였다는 점을 감안할 때 포항 및 그 일대의 해안 지대에 중심을 두고 있었던 것으로 비정함이 낫다고 본다. 그것은 어떠하든 여기서의 영토 분쟁은 무슨 의미를 지녔으며 그 문제 해결에 다소 동떨어진 김해 금관국까지 등장하는 이유는 무엇인가? 이를 영토 분쟁 관련 기사로 보는 것이 일반적이지만 사실 지금의 삼척 일대에 있었던 실직곡국에서 남쪽으로 울진까지는 해안조차도 산악이라서 연안 항로를 빼고는 교통이 극히 어렵다. 그래서 영역 자체나 그에 위치한 교역로를 둘러싼 분쟁이라기보다는 좀더 포괄적으로 실직곡국과 음즙벌국 사이의 연안 교역로 관할 범위를 둘러싼 분쟁이었을 것이다.[57] 그 해결에 금관국이 개입한 것은 진한 사로국과 마찬가지로 이 지역들을 거쳐서 대예對濊 교역을 하던 주체였기 때문일 것이다. 그러나 사로국은 이 사건에 관련된 최종 결과로서 실직곡국과 음즙벌국을 복속시킴으로써 동해안 교역로에서 김해 구야국을 거의 배제하고 그를 독점하는 계기를 마련한다.

그렇지만 동해안 교역로의 통제가 이때부터 비롯된 것은 아닐 터이다. 앞의 소국 정복 기사에서 보았듯이 사로국은 이런 동해안 북쪽으로의 진출에 앞서 한층 남쪽에 위치한 동남 방면의 요지 울산, 동래 지역을 복속시켰다. 여기서 막연히 울산이라 비정하였지만 구체적으로 현 울산광역시와 울주군의 어느 곳인지는 알 길이 없다. 다만 경주 분지에서 울산광역시 태화강구까지 현 7번 국도를 따라 교통에 아

---

55) 두 지역의 관계가 깊었다는 것은 다소 늦은 시기의 자료이지만 伊西 지역에서 창녕 양식 토기가 출토되고 있는 점(慶尙北道文化財研究院, 『청도 풍각초등학교 다목적 교실 신축부지 내 淸道 鳳岐里 遺蹟』(2006))이 간접적으로 뒷받침한다.

56) 二十三年(102) 秋八月 晉汁伐國與悉直谷國爭疆 詣王請決 王難之 謂金官國首露王年老 多智識 召問之 首露立議 以所爭之地 屬晉汁伐國 (中略) 以兵伐晉汁伐國 其主與衆自降 (下略)(『삼국사기』1 신라본기 1, 파사니사금조).

57) 비슷한 견해는 宣石悅, 앞의 책, p. 134를 참조.

무런 장애가 없는 점, 그 도중의 관문성關門城을 막 지난 곳에 있는 울산 중산리 유적이 사로국의 한 촌락 유적으로 생각되는 점, 그리고 그보다 약간 더 남쪽으로 태화강 가까운 곳에 유명한 달천 철광산이 있는 점 등으로 미루어 늦어도 3세기 중엽에는 경주 동남 방면의 태화강 이북까지가 사로국의 직할지였을 것으로 판단된다. 그래서 태화강 중상류역과 그 이남의 울산, 울주 지역과 동래 지역이 새로 정복된 지역이었고 이 복속 활동의 주된 목적은 경주의 관문인 태화강구를 완전 확보하고 동남 해안로를 장악함으로써 대외 교역망을 확대하려는 데 있었을 터이다.

이와 더불어 같은 탈해왕대에 황산진구 전투에서 가야군을 무찔렀다는 것[58]은 아마도 사로국이 양산 방면을 통해 낙동강 교환로에 적극 개입하고 물금勿禁의 철산을 지키려다 구야국과의 사이에 벌어진 충돌이었으리라 추정된다. 사실, 경주부터 양산까지는 커다란 장애 없이 그대로 이어지는 지구대 지형이라 원래 교통이 원활하였을 것이고 물금의 철광산도 일찍부터 알려졌을 것이다. 또 양산에서는 남동쪽으로 재를 넘어 동래와도 바로 통한다. 이처럼 양산 지역은 사로의 대외 진출이나 자국 방어에서 더없이 중요했을 터이어서 직할지로 만들지는 않았을지라도 일찍부터 강한 영향력을 행사하는 관계였을 것으로 충분히 짐작할 수 있다. 한편 이처럼 사로가 동남 방면 전역을 복속시켜 자신의 영향권 안에 둠으로써 변한의 구야국과 대내 교환 및 대외 교역을 둘러싸고 이해가 크게 상충되면서 그 경쟁 관계는 점점 심화되는 상태였다고 하겠다.

북쪽 동해안 방면의 복속은 이러한 동남 방면의 복속에 이어 이루어졌던 것인데, 이미 말했듯이 동해안 교역로의 관할지 확장에 주목적이 있었음은 물론이다. 이에 더하여 아마도 지금의 영덕 방면에서 태백산맥을 넘어 경북 내륙의 낙동강 상류 지역으로 통하던 교환로를 장악, 통제하려는 목적도 포함되어 있었을 것이다. 결국 사로국은 동해안 남부를 전면 장악함으로써 앞서 소금을 예로 설명하였듯이 동해안과 경북 내륙 사이의 역내 교환도 강력하게 통제할 수 있게 되었다.

그런데 사로의 동해안 방면 진출은 그 목적이 위와 같은 데만 있었던 것 같지

---

58) 二十一年(77) 秋八月 阿湌吉門與加耶兵 戰於黃山津口(下略)〈『삼국사기』 1 신라본기 1, 탈해니사금조〉.

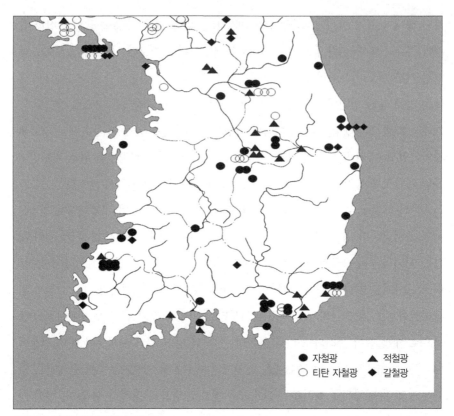

그림 Ⅳ-1 남한 철광산鐵鑛産 분포도

는 않으며, 동해안의 철산 확보라는 중요한 목적도 그에 들어 있었던 듯하다. 〈그림 Ⅳ-1〉은 남한의 철광산 분포도[59]인데 이에서 동해안 양양, 삼척, 울진, 영덕, 울산과 양산 등지의 철산[60]이 주목된다. 이는 근대에 개발되었거나 현대에 개발된 산지를 기록한 것이라서 과연 진한 시기나 신라 초기에 이 모두가 개발되었을지는 의문시될 수 있다. 하지만 그 중 일부라도 그러했을 개연성은 있다고 생각된다. 우연치

---

59) 東潮, 「鐵鋌の基礎的研究」, 『橿原考古學研究所紀要 考古學論攷』 12(1987), p. 133의 〈圖 17〉에서 따옴. 이는 당시까지 철광산에 대해 언급한 고고학, 고대사 논문과 광산에 대한 문헌을 종합하여 작성한 것이다(p. 131).

60) 이는 文暻鉉, 「辰韓의 鐵産과 新羅의 强盛」, 『大丘史學』 7·8(1973), pp. 99~102에 열거된 『世宗實錄地理志』와 『東國輿地勝覽』 소재의 철산 목록을 위 東潮의 그림과 대조하여 뽑은 것이다.

않게도 앞에 언급한 사로국 복속지인 동남 방면과 동해안 북쪽 방면에는 낙동강 이동 지방의 경상도, 강원도 철산이 거의 대부분 분포하고 있다. 그래서 적어도 그 중 일부는 진한 시기 사로국의 복속 활동과 관계가 있을 가능성을 강하게 시사한다고 보아도 좋을 것이다.[61]

다음으로 낙동강 방면으로의 정복 활동이 가진 의의를 역시 교환(역)로와 관련지어 보자. 이 정복 활동으로써 대구를 비롯한 낙동강 중류역을 어떤 형태로든 자신의 영향하에 두게 된 것인데, 단순히 그에만 그치는 것이 아니었다. 이제 사로로서는 엄청나게 중요한 한 가지 전략 목표를 달성하게 되었으니, 낙동강로의 허리를 차단함으로써 그 이북의 내륙 지방 전체를 경주로 향하는 육로 교환망 속에 편입시킬 수 있게 된 것이다. 이는 바꾸어 말하면 낙동강 하구의 김해 구야국이 사로국과 더불어 배후지로 삼던 북부 내륙을 이제 사로가 독점하다시피 된 상황 변화이며 그로써 사로국은 구야국에 대해 결정적 우위를 차지하는 계기를 마련하였음 직하다. 또 지역별로 보면 창녕, 청도, 밀양 방면에서 경산 쪽으로 올라오는 교통로가 통제하에 들어오고 낙동강 중류역의 창녕 및 그 대안의 황강, 남강 지역과 북부 내륙 사이의 교통도 통제할 수 있게 되었다.

계립령, 죽령의 길을 공도로서 확보한 때가 어쩌면 이에서 멀지 않은 시점인지도 모를 일이다. 혹은 그보다 좀더 뒤에 북부 내륙에서 경주로 나오는 최단거리로의 길목에 있는 금성(의성)과 상주 등지를 복속시켜 서북 내륙로의 거점으로 삼은 이후였다고 보는 편이 안전하기는 하겠다. 『삼국사기』의 기록 연대 순서를 따른다면 전자일 수도 있다. 최근 상주 지역 고분의 조사 결과를 보면 본고의 IIa기 초두, 즉 5세기 초부터 이 지역에 경주 토기가 유입되기 시작하여서[62] 의성 지역에 경주 양식 토기가 나타나는 것보다 오히려 훨씬 이른 셈이므로 전자의 가능성도 없지 않은 듯하다. 즉 5세기대 이후의 고분에서 나타나는 양상이 그 앞 4세기대의 상황을 어느

---

61) 李賢惠, 「鐵器普及과 政治權力의 성장―辰弁韓지역 정치집단을 중심으로―」, 『加耶諸國의 鐵』(仁濟大學校 加耶文化研究所, 1995), p. 22에서는 사로가 동남 방면을 공략한 주된 목적이 철 자원 확보에 있었다고 보았다.

62) 韓國文化材保護財團・(株)韓進重工業, 『尙州 靑里遺蹟(VIII)』(1998).

정도 잇는 것이라 본다면 사로가 아마도 대구를 거쳐 낙동강로나 그에 가까운 내륙로를 이용해[63] 북쪽으로 먼저 진출하였던 것으로 상정할 수도 있기 때문이다.

어떻든 이러한 내륙 지방의 거점들이 정복됨으로써 이제 낙동강 상류 지역에 대한 사로국의 영향력은 완전히 확립되었다. 또 소백산맥을 넘어 마한(백제), 낙랑·대방으로 나아가는 지름길이 확보됨으로써 진한(신라)의 대외 교역로는 더욱 다변화되었다. 그리고 이에 이르러 대략 금호강 이북의 영남 전역이 사로에 복속됨으로써 거대한 배후지를 확보한 관문지 사로국은 교환 관계에서 김해의 구야국에 대해 절대적 우위를 차지할 수 있게 되었음은 물론이다. 아마도 이런 변화가 일어나는 중에 펼쳐졌을 진한 사로국의 서진에 대한 조공 무역은 진한의 교역 체계가 이미 고도로 효율적이었음을 잘 말해준다 하겠다.[64]

이상에서 사로국의 정복 활동을 『삼국사기』의 연대 순서에 따라 몇 단계로 나누고 지리에 관련지어 추론하였지만, 이는 꼭 그 순서 그대로 해석해야 한다는 뜻은 아니다. 다만 사로국의 경제력 확대를 위한 전략의 관점에서 보더라도 그러한 우선순위가 점쳐진다는 것이며 또 그에 관련된 방증들이 있으므로 무시할 수는 없다고 본다. 아울러 복속을 병합 등의 용어와 동일시하여 한마디로 영토 확대라는 관점에서 보기보다는 기본적으로 사로와 복속 지역 사이의 경제적 관계를 변화시킨 계기라는 측면에서 보아야 함을 강조하고 싶다. 어떻든 군사적 행동에 의해 기존 지역간 관계가 일변한 이후 그 지배-피지배 체계의 바탕을 이룬 경제적 예속 관계는 나중에 신라 국가가 이 지역들을 직접 지배할 때까지 계속 이어졌을 터이고, 그것은 역시 고고학 자료에 간접적으로나마 반영될 것이라고 예기할 수가 있겠다.

3) 고고학 자료의 검토

위에서 세 방면의 자료를 염두에 두고 논의를 진행하였으나 고고학 부문은 실은 지

---

63) 앞에 든 상주 청리 유적은 지금의 김천으로부터 북쪽 상주로 가는 교통로에 위치한다.
64) 혹시 이 조공은 계립령, 죽령을 통하였을 수도 있겠다.

리, 문헌 자료에 비해 당대의 관계사적 측면을 엿볼 수 있는 자료가 가장 미비한 분야이다. 근본 원인은 조사의 부진에 있지만 고고학 자료 중에서 지역간의 구체적 관계나 그 변화를 명확히 나타내는 것이 많지 않은 데도 원인이 있다. 또 어떤 형태로든 지역간의 상호관계를 시사할 자료는 각 지역 중심지, 즉 '국읍'에 관련된 유적·유물에서 나올 가능성이 가장 많은데 그러한 자료가 제대로 보고된 예는 별반 없다고 해도 과언이 아니기 때문이다. 그래서 두 지역을 비교할 때 같은 위계에 있는 유적들이 아닌 데[65]도 막연히 유구의 크기나 유물의 질·양을 비교해서는 한 지역이 다른 지역에 비해 우월하다거나 선진이라고 논하기도 하나 그것은 '국'간의 구체적 관계를 추론하는 데 별다른 근거가 되지 못한다.

앞에서 본 대로 문헌에 의할 때 진한에서 신라로의 변화는 크게 보아 3세기 후반에서 4세기 전반에 걸쳐 일어난 것이었다. 그 변화의 주된 배경은 신라의 형성기라 할 진·변한 시기에 사로국이 지리적 이점을 토대로 대내 교환, 대외 교역에서 국력을 축적한 것이고 직접적인 계기는 군사적 정복 내지는 내항이었던 것으로 상정된다. 하지만 고고학 자료에서 이를 구체적 예로써 입증하기는 어렵다. 예컨대 전자를 뒷받침하려면 철기에서 사로 중심의 유통 관계를 말하는 증거를 찾아내어야 할 터인데 현재로서는 각 지역 철기의 성분 분석 등을 근거로 한 지역간 비교 연구가 전혀 안 되어 있기 때문이다.

다만, 3세기대의 대규모 철기 제작 관련 복합 유적인 경주 황성동 유적[66]에서 확인된 자료로 다소 간접적으로나마 짐작할 수는 있겠다. 이 일대는 관련 분묘 유적의 양상[67]으로 미루어 사로국의 한 하위 취락의 유적으로 판단된다.[68] 또 같은 지점에서 진한 초기의 철기 생산 관련 유구[69]도 발굴되어서 일찍부터 활발한 철 생

65) 예컨대 동래 복천동 고분군과 울산 중산리 고분군을 비교하는 경우를 상정할 수 있다.
66) 國立慶州博物館, 『慶州 隍城洞 遺蹟 Ⅰ, Ⅱ』(2000); 慶北大學校博物館, 『慶州 隍城洞 遺蹟 Ⅲ, Ⅳ』
    (2000); 啓明大學校博物館, 『慶州 隍城洞 遺蹟 Ⅴ』(2000).
67) 國立慶州博物館, 『慶州 隍城洞 古墳群 Ⅱ』(2002); 慶州大學校博物館, 『慶州 隍城洞 古墳群 Ⅲ』(2002);
    東國大學校 慶州캠퍼스 博物館, 『隍城洞古墳群』(2002) 등.
68) 權五榮, 「三韓社會 '國'의 구성에 대한 고찰」, 『三韓의 社會와 文化』(韓國古代史研究會, 1996), p. 51에
    서 사로국의 국읍이 이곳의 철기 제작과 공급을 관장하였을 것으로 보았는데 전적으로 타당하다.

산을 통해 성장한 사로의 면모를 엿볼 수 있다. 황성동 유적에서는 자철광석磁鐵鑛石이 출토되었고 철재와 소철괴小鐵塊의 성분 분석치 중 비소 성분은 울산 달천 광산에 특유한 성분[70]이라서 그를 제련하는 데 사용된 원광에 아마도 달천 광산 철광석이 포함되었을 것으로 판단된다.[71] 그렇다면 달천 광산의 위치로 보건대 늦어도 3세기 중·후반에는 사로국이 울산의 태화강구까지를 장악하고 그곳을 관문으로 삼았음을 짐작할 수 있다.

그런데 여기서 다량으로 제작된 이른바 주조 철부는 시사하는 바가 크다. 주조 철부가 그대로 실제 생산 활동에 사용된 것이 아니라 주로 철소재로 쓰였다는 견해[72]도 있지만 납득하기 어렵다. 이는 효율적인 농업 용구인 괭이로 쓰였을 것이다. 그래서 일찍부터 철 산업을 발전시킨 사로국의 생산력이 3세기 중엽경에 비약적 수준에 도달하였음을 말해준다고 하겠다.[73] 다른 한편으로는 진한 또는 변한 지역에 이를 공급하면서 축적한 경제력이 성장의 원동력 중 중요 부분이었음을 또한 시사한다. 여기에 덧붙인다면 사로가 동해안의 소국들을 내륙 지역들에 앞서 정복한 데에는 앞에서 상정한 대로 그곳의 철산 확보가 적어도 부수 목적으로라도 들어 있었을 가능성을 나타낸다.

한편 대략 1990년대 이래로 경주 구정동, 울산 중산리·양동·하대 등지에서 발견된 3세기 중·후반대의 이른바 동혈 주부곽식(同穴 主副槨式) 세장방형 목곽묘를 경주식 목곽묘[74] 또는 신라식 (토광)목곽묘[75]라 부르면서 그 분포가 어떤 정치

---

69) 이는 계명대학교 박물관에서 발굴한 황성동 1차 다 지구의 유구들인데 그 연대를 2세기 전반~중반으로 보기도 하나(孫明助, 「慶州隍城洞製鐵遺蹟의 性格에 대하여」, 『1~3C 慶州地域의 遺蹟과 文化(1997年度 第16回 新羅文化學術會議 發表文)』(東國大學校 新羅文化研究所, 1997), p. 34), 주머니호의 형식을 볼 때 늦어도 서기 1세기 초의 유구들로 보아야 할 것이다.

70) 文暻鉉, 앞의 논문, pp. 6~7 참조.

71) 자세한 내용은 尹東錫·大澤正己, 「隍城洞遺蹟 製鐵關聯遺物의 金屬學的 調査」, 『慶州 隍城洞 遺蹟 II』(國立慶州博物館, 2000)을 참조.

72) 孫明助, 앞의 논문, p. 35.

73) 철제 괭이가 생산력 발전에서 지닌 중요성을 강조한 견해는 李賢惠, 「三韓社會의 농업 생산과 철제 농기구」, 『歷史學報』 126(1990), pp. 55~58을 참조.

74) 國立慶州博物館, 앞의 책.

체의 권역을 나타내는 것으로 상정하는 경향이 있다. 현 단계에서는 그 분포가 아직 경주 권역을 크게 벗어나지 않으므로 사로국 지배층의 묘제로서 일단 '경주형'이라는 이름이 어울릴지도 모르겠다. 그런데 태화강 이남의 울산 지역이나 경산 임당동 등지에서도 확인되므로,[76] 혹시 그 지역들이 이 즈음에 사로국에 복속되거나 강한 영향력하에 놓이면서 생겨난 현상일 가능성도 있기 때문에 그런 점에서는 초기 신라의 목곽묘라 볼 수도 있겠다. 어떻든, 사로의 강한 영향력이 주변으로 뻗치면서 나타나는 고고학적 현상의 하나로 꼽을 수는 있다.[77] 더욱이 다음 단계의 사로 지배층 묘제인 적석목곽묘가 위의 지역들에서 일시적으로나 상당 기간 지속적으로 축조되고 있는 점[78]은 그 이전에 경주와 해당 지역 사이에 어떤 새로운 관계가 개시되었음을 암시하는데 혹시 그에 관련된 현상일지도 모르겠다. 그러나 이것만으로는 더 이상의 추론이 어렵다.

다음으로 고고학 자료에서 진한 '국'간 관계를 일신한 사로국의 주변 소국 복속 활동과 직접 관련된 것들을 구체적으로 집어내기란 사실상 어렵지만 그 배경 자료 또는 간접 관련 자료는 한두 가지 들 수 있을 듯하다. 앞서 문헌 기록을 토대로 3세기 후반 이후 각 '국'의 전반적 군사력 강화를 상정하고 그에 관련하여 교환(역) 관계에서의 긴장이 고조되었을 것으로 보았는데, 이는 사로국의 정복 활동을 촉발한 큰 요인 중 한 가지였을 터이다. 그래서 고고학 자료로부터 각 지역 군사력의 성격 변화를 대세적으로 뒷받침하는 증거를 찾아보는 작업이 필요하다.

다소 분명한 변화를 기준으로 삼으려고 한다면 이 시기에 들어 처음으로 고분에 부장되기 시작하는 철제 갑주와 마구를 들 수 있다. 초기 갑주의 저명한 예로 경주 구정동 고분 3호분의 판갑板甲이 있는데 고분의 연대는 대개 3세기 후엽에서

---

75) 金亨坤, 「新羅 前期古墳의 一考察一中山里 遺蹟을 中心으로一」(東義大學校 大學院 史學科 碩士學位 論文, 1996).

76) 金龍星, 「林堂 1A-1號墳의 性格에 對하여一高塚의 始原的 樣相一」, 『碩晤尹容鎭敎授 停年退任紀念論 叢』(1996), pp. 311~343.

77) 이를 포함한 경주지역 목곽묘에 관한 최신의 논의는 李在興, 「慶州地域 木槨墓 研究」(慶北大學校 大學院 考古人類學科 碩士學位 論文, 2006. 12)을 참조.

78) 전자에 해당하는 경우는 경산 林堂·造永洞 고분군이 되겠고 후자에는 중산리 고분군이 해당되겠다.

4세기 초로 보지만 공반 토기로 판단하건대 늦어도 3세기 후반일 것이다. 동래 복천동 38호에서도 판갑이 출토되었는데 기존 연대관으로는 4세기 초라 하나 앞 장에서 논하였듯이 3세기대의 고분으로 보아야 할 것이다. 한편 마구는 초기의 것이 많이 출토된 낙동강 하류 지역에 한정해 보더라도 그 등장 연대는 늦어도 4세기 초쯤으로 상정된다.[79]

철제 갑주가 처음으로 나온다고 해서 군사력이 다른 '국'을 압박할 수 있을 정도로 증강되었음을 직접 나타낸다고 단정할 수는 없다. 하지만 철제 갑주가 목제나 혁제에 비해 아주 효과적인 방호구라는 점에 주목하면 일단 지역들 사이의 군사적 긴장이 고조되고 충돌 사례가 많아졌음을 반영한다고 해석해도 무방할 것이다. 또 4세기를 전후하여 새로 등장하는 마구들은 기존의 원삼국시대 마구들과는 성격이 다소 다른 본격 기승용 마구라고 하므로[80] 이것들이 만약 군사 활동에 쓰인다면 소규모라 하더라도 공격력이 크게 증가할 수 있기에 각국의 군사력이 전과는 한 차원 달라졌음을 나타낸다고 보아야 할 터이다.[81]

사로국의 정복 활동은 '국'간 관계를 일변시켜 신라의 성립을 가져왔고, 그 동안에 일어난 낙랑·대방의 멸망은 이 지방의 교역 체계에 근본적 변동을 일으켜 이미 그에 선적응(先適應, preadaptation)한 상태의 신라가 본격 성장을 하는 데 아주 큰 계기가 되었다. 그런데 이러한 변화에 관련하여 유념할 점은 앞에서도 말했듯이 소국 복속이라는 것이 바로 해당국의 완전한 해체, 병합은 아니었다는 것이다. 정복된 대부분의 지역에서 4세기 후반 이후 고총군이 조영되는 것으로 보아 기존 지배층이 어느 정도 온존하였음이 명백하기 때문이다. 그래서 이때의 정복은 사로와 해당 지역 사이에 이전과는 달리 분명하고도 영속적인 정치경제적 상하관계의 시발

---

79) 낙동강 하류 지역의 초기 마구를 검토한 申敬澈, 「加耶 初期馬具에 대하여」, 『釜大史學』 18(1994), pp. 263~295에서는 가장 이른 마구가 출토된 고분을 동래 복천동 69호로 지적하고 그 연대를 4세기 2/4분기로 비정하였으나 그의 5세기대 고분 연대관은 본고의 연대관보다 30~50년 정도 늦추어 보는 입장이므로 이 69호는 늦어도 4세기 초가 될 것으로 판단된다.

80) 金斗喆, 「韓國 古代 馬具의 研究」(東義大學校 大學院 史學科 博士學位 論文, 2000. 12).

81) 이와는 별도로 육로를 통한 인적·물적 자원의 이동 또한 훨씬 신속해짐으로써 육로 교환망의 효율도 증대하였음을 시사한다.

을 낳은 사건이었다고 해석해야 한다. 이 관계는 지역에 따라 다소 차이는 있으나 앞으로 신라 국가가 5세기 후반 이후 각 지역에 지방관을 파견하여 직접 지배를 실현함으로써 지역 정치체가 소멸될 때까지 변화를 거듭하면서 지속될 것이었다. 사실, 이런 맥락에서 고고학 자료는 소국 정복에 따른 국간 관계 변화의 성격이 어떤 것이었는지를 다소나마 구체적으로 담고 있어서 문헌의 공백을 메우고 이 시기의 사회상을 해명하는 데 어쩌면 다른 어떤 분야보다도 적합할 수도 있다 하겠다.

사로와 다른 지역 사이의 관계 변화를 비교적 분명하게 시사하는 유물로는 착장형 위세품이 있는데 이는 경옥제硬玉製 곡옥과 금공품으로 나누어 볼 수 있다.

착장형 위세품을 통시적으로 보면 대략 3세기대까지는 유리·마노瑪瑙·수정제의 옥류로 구성된 목걸이류가 주류를 이루었으며, 이는 영남 전역의 고분에서 커다란 차별성 없이 고루 출토된다. 이 옥류의 원산지에 대한 견해를 보면, 이른 시기의 유리구슬은 중국산일 가능성이 점쳐지고 있다.[82] 그러나 늦은 시기의 수정·마노제 다면옥多面玉도 그러하다고 단정하기는 어려운 듯하다. 같은 형태의 것이 그 이후 시기의 고분에서도 출토되며 특히 목걸이의 핵심인 수정 곡옥은 이 지방 특유의 것으로 볼 수 있기 때문이다.

그런데 이것들이 영남 전역에서 고루 출토된다는 점은 주목해야 할 사항이다. 이는 그 옥들이 수입된 것이건 이 지방에서 자체 생산된 것이건 간에 한두 중심지에서 생산되어 공급되거나 재분배되었다고 할 수 없음을 말한다. 그래서 3세기대까지의 위세품 출토 양상은 역시 『위지 동이전』에 보이는 '국'들의 병렬적, 분산적 모습에 대응한다고 하겠다.

그에 반해 늦어도 4세기대에 들어오면 이 수정 곡옥이 경옥제 곡옥으로 대체되면서 분포에 편중성이 나타난다. 낙동강 이동에서는 4세기 초로 보고되어 있으나 3세기 후반대로 거슬러 올라갈 동래 복천동 38호, 80호 고분[83]에서 그 예를 볼

---

82) 崔鍾圭, 『三韓考古學研究』(書景文化社, 1995), p. 174와 李仁淑, 『한국의 古代유리』(創文, 1993), p. 18 을 참조.

83) 宋桂鉉·洪潽植·李海蓮, 「東萊 福泉洞 古墳群 第5次 發掘調査 槪報」, 『博物館研究論集』 3(釜山廣域市立博物館, 1995), pp. 1~117.

수가 있고 역시 4세기 초로 추론되었지만[84] 3세기 후반으로 보아야 할 경산 조영동 1A-19호에서도 출토되었다. 그리고 임당 IA-1호와 G-6호 등 4세기 전반의 고분으로 이어진다. 한편 낙동강 이서에서는 김해 대성동 13호에서 출토되었는데 이는 복천동 38호보다는 늦은 단계의 고분이다. 이로써 일단 경옥제 곡옥은 주로 낙동강 이동에 한정된 현상으로 볼 수 있는데 낙동강 이동 지방 중에서도 사로국의 복속 활동이 초기에 벌어진 지역에서만 확인되는 셈이다. 다만 문제는 5세기의 분포를 생각할 때 그 분포의 핵심으로 상정되는 경주 지역의 경우 이처럼 이른 예가 없다는 점이다. 현재까지 확인된 가장 이른 예는 4세기 후반 초인 월성로 가-13호로서 임당 G-6호 다음 단계에 해당한다. 하지만 이는 경주 지역에서는 이른 시기의 중심 읍락 고분이 조사되지 못한 데 기인한다고 보아야 할 것이며, 가-13호가 비록 연대는 다소 늦지만 다른 지역의 유적들과는 달리 아주 많은 경옥제 곡옥들이 출토된 점을 주목하고 5세기 이후의 전반적 양상까지 감안하면 역시 그 이전에도 경주가 분포의 중심지였을 것으로 추정하여도 큰 무리는 없으리라 싶다.

그렇다면 이 경옥제 곡옥의 제작지 혹은 제작 중심지는 어디이며 어떤 계기로 출현하는가? 현재로서는 그에 관한 아무런 직접적 증거가 없다. 전고에서는 5세기 대 경주 고분에서 나오는 막대한 양을 고려하여 지금은 잊혀졌지만 아마도 경주 인근이나 그에서 멀지 않은 어디인가에 원석 산지가 있어서 경주에서 다량으로 생산될 수 있었다고 추정하였다. 이는 숭실대 박물관 소장 경옥제 곡옥을 전자주사현미경으로 검사한 결과 일본 및 버마산 원석과는 다른 조성을 나타내어서 그 산지가 아마도 이 두 곳은 아닐 것으로 추정한 연구[85]를 참고한 것이었다. 하지만 5세기 후반의 양산 부부총에서 출토된 경옥제 곡옥을 분석한 결과는 이와 달리 일본산 원석을 써서 제작한 것으로 추정되었다.[86] 두 연구가 동일 시료를 분석한 것이 아니기에 지금 어느 쪽만이 바르다고 판단할 계제는 아니라고 본다. 다만 전자에서는 출토지가 불분명한 것들을 시료로 하였고 또 산지를 특정하지는 못하였으므로 후자

---

84) 金龍星, 「土器에 의한 大邱 · 慶山地域 古代墳墓의 編年」, 『韓國考古學報』 35(1996), pp. 79~151.

85) 崔恩珠, 「韓國曲玉의 硏究」, 『崇實史學』 4(1986), pp. 72~79.

86) 早乙女雅博 · 早川泰弘, 「日韓硬玉製勾玉의 自然科學的 分析」, 『朝鮮學報』 162(1997), pp. 21~42.

210 신라고고학연구

가 설득력을 더 가지는 것은 사실이다. 그래서 여전히 국내에서 경옥 산지가 확인될 가능성이 남아 있다고 해 두면서도 후자의 분석 결과를 존중하여 일단 3세기 후반 이후의 경옥제 곡옥들 중 다수가 일본산 원석으로 제작된 것이라고 보고 논의를 진행하기로 한다.

경옥제 곡옥의 원산지가 일본일 경우 3세기 후반 단계에 진·변한 각지의 정치체들이 그 원석을 독자적으로 수입하였을 가능성도 있지만 그보다는 당시 진한 연맹과 변한연맹의 맹주였던 사로국과 구야국이 이를 일괄 수입하여 재분배하였을 가능성이 더 높다고 하겠다. 만약 그러하다면 변한의 경우 김해 이외의 다른 지역에서 아직 확인되지 않았기 때문에 더 이상 논할 수가 없지만 진한의 경우는 우리에게 사로국 성장 과정에 관한 아주 중요한 시사를 준다. 바로 이른바 위세품 체계의 운용에 의한 정치적 발전의 예가 되는 것이다.

위세품 체계는 prestige goods system을 번역한 용어로 그 내용으로 보아서는 위세품 사여 체계라고 해야 적확할 터이다. 그것은 어떠하든 이는 교환체계를 문화변동 혹은 사회 발전의 중요 요인으로 거론하는 경우 그 체계 안에서 재화의 유통과 권력 행사 사이에 어떤 상관관계가 있는지를 설명하려는 모델이며 수잔 프랑켄스타인과 마이클 로랜즈가 프랑스 및 독일의 철기시대 초기 사회가 고도로 계서화한 사회로 이행한 과정에 대해 내놓은 모델[87]을 대표 사례로 꼽는다. 이들은 그 지역 군장들이 지중해 지역에서 들여온 위세품의 공급에 대한 통제권을 행사함으로써 자신들의 정치적 지위를 강화하였다고 하면서 그 통제 방식은 이 가치재들 중 최상품을 자신들이 사용하고 과시함과 더불어 그 중 일부를 가신들에게 할당하는 식이었다고 하였다. 즉 고대 세계에서 한층 현저한 계서사회로의 이행이 대체로 엘리트들의 교환망 통제로써 이루어졌다고 하는 설명 틀이다.

이를 원용하여 경옥제 곡옥의 등장 배경 혹은 계기를 설명한다면 당시 진한 맹주국이었던 사로국의 수장이 원석을 왜로부터 수입한 후 재래의 핵심 위세품인 수

---

87) 콜린 렌프류·폴 반(이희준 역), 『현대 고고학의 이해』(사회평론, 2006), p. 387. 이 밖에 위세품 체계에 관한 논의는 穴澤咊光, 「世界史のなかの日本古墳文化」, 『江上波夫先生米壽記念論集 文明學原論』(1995), pp. 401~424를 참조.

정 곡옥을 대체하는 경옥제 곡옥으로 가공하여 자신의 위세품으로 쓰는 한편 휘하 수장층에게 나누어 주고 또 다른 진한 국의 수장들에게도 분배함으로써 자신의 정치적 지위를 강화하였다고 하겠다. 즉 사로국의 최고 수장은 이러한 분배체계를 이용하여 사로국 내에서의 자기 지위를 강화함은 물론 다른 국의 수장들에 대한 영향력 또한 확대하려 하였다는 것이다. 물론 앞에서 말했듯이 각 국의 수장들이 독자적으로 원석을 입수할 정도로 교역이 다변화되어 있었다고 볼 수도 있다. 하지만 진한이라는 연맹체의 존재와 그 맹주국으로서의 사로를 상정한다면 이와 같이 보는 편이 합리적이다. 또 그래야만 신라 초기 단계의 월성로 가-13호에서 갑자기 그처럼 많은 양의 경옥제 곡옥이 출토되는 현상도 순조롭게 설명이 된다.

이와 같이 경옥제 곡옥은 그 원석의 산지가 어디든 간에 금공 위세품이 본격 사용되기 전에는 그에 못지않게 분명한 사로 지배층의 표징 위세품으로서 경주와 관계가 깊은 주변 지역의 지배층에게 분배되는 과정을 통해 사로의 영향력 확대에 크게 기여하였을 것이다.

경옥제 곡옥에 더하여 나타난 전혀 새로운 위세품류는 바로 금공품이다. 4세기 후반부터 5세기대에 걸친 낙동강 이동 지방의 여러 지역 고분에서 광범하게 출토되는 신라식 금공품이 경주를 중심으로 한 신라 국가의 지방지배 방식을 나타내는 유물이라는 점은 이미 앞에서 말하였다. 아울러 그 기원이 서기 400년의 고구려 남정에 있는 것이 아니라 그보다 훨씬 전으로 거슬러 올라갈 가능성도 지적하여 둔 바 있다.[88] 여기서 좀더 구체적으로 말하면 신라 금공술의 시작은 낙랑의 멸망에 따른 유이민의 남하와 관련하여 해석[89]하거나 그에서 멀지 않은 시기에 고구려를 통해 접한 선비鮮卑 문화 등과 관련된 것으로 볼 여지가 많다. 그래서 『日本書紀』 卷8 및 9에 나오는 '눈부신 금은金銀의 나라'라는 표현이 당대(4세기대)의 왜가 신라에 대해 지녔던 인식을 반영한 것[90]으로 볼 수도 있다. 만약 낙랑 멸망에 기인한

---

88) 李熙濬, 「경주 월성로 가-13호 積石木槨墓의 연대와 의의」, 『碩晤尹容鎭敎授 停年退任紀念論叢』 (1996), p. 307.

89) 金元龍, 『韓國考古學槪說』(一志社 제3판, 1986), p. 231.

90) 이는 위의 책에서 이미 시사한 바 있다.

유이민 남하와 관련이 있다면 이는 금공품 제작 개시 문제의 차원에 그치지 않고 곧 신라의 형성이나 성장에 그러한 외래적 요인이 아주 큰 계기가 되었음을 시사하는 것이다. 다만 현재로서는 적극적 증거가 부족하기 때문에 그를 전제로 신라 성장 모델을 설정한다거나 그와 관련시켜 구체적으로 논의를 전개함은 유보하고 장차 자료가 증가하기를 기다리는 편이 낫다고 본다.

그런데 낙랑 멸망 이전의 연대를 가지는 일종의 금공품이 한반도 남부 지방에서 출토되니, 바로 금박유리옥金箔琉璃玉이 그것이다. 5세기 이후 한반도 남부 몇몇 지역의 최고지배층 무덤에서 다수 출토된 금박유리옥들은 자체 생산되었을 가능성이 크다. 그에 비해 천안 청당동 유적 출토품 같은 3세기대 것은 그 유래가 역시 중국 또는 낙랑, 대방군에 있을 것이다.[91] 그런데 위에 말한 영남 지방의 동래 복천동 80호 고분에서도 금박유리옥이 출토되었다.[92] 이 고분의 연대는 3세기 후반으로 생각되므로 역시 낙랑·대방군과 관계가 있을 것으로 추정하여 동래 지역이 그곳과의 교역에서 얻은 물품으로 볼 수 있다. 하지만 이 고분에서는 청당동 유적의 경우와는 달리 경옥제 곡옥이 반출되므로 달리 볼 소지가 있다. 즉 위에서 상정하였듯이 경옥제 곡옥이 경주와의 관련을 나타내는 물건이라면 금박유리옥 역시 경주를 통해 입수한 것일 가능성을 배제하기 어렵다. 전술한 경산 지역의 조영 1A-19호에서도 경옥제 곡옥과 함께 금박유리옥이 출토되었기 때문에 그러할 개연성이 있다고 생각된다.

요컨대 낙동강 이동 지방에서 출토되는 3세기 후엽 전후의 금박유리옥은 늦어도 3세기 중엽 이후 진한의 맹주 자리를 굳힌 사로 지역의 지배층이 교역품으로서 입수하여 재분배했을 가능성이 있다. 한편으로 경옥제 곡옥까지 고려한다면 사로가 진한 일부 지역을 복속함으로써 신라를 형성하고 있었던 도중이라 그와 피복속 지역 사이에 아직 느슨한 수준의 지배-피지배 관계가 유지되던 상황을 반영하는 유물일 수도 있다. 어느 쪽이든 이는 3세기 중엽과는 달라진 모습을 반영하는 고고학

---

91) 權五榮, 「三韓의 「國」에 대한 硏究」(서울大學校 大學院 國史學科 博士學位 論文, 1996), pp. 201~202.
92) 宋桂鉉·洪潽植·李海蓮, 「東萊 福泉洞 古墳群 第5次 發掘調查 槪報」, 『博物館硏究論集』3(釜山廣域市立博物館, 1995), p. 62.

자료로서, 앞으로 금박유리옥이 경옥과 반출하는 예가 증가한다면 후자의 개연성은 더욱 커진다 하겠다.

다음으로, 4세기대의 금공품은 아직 예가 드문 상황이지만 앞서 든 월성로 가-13호에서는 금동 재갈을 비롯하여 금제 귀걸이 · 목걸이, 금, 은제 완盌 등 다양하고 제작 기법도 완숙한 경지에 다다른 각종 금(은)공품이 출토되어서 금공품 제작이 이미 본격화되었음을 말해 주는데, 이는 같은 시기의 다른 지역에서는 거의 유례를 볼 수가 없다.[93] 그러면서 이 고분의 연대가 4세기 중기를 전후한 시기라는 점은 신라 금공품이 기존 해석과 달리 고구려 남정 이후 나타난 것[94]이 아니라 그보다 훨씬 전부터 제작되었음을 분명히 말하는 증거가 된다. 지금 금공품이 제작되기 시작한 때가 정확히 언제인가를 정하기에는 자료가 아직 부족하다. 그렇지만 월성로 가-13호의 양상으로 미루어 4세기 전반의 어느 시점까지는 소급한다고 볼 수 있을 것이다.

그런데 잘 알려져 있듯이 5세기대의 금공품은 낙동강 이동 전역의 고분에서 출토될 정도로 아주 넓게 분포하는 데 반해 월성로 가-13호 예를 보건대 빨라도 4세기 중기까지의 금공품은 아주 한정된 분포를 보인다. 물론 4세기대 고분은 5세기대 고분에 비해 조사가 덜 된 탓에 아직 자료가 빈약한 편이라서 그럴 수도 있다. 그러나 그 전 시기부터 5세기대에 걸친 유구가 집중 조사된 동래 복천동 고분군을 예로 그 여부를 추정할 수는 있을 것이다. 이 고분군에서는 규모로 보아 월성로 가-13호보다 월등히 큰 고분에서도 금공품이 출토된 예가 거의 없을 뿐 아니라 개인의 착장형 금공 위세품이 나온 예도 없다. 예컨대 복천동 제21 · 22호의 연대는 월성로 가-13호와 대개 비슷하거나 약간 늦은 시기로 보아도 좋을 터인데 그에서 나온 착장형 위세품이라고는 경옥제 곡옥과 유리옥으로 이루어진 목걸이뿐이다.[95]

---

93) 다만 이보다 앞서는 시기의 임당 IA-1호분에서 銀製 中空球, 素環의 금동제 세환 이식이 출토된 바 있는데(金龍星,「林堂IA-1號墳의 性格에 對하여—高塚의 始原的 樣相—」,『碩晤尹容鎭教授 停年退任紀念論叢』(1996), pp. 311~343) 이도 경주와 깊은 관련이 있는 현상일 가능성이 크다.

94) 崔鍾圭,「中期古墳의 性格에 대한 약간의 考察」,『釜大史學』7(1983), p. 9.

95) 釜山大學校博物館,『東萊福泉洞古墳群II』(1990).

또 낙동강 이서에서 비슷한 시기의 고분이 조사된 김해 대성동 고분군의 경우도 기본 양상은 마찬가지이다.[96]

이로써 금공품이 4세기대에 처음으로 출현하는 단계에서는 영남 지방에 널리 퍼져 있었던 것이 아니라 경주 지역에 집중되었던 것으로 보아 거의 틀림이 없다. 이러한 사실은 금은이 4세기대에 들어서 전대의 철을 대신하는 교환 매개물로 기능하였을 가능성[97]을 고려할 때 중요한 의미를 갖는다. 4세기에 들어 새롭게 변화한 교역 체계 속에서 경주의 사로가 중심적 위치에 있었음을 강력하게 시사하기 때문이다. 더욱이 금공품 중에 특히 귀걸이나 목걸이 같은 착장형 위세품이 주류를 차지하는 점은 크게 주목을 끈다. 착장형 위세품이 본래 개인이 지닌 사회적 지위와 그 위차를 강조하는 기능을 가졌음을 염두에 둘 때, 금공 위세품은 그러한 기능을 최대한으로 발휘하는 물품이다. 선사 이래로 착장형 위세품의 주요 품목이었던 옥류는 원석을 깎아내어 성형하므로 크기와 형태의 차별화에 근본 제약이 있는 데 반해 금(은)공품은 다양한 형태, 크기, 종류로 성형할 수 있어서 여러 단계의 질적, 양적 차별화가 가능하기 때문이다. 그래서 금공 위세품의 출현은 이제 사회 전반의 분화는 물론이고 지배 집단 안의 분화가 심화되었음을 나타내는 징후로 해석될 수 있으며, 또 그것이 가장 먼저 나타난 경주 사로 지역은 여타 지역에 비해 사회 진화가 앞서 있었다고 추정할 수 있다.

위에서 본 바와 같이 4세기 전반의 어느 시점부터 낙동강 이동 지방의 주요 지역 지배층이 착장한 위세품은 금공품으로 전환된 것으로 보이는데, 이는 전대의 위세품과 달리 이 지방 안에서 생산된 제품으로서 사로의 지배층이 하사한 것으로 판단된다. 그렇다면 이는 전대에 다수 중심지들이 대외 교역에서 얻은 위세품을 재분배하거나 자체 생산품을 공급한 것과는 양상을 완전히 달리하는 큰 변화이다. 곧 낙동강 이동 지방에 사로에 의해 이전과 성격을 전혀 달리 하는 새로운 역내 위세품 체계, 즉 경주를 정점으로 하는 일원적 분배 체계가 형성된 것이다. 이는 4세기

---

96) 申敬澈, 「金海大成洞古墳群의 발굴조사성과」, 『加耶史의 再照明(金海市昇格10周年記念學術會議 발표문)』(1991), pp. 48~50.
97) 朱甫暾, 『新羅 地方統治體制의 整備過程과 村落』(신서원, 1998), pp. 33~34.

후반 이후 한층 분명한 신라식 위세품 분배 체계가 대변하는 간접 지배의 수준에는 못 미치지만 그러한 체계의 단초가 마련되었음을 엿보게 하는 것이며, 사로와 다른 지역들 사이에 이제 새로운 관계가 개시되었음을 알리는 신호탄과 같다.

이 새로운 관계의 성격은 어떠한 것이었는가? 우선 새로운 위세품 체계는 사로 지역과 각 지역 지배층 사이의 정치적 상하 관계를 상징한다고 해석된다. 그것은 이전과는 차원이 다른 새로운 경제 관계를 바탕으로 하고 있을 것이다. 그렇지만 이 새로운 위세품 체계의 운용과 짝 맞추어 일어난 경제 관계의 변화가 구체적으로 어떤 것이었는지를 엿볼 수 있는 당대 자료는 확보되지 못한 상태이다. 사실 고고학 자료의 문제는 과거에 어떤 중요한 정치 사회적 변동이 일어났다고 하더라도 그것이 물질 자료에 분명히 반영되지 않는 한 그 사실을 인지해내기가 불가능하다는 데 있다. 그래서 희미하게나마 인지되는 것이 있다면 문헌적 정황 증거나 기타 자료를 동원해서 이를 복원하는 방법을 취해야 한다고 생각된다. 4세기 전반까지의 고고학 자료가 바로 이런 상황이므로 그보다 다소 늦은 시기에 속하지만 상호 관계를 확실하게 반영하는 자료로부터 소급 투사를 하는 수밖에 없다. 물론 당대의 자료에 비해서는 설명력이 부족할 것이다. 그러나 전혀 무용한 것만은 아니리라 여겨지는데 그 후대의 현상이란 앞 시기의 역사적 과정이 빚어낸 산물이기 때문이다. 그에 해당하는 후대 자료는 바로 신라 양식 토기이다.

신라 토기 양식은 이동 지방에서 대개 4세기 중기쯤에 성립하는데, 경주 이외의 지역에서는 사로로부터의 양식적 선택압에 의해 형성된 것이다. 신라 토기 양식의 성립과 변천에는 몇 가지 정형성이 보이는데, 처음에는 경주 양식의 토기류가 다른 지역으로 퍼져 나간 후 각 지역에서 이동 토기 양식으로의 변화가 개시되고 이윽고 지역 양식이 형성됨으로써 '범 이동 양식'이 성립한다. 그 뒤로 경주 양식의 지역 양식에 대한 영향이 계속 증가하면서 지역 양식 토기의 양이 점점 줄어들어 소멸하든지 아니면 지역색 자체가 점차 감소되는 식의 정향적 변화를 보인다. 또한 가지 주목되는 것은 현재까지의 자료로 보는 한 경주 양식의 확산이 대체로 앞에 말한 사로의 소국 정복 방향을 따라서 약간씩 시차를 가지면서 이루어지는 것으로 상정되는 점이다. 마지막으로 경주 양식과 각 지역 양식 사이의 양식적 상호작

용이 있을 뿐 지역 양식 상호간의 작용은 거의 감지되지 않는다는 점도 중요한 정형성이다.[98]

　낙동강 이동 양식 토기의 양식적 공통성은 그것이 고분에 부장된다는 측면에서 사로와 해당 지역 사이의 제의 공통성 같은 것을 반영하기도 하겠지만 5세기 이후 시간의 흐름에 따라 분명하게 나타나는 정향적 변화를 염두에 둘 때 단순한 문화적 모방의 결과는 결코 아니며 사로가 각 지역의 경제에 어떤 형태로든 개입한 데서 비롯된 결과일 것이다. 4세기경부터 성립한 것으로 추정되는 새로운 위세품 체계가 암시하듯이 그때 사로와 각 지역 정치체 사이에 성립한 새로운 정치적 관계는 기본적으로 새로운 경제 관계로의 변화, 즉 사로가 각 지역 경제 체계를 예속시켜 나간다는 변화를 동반하였다. 그 뒤 4세기 중엽부터는 낙동강 이동 지방의 고분에 널리 부장되는 신라 양식 토기가 분명히 나타내듯이 그러한 변화가 일단락되고 다시 어떤 새로운 차원의 변화가 일어났음을 말하는 것은 아닐까?

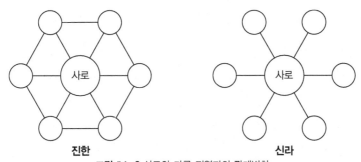

그림 IV-2 사로와 다른 지역과의 관계변화

　이 변화는 크게 보아 사로를 중심으로 하는 정치경제적 상하 관계의 강화이겠지만, 또 한 가지 중요한 점은 지방 토기 양식 사이에 상호 영향이 거의 감지되지 않는 점이 시사하는 대로 이제 지방의 지역들 사이에 중앙 사로가 개재되지 않는 어떠한 직접적 정치경제적 관계도 배제되는 방향으로 상호관계가 변화하였다는 것이다. 그래서 진·변한 시기에는 국들 사이의 정치경제적 관계가 지리 때문에 사통

---

98) 이상 제1부 제II장 참조.

오달은 아닐지라도 아주 다원적이었으나 신라가 형성되면서 그 관계는 점차 사로국과 일원적 관계를 맺는 쪽으로 변화했던 것으로 상정할 수 있다. 이를 알기 쉽게 그림으로 나타낸다면 앞의 〈그림 IV-2〉의 왼쪽 형태에서 오른쪽 형태로 바뀌었다고 보면 될 것이다.[99] 다만 도시圖示의 편의상 지역 단위들이 신라화한 이후에도 여전히 독립적인 '국'이었던 것처럼 표현하였으나 실제로는 앞에서 상정한 대로 이제 지역 정치체라고는 할지언정 더 이상 '국'은 아니었다. 어떻든 이는 진한으로부터 신라로의 전환이 의미하는 '국'간 관계 변화의 가장 중요한 측면 중 한 가지이다. 사로는 이런 변화를 달성한 후 각 지역에 대한 경제적 수탈을 강화하고 지역 사이의 연대를 차단하려고 노력하였을 것이다. 한편 각 지역은 이제 새로운 지방 이름을 띠고서 중앙 정부인 사로와 상하의 정치 경제적 관계 속에서 스스로를 유지해나갈 수밖에 없었을 것으로 보인다. 이것이 곧 초기 마립간기 신라의 통합 모습이라 하겠다.

그런데 이러한 관점은 마립간기 신라를 연맹왕국의 완성 단계로 개념화하는 관점[100]과는 약간 차이가 있다. 연맹왕국이라는 개념이 다소 불분명하게 정의되었음은 이미 지적되었지만[101] 그 명칭으로만 보면 종래의 각 '국' 단위를 인정하는 듯이 보이기 때문이다. 물론 좀 막연한 개념이기는 하지만 지역 정치체라고 할 수 있는 자체 운동성을 가진 집단의 존재는 인정된다. 그러나 그렇다고 해서 그 운동성이 역내외의 관계에서 거의 독자적이었던 진ㆍ변한 시기 '국'의 수준이었다고 할 수는 없으며 또 그렇게 표현할 수도 없다는 것이 본 연구의 관점이다. 즉 신라 국가의 지방으로서 분명히 설정하여야 한다는 것이다.

한편 연맹왕국 개념에서는 그 연맹의 의미가 무엇이든 구성 '국'간의 관계를 다원적이라고 상정할 수밖에 없어서 이 책의 관점과 근본적 차이가 있다. 또 그러

---

99) 이는 로마가 '라틴 동맹'에서 서기전 4세기 중엽 이후 주변국을 복속시켜 '로마 연합'으로 탈바꿈한 것을 나타낸 시오노 나나미(김석희 역), 『로마인 이야기』1(로마는 하루아침에 이루어지지 않았다)(한길사 1995), p. 217의 그림을 원용한 것이다.

100) 李基白ㆍ李基東, 『韓國史講座』 I(古代篇)(一潮閣, 1982), pp. 149~150.

101) 朱甫暾, 「韓國 古代國家 形成에 대한 연구사적 검토」, 『한국 고대국가의 형성』(民音社, 1990), pp. 232~233.

한 다원적 상태로부터 다음 단계인 고대국가 완성기[102]에 사로를 정점으로 완전 일원화되기 위해서는 다시 한 번 군사적 정복이나 그에 준하는 급격한 관계 변화의 계기를 상정해야 하니, 이는 논리적으로 부담스럽지 않을 수 없다.

신라의 성립은 이상과 같은 이동 지방 안의 관계 변화를 바탕으로 이루어졌으나 대외 관계의 변화도 그에 못지않은 추동력을 제공한 것으로 보인다. 4세기 초에 고구려가 낙랑·대방군을 멸하고 주요 교역 대상국으로 부상하자 신라(사로)는 기존에 배타적으로 장악하였던 동해안로와 내륙로를 통해 고구려와의 상호관계를 강화함으로써 성장의 바탕을 더욱 다졌을 것으로 추정되는 것이다. 그 점을 분명하게 뒷받침할 만한 자료는 아직 부족하지만 4세기 전반의 소규모 고분인 경주 월성로 가-5호에서 출토된 고구려 도기나 월성로 가-13호에서 나온 유리 제품[103]은 고구려와의 그런 관계를 배경으로 하고 있다고 보아 틀림없다.

신라가 특히 고구려 남정을 전후한 시기부터 격변하는 국제 정세 속에서 상당한 기간 동안 고구려와 밀착하고 있었음은 잘 알려진 사실이며, 경주의 5세기대 대형 고분에서 출토되는 고구려계 유물 또는 여타 외래 유물은 그것을 뒷받침한다. 그에 비해 늦어도 4세기 중기의 이 외래품들은 그와는 또 다른 의미를 가지고 있을 터이다. 이는 경주 지역이 일찍부터 고구려와 중요한 교역 관계를 갖고 있었음을 시사한다. 그 관계는 아마도 진·변한 시대로까지 거슬러 올라갈 것이며, 4세기대에는 신라가 혹시 금과 같은 물품을 고구려에 수출하고 이러한 위세품과 함께 필요한 물품을 수입하고 있었던 것은 아닐까 추측도 된다.

이렇게 일찍부터 고구려가 사로국의 중요 교역 대상국이었으리라는 추정이 맞다고 하면, 그것은 신라의 성장에 관련하여 큰 의미를 가진다. 경주는 지리적으로 영남 지방 대외 교역망의 관문지적 위치에 있으며 그 교역에서 특히 북방의 고구려와 통하는 데 가장 유리하다. 사실 영남의 각 곳에서 동해안로를 통해 고구려 지역에 가려면 반드시 경주 일대를 거쳐야 한다. 이는 경주 사로국이 진·변한의 대외

---

102) 李基白·李基東, 앞의 책에서는 이를 귀족국가 단계로 개념화하였다.

103) 國立慶州博物館·慶北大學校博物館·慶州市, 『慶州市月城路古墳群 —下水道工事에 따른 收拾發掘調査 —』(1990).

교역에서 결정적으로 유리하였던 요인 중 한 가지라 하지 않을 수 없다. 특히 4세기 초에 고구려가 낙랑·대방을 멸망시키고 한반도의 주요 교역 대상국으로 부상함으로써 영남 지방의 대외 교역 체계에도 큰 변동이 초래된 상황에서는 신라의 성장을 가져온 주요 여건이 되었을 것이다. 월성로 가-13호의 유리 제품은 이런 배경 속에서 이루어진 신라 지배층의 대외 교역을 말해준다 하겠다.[104]

일찍부터 사로국의 주된 경쟁 상대였던 변한 김해 구야국의 경우에 대비시켜 보면, 신라(사로)가 대외 교역로와 교역 대상지를 다변화함으로써 변화된 대외 교역 체계에 적응하는 데서 김해를 앞질렀음을 시사한다. 물론 정복 등을 통해 낙동강 이동 지방의 거의 전역에 대한 통합을 이루어냄으로써 역내 교환망 조직이 이전보다 훨씬 효율적으로 기능하게 된 점도 대외 교역에서 유리하게 작용한 바탕이었을 것이다. 또 낙동강로에 대해 이전보다 한층 강한 간섭을 할 수 있게 된 점도 그에 의존한 김해 세력에 타격을 주면서 비교우위를 차지하는 중요한 요인이었을 것으로 추정된다.

끝으로 새로운 위세품의 소재인 금은을 교환과 교역에서 활용하게 된 것도 신라에 아주 유리한 점이었을 것이다. 진·변한 시의 교환 매개물이었던 철은 부피나 무게 때문에 운송이 쉽지 않아서 효율성이 다소 문제였을 것이다. 그러나 기본적으로 육로 교환망을 가진 신라는 이제 자유로이 휴대할 수 있는 금은을 교환의 매개물로 삼음으로써[105] 교환에 소요되는 시간을 한층 단축할 수 있게 되었고 이는 대외교역에서도 경쟁력이 강화되는 결정적 요인이 되었을 것이다. 또 금은 덩이나 금 공품을 고구려 등지에 수출하였을 가능성도 배제할 수 없다. 만약 그러하였다면 이는 그것들의 상품가치를 생각할 때 신라(사로)가 국제 교역에서 상당한 주도권을 쥐는 요인이 되었을 것이고 또 그로써 신라 성장의 한 가지 요인도 되었을 터이다.

---

104) 4세기 초 교역 체계의 변동과 고구려와 신라의 교역 관계에 관해서는 李賢惠, 「4세기 加耶社會의 交易體系의 변천」, 『韓國古代史硏究』 1(1988), pp. 167~171을 참조.

105) 朱甫暾, 『新羅 地方統治體制의 整備過程과 村落』(신서원, 1998), p. 33.

3. 4세기 신라의 지방 지배

위에서 말하였듯이 4세기 신라의 내부 사정을 반영하는 가장 현저한 자료는 4세기 중엽경부터 성립하는 낙동강 이동 양식 토기, 곧 신라 양식 토기이다. 그런데 이동 토기 양식이 출현한 후 어떤 지역에서 경주 양식 토기의 유입이 점차 증가하면서 지역 양식 토기를 대체한다거나 지역색 자체가 점차 희석된다든지 하는 경향성이 있음은 심상한 일이 아니다. 이는 표면적으로만 보면 문화적 동화를 나타낸다고 할 수도 있다. 하지만 그러한 동화가 왜 일어났는지를 생각하면 한결 심층적인 요인이 있었던 것으로 추정할 수 있다. 그 바탕에는 상호 교류[106]의 증가라는 요소가 자리 하고 있을 터인데 이는 토기 양식의 분석만으로 당장 이끌어낼 수는 없지만 경주와 각 지역이 맺은 경제적 관계가 변화한 데 기인한 것이 아닌가 싶다. 이 현상 뒤에 놓인 구체적 메커니즘은 사실 앞으로 밝혀야 할 숙제이다. 다만 앞서 말한 문헌적 증거와 아울러서 본다면 공통 토기 양식의 출현은 낙동강 이동 지방에 대한 신라의 지방 지배가 강화되면서 일어난 모종의 변화를 반영함은 분명하다 하겠다.[107] 이는 4세기 후반의 자료가 많이 조사되고 그 일부가 공표된 동래 복천동 고분군을 예로 추론할 수가 있다.

동래 복천동 고분군(사진 1)은 설상舌狀의 긴 저구릉低丘陵에 조영되어 있는데 고분이 집중 축조된 기간은 발굴 보고자들의 연대관을 그대로 따른다면 4세기 초 부터 대략 5세기 후반까지이다. 그러나 이 연대는 낙동강 이동 양식의 출현을 고구 려 남정(400년) 이후로 잡는 연대관에서 도출된 것으로 본 연구의 연대관에 의하면

---

106) 앞에서도 말했듯이 토기 양식에 나타나는 증거로 보는 한 이 교류는 기본적으로 여러 지역 사이에 다 원적으로 일어난 것이 아니라 경주와 해당 지역 사이의 일원적 교류라는 양상을 띤다.

107) 朴淳發, 「百濟土器의 形成過程 — 한강유역을 중심으로 —」, 『百濟研究』 23(忠南大學校百濟研究所, 1992), pp. 21~64를 참고하건대 백제 지역의 경우는 이런 공통 토기 양식의 존재, 즉 백제 토기라 부 르는 것을 인식하고 해석하는 데 별반 문제가 없는 듯하다. 문헌으로부터 백제라는 역사적 실체가 당 연히 전제되기 때문이라 아니할 수 없다. 이로 보면 결국 영남 지방에서 토기 양식이 정치체와 연계되 는지 않는지 등으로 설왕설래가 있는 것은 신라와 가야라는 두 정치체가 관련되기 때문일 뿐이다. 백 제 토기의 경우를 고려한다면 오히려 이는 너무 복잡하게 생각할 것이 아니라 쉽게 풀 문제라 여겨지 기도 한다.

사진 1 동래 복천동 고분군 1차 발굴 당시를 북쪽에서 본 모습

일률적으로 조정할 수는 없지만 대략 반세기 정도씩 상향되어야 한다. 그러므로 일단 그간의 보고에서 5세기 후반으로 본 것은 5세기 전반으로, 5세기 전반으로 본 것은 4세기 후반으로, 그리고 4세기 후반으로 본 것은 대략 4세기 전반으로 조정해도 좋겠다. 다만 4세기 초로 본 것은 3세기 후반으로 올려야 하지만 어디까지 올려야 할지는 다소 불분명하다.

이러한 연대관에 서서 그간 알려진 자료[108]를 토대로 복천동 고분군에서 시간의 흐름에 따라 나타나는 정형성들 중 본고의 논지에 관련된 것을 꼽아 보면 대략 다음과 같다.

첫째, 크게 보아 고분군이 구릉의 고소와 저소, 그리고 중위부에 비교적 구분되는 세 단위를 이루면서 조영되고 있으며 각 단위는 대개 구릉 능선부의 대형분군

---

108) 그간의 조사와 그 결과 보고에 대한 연구사 개요는 宋桂鉉 · 洪潜植 · 李海蓮, 「東萊 福泉洞 古墳群 第5次 發掘調査 槪報」, 『博物館硏究論集』 3(釜山廣域市立博物館, 1995), pp. 1~3을 참조.

과 그 주변부의 소형분군으로 이루어져 있다.

둘째, 배치로 볼 때 고소의 대형분은 모두 주부곽식으로 구릉 능선을 따라 종렬로 가장 정연하게 배치되어 있고 그 다음으로 저소의 주부곽 대형분이 역시 다소 정연한 양상을 띤 반면에 중위부의 대형분은 상대적으로 무질서한 배치를 보이며 또 반드시 부곽을 갖추지도 않았다.

셋째, 저소의 대형분군은 3세기 후반과 4세기 전반에 걸쳐, 중위부의 대형분군은 4세기 전반과 후반에 걸쳐, 그리고 고소의 대형분군은 4세기 중 · 후반 동안에 주로 조영되었다. 단위마다 대형분들의 주변부에 같은 시기의 소형분들이 일부 조영되기도 하지만 대부분은 그에 후속하는 시기의 소형분들이 무리를 지어 조영되는 점이 주목되는데 저소에는 4세기 후반에, 고소에는 5세기 전반에 각각 조영되었다. 다만 중위부는 불분명하다.

넷째, 함안계咸安系 토기가 4세기 전반부터 후반에 걸친 시기에 부장되는데 이는 구릉 저소와 중위부의 고분군에서만 나타나며 주로 대형분에서 출토된다.

다섯째, 경주계 토기는 대, 소형분을 막론하고 저소에서는 출토되지 않고 중위부와 특히 고소의 고분군에서 주로 출토된다.

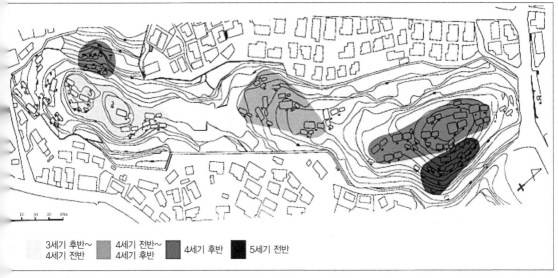

| 3세기 후반~ | 4세기 전반~ | 4세기 후반 | 5세기 전반 |
| 4세기 전반 | 4세기 후반 | | |

그림 IV-3 복천동 고분군 시기별 묘곽 분포도

여섯째, 고소의 대형분들은 축조 기간이 다른 지점에 비해 짧은데도 수적으로는 많다(이상 그림 IV-3 참조).

이상의 정형성들에 대한 해석을 아래에서 시도해 보기로 하자. 먼저, 고분 축조의 경향성을 종합할 때 3세기 후반에서 4세기 전반에 걸친 시기에는 구릉 저소에 대형분을 포함한 고분들이 축조되지만, 4세기 후반이 되면 구릉의 가장 높은 곳에는 대형분이 축조되는 반면에 그때까지 고분 축조의 중심지였던 저소에는 비교적 소형의 고분들이 분명한 한 단위를 이루면서 전 단계 대형분의 주변부에 축조되는 현상이 주목된다. 〈그림 IV-3〉에서 대형분 서쪽에 한데 모여 축조된 고분군이 그에 해당된다.[109] 이런 대응 관계는 결코 우연의 소산이라 할 수 없으니 고소의 4세기 중·후반 대형분 동쪽에도 5세기 전반에 가서 소형분군이 축조되기 때문이다. 그래서 무언가 의미를 가지고 있기에 해석을 요하는 중요한 정형성이라 하겠다. 고분군이 축조될 때 피장자 사이에 친연성이 깊은 것끼리 가까이 축조될 것이라 상정한다면, 결국 이와 같은 현상은 지배자 집단 안에 적어도 두 개의 구분되는 집단이 있어서[110] 각기 지점을 달리하면서 고분을 계속 축조해 나갔음을 의미한다고 해석할 수밖에 없다.

이와 같이 4세기 후반에 축조된 고소와 저소의 두 고분군을 일단 복천동 고분군을 남긴 지배층 안에서 다소 성격을 달리하는 두 집단의 소산이라고 볼 때 두 그룹의 출토 유물에서 대조되는 현상이 있다. 그것은 저소의 소형분군과 고소의 대형분군이 같은 4세기 후반대에 축조되었으면서도 부장 토기류가 양식적으로 큰 차이를 보이는 점이다(그림 IV-4). 규모의 차이가 있는 두 그룹의 고분군에서 출토된 유물 사이에 역시 일정한 차이가 있음은 어쩌면 당연한 일이지만 토기류의 양식이 다르다고 하는 점은 다소 이례적이라 주목할 만하다.

복천동 고분군에서 특히 외부 지역과의 관련을 시사하는 토기에 초점을 두고

---

109) 이는 저소의 대형분 전체가 아니라 바로 그 옆에 축조된 56호를 포함하는 대형분군에 대응되는 소형분군일 가능성이 있다.

110) 중위부의 고분군이 또 다른 한 집단을 나타내거나 원래 두 집단이 계기적으로 성쇠를 거듭하였음을 나타낼 가능성이 크지만 보고 자료가 아직 불분명하므로 유보해둔다.

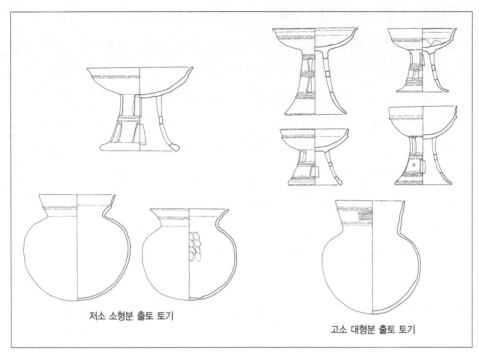

저소 소형분 출토 토기

고소 대형분 출토 토기

그림 Ⅳ-4 복천동 고분군 저소 소형분 토기(좌)와 고소 대형분 토기(우) 비교

볼 때 시간의 흐름에 따라 나타나는 변화 양상은 대략 다음과 같다. 원래 3세기 후반 이후 1세기 가량 고분 축조의 중심 지점이었던 구릉의 저소 능선부에는 외절구연고배外折口緣高杯와 같은 양식적으로 김해 지역과 공통성을 보이는 토기가 고분군 축조 개시기부터 부장되다가 4세기 초에는 거의 사라지고 그 대신에 함안 양식이라 해야 할 토기류가 부장된다. 이 함안 양식 토기는 4세기 중기를 전후해서는 중위부의 대형분으로 옮겨가서 4세기 말까지 부장된다. 반면에 같은 4세기 중기에 구릉의 높은 곳에 새로이 축조되는 대형 고분군에서는 재지 양식 토기와 함께 신라 양식, 경주 양식의 토기가 나오기 시작하며 시간의 흐름과 더불어 토기의 신라 양식화는 강도를 점점 더해가서 이윽고 4세기 말에는 부산 양식으로 불러야 할 양식의 토기로 바뀐다.[111] 한편 4세기 후반에 구릉 저소 대형분 주변에 무리를 이루어

---

111) 경주 양식을 모방하여 성립한 부산 양식 토기가 출토된 예로는 10 · 11호분을 들 수 있다.

축조된 소형분군에서는 재지 양식 토기가 주류를 이루면서 경주 양식 토기는 출토되지 않으며 이동 양식 토기조차 지역색이 강한 것만 일부 출토될 뿐이다.

먼저, 4세기 후반에 들어서서 구릉 고소 대형분에 경주 양식 토기가 부장되기 시작하는 현상은 무엇을 말하는가? 이에 대해 말하기에 앞서 고소 고분군이 축조되기 시작하는 단계의 고분 구조에 관련해 한 가지 주목되는 현상이 있다. 앞 장에서 보았듯이 4세기의 전반의 말과 후반의 초로 각기 편년되는 복천동 25·26호와 31·32호는 복천동 고분군에서 전무후무하게 목곽과 묘광 사이에 적석을 한 구조를 가지고 있다. 이 구조의 성격에 대해서는 여러 가지 견해가 있으나 기본적으로 적석목곽묘의 초기 형태로 보아야 할 것이다.[112] 이들이 적석목곽묘인 점은 아무래도 피장자가 경주와 깊은 관련성을 가졌음을 말한다고 해석된다. 그리고 그 중 늦은 31·32호에서부터 신라 양식 토기가 본격 부장되기 시작함은 결코 우연이라 하기 어려우며 또 그에 바로 후속하는 21·22호에는 경주 양식 토기가 다수 부장되어서 이제 경주와의 관계가 좀더 깊어졌음을 시사한다고 보아 과히 틀리지 않을 것이다. 또 그 다음의 39호에서 보듯이 경주 토기의 유입은 일정하게 지속된다.

이로써 고소의 대형분을 축조한 집단은 이 지역 지배층 내의 신흥 유력 세력으로서 경주와 깊은 연관하에 등장하였다고 추론할 수 있다. 또 고소의 고분 수가 많은 점으로부터 경주 세력을 배경으로 한 이 집단의 위상이 다른 집단에 비해 그만큼 높았음을 알 수 있겠다. 그 점은 10·11호에서 출토된 금동관이 뒷받침한다. 10·11호는 축조 연대로는 4세기의 4/4분기이지만 그에 부장된 초화형 관은 아마 늦어도 4세기 3/4분기로 소급되는 시기에 경주로부터 하사되었을 것이다. 또 고소의 대형 고분군 배치가 그처럼 정연함은 어쩌면 이 집단의 권력 기반이 안정적이었음을 시사하는지도 모르겠다. 요컨대 고소의 고분군은, 신라 국가가 이 지역을 간접 지배하는 데서 4세기 중기까지 연계되었던 지배층 안의 기존 집단과는 다른 집단을 나타내며 신라 국가가 이들을 집중 지원함으로써 기존의 중심 집단을 약화시

---

112) 이러한 형태의 묘도 적석목곽묘의 범주에 넣어야 함은 李熙濬, 「경주 월성로 가-13호 積石木槨墓의 연대와 의의」, 『碩晤尹容鎭敎授 停年退任紀念論叢』(1996), pp. 287~310을 참조.

켜 나간 사실을 드러낸다고 이해된다. 기왕의 고분 축조 중심 지점이었던 저소의 소형 고분군에서 경주계 토기가 출토되지 않음은 이를 반증한다.

여기서 중위부 고분군의 성격이 문제가 된다. 중위부의 대형분 중에는 4세기 후반의 것도 있기 때문이다. 그러나 그 수는 적다. 그러면서도 저소에 이어 그 대형분에서 함안계 토기와 함께 경주계 토기도 출토됨을 볼 때 혹시 저소의 소형분군과 같은 집단에서 분화한 소집단의 고분군이 아닌가 싶다. 그래서 동래 지역에서 애초에 지배층의 주류를 이루었던 집단은 4세기 중기 즈음에 저소의 소형분군이 보여주듯이 약세로 전락하고 그에서 일찍이 분화한 소집단이 중위부에 대형분을 축조하게 된 것이라 추정된다. 이 중위부의 소집단은 경주와 연계는 갖고 있었지만 처음부터 신라 국가의 강력한 후원을 등에 업은 고소의 신흥 집단에 비해서는 약하였고 시간이 지나면서 차츰 더 열세에 놓이게 된 것이라 생각된다.

그것은 어떻든 앞의 편년 장에서 이미 말했듯이 고소에는 대략 4세기 말까지 축조된 대형분들이 전체적으로 능선부에 길이에 따라 배치된 형국이지만 그 안에서도 두 개의 소집단이 인지된다.[113] 이 두 단위로 구분되는 소군小群에서 적석목곽묘인 31·32호와 25·26호는 각기 처음으로 능선 중앙부를 차지하고 축조된 고분들이다. 이들이 4세기 중기를 전후하는 비슷한 시기에 조영된 것으로 보건대 고소의 대형분 피장자 집단은 유력 세력으로서 등장할 시점부터 이미 두 그룹으로 어느 정도 분화되어 있었으며 규모나 숫자로 보아 높은 쪽 소군의 피장자 집단이 상대적으로 우위에 있었던 것이라 여겨진다.[114] 그러나 다음 장에서 보듯이 후자의 10·11호분이 축조되고 부산 토기 양식이 성립한 이후 연산동 고총군이 축조되는 5세기경에는 이 소집단의 운명도 점차 쇠락의 길을 걷게 되니 5세기 전반 동안 그 옆에 축조된 소형 고분군이 그를 말해준다. 이는 신라 국가가 편 고도의 분리 지배 정책이 효과를 거둔 결과이다.

다음으로, 4세기 전반부터 지리적으로 가까운 김해를 건너 뛰어 멀리 함안 지

---

113) 제III장의 〈그림 III-2〉 참조.
114) 이에 관련하여 높은 쪽의 적석목곽묘(25·26호)가 먼저 축조되었다는 점도 의미심장하다.

역의 토기가 저소 대형분에서 나오는 현상을 어떻게 해석해야 할까? 이는 단순한 문화적 전파 현상은 결코 아니다. 함안계 토기가 1세기 가까이 지속적으로, 그것도 대형분에 주로 부장되기 때문이다.

우선, 함안계 토기가 나오기 시작하는 시점을 전후하여 부산 지역이 신라 영역화하였을 가능성이 있기에 그와 어떤 관련성이 있는 것으로 해석해 볼 수가 있다. 앞에서 말했듯이 신라 초기의 사로-지방 간 상하 관계를 말해주는 고고학적 증거는 특정하기가 무척 어렵다. 더욱이 어떤 것이라 정하더라도 대개가 양적으로 아주 드물게 출토될 것이라서 그 또한 불확실성의 원인이 된다. 이는 초기 단계의 상하 관계가 고고학적 증거에 곧바로 반영될 정도로 강력하지는 않았을 것으로 추정되기 때문에 당연한 현상이다. 그래서 현 단계에서는 확실한 고고학적 증거만을 요구해서는 곤란하고 본 연구의 틀처럼 문헌적 해석과 아울러서 보아야 한다. 그렇다면 그 전 시기에는 볼 수 없었던 경옥제 곡옥이 유력한 단서라 생각되는데, 복천동 고분군에서는 전술한 대로 38호, 80호 등 3세기 후반의 대형 고분에서 이것들이 출토되므로 그 즈음에 신라화가 된 것은 아닌지 추정해 볼 수도 있는 것이다.

신라화는 여러 가지 변화를 낳았을 터이지만 무엇보다도 이 지역의 대외 관계에 변화를 가져왔을 가능성이 적지 않다. 특히 낙동강을 끼고 인접한 까닭에 3세기대 내내 가장 관계가 깊었을 김해 지역[115]과의 관계에 변화가 일어났을 것이다. 김해 지역은 사로와 일찍부터 경쟁적인 관계에 있었으므로 부산 지역이 신라 영역화된 이상 그와의 관계에 일정한 변화가 초래되지 않을 수 없다. 더욱이 4세기 초를 전후하여 일어난 동아시아의 국제적 변화에 따라 한반도 남부 지방의 교역 체계에도 변화가 생기고 그 때문에 전대에 가장 강력한 세력 중 하나였던 김해 지역의 발

---

115) 부산과 김해 지역의 토기 문화가 도질토기의 출현을 전후하여 공통성이 많음은 널리 지적되고 있으며, 그 점은 당시 두 지역의 관계를 시사하는 증거이다. 그렇지만 그 관계를 확대 해석해서 부산 지역을 김해 지역과 마찬가지로 변한이었다고 단정하거나 두 지역이 당시에 하나의 정치적 단위를 이루고 있었다고 해석할 수는 없는 일이다. 무엇보다도 신라 · 가야 토기 단계의 토기 양식과 그 전 고식도질토기 단계의 토기 양식이 지닌 의미를 같은 차원에서 해석할 수는 없기 때문이다. 더욱이 그에서 출발하여 그 후로도 두 지역이 金官伽耶라는 하나의 정치적 단위를 이룬 것으로 보는 관점은 받아들이기 어렵다.

전이 둔화되게 된 점[116]도 한몫을 하였을 것이다. 바로 이러한 변화 속에서 변한 또는 가야 세력 중 함안의 안야국安邪國이 상대적으로 부상하게 되자 신라의 지배하에 막 들어간 부산 지역의 지배층은 그와 연계하려 하였을 가능성을 생각할 수가 있다.

이러한 연계는 신라의 간접 지배하에 막 들어간 지배층 안에서 원심적遠心的 운동성을 가진 세력이 시도하였던 것으로 추정된다. 저소의 지배층 중에서 분화한 일파가 대략 4세기 후반에 조영한 중위부 고분에서 함안계 토기와 함께 경주계 토기가 부장되는 데 반해 그와는 다소 다른 배경을 가졌다고 보이는 고소 대형분에서는 함안계 토기가 전혀 나오지 않고 경주계 토기만 나오는 점은 역시 전자가 지배층 안에서 그러한 원심적 집단으로서 존속하였음을 시사한다. 또 신라 국가는 역으로 그러한 원심적 경향의 집단보다도 고소의 신흥 집단을 지원함으로써 그러한 원심성을 견제하려 하였던 것으로 판단된다.

이상과 같은 배경을 갖는 것이 4세기에 들어서 저소와 중위부의 대형분을 중심으로 지속적으로 부장되는 함안계 토기가 아닌가 하고 해석해 볼 수 있다. 이러한 추론은 신라 국가의 간접 지배 초기 단계라 할 4세기대에 지방 지배층이 지녔던 상대적 자율성을 염두에 둔 것이기도 하다. 4세기 말에 부산 양식 토기가 성립하여 부산 전역의 대소 고분군에 부장됨으로써 역내의 통합이 한층 진전되었음을 시사하는 단계에서 함안계 토기의 유입이 끊어짐은 이러한 추론의 방증이 될 수도 있다.

그런데 한 가지 문제는 1세기 가까이나 부산과 함안의 지배층 사이에 이처럼 깊은 상호관계가 지속된다는 점이다. 이는 위에 말한 상대적 자율성의 관점에서만 풀이할 수 없는 현상일지도 모르겠다. 그래서 대략 4세기를 전후해서부터 함안계 토기가 김해 지역 토기를 대신하여 출현한 점까지 같이 고려할 때 그 즈음에 부산 지역과 함안 지역 사이에 그런 관계가 성립하는 데 구체적으로 어떤 중요한 계기가 있었던 것은 아닌가 하는 데 생각이 미치게 된다. 이 대목에서 혹시 이른바 포상팔

---

116) 이에 대해서는 李賢惠, 「4세기 加耶社會의 交易體系의 변천」, 『韓國古代史研究』 1(1988), pp. 157～179를 참조.

國浦上八國의 난亂이 그 계기는 아니었나 싶다.

포상팔국의 난은『삼국사기』에 3세기 초의 사건으로 기록되어 있지만 본 연구와 같이 수정론의 입장에 서면 3세기 후반에서 4세기 전반 사이에 일어난 것으로 해석된다. 이를 5세기 초로 설정하기도 하지만[117] 그리 되면『삼국사기』소국 복속 기사 등을 비롯한 초기 사건의 연대에 대해 일관성 있는 견해를 세우기가 불가능하기에 자칫 자의적 해석이 될 위험성이 크다. 바로 이런 이유 때문에 앞의 방법론 장에서 모델을 이용한 접근, 이 경우는 전사론에 입각한『삼국사기』초기 기록 수정론의 견지에서 일관된 해석 틀을 구성해야 한다고 주장하였던 것이다. 한편 이 사건의 연대를 4세기 전반대로 해석하면서 낙랑·대방군이 소멸된 이후 일어난 교역체계의 변동에 따른 사건으로 한정하기도 하는데,[118] 그보다는 3세기 말에서 4세기 초에 걸쳐 일어난 교역 체계 변동의 와중에서 남해안 지역 정치체들이 교역로를 둘러싸고 벌인 이해 다툼이 발단이었을 것으로 봄이 낫다고 생각한다. 그 때는 앞에서 상정한 대로 소국 정복 기사의 연대 기술 순서나 기타 정황들로 보아 사로의 진한 소국 복속 활동이 상당히 진척된 때였다고 이해된다.

다음으로, 포상팔국의 공격을 받은 '국'이 어디인가에 따라 이 사건의 의미와 그에 이은 상황 전개의 해석이 크게 달라지는데 현재 김해의 구야국狗邪國이라는 설이 우세하다. 하지만『삼국사기』의 열전列傳에는 분명히 공격을 받은 대상이 아라阿羅, 즉 함안 지역으로 나오는데도 본기本紀에 가야加耶, 가라加羅로 되어 있다 해서 그것이 무조건 김해를 가리킨다고 보기는 어려울 듯하다.『삼국사기』에서 가야의 제 세력은 의도적으로 으레 김해 세력인 것처럼 서술되고 있다는 사료 비판적 지적[119]을 귀담아 들으면 열전의 기록이 가지는 의미는 각별하다고 할 수 있어서 함안을 포상팔국의 공격 대상으로 볼 수 없는 바가 아니다. 실제로 함안의 안야국

---

117) 박천수, 「5~6세기 호남 동부지역을 둘러싼 大伽耶와 百濟」,『교류와 갈등―호남지역의 백제, 가야, 그리고 왜―』(제15회 호남고고학회 정기 학술대회, 2007), p. 134.

118) 金泰植, 「咸安 安羅國의 成長과 變遷」,『韓國史研究』86(1994), pp. 51~52.

119) 朱甫暾, 「序說―加耶史의 새로운 定立을 위하여―」,『加耶史研究―대가야의 政治와 文化―』(慶尙北道, 1995), p. 47.

으로 보는 견해도 있으므로 이를 취한다면 포상팔국의 난이 평정됨을 계기로 함안 지역이 신라와 교린 관계에 들어감에 따라 때마침 신라의 간접 지배하에 들었던 남부의 부산 지역과 상호 우호적 연계를 이루었다고 상정할 수 있는 것이다. 사실 이 것만으로 두 지역이 가까운 관계를 맺은 이유가 설명되는 것은 아니다. 혹시 신라 가 위기에 빠진 함안을 구원하는 과정에서 부산 지역이 관련되었는지도 모르겠다. 그 난이 발생하자 신라는 가까운 군郡과 6부 군사로 하여금 함안을 구원케 한 것으로 기록에 나오는데,[120] 그 가까운 군이 이미 복속된 경주 남방의 부산 지역이나 양산 지역을 가리킬 가능성이 있는 것이다. 그래서 이 난을 계기로 함안과 부산 지역 사이에 일정한 우호 관계가 생겼던 것으로 볼 수도 있다. 어떻든 위에서 추론한 바와 같이 그 연계 관계를 주도한 집단은 바로 복천동 고분군의 저소와 중위부에 대형분을 조영한 집단이었다고 생각된다.

하지만 이런 상호관계를 주도하였던 집단은 신라의 지역 세력 분할 및 견제 정책 때문에 대략 4세기 중기를 고비로 약화되면서 점차 쇠퇴하게 된다. 이는 바로 저소 소형분군小形墳群과 중위부 대형분大形墳의 양상이 말하여 준다.

복천동 고분군을 전체적으로 볼 때 주목되는 한 가지 특징은, 무기·무구류의 부장은 풍부한 반면에 착장형 금공 위세품류는 극히 빈약하다는 점이다. 사실 복천동 고분군에서는 중위부와 고소의 소형분은 물론이러니와 대형분까지 포함해서 전체적으로 착장형 위세품이라고는 두 점의 금동관과 귀걸이 몇 개 정도가 나왔을 뿐이다. 이는 다른 지역에서는 소형 고분에도 귀걸이가 드물지 않은 것과 대조적이다. 4세기 후반~5세기 초의 고분을 대상으로 예컨대 경산 지역과 비교하면 너무나 분명하게 대비된다.[121] 이는 두 지역에 대한 신라의 지배 방식이 달랐음을 시사하거니와 특히 부산 지역은 여타의 지역과도 달랐던 듯하다. 여기서 착장형 위세품 대신에 무기·무구가 풍부한 데 주목한다면, 그것은 우선 이 지역이 사로를 남방으

---

120) 『삼국사기』 卷48 列傳8 勿稽子傳, "尼師今使王孫捺音率近郡及六部軍往救".

121) 경산 임당·조영동 고분군에서 도굴 때문에 불분명한 예는 제외하더라도 금동관(편)이 확실하게 출토된 고분은 5세기 1/4분기까지 4기이고 그 이후 시기에도 5기가 있다. 金龍星, 『新羅의 高塚과 地域集團―大邱·慶山의 例―』(춘추각, 1998), pp. 82~84의 〈표 3. 林堂遺蹟 高塚의 出土遺物〉 참조.

로부터의 외침에 대해 방위하는 데 중요한 완충 지대 역할을 할 수 있는 점과 관련될 가능성이 크다 하겠다. 그러면서 낙동강 하류 서안의 김해 세력에 대한 신라의 전진 기지였을 양산 지역의 역할을 보완하는 지역이기도 한 점 또한 관련이 있을 것이다. 포상팔국의 난에서 이곳으로 추정되는 근군近郡을 동원하였다는 것은 바로 이런 지리적, 전략적 맥락과 관련이 있다고 보인다.

다만 무적武的 성격이 강한 부산 지역 세력이 경주에 도리어 위협이 될 수도 있다는 점을 생각한다면 이 지역에는 일찍부터 동향을 감찰하는 일을 맡은 군관과 같은 인물이 파견되어 있었을 가능성을 상정할 수가 있겠다. 그 군관은 지방군 동원에서 당연히 생기는 지휘상의 문제 등에 관련된 조정 역할 또한 맡았을 터이다. 마립간기 신라의 지방 지배 방식 중에 중요한 군사 요충지에 군관 등을 파견하여 상주케 하는 유형을 설정하고 실제로 포상팔국의 난에 관련된 근군 동원의 기록을 그 예로 인용하면서 지방군의 조직이나 동원은 재지 세력의 자치에 맡겨졌던 것으로 본 견해[122]는 이러한 해석에 참고가 된다. 바로 그런 자치성은 부산 지역 지배층이 신라 국가의 간접 지배하에 있으면서도 함안의 지배층과 일정한 의례 관계를 맺고 유지한 배경이 될 수 있는 것이다. 또 지방관은 아니지만 그러한 감찰 임무를 가진 군관이 파견되어 있었다면 이는 다음 장에서 말하는 대로 부산 지역이 여타 지역에 비해 일찍이 신라 국가의 직접 지배하에 드는 한 가지 배경이 될 것이다.

한편으로 복천동 고분군의 4세기대 고분에서 함안 양식 토기의 출토가 빈번하다는 사실은 이 지역의 독자성을 나름대로 반영한다고 보인다. 그리고 경주 양식 토기가 4세기 후엽에 이르기까지 고소의 고분군에서만 출토된다는 점도 이 지역 세력과 경주 세력의 상호관계가 이 지역 최상층부 집단을 중심으로만 이루어졌음을 시사한다고 해석된다. 즉 신라 정부의 지방 촌락 지배라는 관점에서 볼 때 4세기 후엽까지는 경주의 입김이 이 지역의 중심촌中心村 상층부에 머물고 있었음을 반영한다고 추정되는 것이다. 그러다가 4세기가 끝나가는 시점의 복천동 10·11호 단계에 이르면서 사태는 일변한다. 신라 양식 안의 한 지역 양식이 성립하여

---

122) 朱甫暾, 「麻立干時代 新羅의 地方統治」, 『嶺南考古學』 19(1996), pp. 31~32.

이 복천동 고분군 안의 낮은 위계 고분에도 부장될 뿐 아니라 부산 지역 내 하위 촌락의 고분군에도 본격 부장되는 것이다. 이는 아마도 그 즈음에 부산 지역에서 지역 정치체의 대대적 재편이 일어났음을 반영하는 것이 아닌가 싶다.

이상에서 4세기 중·후반의 복천동 고분군을 사례로 4세기 신라의 지방 지배가 지닌 일면을 살펴보았는데, 다른 지역에서는 아직 이 정도의 분석을 해볼 만큼 자료가 축적되어 있지 못한 상태이다. 다만 부산 지역과 마찬가지로 이른 시기부터 경주의 영향을 받기 시작한 것으로 보이는 경산 지역에서는 역시 4세기 2/4분기로 편년되는 임당 G-5, 6호(사진 2)가 적석목곽묘이며 그에서 3세기대의 위세품과는 다른 새로운 위세품이라 해야 할 경옥제 곡옥이 출토된 점이 주목된다. 그리고 그보다 다소 늦지만 CII-2호는 아마도 4세기의 3/4분기로 소급될 가능성도 있는데, 그에서 대형의 경옥제 곡옥이 출토된데다가 그 묘제 또한 적석목곽묘라는 사실은 시사하는 바가 크다. 그런데 CII-2호에 연접 설치된 CII-1호는 마찬가지로 연접하여 표형분을 이룬 두 묘가 모두 적석목곽묘인 G-5, 6호와는 달리 이 지역의 고유 묘제인 암광목곽묘岩壙木槨墓이다. 한편 그에 이어지는 시기부터 이 고분들이 들어선 곳보다 높은 자리에 이 지역 특유의 대형 목곽묘 고총들이 몇 개의 군을 이루면서 연이어 축조되는 현상은 흥미롭다. 이 지역 토기 양식도 그때부터 성립하여서 부산 지역과는 다른 상황의 간접 지배가 이루어지고 있었음을 시사하지만 지금까지 공개된 자료로써는 4세기 후엽을 제외한 마립간기의 자세한 사정은 말하기 어렵다. 그래서 경산 지역의 4세기 후엽 상황에 대해서는 다음 장에서 지역 고총에 대한 해석을 시도할 때 같이 다루기로 하겠다.

의성의 경우도 탑리 제I곽에서 출토된 금동관은 제작 및 하사 시기가 아마도 4세기의 3/4분기로 소급될 가능성이 있다.[123] 그래서 의성 지역에 대한 신라의 간접 지배는 현재의 자료로 보아서는 아마도 4세기 후반부터 본격화된 것으로 추정된다. 의성 지역의 4세기 자료는 이 한 예뿐이므로 역시 다음 장에서 같이 다루기로 한다.

---

123) 다만, 그와 공반된 다른 착장형 위세품들은 하사 연대가 그보다 늦을 가능성도 있다.

사진 2 경산 임당 G-5, 6호분

　4세기 신라의 지방 지배 수준을 요약하면 아직 각 지역의 중심 지구로만 국가 권력이 침투해 들어간 상태로서 그것은 신라식 위세품이 중심 지구 고분군에만 부장되는 데서 엿볼 수 있다. 그리고 신라 국가의 권력이 강하게 확립되지 못한 마립간기 초기의 지방 지배는, 기존의 지역 집단에서 중심을 이루었던 세력을 약화시키고 이이제이의 방식으로 견제하기 위해 지역 정치체 안의 지원 대상 집단들을 필요에 따라 바꾸는 방법을 동원하였다고 판단된다.

그러나 지방 지배는 4세기 말이 가까워지면서 다시 강화되었던 것으로 보인다. 이는 지역 토기 양식이 성립되어 지역 전역의 고분에 부장되는 부산 지역에서 잘 엿볼 수가 있다. 또 신라화가 다른 지역에 비해 많이 늦었던 창녕 지역에서는 4세기 말에 주요 읍락의 고총군인 계남리 고분군에 신라식 위세품이 부장되는데, 이 고분군은 5세기대의 창녕 지역 고총군 양상으로 보아 원래부터 중심 읍락 고총군이 아니었거나 곧 그 위치를 교동 고총군으로 넘겨준 것으로 판단된다. 그래서 신라 국가가 지역 안의 읍락들을 분리 견제하기 위한 방책의 일환으로 그러한 조치를 취했다고 추정되며 이는 신라 국가의 지배력이 상대적으로 빠른 속도로 침투해 들어갔음을 시사한다. 그러나 경산 지역처럼 일찍이 신라화되었으되 부산 지역과 달리 다수의 읍락으로 구성된 지역들은 그 속도가 상대적으로 느렸던 것으로 생각되며 아마도 중심 읍락에만 우선적으로 신라 국가의 지배력이 침투해 들어갔던 것은 아닌가 싶다.[124] 이러한 차이는 후자의 세력이 강하였기 때문이라기보다는 신라 국가가 지방 지배에서 취한 전략상 우선순위 때문이었을 것으로 추정된다. 어떻든 이처럼 신라 국가의 권력이 지방에 침투되는 데서 지역별로 차이가 있었거니와 그러면서도 4세기 말에 이르면 이동 전역에서는 지방 지배가 확립된다고 볼 수 있다. 앞에서 지적하였듯이 많은 지역에서 5세기 초부터 부장되는 신라식 위세품이 아마도 4세기 말에는 하사되었을 것이기에 이와 같이 추론할 수가 있다.

---

124) 경산 지역의 또 다른 주요 읍락 고분군인 신상리 고분군에서는 연대가 다소 늦기는 하지만 적석목곽묘로만 이루어진 고총군이 확인되어서 사정이 그리 간단치만은 않았던 것 같다. 이에 관련된 논의는 李熙濬, 「경산 지역 고대 정치체의 성립과 변천」, 『嶺南考古學』 34(2004), pp. 25~33을 참조.

제 II 장

5세기 신라의 지방 지배

문헌사에서는 마립간기의 사료가 영성零星하기 때문에 4세기 후반에서 5세기대까지의 변화를 통시적 관점에서 다루기가 어려울 뿐만 아니라 각 지역의 구체적 양상을 비교 검토하기도 곤란하다. 그런 까닭에 4, 5세기를 구분하지 않고 사로 바깥의 신라 전역을 전체적으로 간접 지배한 것으로 일괄함이 일반적인 듯하다. 때로 문헌 기사를 정밀 분석하여 간접 지배의 몇 가지 유형을 적출하고 그 유형들이 어떤 지역에서는 시간의 흐름에 따라 단계적으로 시행되었을 가능성을 지적[1]하기도 하지만 역시 각 지역에서 그것을 구체적으로 추적하기는 무리이다. 요컨대 문헌사에서는 4세기와 5세기를 통시적으로 구분하여 지역별 실상을 구체적으로 파악하거나 공시적으로 상호 비교하는 것이 대단히 어렵다 하겠다.

고고학에서도 앞에서 보았듯이 4세기대는 아직까지 자료가 부족하여서 지역별 연구가 무척 어렵다. 하지만 5세기대는 지역별로 편차는 다소 있으나 자료가 상당히 축적되어 있으므로 각 지역의 모습을 어느 정도 더듬어 볼 수가 있고 또 그것을 바탕으로 지역간 비교도 시도해 볼 수 있다. 이 점은 고고학이 문헌사에 대해 가

---

[1] 朱甫暾, 「麻立干時代 新羅의 地方統治」, 『嶺南考古學』 19(1996), pp. 27~32.

진 약간의 강점이 아닌가 싶다.[2] 또 크게 보아 5세기대와 4세기대의 차이를 개략적으로라도 논할 수 있기도 하다. 물론 자료를 어떻게 분석 종합해서 그러한 목표를 이루느냐가 가장 큰 관건이지만, 일단 당대의 자료가 있는 터라 그에 관한 단서는 잡고 있는 것이다.

이 장에서는 5세기 신라의 각 지역에 축조된 고총에 초점을 두고서 당시 신라의 지방 지배가 지닌 구체적 양상을 살펴보기로 한다. 되도록 4세기 신라의 양상과 비교하기로 하되 일단 신라 영역 안에서의 변화이므로 역시 경주와 각 지역 사이의 관계라는 관점에서 본다. 먼저, 5세기 신라 고총의 의의를 좀더 자세하게 논의한다. 다음, 이를 바탕으로 각 지역의 사정을 더듬어 본 후 5세기 지방 지배의 양상을 종합한다. 끝으로, 5세기 후반에 본격화되는 고총의 쇠퇴를 신라의 지방 지배가 진전된 결과라는 관점에서 간략히 검토하기로 하겠다.

1. 신라 고총의 의의

앞의 편년에 나타난 대로 신라의 각 지역에서 지금까지 발굴된 고총들은 대개 5세기대에 속한다. 그것만으로 낙동강 이동 지방의 고총이 전부 5세기의 현상이라 해버릴 수는 없지만 그 중심 연대는 5세기대라고 보아 크게 틀리지 않는다. 특히 각지에서 군을 이루고 축조된 고총의 경우가 그러하다. 그래서 5세기는 고총군高塚群의 시대라고 할 수 있으며, 이때는 사로로부터 신라 대부분 지역에 위세품이 다양한 양태로 하사되고 고총이 본격 축조되며 또한 신라 토기 양식의 통일성이 점차 강화되는 경향이 나타난다. 이러한 고총 현상[3]이 낙동강 이동의 각 지역에서 나타

---

2) 영남 지방은 여러 지역의 5세기대 자료가 그만큼이나마 축적되어 있다는 사실 또한 한반도 남부의 다른 지방에 비해 훨씬 좋은 연구 여건이라 하겠다.

3) 이 용어는 고총, 즉 고대(高大)한 원형 성토분(盛土墳)이 다른 고고학적 현상과 별개로 존재한 것이 아니라 그와 깊이 연계된 총체적 현상으로서 당시 사회를 반영하고 그로써 하나의 중요한 분석 단위랄까 대상이 된다는 뜻에서 사용한다.

나게 된 데에 신라 국가가 지방 지배에서 이룬 진전이 깊이 관련되어 있을 가능성은 앞에서 이미 지적하였다. 이제 이를 바탕으로 5세기 신라의 모습을 좀 자세히 그려보기 위해 각 지역 고총이 함축하고 있는 의미를 좀더 심도 깊게 살펴보아야 할 것 같다.

고총이 앞 단계의 고분과는 질적으로나 양적으로 커다란 차이를 보이는 현상임은 제1부 제Ⅱ장에서 누누이 말하였다. 다만 그때의 논의는 각지 고총의 출현이 신라의 지방 지배와 관련이 있음을 논증하는 데 초점을 두었기 때문에 고총이 출현한 이후 5세기를 전후해 각지에서 본격적으로 군을 형성하는 단계에 보이는 정형성에 대해서는 언급하지 않았다. 여기서 그 중 가장 중요한 한 가지를 지적하고 고총의 의의를 논하기로 하겠다.

각 지역 고총군을 개관하면 한 지구의 고총군이 몇 개의 소집단으로 나뉘어 축조되는 현상을 알아볼 수가 있다. 이는 모든 지역에서 뚜렷이 나타나지는 않지만 대고분군이 형성되어 있는 경주 지역이나 고령 또는 함안 지역에서 쉽게 인지된다. 이 지역들이 신라와 가야의 핵심 지역들이라는 점을 생각하면 그러한 축조 양상이 해당 지역의 정치적 발전과 어떤 관련이 있음은 분명하다. 즉 5세기 고총 단계에서 각 사회에 어떤 질적 변화가 일어나고 있었음을 시사하는 현상이라 할 것이다.

대구 지역의 달성고분군에서도 그러한 현상이 나타나기에 고분군 전체를 혈연 관계에 있는 지배 집단의 공동묘지로 보는 경우 이는 그 안에서 서로의 혈연을 분간할 정도로 가계 집단이 분화되고 그간에 상당한 정치적, 경제적 차이가 생겨났음을 가리킨다고 해석[4]된 바 있다(그림 V-1).[5]

이처럼 고총이 여러 소집단들로 나뉘어 조영되는 현상은, 신라의 각 지역 단위에서는 대구 지역의 달성 고분군처럼 대개 중심 지구 고분군, 즉 아마도 진·변한 시기의 국읍에 해당하였을 지구의 고총군에서 뚜렷하게 나타난다. 그런데 그 전체

---

4) 朱甫暾, 「新羅國家形成期 大邱社會의 動向」, 『韓國古代史論叢』 제8집(1996), pp. 129~134.
5) 단, 이 그림은 달성 고분군에 대해 위의 논문과 약간 다른 소집단 구분을 한 咸舜燮, 「大邱 達城古墳群에 대한 小考 ─日帝强占期 調査內容의 檢討─」, 『碩晤尹容鎭教授 停年退任紀念論叢』(1996), p. 359의 〈도면 5〉를 전재한 것이다.

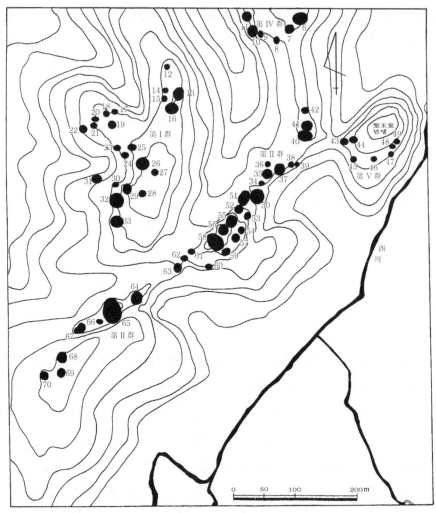

그림 V-1 달성 고총군 분포도

가 혈연관계에 있는 한 집단의 것인지 아니면 중심 읍락의 지배층을 구성한 몇 개

세력 집단의 것인지는 아직 단정할 수 없다고 본다. 하지만 적어도 그 중 일부는 혈

연관계에 있는 한 집단 안에서의 분화를 반영한다고 보아야 할 것이다. 그렇다면

이는 전에 보이지 않던 새로운 현상으로 고분 변천의 관점에서 볼 때 아주 중요한

변화이다.

　　제1부 제II장에서 본 바와 같이 고총은 진 · 변한 이래 고분 변천을 통시적으로

볼 때 양적으로나 질적으로 분명한 하나의 획기를 이루는 고고학적 현상이다. 그래서 이는 이전과는 무언가 달라진 사회의 모습을 반영한다고 보아도 좋을 것이다. 4세기대 목곽묘 또는 석곽묘 고분군[6]의 경우는 개개의 분구가 별로 드러나지 않고 고분이 축조된 구릉 전체가 마치 하나의 분구를 이룬 듯하였던 데서 엿볼 수 있는 바와 같이 선대의 공동체적 모습이 아직 강하게 잔존하였다. 그에 반해 5세기대의 고총들은 분명한 개별성, 과시성을 띠면서 그에서 벗어난 모습을 나타낸다. 고총이 몇 개의 소집단을 이루고 조영되는 현상은 더욱 그러하다. 그래서 진·변한 이래로 공동체 성원으로부터 점차 분리되어 온 지배층이, 이전보다 한층 배타적인 묘구墓 區에다 전체적으로 과시성, 존속성이 강한 분구를 조성하면서 개별성을 추구한 데서 알 수 있듯이 이제는 그 지배층 안에서도 피아의 구별을 분명히 하려는 의도가 엿보인다.

그러면 이런 고총이 출현하게 된 계기는 무엇인가. 지금까지 특별히 그를 설명하고자 하는 시도는 없었다. 이로 보건대 지역 사회 전체가 발전함에 따라서, 또는 그 지배층의 권력이 성장함에 따라서 자연스레 나타난 결과로, 즉 다분히 자연스러운 진화 현상인 듯이 암묵간에 받아들이고 있는 듯하다. 이는 고분 자료의 지역간 유사성을 해석할 때 흔히 거론하는 지역간 문화적 영향, 즉 모방에 의해 고총이 나타났다는 정도로 이해함을 말한다. 그리고 이러한 해석과 표리를 이루지만 고총이 각 지역의 독자성을 상징하는 것처럼 이해함이 일반적인 듯하다. 즉 고총을 각 지역이 정치적으로 독립, 자치적이었음을 나타내는 지표로 받아들이는 것이다. 그래서 낙동강 동안東岸의 여러 지역이 5세기를 넘겨서까지 신라의 영역이 아니었음은 물론이고 심지어는 영향권 안에조차 들지 않은 지역이었다거나 영향권 안에 들었더라도 정치적으로는 여전히 가야였다는 해석을 하였다. 이는 고총이라는 현상이 각 지역의 정치, 경제적 성장을 나타내는 이상 그들이 만약 신라의 지배하에 있었다면 이런 현상은 생겨나지 않았을 것으로 본 때문이 아닐까 싶다.

물론 앞에서 말한 고총 현상의 전반적 과시성과 지역색에만 주목하면 고총이

---

6) 대표적 예로 동래 복천동 고분군을 들 수 있다.

각 지역의 독자성을 상징하는 것처럼 보일 수도 있다. 또 고총에 보이는 질적, 양적 변화는 앞 시기보다 한층 심화된 사회 분화라든지 그에 기반을 둔 노동력 동원 등을 전제로 하므로 일차적으로 그것이 소재한 지역 사회의 자체 진화를 배경으로 출현한 것으로 볼 수밖에 없다. 하지만 각 지역의 진화가 그처럼 양적, 질적으로 급격해진 계기는 그것만으로 쉽사리 설명되지 않는다. 그리고 고총 현상은 주요 지역마다 고분 변천에서 하나의 단계로 나타나지만 초현 연대는 지역에 따라 달라서 단순히 지역간 모방 현상으로만 치부해버릴 수 없는 면을 분명히 갖고 있다.

고총의 분구 형태가 영남 전역에서 모두 평면 원형이나 타원형을 이루는 점을 보면 고총 축조에 문화적 모방의 측면이 전혀 없다고는 할 수 없겠다. 그러나 그 모방은 어떤 지역에서 고총이 영조될 수 있는 여건이 성숙된 상태라야 비로소 구체화될 수 있는 것이지 그렇지 못하면 다른 지역의 고총 축조 현상을 아무리 인지하였더라도 결코 일어날 수가 없다. 그 여건이란 지역 사회 전반의 진화력이 이전보다 현격히 제고된 것이겠지만, 구체적으로는 지역 사회의 분화가 심화됨으로써 일정 수준의 정치적 진화를 달성한 것이 가장 직접적인 여건이라 하겠다. 가야의 경우라서 신라와는 약간 다른 측면이 있었을지도 모르지만 금관가야의 중심지인 김해 지역에 고총다운 고총이 없는 점은 이에 대한 역설적 증거가 될 수 있겠다. 금관가야가 한때 가야를 대표하다시피 하였고 문헌 기록으로 보아 6세기 전엽까지 존재하였음이 분명한데도 그 중심지인 김해 지역에서 고총 집중 분포지가 여태껏 발견되지 않는 까닭은 바로 다른 지역에서 고총이 출현하는 단계를 전후해서 이 지역의 사회 진화 속도와 강도가 급격히 둔화된 데 있다고 보인다. 사회 진화가 그처럼 갑자기 둔화된 원인과 계기는 여기서 상론할 겨를이 없지만 김해 지역이 고총 출현을 전후한 시기인 서기 400년 고구려 남정에서 겪은 역사 과정에 있었을 것임은 분명하다.[7]

---

7) 연산동 고총군이 소재한 부산 지역을 금관가야권에 포함시키는 견해들은 모두 김해 지역의 고총 부재 현상을 염두에 두고 대략 5세기 이후로 중심지가 거기에서 부산 지역으로 옮겨갔다고 설정함으로써 이 문제를 간접적으로 해소하려는 의도를 가졌다고 생각된다. 그러나 앞에서 논한 대로 부산은 다른 어느 지역보다도 일찍 신라화되었다고 판단되므로 이는 받아들일 수 없다. 朱甫暾, 「4~5세기 釜山地域의 政治的 向方」, 『가야사 복원을 위한 복천동고분군의 재조명』(제1회 부산광역시립복천박물관 학술발표대회, 1997), pp. 69~101에서도 지적하였듯이 적어도 5세기 이후의 부산을 금관가야로 설정하려면 무엇

고총 현상은 총체적, 심층적으로 해석되어야지 표피적으로만 보아서는 제대로 이해될 수가 없다. 각지의 고총이 다른 지역의 고총 축조를 단지 모방한 문화적 현상이라는 해석은 무엇보다도 중요한 사실을 간과하고 있으니 곧 낙동강 이동 지방의 고총에는 반드시 지역 양식의 신라 토기와 경주식 금공 위세품이 공반된다는 점이다. 이 금공 위세품은 경주식이자 이동 양식, 즉 신라식이기도 하다. 이동 지방 각지의 중심 지구에서 군을 이루고 축조되는 고총에는 으레 가장 이른 것에서부터 경주식 금공 위세품이 부장되기에 고총군의 등장과 그것이 깊은 상관관계가 있음을 말하는데, 이 위세품은 고총 주인공의 사망시가 아닌 생전에 하사되었을 것이라서 그 상관관계는 모종의 인과관계를 시사한다. 즉 시간적 선후 관계로 보아 위세품이 고총군 출현에 앞서 하사되므로 양자는 모종의 인과관계를 이룰 가능성이 큰 것이다. 예컨대 경산 지역의 임당 · 조영동 고총군을 보면 임당 7A호나 조영 EIII-2호는 앞 시기의 개별고총들보다 높은 위치에 각기 소군을 이룬 고총군 중 제일 먼저 축조된 것인데 이에서는 신라식 금공 위세품이 출토되었다.

고총군 축조 현상이 그냥 각 지역의 독자적, 자치적 성장의 결과라고 해석한다면 고총군이 왜 한 곳도 아니고 이동 지방 전역에서 한결같이 경주에서 하사된 신라식 위세품이 부장되면서 형성되느냐 하는 의문에 답할 수가 없다. 즉 각 지역의 고총 현상을 동일 양식 위세품의 공유와는 아무런 관계가 없는 독립 현상인 듯이 보는 것은 잘못임을 강력히 시사한다. 상관관계가 있을 뿐 아니라 인과관계를 가진 현상임이 분명하다.

위세품이란 계서화가 진전된 사회에서 개인의 사회적 지위를 과시하는 정치적 기능을 가진 것이고 고위층에 의한 그것의 하사 행위 자체가 고도의 정치 현상이기 때문에 위세품 하사와 고총군 형성이 나타내는 시간적 선후 관계는 전자가 후자라는 결과를 낳는 데 일정한 몫을 하였음을 말한다. 각 지역의 위세품이 공통적으로 신라식이라는 사실은 곧 그것이 해당 지역 사회 안에서 지위의 상징이면서 동시에

보다 문헌적, 고고학적 근거를 먼저 제시해야 할 것이다. 김해 지역의 고총군 부재 현상은 5세기 금관가야를 반영하는 하나의 고고학적 현실로서 받아들인 후 그 이유를 이 지역의 역사 전개 과정에 결부지어 설명하고자 노력해야 한다.

신라 국가라는 틀 안에서도 지위의 표징임을 드러내는 것이므로 제1부에서 설정한 대로 신라 국가에 의해 4세기에 시작된 간접 지배라는 정치적 현상이 지역 고총의 등장에 중요한 계기였음을 일러 주는 사상事象이다.

앞에서 4세기를 전후한 경옥제 위세품의 분여가 진·변한 시기의 경주와 여타 지역 간 관계로부터 변화된 새로운 관계, 즉 신라 초기의 사로와 지방 간 지배-피지배 관계를 시사할 가능성도 있음을 지적하였는데, 그에서 다시 한걸음 더 진전된 간접 지배의 강화를 나타내는 것이 금공 위세품의 하사이다. 그리고 이처럼 간접 지배가 강화됨에 따라서 중앙정부 사로를 배경으로 지방의 각 지역 지배층에 역내의 정치, 경제적 힘이 집중되는 현상이 심화되면서 나타난 결과 중 한 가지가 곧 고총의 축조라 해석된다.

고총의 등장은 지역 사회 전반의 성장을 말하는 것이지만, 구체적으로는 지역 사회의 권력과 부가 이전에 비해 현격하게 지배층에 집중되었음을 나타낸다. 즉 공동체적 성격이 강하였던 진·변한 시기의 각 지역 읍락 사회가 점차 분화되는 중에 신라로 통합되면서 신라 국가의 간접 지배를 받음에 따라 지배층과 피지배층의 분화가 가속화되었다는 것이다. 간접 지배란 지역 지배층의 정치, 경제적 기반을 해체하지 않고 그들을 통해서 각 지역을 지배하는 방식이기에 지역 지배층은 그 과정에서 스스로의 권력 기반을 가지고 중앙 정부의 권력을 위임받는 형태로 공동체 성원들에게 한층 강화된 권력을 행사하였던 것이며, 막대한 노동력이 동원되었을 고총 축조는 이러한 사회 변화를 배경으로 한다. 또 무덤에 부장되는 유물의 양이나 질이 이전에 비해 현저한 비약을 보이는 점은 곧 경제적 집중이 강화되었음을 상징한다. 그리고 공동체의 일반 성원과는 분리된 배타적 묘구에 고분군을 조성한 지배 집단도 이윽고 그 안에 분화가 일어나 소집단들이 피아를 구별하게 되자 각 집단이 따로따로 고분군을 조영하니 고총군 분포에서 소군집들이 생겨난 것이다.

고총군 출현이 신라 국가의 지방 지배 강화와 인과관계에 있음을 간접적으로 뒷받침하는 고리로 들 수 있는 현상이 4세기 말 5세기 초 즈음에 나타나는 철제 농기구의 변화와 그로부터 추론되는 농업생산력의 증대이다. 지금까지 읍락 공동체의 해체를 가속화한 전제로 농업생산력의 증가에 주목하였으나 그것이 구체적으로 어떤 과정 속에서 나타나는지는 설명하기가 막연하였던 것이 사실이다.[8] 또 생산력의 증대를 가져온 농업 기술의 발전이 자연스레 일어난 현상인 듯이 가정하나 각 지역의 기술 발전이라는 것이 반드시 저절로 이루어진 것만은 아닐 터여서 그 과정 또한 설명이 필요하다. 더욱이 문헌사 분야에서는 농업생산력의 증대가 대략 4~6세기에 걸쳐 일어난 것으로 파악할 뿐이라 각 세기를 분리해 보지 못함은 물론이거니와 4·5세기와 6세기도 구분해서 볼 수 없는 것이 한계였다.[9]

하지만 고총 현상을 매개로 해서 본다면 농업생산력의 증대 과정에 대한 이해가 어느 정도는 가능하다. 즉 고총 축조가 지역 사회의 생산력 증대를 전제로 한 것이라면 그러한 생산력 증대가 어쩌면 역설적으로 생각될지 모르지만 신라 국가의 지방 지배에서 비롯되었고 또 지방 지배가 강화되는 과정에서 그것이 한층 심화되었을 가능성이 있지 않은가 하는 것이다.

지금까지 4~6세기에 걸쳐 일어난 농업생산력 증대의 주요 계기로 대개 철제 농기구의 보급을 드는데 그 점을 부인할 수는 없다. 다만 4세기만을 그러한 변화의 주된 획기라고 보고 그 이후 6세기까지를 한데 묶는 것은 좀 곤란하다. 진·변한 이래의 철제 농기구 전체를 두고 보면 대체로 4세기대부터 보급이 증가함은 사실이다. 하지만 농업생산력 증대를 구체적으로 말하는 농지 확대라든가 농업 기술 향상을 어느 정도 실증적으로 뒷받침할 만한 농구의 존재에 초점을 맞추어 보면 각지의 농업생산력이 실제적으로 큰 변화를 겪는 것은 4세기 후엽경, 늦어도 5세기 초부터라고 추론된다. 특히 논농사에 주로 쓰인 농구인 U자형 삽날과 살포가 그 점을 잘 말해준다.

다음 〈표 6〉은 U자형 삽날이나 살포가 출토된 고분을 나타내 보인 것인데[10] 우선 이 고분들이 4세기 후엽 이후의 고총이라는 점이 주목된다. 그런 가운데 U자형

---

8) 金在弘, 「철제농기구와 우경」, 『한국역사입문 ①(원시·고대편)』(1995), pp. 184~202.

9) 전덕재, 「4~6세기 농업생산력의 발달과 사회변동」, 『역사와 현실』 1990년 제4호, pp. 16~50. 기실 이는 농기구를 포함한 유물·유적에 대한 고고학계의 편년, 특히 절대연대가 논자에 따라 차이가 큰 데 기인한 바가 많다. 문헌사학자가 대립되는 편년안들의 강·약점을 주체적으로 판단하기가 어려울 정도이기 때문이다.

구분	고분명	U자형 삽날	살포	구분	고분명	U자형 삽날	살포
경주	황남대총 남분	0		지방	창녕 교동 1호	0	
	황남동 파괴분1곽	0			창녕 교동 3호	0	
	황오리 16호7곽	0			창녕 교동 89호	0	
	황오리 16호10곽	0			경산 조영 CII-1호	0	
	인왕동 20호	0			경산 조영 EII-2호	0	
	미추왕릉지구 34-3곽	0			경산 조영 EIII-2호	0	
	안계리 32호	0			경산 조영 EIII-6호	0	
	금령총		0		창녕 계남리 1호		0
	식리총		0		창녕 교동 7호		0
	호우총		0		대구 달성 51호2곽		0
	미추왕릉 7지구5호	0			대구 달성 55호		0
	황남동 82호 서총	0			의성 대리리 고분1묘곽		0
					의성 탑리 I곽		0

표 6 U자형 삽날과 살포가 출토된 고분

삽날은 경주의 경우 5세기 전반에는 대체로 대형분에 부장되다가 그 이후에는 소형분으로 하향 확산되는 데 반해 지역 고총에서는 예외 없이 최고위급 고총에만 부장된다. 살포 또한 지역의 최고위급 고총에서 주로 출토된다. 살포가 각 지역의 최고 수장층이 묻힌 대형분에서는 거의 나오지 않고 다음 '계층'(즉 위계)에 해당하는 중대형분에서 나온다고 보기도[11] 하였으나 이는 출토 고분의 시간성을 고려하

10) U자형 삽날 출토 고분은 李賢惠, 「三國時代 농업기술과 사회발전—4~5세기 新羅社會를 중심으로—」, 『韓國上古史學報』 8(1991), p. 68의 表III과 千末仙, 「鐵製農具에 대한 考察」, 『영남고고학』 15(1994), p. 37의 〈표 3 農具 出土 遺蹟〉에다 鄭永和 · 金龍星 · 具滋奉 · 張容碩, 『慶山 林堂地域 古墳群 II—造永 EIII-8號墳外—』(嶺南大學校博物館 · 韓國土地開發公社慶北支社, 1994)를 참조. 살포는 김재홍, 「살포와 鐵鋤를 통해서 본 4~6세기 농업기술의 변화」, 『科技考古硏究』 2(1997), p. 37의 〈표 5〉를 참조. 단, 이 문헌들 사이에 약간씩 상위가 있어서 U자형 삽날의 경우는 千末仙의 논문을, 살포의 경우는 김재홍의 논문을 기준으로 삼았다.

11) 김재홍, 위의 논문, p. 36.

지 않은 관찰과 분석에서 비롯된 해석이다. 낙동강 이동 지방에만 주목하면 경주에서는 최고 위계 다음 급의 고총에서 나오지만 지역에서는 주로 최고 위계 고총에서 먼저 나오다가 시간이 흐름에 따라 다음 위계의 무덤으로 확산되면서 최고위급 고총에는 부장이 중단되는 듯하다.

그런데 4~5세기 낙동강 이동 지방 철기의 생산과 유통에 관련해서는 경주의 지배층이 철 원료와 철제 농기구를 생산 및 관리함으로써 지방 지배층을 통제하고 지방의 지배층은 다시 경주 세력과의 관계하에서 이를 다량으로 소유하면서 읍락민을 통제하였다고 본 견해[12]가 제시된 바 있다. 아직 철기의 조성 분석 등 구체적 연구가 거의 이루어지지 않아 곧바로 실증할 수는 없지만 타당한 추정이라 여겨지며 U자형 삽날이나 살포의 위와 같은 출토상은 그를 간접적으로 뒷받침한다.

이렇게 본다면 U자형 삽날이나 살포가 논의 확대와 경작 기술의 진전을 나타내는 농기구로 이해될 수 있으므로[13] 우선 신라에서 지방의 농업생산력이 크게 증대되기 시작하는 시기는 4세기 후엽 즈음이라고 할 수가 있다. 또 그것들이 당시 지방의 최고 위계 고총들에서만 출토됨은 지역 생산 체계의 정점에 있는 세력이 그러한 생산력 증대를 주도한 집단이었음을 말한다고 해석된다. 나아가 그 농기구의 제작이나 보급이 사로 지역과 일정한 관련성이 있다고 한다면 생산력 증대는 결국 신라 국가의 간접 지배와 관련되는 셈이다. 다시 말해 신라 각 지역의 생산력 증대는 신라 국가의 지방 지배 강화에 따라 각 지역 내 지배층으로 권력이 한층 집중된 것과 맞물려 있고, 이는 또한 각지에서 전대 이래로 진행된 공동체 해체를 가속화한 것으로 볼 수 있으리라 생각된다.

이러한 경제적 변화를 간접적으로 반영하는 현상이 지역 토기 양식의 성립이다. 앞에서도 말했듯이 신라 토기 양식 안에서 지역 양식은 대개 4세기 후엽에는 성립하는데, 어떤 맥락에서 그런 변화가 일어났는가.

---

12) 李賢惠, 「三國時代 농업기술과 사회발전 —4~5세기 新羅社會를 중심으로—」, 『韓國上古史學報』 8(1991), pp. 69~78.
13) 두 농구의 기능에 대해서는 李賢惠, 「三韓社會의 농업생산과 철제 농기구」, 『歷史學報』 126(1990), pp. 45~70과 김재홍, 앞의 논문을 참조.

우선 지역 양식이라는 용어가 말해 주듯이 이는 범 신라 양식 안에서의 한 양식이라는 점을 잊어서는 안 된다. 한때 이를 각기 독자적 양식인 듯이 보기도 하였지만, 이제 순수하게 고고학적으로만 말해서 이동 양식이며 역사적인 해석을 더하자면 신라 양식인 토기 양식의 한 단위라고 보아야 한다.

이 지역 양식은 앞에서 말한 대로 고총군의 출현보다 앞선 단계에 형성되는 경향성을 보인다. 즉 각지 고총군에서 가장 이른 고총의 피장자 생시에는 이러한 양식이 성립한다고 말할 수 있다. 그러면 이는 신라식 위세품의 하사와 대략 때를 같이 하는 셈이라서 그것이 순전한 우연이고 그에 아무런 의미가 없다고 하지는 못할 것이며 양자가 표리 관계에 있을 가능성이 크다. 즉 위세품의 하사라는 정치적 변화에 수반되는 경제적 변화의 한 표현일 수 있다 하겠다. 아마도 이는 당시 사로와 한층 강한 정치적 연계를 맺게 된 지역 지배층이 이전보다 강도 높게 지역 안의 생산 조직을 장악하고 통제함에 따라 다원적이던 역내 생산 단위들이 일원적 방향으로 통합되고 물자 생산 및 유통에 관련된 정보의 교류도 한층 원활해진 때문이라 볼 수 있을 것이다.

이상에서 잘 알 수 있듯이 경주를 제외한 신라 각 지역의 고총 현상은 일견 모순되는 듯한 양면성을 띠고 있으며, 이는 곧 마립간기에 신라의 각 지역이 존재한 양태와 지역 지배층의 위상을 상징적으로 말한다고 보인다. 고총의 내부 구조는 각 지역의 독자성을 강하게 내세우는 듯하며 토기의 지역색 또한 그러하다. 반면에 고분에서 출토되는 위세품 등은 경주 사로에 강하게 소속되는 모습을 보인다. 물론 토기도 신라 양식이라는 큰 틀에 들어 있다. 그래서 마치 내실은 신라 정부에 통속되어 있으면서도 외견상으로는 독자성을 표방하고자 하는 듯이 느껴진다. 물론 그 독자성은 일정한 테두리를 벗어나는 것이 아니다.

앞에서 상정한 대로 낙동강 이동 지방의 각 지역은 신라로 통합되면서 진 · 변한 이래 '국'으로서의 독자성을 잃고 대개 새로운 지역명하에 신라 국가의 간접 지배를 받게 되었다. 이런 상황에서 기존 지배층들이 지역민들에게 자신들의 통치 정당성을 고총이라는 외형으로써 과시하려 한 것이라 본다면 지나친 억측일까. 하지만, 이러한 양면성은 시간이 흐르면서 점차 껍질을 벗고 실체를 드러내게 된다고 할 수 있다. 고고학적으로 보면 지방 고총의 내부 구조가 종국에는 범 신라 양식의 횡구식 석실분으로 바뀌고 그를 전후하여 토기의 지역색도 사라지면서 완전히 통일된 신라 양식이 되는 것으로 귀착된다. 이는 마립간기의 말기에 신라 국가로부터 지방관이 파견되어 지역 지배층의 자리를 대신함으로써 일어난 변화일 것이다.

마지막으로, 고총의 의의를 생각하는 데서 유의할 점이 있다. 위의 논의에서 분명히 드러나지만 고총이 하나의 획을 긋는 현상이라 해서 곧 국가 성립의 지표로 본다든지 하는 것은 현상이나 문제를 지나치게 단순화한 시각이라는 점이다. 사실 지금까지 역사고고학에서는 진·변한 이래 분묘의 연속적 변천 과정에서 그런 지표를 찾거나 설정하기 위해 골몰한 측면이 있다. 고분의 개념을 다각도로 규정하고 그런 개념 규정에 부합하는 고분의 출현이 곧 국가의 발생을 가리킨다든지 하는 식의 접근[14]이 그 예가 될 것이다. 물론 분묘 변천의 연속선상에서 그런 뚜렷한 몇 가지 변화들이 인지되기 때문에 각각은 일정한 의미를 가질 터이지만 굳이 국가의 발생 등으로 해석하지 않아도 되리라 생각된다. 발전을 거듭해가는 연속선상에서 하나의 획기로서 의미가 없는 바는 아니지만 그렇다고 너무 과도하게 의미를 강조해서 굳이 앞 시기와 단절적으로 볼 필요는 없다. 그 이전과 비교할 때 인지되는 중대한 차이의 의미를 연속적 사회 진화의 과정 속에서 설명하면 그것으로 족하다. 분묘의 변화를 근거로 사회 진화를 연구하는 문제가 국가의 정의 문제로 환원되지 않기 위해서도 이런 인식이 필요하다.

2. 고총으로 본 5세기 신라의 지방

신라 고총에 관련된 위의 해석을 기초로 신라 각 지역이 4세기 말 이후 5세기대 동

---

14) 申敬澈,「三韓·三國·統一新羅時代의 釜山〈考古學的 考察〉」,『釜山市史』제1권(1989), p. 394. 여기서 "어떠한 요소를 구비하여야 「국가」라 할 수 있으며, 언제부터 국가 출현기로 볼 수 있느냐인데, 고고학에서는 이 점에 대해 명백하다. 즉 국가 발생의 움직일 수 없는 증거로서 「고분(古墳)의 발생」을 지목하고 있다"고 하였는데 이러한 관점이 과연 고고학계에서 통설로 되어 있는지는 지극히 의심스럽다.

안 처한 모습을 개괄적으로 그려 보고자 하는데, 그에 앞서 각 지역 고총군의 분포 상이 나타내는 상이성과 상사성을 해석하는 데 관련된 기본 인식의 문제 한 가지를 지적해 두어야겠다.

이동 지방 전체를 두고 볼 때 각 지역의 고총군 분포는 한결같지가 않고 상당한 변이를 보인다. 고총군의 수, 각 고총군의 규모, 개개 고총의 크기 등에서 상당한 지역차가 있는 것이다. 이는 우연한 현상이라고만 할 수 없고 일정한 의미를 함축하고 있을 터이다. 이를 다각도로 궁구하려면 우선 그것들이 시공적으로 어떤 존재 양태를 보이는지를 파악하여 지역간 상호 비교를 하는 것이 이상적이다. 하지만 지역별로 각 지구의 고분군이 두루 발굴 조사되지 못했기 때문에 이는 현실적으로 아직 무리이다. 다만 각 '국' 내의 통합력이 그다지 강력하지 않은 상태에서 사로가 각 '국'을 복속한 것으로 상정되는데다가 일반적으로 말해 고총군이 전대의 상황을 기반으로 한 지역 사회 진화의 산물이라고 생각되므로 각 지구의 고총군은 기본적으로 진·변한 시기 이래로 그 인근에 존재하였던 읍락이나 취락의 성장 모습을 반영한다고 볼 수 있다.

그러므로 한 지역의 고총군을 조영한 지배 계층이 지역을 옮겼다고 보는 견해[15]는 물론 성립할 수 없거니와 좀 모호한 표현이기는 해도 한 지역 안에서 중심 고분군이 시간의 흐름에 따라 이동한 것[16]으로 생각하기도 어렵다. 그보다는 각지 고분군들을 당시 읍락 또는 취락의 존재양태와 연관지어 지역 안의 구조를 파악하려는 관점이 필요하다. 그래서 일부 발굴된 자료 이외에 지표 조사된 자료를 주된 근거로 삼아 단위 지역 안의 고분군 분포상을 파악하고 그를 근거로 마립간기 각 지역의 내부 구조를 추정한 연구들[17]이 평가되는 것이다. 다만 한 지역 내 고분군의 규

---

15) 朴光烈, 「琴湖江下流域 古墳의 編年과 性格―陶質土器를 中心으로―」, 『嶺南考古學』 11(1992), p. 69 에서는 경산 지역 고총군에 비해 대구 지역 고총군의 중심 연대가 늦은 데 주목하여 전자의 지배 계층이 후자로 옮겼다고 보았다. 이런 견해가 성립하기 어렵다는 데 관련해서는 李熙濬, 「4~5세기 창녕 지역 정치체의 읍락 구성과 동향」, 『嶺南考古學』 37(2005), pp. 1~38을 참조.

16) 鄭澄元·洪潽植, 「昌寧地域의 古墳文化」, 『韓國文化研究』 7(釜山大學校 韓國民族文化研究所, 1995), pp. 27~89에서는 창녕 지역 안에서 계남리 고분군 지구로부터 교동 고분군 지구로 일종의 패권 이동이 있었던 것처럼 해석하였는데, 이에 대해서는 창녕 지역 마립간기의 상황을 다루면서 검토한다.

모나 출토 위세품을 기준으로 고분군을 등급 분류하고 그에 따라 상호간에 모종의 위계 관계를 설정하는 접근방식[18]은 아직 근거가 크게 부족하다. 위계화를 시도함은 무방하나 그런 고고학적 등급 분류 결과가 그대로 고분군 축조 집단 상호간의 통속 관계로 등식화되지는 않는다는 것이다. 물론 어느 시점에 가서는 고분군 사이에 위계화가 일어났을 가능성이 있다. 하지만 각 고분군의 규모나 수는 진·변한 이래의 각 읍락이 지역 단위 안에서 어떠한 과정을 거쳐 성장하고 있었는지를 말해 주는 단서일 뿐이므로 우선 그 고분군들이 읍락 및 취락 단위를 나타낸다는 사실에 초점을 맞추어야 한다.

아래에서는 이런 시각에 서서 지금까지 이루어진 지역별 연구 성과를 참고하면서 앞으로 각 지역을 심층적으로 연구하는 데 기본 골격이 될 만한 사항을 중심으로 대략 5세기 동안 각 지역이 존재한 양태를 살펴보고 종합하기로 하겠다.

1) 지역별 양태

(1) 경주 지역(그림 V-2)

신라 각지의 존재 양태를 기술하기 전에 신라의 중심지로서 원신라인 사로 지역의 모습을 그려 두는 것이 좋을 것이다.

이 지역의 마립간기 중대형 고총군은 두 군데, 즉 경주 분지 중심부와 서쪽 영천 방면에서 시내로 들어오는 도중의 건천읍 금척리(사진 3)에만 분포한다. 이는 경주 일대의 지형과 그로부터 추론되는 사로국의 범위, 그리고 전대의 분묘 또는 고분군 분포를 고려하면 좀 이례적이다.

경주 분지 중심부 자체는 그다지 넓다고 할 수 없으나 그곳을 중핵으로 대략 사방으로 길게 형성된 곡간 지구들이 사로의 지역 단위 안에 포괄된 것으로 상정되므로 그 범위는 다른 지역에 비해 결코 좁지 않다. 북으로 현재의 안강까지는 경주

---

17) 朱甫暾, 「新羅國家形成期 大邱社會의 動向」, 『韓國古代史論叢』 8(1996), pp. 83~146과 金龍星, 「慶山·大邱地域 三國時代 古墳의 階層化와 地域集團」, 『嶺南考古學』 6(1989), pp. 29~58.
18) 金龍星, 위의 논문.

2부_II장 5세기 신라의 지방 지배 251

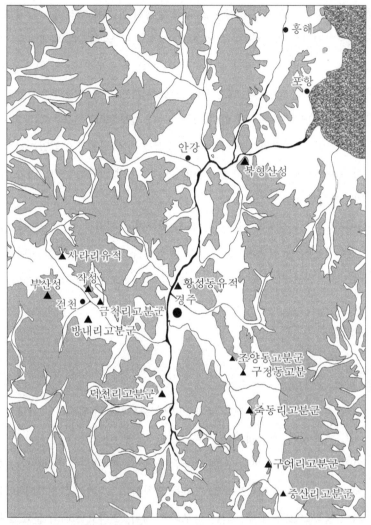

그림 V-2 경주 지역의 지형과 유적

분지와 형산강 본류로 바로 연결되며 고총군이 없는 점으로 보아 앞서 전고를 일부
수정한 바와 같이 적어도 형산강 이동의 안강은 애초부터 사로의 직할지였다고 생
각된다. 또 남쪽 내남 방면은 형산강 상류 전역까지, 서쪽 역시 형산강의 지류인 대
천의 발원지 아화 일대까지, 그리고 동남쪽은 울산의 태화강구 부근까지가 사로 지
역이었던 것으로 상정된다. 이 범위 안에서는 지금까지 1~3세기 분묘 유적들이 꽤

사진 3 경주 금척리 고총군

많은 지점에서 확인되었다.[19] 그런데도 중대형 고총군은 두 개소밖에 없다는 사실은 무엇인지 의미를 내포하고 있다고 보인다.

중대형 고총군이 대개 유력 읍락의 존재를 나타낸다고 본다면 지역의 범위는 넓은데도 그것이 두 군데밖에 없다는 사실은 사로 국읍의 국내 통합력이 남달라서 그 외 다른 읍락들의 성장은 크게 억제된 데 기인한다고 상정할 수 있다. 사로국이 다른 지역을 복속시키는 데 중요한 바탕이 된 것은 아무래도 국내의 통합력이었을 것으로 보아서[20] 시내의 국읍 지구와 금척리 일대의 읍락 이외 다른 지구의 읍락은 사로의 국내 통합 과정에서 상대적으로 미미한 존재로 전락하였다고 이해할 수 있는 것이다. 최근 발굴된 덕천리 목곽묘[21] 유적 일대의 양상은 이를 잘 뒷받침한다.

---

19) 〈그림 V-2〉에 표기된 경주 조양동, 구정동, 죽동리, 황성동, 사라리, 구어리, 덕천리와 울산 중산리 등지를 들 수 있겠다.

20) 權五榮, 「三韓의 「國」에 대한 硏究」(서울大學校 大學院 國史學科 博士學位 論文, 1996), pp. 112~121 에서는 주로 국읍 주도로 전쟁을 수행한 것으로 보았는데, 설사 그렇다 하더라도 국내 통합력이 전쟁을 효율적으로 수행하는 바탕이었을 것임은 재론할 필요가 없다.

덕천리 일대는 남쪽 내남 방면 읍락의 중심 취락이 소재한 곳으로 추정되는데 진한 단계에는 이곳에 목곽묘가 대규모로 조성되어 다른 지구에 크게 뒤떨어지지 않았다고 판단된다. 하지만 그에 후속하는 고총 단계 고분들은 적석목곽묘가 내부구조이기는 하지만 현재 뚜렷한 봉분을 남기지 못한 상태의 고총군에 지나지 않는 것이다.[22]

문제는 금척리 일대의 읍락이 경주를 제외한 신라 내 다른 지역의 고총군들이 대변하는 단위 지구들, 즉 읍락들이 가진 그런 독자성을 가지고 있었느냐 하는 것이다. 앞에서 상정한 일반론대로라면 그렇다고 보아야 할 것이다. 실제로 금척리에서 영천 쪽으로 7킬로미터 정도 떨어진 사라리에서는 1세기대 고분으로서 규모나 부장 유물로 볼 때 탁월한 수준의 제130호묘(사진 4)가 조사되었는데 이곳은 금척리와 아무런 지리적 장애 없이 통하는 곳이다. 더욱이 사라리는 현재 한자 표기로 '舍羅'里지만 경주 일대에서 발음상으로 '斯羅' 또는 '斯盧'라는 '新羅' 이전의 이름과 통하는 지명이 지금까지 전해진 유일한 곳으로서 이곳에서 그런 유구가 조사된 것은 흥미로운 일이라 하겠다.[23] 다만 이런 음사 비정에 대해『동경잡기』(1669~1670년)에 이 일대를 가리키는 것으로 나오는 사화랑沙火郞이 사화라沙火羅로 읽힐 수 있고 그것은 사라舍羅와 상통하므로 사화랑이라는 그 본래 이름으로 보면 사라舍羅를 바로 사라斯羅에 연결하는 데는 주의가 필요하며 양자는 우연의 일치일 뿐이라는 부정적 견해[24]도 있다. 그러나 그렇더라도 사화랑 자체 또한 사라斯羅로 연결될 수 있으므로 반드시 부정적으로 볼 것은 아닌 듯하다. 어떻든 사라리 제130호묘를 금척리 고총군의 존재와 함께 고려한다면 이 일대에는 진·변한 시기 이래로 자체

---

21) 이석범·이나영,「慶州 德泉里遺蹟」,『계층 사회와 지배자의 출현』(한국고고학회 창립 30주년 기념 한국고고학전국대회, 2006), pp. 295~326.

22) 中央文化財研究院·慶州市,『慶州 德泉里古墳群』(2005).

23) 이 130호묘에 대해서는 嶺南文化財研究院,『慶州舍羅里遺蹟 Ⅱ—木棺墓, 住居址—』(2001)를 참조하고 신라 국호의 변천과 그 의의에 관해서는 朱甫暾,「新羅 國號의 確定과 民意識의 成長」,『九谷 黃鍾東 敎授 停年紀念 史學論叢』(1994), pp. 245~277을 참조.

24) 전덕재,「경주 사라리고분군 축조 집단의 정치적 성격과 그 변천」,『韓國上古史學報』56(2007), pp. 143~166.

사진 4 경주 사라리 130호묘

성장 속에서 이룩된 유력한 읍락이 존재하였을 가능성도 생각할 수 있다.[25]

하지만 그와 달리 해석될 여지 또한 적지 않다. 우선, 사라리 130호묘가 조영될 당시에는 그 일대에 독자성이 강하고 유력한 읍락이 존재하였을 것으로 쉬이 짐작할 수 있으나, 사라리 130호묘와 금척리 고총군 사이에는 시간적으로 3세기 이상의 괴리가 있어서 그 사이의 연속성을 상정하기는 어렵기 때문이다. 더욱이 양자가 공간적으로도 상당히 떨어져 있다는 점을 참작해야 한다. 한편 금척리 일대에서는 현재까지 1~3세기의 중요 유적이 발견되지 않은 반면 사라리에서는 4세기 후반 이래의 소규모 고분군이 계속 조영되고 있다. 그래서 금척리 고총군은 그것이 조영될 당시, 일찍 본다면 4세기 후반, 아마도 5세기대에 다소 갑작스럽게 그 일대에서 우위를 차지하며 성장한 취락의 고분군으로 해석할 수가 있다. 그래서 현재의 경주

---

25) 이를 근거로 6촌 중 茂山 大樹村을 이 일대에 비정하기도 하나 6촌 자체를 후대의 부회로 보기도 하므로 그것이 반드시 강력한 읍락의 존재를 뒷받침하는 것은 아니다.

분지를 중심으로 주변 읍락이나 취락을 강력히 통합하고 그를 바탕으로 광역의 신라를 이루어낸 주체 세력, 즉 사로의 지배 집단이 어떤 시점에 이르러 분화를 하면서 금척리 지구의 전략적 필요성에 따라 새로이 부차 취락을 형성하였기에 고총군이 조영되기 시작하였을 가능성이 크다. 다만 이러한 해석은 앞으로 금척리 일대에서 고총에 앞선 단계의 대규모 목곽묘군 등이 확인되면 성립할 수 없다는 점을 단서로 달아 두어야 할 것이다.

금척리 일대는 경주 중심부와 서쪽의 낙동강을 잇는 교통로에 있으므로 사로의 서쪽을 방위하는 데 지극히 중요한 지구라는 점이 우선 고려되었을 것이다. 그뿐만 아니라 이곳은 밀양이나 청도에서 오는 길이 바로 그 서쪽에 닿는 교통의 요지이다. 『삼국사기』 초기 기록에 나오듯이 사로를 한때 풍전등화의 위기에 빠뜨린 이서국伊西國의 침입은 반드시 이곳을 거쳤을 것이다. 또 가야 지방으로부터 낙동강 하류를 건너 밀양 지역을 거쳐 경주 지역으로 통하는 길목이기도 하다. 요컨대 이 지구는 경주의 서쪽을 방어하는 데서 중요시될 수밖에 없는 곳이다. 그래서 진한 초기에 읍락 중심지가 소재하였을 서쪽 사라리로부터 시간의 흐름과 더불어 사로국의 방어 필요성이 증가한 데 부응하여 이곳에 새로이 취락이 집중 조성되고 고총군이 형성된 것으로 상정할 수 있으며, 이런 측면에서 이 일대의 읍락을 반드시 독자성이 강한 지구로만 볼 수 없는 것이다.

광역의 신라가 성립한 이후로 줄곧 이 일대가 중요시되었음을 반영하는 현상으로는 평지의 금척리 고총군에 후속하는 횡구, 횡혈식 석실분군이 바로 남쪽 산지의 방내리에 조영되어 있는 점과 아마도 일대 취락의 방어 시설이었을 작성鵲城[26]이 존재함을 들 수가 있다. 그리고 늦어도 6세기 후반경에는 존재하였을 부산성富山城[27]이 서쪽 및 서남쪽 방향의 방어를 동시에 겨냥한 것이라는 점을 고려하여도

---

26) 이에 대해서는 朴方龍, 「新羅王都의 守備—慶州地域 山城을 中心으로—」, 『新羅文化』 9(東國大學校 新羅文化硏究所, 1992), p. 26에 간략히 언급된 바 있는데, 역시 고총군과 연계지어 보는 듯하다.

27) 부산성은 『삼국사기』의 기록에 따르면 문무왕 3년(663)에 축성한 것으로 되어 있으나 성 안에서 채집되는 토기편이나 다른 문헌적 증거로 볼 때 그보다 훨씬 이전에 초축(初築)되었다고 보아야 할 것이다. 문헌적으로는 『삼국유사』에 효소왕(孝昭王)대의 일로 기록된 죽지랑(竹旨郎)과 득오(得烏)의 부산성 관련 기사가 실은 진평왕대 말기의 사건이라는 지적(朱甫暾, 「新羅時代의 連坐制」, 『大丘史學』

위와 같은 해석이 무리는 아닐 것이다. 금척리 고총군의 내부 주체가 경주 시내의 고총군과 같은 적석목곽묘인 점[28]도 동일한 맥락에서 이해된다.

경주 지역에서 조사된 고총 중 4세기 후반으로 거슬러 올라가는 것은 아직 적은 편이라서 5세기의 상황을 4세기에 대비해서 말하기는 쉽지가 않다. 다만 5세기 초에 축조된 황남대총 남분이라는 좋은 기준이 있어서 이런 자료상 불균형이 다소 누그러지는 셈이다. 앞에서 보았듯이 4세기 후엽 즈음에 새로운 국면에 들어가고 있었던 낙동강 이동 지방 각 지역과의 관계─이는 신라의 이동 지방 전역에 대한 지방 지배 확립으로 요약되지만─가 다시 크게 변화될 계기를 맞았을 것으로 예상할 수 있는 묘한 시점이 바로 5세기 초이다. 그 계기는 아마도 서기 400년의 이른바 고구려 남정이었을 것이다.

남정 이후에도 군대를 신라 영역 내에 주둔시킨 고구려는 신라의 왕위 계승에 간여하는 등 국정 간섭까지 함으로써 신라는 고구려의 부용 세력이 되다시피 한다. 하지만 아마도 경주 부근에 주둔하였을 고구려군[29]은 다른 한편으로 가야산 이남 낙동강 이서의 가야 세력에 대한 강한 억지력의 역할을 하면서 동시에 이동 지방 각 지역에 대한 신라 국가의 지배에 든든한 배경이 되기도 하였을 것이다. 그리하여 5세기 신라의 지방 지배는 마립간기의 첫 단계라 할 4세기대와는 사뭇 다른 여건을 배경으로 개시된다고 할 수 있다.

황남대총 남분의 유물상은 대개 4세기 후반에 일어났던 신라의 성장을 응집해서 보여준다고 판단해도 좋을 것이다. 그러면서 그 초대형 분구는 5세기 초 현재 경주의 실상도 웅변한다고 생각된다. 신라뿐만 아니라 영남 전역에서 압도적 우위를 나타내는 유물상과 분구는 다른 지역의 고총과는 또 다른 차원의 의미를 가진다. 즉 경주 지역 안에서 압도적 지위에 오른 정치적 존재의 등장을 나타낼 뿐만 아니라 신라 전역에 대해서도 그런 존재를 과시하고 있는 것이다.[30] 이는 그야말로

25(1984), p. 30)이 참고가 된다.

28) 金元龍, 「慶州 金尺里古墳 發掘調査 略報」, 『美術資料』 1(1960), p. 20.

29) 李道學, 「高句麗의 洛東江流域進出과 新羅‧伽倻 經營」, 『國學研究』 2(1988), pp. 89~114에서는 좀더 광범한 지역에 주둔하였던 것으로 보았다.

사로 간干 중의 간이자 신라 영역 간干 중의 간인 마립간痲立干의 존재를 상징한다. 그래서 5세기대 고총 분구의 초대형화는 한편으로는 그 시점을 전후해 일어났을 사로 지배 집단 내의 분화와 관련되는 것으로 해석되고,[31] 다른 한편으로는 지방 지배의 진전과 표리 관계로 이룩된 중앙 집권화의 수준을 시사한다.

전자에 관한 정보를 담은 것이 경주 중심 지구 고총군의 분포상이다. 경주 시내 고총군은 전체적으로 대, 소형분이 혼재한 듯이 보이기도 하지만 그런 가운데서도 지금의 대릉원大陵園 일대에 대형분이 군집해 있다. 그리고 그것들은 몇 개의 소군 으로 나뉘는 양상이다. 대릉원 및 그 북쪽 노동·노서동 일대에 군집한 대형분들을 김씨 왕족의 고총군으로 비정한 연구[32]가 있는데, 그 속에 내물왕릉으로 추정되는 황남대총 남분이 있음을 보면 그러할 개연성이 크다고 생각된다. 그렇다면 각 소군 은 마립간기 김씨 집단의 분화상을 나타내는 것으로 해석해도 좋을 것이다. 다만 이 소군들에서 특정 위치에 있는 것들을 왕릉으로 비정하고 각 군을 그에 관련된 가계 집단으로 본 해석[33]은 아직 더 많은 검증을 요한다고 하겠다(이상 그림 V-3[34] 참조).

한편, 후자의 사정을 바로 말해 주는 것은, 눌지마립간(417~458) 초년 수주촌 간水酒村干 등 세 명의 촌간을 초치하여 국사를 논하였다는 『삼국사기』 박제상전의 기록이다.[35] 이 촌간들의 출신 지역은 예천, 영주, 성주로 비정되는데 그것이 사실 이라면 이때 이미 경북 북부 내륙 깊숙한 곳까지 신라 국가의 권력이 강하게 미쳤

---

30) 사로 지역의 고총이 신라 내 다른 지역의 고총에 비해 분구나 위세품에서 압도적 우위에 있다는 것은 金龍星, 『新羅의 高塚과 地域集團―大邱·慶山의 例―』(춘추각, 1998), pp. 317~319에서 대구, 경산 지역의 경우와 비교하여 다소 구체적으로 언급하였다.

31) 이와 관련해 적석목곽묘의 내부 주체가 황남대총 남분을 전후하여 다양화되고 초대형 지상식이 나타 났음을 논의한 李熙濬, 「경주 월성로 가-13호 積石木槨墓의 연대와 의의」, 『碩晤尹容鎭教授 停年退任 紀念論叢』(1996), pp. 287~310을 참조.

32) Richard Pearson, Jong-wook Lee, Wonyoung Koh and Anne Underhill, "Social ranking in the Kingdom of Old Silla, Korea: Analysis of burial," *Journal of Anthropological Archaeology* vol. 8, no. 1(1989), pp. 1~50.

33) 金龍星, 앞의 책, pp. 339~345.

34) 金龍星, 위의 책에서는 이 그림의 직선상에 위치한 대형분들을 왕릉으로 비정하였다.

35) 이에 관해서는 金哲埈, 「新羅 上代社會의 Dual Organization(上)」, 『歷史學報』 1(1952), pp. 42~43과 朱甫暾, 「麻立干時代 新羅의 地方統治」, 『嶺南考古學』 19(1996), p. 30을 참조.

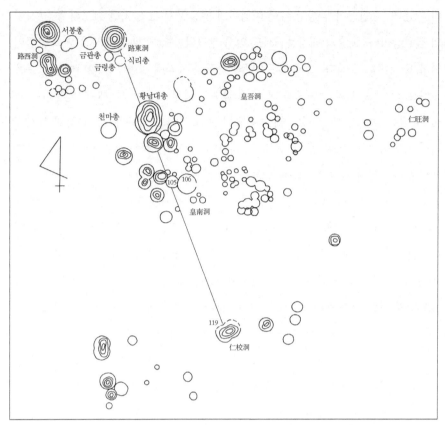

그림 V-3 경주 시내 고총군 분포도

음을 역력히 말하는 좋은 증거인 셈이다. 이는 앞에서도 누차 말했듯이 그 즈음에 일어난 신라 양식 토기의 통일성 강화와 신라식 위세품의 본격 하사라는 고고학적 현상과도 부합된다.

황남대총 남분에서 보이는 철기의 다량 부장 양상도 큰 의미가 있다고 생각된다. 이는 북분과 뚜렷이 대비된다. 남분에는 U자형 삽날 이외에 쇠스랑이 부장되어 있는데 그것이 5세기 초까지는 아무 고분에서나 나오는 것이 아니라 최고위급 고분에서만 출토된다는 점을 상기할 때 특별한 의미를 가진다. 단순히 권력과 부의 상징으로만 이해될 수는 없으며 당시에 생산도구 제작 및 유통의 독점이 보편적 사회관계였음을 나타내는 것이다.[36] 그런데 북분에서는 그러한 부장 양상이 확인되지 않는데, 주인공이 남성이 아닌 여성이기 때문일 수도 있지만 그보다 늦은 시기의 금관총이나 그 후의 대형분에서도 역시 부장되지 않기 때문에 시간 요소에 관련지어 보아야 할 듯하다. 즉 4세기 후반의 상황을 요약해 보여주는 황남대총 남분을 고비로 해서 일단 이런 농구는 더 이상 경주의 대형 고총에 부장되지 않는다는 것이다. 이는 농구를 부장함으로써 주인공이 생산 분야의 직능까지도 대표함을 상징하던 풍속이 이제 더 이상 필요하지 않게 된 때문이라 해석되며, 이는 뒤집어 보면 지배층 상층부가 좀더 뚜렷하게 분화되고 있었음을 시사한다.

마립간기에 사로가 지녔던 중심적 위상을 시사하는 또 한 가지 사실은 고총 초출 시기의 선진성이다. 물론 경주 시내 고총군에 대한 조사가 한정된 지점에서만 이루어져 분명하게 말하기는 곤란하다. 다만 앞 장의 편년표에서 보듯이 황남동 109호 3 · 4곽은 다른 어떤 지역의 고총에 못지않게 빠르다. 또 그보다 이른 월성로 고분군의 여러 고분들이 제한된 범위의 조사로 다소 불분명하지만 고총 단계의 고분일 가능성이 있어서 사로의 고총 초출 연대가 4세기 전반으로 올라갈 가능성은 다분하다. 이에 관련해서는 사로 중심 지구가 아닌 변두리 지구의 울산 중산리 고분군에서 간취되는 변화가 간접적 방증이 된다. 중산리에서는 본 연구의 연대관으로 환산하면 늦어도 4세기 전반기에 이미 고총화의 뚜렷한 표징인 평면 타원형 호석 등이 나타나기 때문이다.[37] 이로써 사로 지역의 적석목곽묘가 신라 영역 안에서는 물론 영남 전역에서 가장 빨리 고총화를 이룬 것으로 추정할 수가 있다.

(2) 부산 지역

『삼국사기』지리지의 기사를 참고하면 부산 지역은 본시 거칠산군居柒山郡인 동래군에 해당하는 지역으로서 영현領縣은 두 개이다. 이 현들이 비정되는 위치나 일대의 지형으로 보건대 대개 수영천 유역인 현재의 부산시 동래구 · 금정구 일대가 중심지이고 그 동쪽으로 기장 쪽을 포함하였던 것으로 보인다. 서쪽으로는 대략 평지

---

36) 李賢惠,「三韓社會의 농업생산과 철제 농기구」,『歷史學報』126(1990), p. 70.
37) 李盛周,「新羅式 木槨墓의 展開와 意義」,『신라고고학의 제문제』(韓國考古學會, 1996), pp. 39~64.

지형이 낙동강까지 이어지면서 지금의 사상 일대를 포괄하였을 것이다. 부산 지역은 마립간기 당시 해수면을 기준으로 지형 복원을 한 데 따르면 아주 협소했던 것으로 나타나서[38] 그 경제적 기반이 농업은 아니었음을 시사한다(뒤의 그림 V-5 참조). 아무래도 앞 장에서 상정한 대로 지정학적 이점이 진·변한 이래 성장의 배경이었을 것이고 신라로 통합된 이후로도 그러한 지리상 이점은 일정한 기간 동안 사회 진화의 바탕으로 작용하였을 것이다.

이 지역은 제2부 제I장에서 상정한 대로라면 신라로 통합된 이후 거칠산居柒山으로 불렸던 것인데, 이리 보면 『위지 동이전』의 변진 독로국瀆盧國을 동래와의 음사를 근거로 무조건 부산 지역에 비정할 일도 아닌 듯하다. 더욱이, 설사 그러한 비정이 가능하다 해도 '변진' 독로국으로 되어 있기 때문에 신라·가야로의 전환기에 부산 지역이 '가야'에 속하였으리라는 추정이 반드시 성립하는 것은 아니다. 그런 식으로 기계적 구분을 할 수 없다는 것은 창녕의 예가 잘 말해준다. 창녕에 비정되는 불사국不斯國에는 '변진'이라는 접두어가 없으므로 신라로 되었어야 할 터인데 분명히 4세기 중엽까지 가야의 비자발比自体로 나타나기 때문이다.

부산 지역에서는 4세기 말까지 복천동에 대형 고분이 조영되다가 5세기부터 연산동에 고총군이 조영된다. 그래서 고총화가 다른 지역에 비해 늦은 편이라 하겠는데 그 외에도 이 지역 고총군은 몇 가지 특징을 갖고 있다. 먼저 연산동 한 군데에만 중대형 고총군이 조영된 점을 들 수 있다. 부산 지역이 협소한 탓도 있겠지만 지역 안의 통합이 다소 빨랐음을 말하는 것일 수도 있겠다. 그러면서도 고총 수는 많지 않은 점이 주목된다. 연산동 고총의 수는 10기 정도로 알려져 있다.[39] 이는 4세기대, 특히 그 후반의 복천동 고분군 규모 등을 고려하면 부산 지역이 고총 단계에서 다른 지역에 비해 현저히 약화된 느낌을 준다.

이와 같이 부산 지역에서는 4세기 고분에서 5세기 고총으로 가면서 일어난 변

---

38) 安春培·金元經·潘鏞夫, 「伽倻社會의 形成過程 硏究 ─金海地域을 中心으로─」, 『伽倻文化硏究』創刊號(釜山女子大學 伽倻文化硏究所, 1990), pp. 45~114.

39) 宋桂鉉, 「東萊 蓮山洞古墳群 收拾遺構 調査報告」, 『博物館硏究論集』2(釜山直轄市立博物館, 1993), pp. 251~259.

화가 다른 지역과는 다소 다른 양상을 보이는데 그 이유는 무엇인가. 먼저, 복천동 고분군에서 이미 내부 구조가 목곽에서 석곽으로 바뀐 바탕 위에서 연산동의 고총이 등장하기 때문에 그에만 주목하면 고총 단계의 변화가 별로 현저하지 않은 듯이 보이기도 한다. 하지만 이 지역의 고총도 외형상으로는 다른 지역의 고총이 보이는 일반적 특성을 똑같이 가지고 있다. 입지의 탁월성이나 고분의 개별성이 훨씬 현저해진 것이다. 또 각 분구의 성토량盛土量도 그다지 두드러지지는 않지만 복천동 고분군 단계보다는 늘어났기에 앞에서 말했듯이 지배층 안에서의 피아 구별이 한층 분명해진 것을 느끼게 한다. 그에 반해 내부 구조를 들여다보면 다소 다른 현상을 인지할 수 있다. 잘 알려져 있듯이 부산 지역 고분은 복천동 고분군 시기까지는 적어도 내부 주체에 관한 한 다른 어느 지역에 못지않은 규모를 자랑하는 데 비해 연산동 고총군 단계에 이르면 내부 주체가 그보다 오히려 작아지다시피 된다. 이런 다소 상반된 변화상은 부산 지역이 이른 시기에 이룬 빠른 성장이 고총 단계에서 둔화됨을 나타내는 것으로서 그에는 아무래도 신라 국가의 지방 지배가 관련되어 있는 듯하다. 이 문제는 연산동 고총군과 복천동 고분군의 관계에 대한 검토를 통해 접근해야 할 것으로 판단된다.

일반적으로 5세기의 연산동 고총군을 축조한 집단은 전체적으로 복천동 고분군을 조영한 집단과 같되 복천동에 더 이상 무덤을 조성할 여지가 없어서 묘구를 연산동에 옮겨 고총군을 조영한 것으로 본다. 다시 말해 복천동에서 4세기 후반에 구릉 고소 고분군을 조영한 집단이 5세기에 묘구를 달리해서 연산동에 고총을 축조한 것으로 생각하는 것이다. 하지만 복천동 고분군을 면밀히 살펴보면 그리 간단하지는 않다.

앞 장에서 복천동 구릉의 저소 고분군과 고소 고분군의 양태를 비교하고 그것을 토대로 4세기 중엽경 신라 국가가 실시한 지방 지배의 한 측면을 살펴보았는데, 바로 4세기 후반 이래로 고소에 축조된 고분군의 배치에서는 흥미로운 현상이 관찰된다. 그것은 4세기 후반에 속하면서 능선 중앙부에 종렬로 늘어선 대형분들의 주변부 동쪽 사면에 전체적으로 5세기 전반으로 비정되는[40] 소형분들이 군집 축조되어 있는 점이다. 이들이 분포에서 한 단위의 군집을 이룬 점을 보면 밀접한 관련성을 가진 한 집단에 속한 무덤임은 금방 알 수 있다. 또 그것들이 4세기 후반에 중심 능선부를 차지하고 축조된 대형분들과 깊은 친연성을 가진 집단의 고분이라는 점도 그 배치에서 추정이 된다(앞 장의 그림 IV-3 참조).

그런데, 이 소형분들은 바로 연산동에 고총군이 축조되는 동안 병행해서 조영된 고분들이지만 규모나 입지가 아주 다른 데서 알 수 있듯이 연산동 고총군 축조 집단과 이 소형분 축조 집단 사이에는 일정한 차이가 있다. 그와 동시에 5세기 연산동 고총군 축조 집단이 4세기 후반 복천동 고분군 고소 대형분 축조 집단과 연계되지 않을 가능성을 강하게 시사한다. 이는 앞 장에서 보았듯이 4세기 전반 복천동 구릉에 저소 대형분들을 축조한 집단과 별개의 집단이 4세기 후반 고소 대형분들을 축조하였고, 그 시기에 전자와 깊은 친연성을 가진 집단은 바로 그 저소 대형분 주변부에 소형분들을 조영한 것과 마찬가지 양상이라 하겠다.

다음으로, 이와 관련해서 주목해야 할 점은 고소 대형분 중 제일 마지막에 축조된 복천동 10·11호분과 연산동 고총군의 내부 구조 차이이다. 연산동 고총군에서 가장 이른 것이 아직 발굴되지 않았을 가능성이 크므로 논의에 무리는 있으나 지금까지 발굴된 4호와 8호(사진 5)를 보면 연산동 고총들이 평면 세장방형 수혈식 석곽을 내부 주체로 함은 분명하고 아마도 별도의 부곽(소위 이혈異穴 부곽)은 가지지 않았을 가능성 또한 크다. 그렇다면 이는 바로 앞 시기 고분으로서 평면 장방형 주곽에 별도 부곽을 가진 복천동 10·11호와는 큰 차이를 보이는 셈이다.

그래서 지금까지 이는 일반적으로 시간의 흐름에 따라 묘곽 형태가 변화한 때문으로 이해하였다. 한편, 같은 시기의 경주 지역 고총에는 여전히 부곽이 있으므로 부산 지역에서 그처럼 부곽이 없어지는 변화를 '부곽의 폐지'라 보고 그것이 부산에서 신라 토기 양식 중의 지역 양식 토기 문화가 정착함과 거의 동시에 일어나는 점으로 미루어 신라로부터의 철저한 규제, 즉 일종의 고분 규제라는 관점에서 해석하기도 한다.[41] 하지만 이를 굳이 고분 규제라는 관점에서 볼 필요가 없을 뿐

---

40) 보고자의 연대관으로는 대체로 5세기 후반으로 되어 있지만 이는 고구려 남정을 주요 연대 기준으로 삼는 연대관에 따른 것이고 그보다 대략 50년 정도 상향된 본 연구의 연대관으로는 이렇게 될 것이다.

사진 5 동래 연산동 8호분 석곽 노출 모습

아니라 반드시 시간의 흐름에 따른 변화라고만 볼 수도 없다. 복천동 고분군에 10 · 11호와 같은 시기에는 이미 연산동 고총군의 묘곽과 같은 평면 세장방형 석곽이 존재하기 때문이다. 바로 복천동 1호분이 그 예이다(이상 그림 V-4와 사진5 참조).

　　묘의 형태가 축조 집단의 정체성과도 깊은 관계를 가진다고 본다면 한 지역 안

---

41) 申敬澈,「三韓 · 三國 · 統一新羅時代의 釜山〈考古學的 考察〉」,『釜山市史』(1989), p. 434. 단, 그 후의 논고인「三韓 · 三國時代의 東萊」,『東萊區誌』(1995), p. 243에서는 "당시의 추세에 의한 것인지… 경주로부터의 강제적인 부곽 폐지 조처에 의한 소산인지는 지금으로서는 판단할 수 없다."고 다소 후퇴하였다.

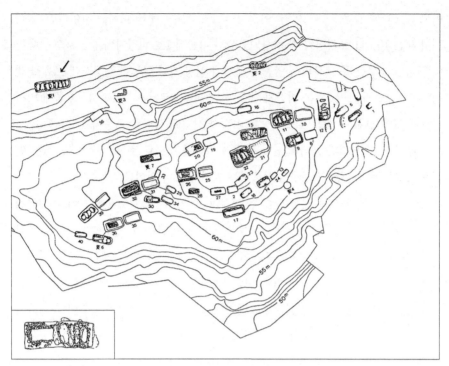

그림 V-4 복천동 1호, 10·11호 묘곽의 위치(화살표) 및 구조와 연산동 4호분(그림 左下) 내부 구조

의 동일 시기 묘들이 서로 다른 형태라는 것은 그 축조 집단들이 상호 구분됨을 의미한다. 그래서 복천동 1호 피장자와 10·11호 피장자는 일단 부산 지역 지배층 안의 상호 다른 집단을 대변한다고 해석할 수 있다. 복천동 1호 피장자가 10·11호를 포함한 능선 중앙부의 고분 축조 집단과 구별되는 집단에 속하였음을 말하는 증거는 입지에서도 확인된다. 10·11호처럼 능선 중앙부를 차지한 고분들과는 달리 전체 고분군에서 주변적 위치에 축조된 것이다. 이는 또한 축조 당시에 그 피장자가 지배층 안에서 핵심적 위치에 있지 못하였음을 가리킨다.

그 외의 몇 가지 점에서도 양자는 다소 차이를 보인다. 1호분의 토기는 경주계랄까 경주 양식의 토기가 많은 데 반해 10·11호는 신라 토기 양식 안의 지역 양식인 부산 양식이 주류를 이룬다.[42] 또 둘 다 금동관을 부장하였는데 1호 것은 산자형

---

42) 申敬澈, 위의 논문(1995), p. 237에서는 신라 양식 내의 동래 형식이라고 표현하였다. 동래 일대에서만 나오는 것이 아니고 부산 지역 곳곳의 고분군에서도 나오므로 부산 양식이라 하는 편이 나을 것이다.

이고 10·11호 것은 초화형이다. 이것들이 모두 경주로부터 하사된 것이라면, 형식에서 빠른 10·11호 것이 먼저 하사되었으되 나중에 1호 피장자에게 산자형 금동관이 하사된 후로는 두 고분의 주인공이 생전에 일정 기간 금동관을 동시에 보유한 셈이 된다. 그렇게 보면 1호분 피장자 쪽은 후발 세력으로서 아직 10·11호 쪽에 비해 열세에 있었으나, 두 고분의 주인공이 비슷한 시점에 사망할 즈음에는 1호 쪽이 오히려 경주 사로 세력과 좀더 밀접한 관계를 가졌던 것으로 추론할 수 있다. 이는 연산동 고총군 축조 집단의 성격을 이해하는 데서 중요한 의미를 갖는다.

앞의 논의에 따르면 연산동 고총군은 내부 구조가 복천동 1호와 아주 유사해서 그 계보를 이은 것이고, 따라서 그 축조 집단은 복천동 10·11호가 아니라 복천동 1호가 속한 집단과 연계될 가능성이 아주 크다. 그렇다면 문제는 4세기 말에는 지배층 안에서 열세에 있던 세력이 어떻게 5세기에 들어서서 고총군을 축조한 중심 집단이 되었는가 하는 것이다. 그 배경에는 역시 신라 국가의 입김이 개재되어 있다고 해석된다. 그리고 이에는 4세기 말의 복천동 1호에서 출토된 산자형 금동관과 경주계 토기가 시사하듯이 그 피장자가 속한 집단은 연산동 고총군을 축조하기 전부터 이미 사로와의 연계를 두텁게 유지함으로써 세력을 키워갔으리라는 점도 함께 고려해야 한다.

사실 4세기대 중엽까지의 복천동 고분군이 보여주는 양상은, 그것들이 아직 고총이 아니라는 점만 제외하면 유구 규모나 유물 양이 같은 시기의 경주를 제외한 신라 국가 안의 어느 지역에도 뒤지지 않을 수준이다. 이는 앞에서 상정하였지만 부산 지역이 지정학적으로 유리한 위치인 덕에 진·변한 시기에 이미 급속한 발전을 이룬데다가 신라 국가의 간접 지배하에 들어가면서 공동체 분화가 급속히 일어나고 지배층에 권력이 아주 크게 집중된 사실을 나타낸다.

그런데 이는 간접 지배의 부산물이라지만 신라 국가로서는 결코 바람직하지 않은 현상이라고 할 수밖에 없다. 그래서 신라 국가는 지배 집단의 세력이 지나치게 커지는 것을 어떤 방식으로든 견제하려 하였던 것이고, 그에 따라 4세기 중엽까지는 지배 집단 안의 성격을 달리하는 소집단들 사이에 적절한 경쟁 관계를 유발함으로써 전체를 약화시키는 방책을 썼던 것으로 이해된다. 즉 일종의 이이제이책으로 당시 열세에 놓여 있던 소집단을 집중 지원함으로써 힘의 중심을 옮겨 견제와 균형 속에서 전체 집단을 통제하려고 했던 것이다. 그러다가 5세기를 전후해서는 다시 새로운 세력에 지원의 무게를 한층 강하게 실어줌으로써 기존 세력을 실질적으로 무력화하는 방식으로 전환한 것은 아닌가 싶다. 이는 거의 지배 집단 교체에 가까운 것이며 그간 이 지역에 대한 통제가 그만큼 효과를 거두었던 데 바탕을 둔 것이라 여겨진다.

이러한 전환의 시기인 4세기 말 시점의 복천동 고분군 자료를 볼 때 주목되는 현상 한 가지가 있다. 마침 지역 토기 양식으로서의 부산 양식이 성립한 것이며 그것이 10 · 11호에 처음으로 전면 부장된 점이다. 이 지역 양식의 출현이 지역 안 경제 통합의 강화와 관련이 있다고 본다면 이는 곧 10 · 11호 피장자가 속한 집단이 그 시점에서 부산 전역을 이전과는 다른 수준으로 통합하였음을 의미한다. 복천동 고분군뿐만 아니라 하위 취락의 고분들에서도 부산 양식 토기가 일제히 부장되기 때문이다. 이런 상황에서 신라 국가는 1호 피장자가 속한 집단을 집중 지원함으로써 10 · 11호 피장자가 속한 기존 세력을 무력화하고자 한 것이고, 이는 종국적으로 부산 지역 전체의 약화를 염두에 둔 것이었다. 앞에서 말했듯이 연산동 고총군의 양상을 볼 때 신라 국가의 그러한 정책은 의도대로 이루어진 것으로 생각된다.

이와 관련하여 또 한 가지 주목되는 사실은 부산 지역 고분에 부장된 철정의 크기가 4세기 말 이래로 소형화하고 대체로 길이 20cm 이하로 규격 통일이 된다는 점이다(다음 표 7[43] 참조). 그런데 4세기 말에 복천동 10 · 11호 쪽이 아니라 1호 쪽에서 그런 현상이 개시된다는 점이 또한 흥미롭다. 부산 지역 출토 철정에 대해 그 크기가 경주 것과 동일하다고 분석한 후 이를 신라 국가가 기존 철기생산 체제를 장악, 통제한 결과로 해석하고 그 방증으로서 4세기 중엽(기존 연대관으로는 5세기 초)까지는 복천동 고분군에 단야구가 부장되나 그 이후로(기존 연대관으로 5세기

---

43) 安在晧, 「鐵鋌에 대해서」, 『東萊福泉洞古墳群 II(本文)』(釜山大學校博物館, 1990), p. 103의 第17圖(단 김해 쪽은 제외). 같은 책 pp. 101~109에서는 22호 단계부터 큰 변화가 있다고 보아 그를 획기로 하였으나 이 표를 보건대 그 근거가 무엇인지 알 수가 없다. 이 그림의 상대편년을 본고의 편년대로 고쳐서 보면 역시 복천동 1호부터 변화가 있다고 보아야 할 것이다.

						복천동 46호분
						복천동 54호분
						복천동 32호분
						복천동 22호분
						복천동 9호분
						복천동 11호분
						복천동 39호분
						복천동 53호분
						복천동 1호분(東)
						복천동 47호분
						복천동 8호분(東)
						복천동 30호분
						복천동 4호분

0 10 20 30 40 50 60cm

표 7 부산 지역 고분에 부장된 철정의 크기

중엽부터)는 부장되지 않는 점을 들기도 한다.[44]

　　그러나 생산 체계를 장악하였다는 것은 곧 간접 지배가 아니라 직접 지배 상태를 의미하기 때문에 이런 해석은 좀 곤란하다. 생산 체계를 장악한 것이 아니라 이전에는 신라 국가가 철 소재를 공급하되 철기 제작 과정에서는 지역에 상대적 자율성을 주었던 것이나 그때에 이르러 이마저도 전보다 한층 강하게 통제하였던 것으로 해석함이 나을 것이다. 그리고 4세기 말 이후로는 복천동 1호 쪽 집단이 경주와의 그런 연계에서 주도적 역할을 하였다고 추정된다. 여기서 철 소재의 공급과 유통이 사로의 지방 통제 수단 중 주요한 몫을 차지한 한 가지였음도 엿볼 수 있다.

---

44) 李漢祥, 「5~6世紀 新羅의 邊境支配 方式―裝身具 分析을 중심으로―」, 『韓國史論』 33(1995), p. 71. 단, 경주 지역의 것과 규격이 거의 같다는 분명한 근거는 제시되지 않았다.

부산 지역은 4세기 말쯤 이런 변화를 거친 후 5세기 초 고구려 남정을 겪으면서 다시 크게 변모하였을 것으로 보이나 지금까지 공표된 자료로는 그것을 구체적으로 추적하기가 힘들다. 다만 부산 지역에서 횡혈식 석실분이 한 기도 발견되지 않았다[45]는 점이 주목된다. 이는 앞의 편년에서도 드러났듯이 현재의 자료에 의하는 한 부산 지역 고총의 존속 기간이 비교적 짧았음을 또한 강력히 시사한다. 대략 5세기 후엽이 되면 고총 축조가 거의 끊어진다고 보이므로, 그 즈음에 경북 북부 지역에서 특히 횡구식을 주체로 하는 중대형 고총[46]이 아주 많이 조영되는 것과 크게 대비된다. 이는 신라 국가가 그만큼 부산 지역에 대해 강한 통제력을 갖게 된 사실을 반영한다. 그것이 시사하는 바는 마지막 절에서 5세기 고총의 변질과 그 의미를 논의할 때 다시 다루기로 하겠다.

(3) 양산 지역(그림 V-5)[47]

양산 일대는 대략 남북으로 긴 지구대를 이루고 있는데 이는 지질상 경북 영해 부근에서 청하, 신광, 경주, 언양, 양산을 지나 낙동강 하구에 이르는 단층 지형에서 비롯된 것이다.[48] 그래서 그 동쪽 및 서쪽 지역과는 지형적으로 비교적 뚜렷이 구분되는 반면 북쪽 경주와는 그다지 높지 않은 재로써 경계가 질 뿐이다. 이런 지리적 환경을 『삼국사기』 지리지에 양산 지역의 영현領縣이 하나로만 기재된 것과 합쳐서 보면 마립간기 이래 양산 지역의 범위는 역시 이 좁고 긴 지구대 범위로 한정되었을 것으로 판단된다. 대형 고총군이 북정리 · 신기리 한 군데만 있는 점도 이런 배경과 관련이 있다고 보아 무방할 것이다. 그러면서도 협소한 이곳에 중대형 고총군이 나름대로 조영된 것은 역시 이 지역이 지닌 지리적 이점과 관계가 깊은 듯하다. 지금의 김해평야가 당시에는 낙동강 하구와 더불어 만이었으므로 양산 지역은

---

45) 鄭澄元 · 洪潽植, 「釜山地域의 古墳文化―墓制와 高杯를 중심으로―」, 『釜大史學』 18(1994), p. 298.

46) 제1부 제II장에서 지적한 대로 金龍星, 앞의 논문에서는 횡혈식 고분을 고총에 포함시키지 않고 별도의 한 단계로 구분하는데 그 기준에 다소 문제가 있다고 생각된다. 그에 대해서는 제3절에서 논급한다.

47) 이는 安春培 · 金元經 · 潘鏞夫, 앞의 논문 p. 80 그림 9. 金海地域의 地形圖(伽倻時代)를 바탕으로 한 것이다.

48) 曺華龍, 「梁山斷層 周邊의 地形分析」, 『大韓地理學會誌』 제32권 제1호(1997), pp. 1∼14.

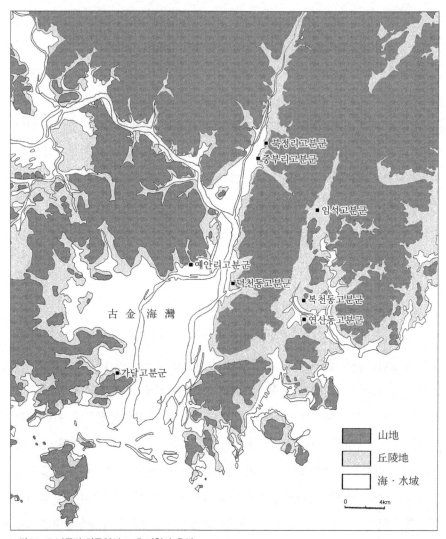

그림 V-5 낙동강 하류역의 고대 지형과 유적

경주에서 낙동강에 이르는 가장 짧은 거리의 통로에 해당하면서 동시에 바다로 나
가는 포구를 가진 곳이라 마치 경주의 외항처럼 기능할 수 있기 때문이다.

양산 지역이 신라 국가 안에서 지닌 지정학적 위치를 잘 말해 주는 문헌 증거
도 있는데 그것은 『일본서기』 신공기 47년조(367년)의 기사이다. 이 기사에서 백제
사신 일행은 가야의 일국—國인 탁순卓淳에서 출발하여 왜倭로 가던 중에 길을 잘

못 들어 사비신라沙比新羅에 억류되었다고 하는데 그 사비신라가 바로 양산에 비정된다.[49] 또 출발지인 탁순의 위치에 대해서는 근자에 창원으로 보는 설이 유력하지만 그 설은 여러 가지 문제점이 있으므로 그 대신에 필자의 안처럼 의령에 비정한다면[50] 이 기사는 백제 사신이 의령으로부터 배로 낙동강을 따라 동으로 내려가다가 강줄기가 하구 가까이서 꺾이면서 협애를 이룬 뒤 바로 넓어지기 시작하는 곳의 좌안左岸(옆의 그림 V-5 참조)인 양산에 억류되었음을 이야기하는 기사일 가능성이 크다. 이는 『삼국사기』 초기 기록에 나오는 신라와 가야의 전투지 황산진黃山津이 이곳이라는 사실과 더불어 양산 지역이 신라 안에서 지닌 위치를 단적으로 말해준다. 이런 지리적 요소는, 낙동강을 경계로 가야와의 대립이 점차 심화되었던 것으로 생각되는 마립간기에는 더욱 중요해져서 양산의 위상을 부각시켰을 것이고, 그 점이 여기가 좁은 지역임에도 나름대로 중대형 고총군이 조영된 데 대한 설명이 될 것이다. 또 이 지역의 그런 위상을 간접적으로 말해주는 문헌 기사로 5세기 초 왕제王弟를 구하는 데 이 지역 출신 박제상을 적격자로 추천한 세 지역 촌간村干에 관련된 『삼국사기』의 일화를 들 수 있겠다.

양산 지역을 부산 지역과 한 단위로 묶어 생각하기도 하나[51] 위에서 상정한 여러 점 이외에 고고학적으로도 그렇게 볼 수가 없다. 여기서 설정한 양산 지역 정치체의 중심 지구에서는 4세기대 부산 지역의 등록 상표처럼 인식되는 외절구연고배가 보이지 않으므로[52] 그때에 이미 부산 지역과는 구분되는 한 단위였음을 말해준다. 그리고 두 지역을 한 단위로 묶는 가운데 중심지가 어느 시기에 부산에서 양산으로 이동하였다고 보는 견해[53]도 받아들이기 어렵다. 이는 두 지역 고총군을 중심

49) n. n., 『日本書紀』上(岩波書店, 1967), p. 617 補注 9-二六.
50) 李熙濬, 「토기로 본 大伽耶의 圈域과 그 변천」, 『加耶史研究 ─대가야의 政治와 文化─』(慶尙北道, 1995), pp. 432~442와 이 책 제2부 제Ⅲ장 참조.
51) 金廷鶴, 「釜山과 加耶文化」, 『釜山直轄市立博物館 年報』 1~2(1981), p. 26.
52) 鄭澄元, 「梁山地域의 古墳文化」, 『韓國文化研究』 3(부산대학교 한국문화연구소, 1990), p. 27. 또 설사 외절구연고배가 출토된다 하더라도 그것만으로 같은 권역으로 설정할 수 있는지도 의문이다.
53) 崔鍾圭, 『三韓考古學研究』(書景文化社, 1995), p. 118에서 다소 표현이 모호하기는 하나 그와 같은 시사를 하였다.

연대를 기준으로 비교할 때 연산동 고총군에 비해 북정리 고총군 쪽이 늦다거나 아니면 후자가 전체적으로 전자에 후속하는 것처럼 본 데서 비롯된 것이다. 하지만 연산동 고총군은 대략 5세기 중엽까지는 계속 조영되었고 또 북정리 고총군의 연대도 5세기의 이른 시기까지 소급될 가능성이 충분하다. 더욱이 박제상이 5세기 초의 이 지역 인물이 분명하므로 그러한 이동설은 곤란하다.

다만 신라 국가가 남부 지방 중에서 일찍이 부산에 두었던 비중을 양산 쪽으로 좀 옮긴 것으로는 볼 수 있을 것이다. 4세기 말, 특히 5세기 초 이래로 부산 지역의 낙동강 대안에 있는 김해 생곡동 가달과 예안리 등지에서 신라 양식화된 토기가 계속 나오는 점은 아무래도 그때부터 신라가 낙동강 하구에서 바다로 나가는 그 일대에 대해 강한 영향력을 행사하게 되었음을 시사한다고 보인다. 그에 따라 진·변한 이래로 부산 지역이 가졌던 관문적 위치로서의 비중은 이제 크게 줄어들고 그 대신에 낙동강구를 통한 진출이 확실히 보장되는 위치에 해당하는 양산이 상대적으로 큰 비중을 갖게 되었다고 해석되는 것이다. 양산 지역 쪽의 고총이 상대적으로 다소 늦게까지 존속하는 듯한 점은 이와 관련이 있는 것으로 보인다. 그리고 양산 지역 고분 중 대개 5세기 4/4분기로 비정되는 소규모 고분에서 산자형 입식 금동관이 출토됨[54]도 그러한 사정과 관련이 있다 하겠다.

양산 지역의 유적 분포를 개관할 때 중심연대가 늦어도 4세기대인 중부리 고분군과 양산 패총의 위치가 북정리·신기리 고분군에 비해 낙동강 쪽에 바짝 다가서 있는 점이 주목된다. 아마도 이곳은 바로 옛 김해만으로 배를 띄울 수 있을 뿐 아니라 동쪽으로 고개를 넘으면 동래 지역과도 통하는 길목이라는 이점이 그런 입지와 관계가 깊을 것이다. 하지만 4세기 후반 이후로는 중심이 북쪽으로 이동하여 신기리·북정리에 고총군이 형성되기 시작하는데, 이는 일대의 남부 지방이 신라로 편입된 후 점차 이 양산 지역과 동래 지역이 대내 교통에서 차지하는 이점이 거의 없어짐에 따라 취락 여건이 한결 낫다고 할 수 있는 내륙 쪽에 중심 지구가 자리

---

54) 북정리 제3호나 제23호가 그 예이다. 그에 대해서는 沈奉謹, 「梁山北亭里古墳群」, 『考古歷史學志』 10(1994), pp. 7∼360을 참조.

사진 6 서쪽에서 본 양산 북정리 고총군(호석이 드러난 것이 부부총)

잡은 것으로 이해된다.

북정리 고총군(사진 6)은 이런 배경 속에서 아마도 5세기에 들어서서 조영된 것으로 보인다. 북정리 고총군에서는 부산 지역의 연산동 고총군과 비교할 때 5세기의 이른 시기 자료가, 연산동 고총군에서는 5세기 후반의 자료가 없어서 상호 비교하기가 어려운 점이 많다. 하지만 양산 부부총의 금동관에 경주 이외 지역 출토품으로서는 아주 드문 이른바 녹각형鹿角形 입식立飾이 있는 점이나 기타 일습의 복식품이 반출된 점은 양산 지역의 위상이 적어도 5세기 3/4분기의 다소 이른 단계에서는 부산 지역에 비해 결코 낮지 않았음을 잘 말해준다.[55]

그러나 양산 지역 역시 대개 이 부부총 단계나 그에 후속하는 단계, 즉 5세기 4/4분기에 들면 중대형 고총이 소멸하는 것으로 추정되는데, 이는 북정리 고총군이 구릉의 높은 데부터 서쪽을 향해 점차 내려오면서 축조되었을 것으로 보면 부부

---

55) 李漢祥, 앞의 논문, p. 67에서는 두 지역의 고총군을 동일 평면에 두고 비교하더라도 양산 쪽이 한 단계 높은 격을 가졌다고 보았다.

총보다 서쪽의 구릉 끝에 있는 제3호분이 부부총보다 약간 늦은 때라는 데서 짐작된다.[56] 이는 규모도 훨씬 작다. 이런 고총의 쇠퇴는 양산 지역이 늦어도 5세기의 4/4분기에는 큰 변화를 겪고 있었음을 강력히 시사한다.

이는 양산 부부총 출토 토기에서도 나타난다. 주지하듯이 부부총에 부장된 토기류는 크게 두 단계로 나뉜다. 5세기의 3/4분기에 일차 부장된 토기는 양산 양식이랄까 희미하게나마 지역색을 띠고 있는 데 반해 아마도 추가장시에 부장되었으리라 추정되는 토기는 경주 양식이다. 이는 양산 지역 고분 부장 토기의 변천사에서 커다란 변화이며 이와 궤를 같이하여 고총군이 소멸한다고 생각되므로 역시 이지역 지배층의 지위에 아주 큰 변화가 일어났음을 시사한다 하겠다. 후술하듯이 아마도 이때를 전후하여 이 지역이 신라 국가의 직접 지배하에 들어간 것이 아닌가 싶다. 그와 관련하여 주목되는 사실은 부산 덕천동 고분군이 대략 이 전후에 조성되기 시작한 점이다. 앞의 편년 장에서 부산 덕천동 고분군은 편의상 부산 지역으로 다루었지만 기실은 양산 지역의 하위 취락 고분군일 가능성이 농후하다. 이곳은 김해가 만을 이루고 있었을 당시에는 바로 양산으로부터 낙동강 동안을 따라 남으로 이어지는 좁은 통로[57] 상에 있으며 김해 예안리의 바로 대안에 해당한다. 이 점은 덕천동 고분군을 남긴 집단의 의의를 잘 드러낸다. 즉 이곳은 낙동강 하구에서 고김해만古金海灣으로 나오는 곳의 동안東岸을 지키는 위치에 있었으며, 그래서 양산 지역의 관문에 해당하기도 하였던 것이다(앞의 그림 V-5 참조). 이에 관해서는 마지막 절에서 고총의 쇠퇴 문제를 다룰 때 좀더 기술하기로 하겠다.

---

56) 제3호분에서는 도굴 때문에 토기가 없었으나 잔존 금동관 편의 형태를 보거나 인접한 제8호나 제22호분의 토기로 보면 축조 연대가 부부총에서 그리 먼 때는 아니라 판단된다. 이 고분들에 대해서는 沈奉謹, 앞의 논문을 참조.

57) 지금 이 통로는 35번 국도가 지나고 있다. 덕천동 고분군은 동래에서 직선거리로는 불과 10킬로미터 이내에 있지만 그 사이를 제법 높은 산지가 가로막고 있어서 실제 접근은 아주 어려웠을 것이다. 그래서 덕천동은 동래 지역 집단의 하위 취락이라기보다는 오히려 양산 지역의 하위 취락이었을 가능성이 극히 크다 하겠다.

(4) 경산 지역[58]

대구와 경산 지역은 고총군의 분포나 토기의 지역색을 참작할 때 진·변한 시기 이래로 계속 별개의 단위로 존재하였던 것으로 판단된다. 하지만 경산 지역과 대구 지역은 지금 행정 구역상으로 나뉘어 있지만 두 지역을 분명하게 갈라놓을 만한 지리적 장애는 없다. 그래서 어느 시기에 어느 쪽에 의해서건 상호 통합이 왜 이루어지지 않았을까 하는 의문이 든다.[59] 또, 별개 단위로 존속하였던 것으로 추정되는데도 두 지역 사이에 대립, 긴장 관계를 보여주는 성城의 배치라든지를 볼 수가 없다. 더욱이 대구 지역의 중대형 고총군은 분포 지구의 수나 규모로 보건대 경산에 비해 압도적이라서 그 의문은 아주 구체적이 된다. 이와 똑같은 의문은 역시 경산에 연접한 분지인 영천에 대해서도 제기할 수가 있다.

그에 대한 답은, 고총군이 축조되던 동안은 물론이거니와 그 이전에 이미 두 지역 사이의 통합이 저지되는 쪽으로 어떤 힘이 작용하고 있었던 탓으로 귀착될 수밖에 없다. 앞에서 논의하였듯이 결국 두 지역이 고총군 축조 이전에 이미 경주 지역에 복속되었기 때문으로 해석된다. 신라 국가가 각 지역을 복속한 후 그 세력 기반을 어느 정도 인정하면서 간접 지배를 실시하였지만 인접 지역과의 상호 연계는 저지함으로써 지방 세력의 강대화를 견제하였던 사실을 시사하는 현상으로 볼 수 있는 것이다.

어떻든, 경산 지역은 대구 지역과 접하였고 그 사이에 아주 뚜렷한 지형 장애는 없어서 양자의 단위 구분이 필요하다(이하 276쪽의 그림 V-6 참조). 마립간기 대구와 경산의 고분군 분포에 대한 선구적 연구에서는 『삼국사기』 지리지의 기록과 지형 등을 근거로 현재의 경산시 전역에다 대구직할시 동구의 금호강 동안 지역과 수

---

58) 경산 지역 고대 정치체에 대한 좀더 자세하고 진전된 논의는 전고 이후 나온 李熙濬, 「경산 지역 고대 정치체의 성립과 변천」, 『嶺南考古學』 34(2004), pp. 5~34를 참조.

59) 두 지역 사이의 관계에 대해서는 대구 지역이 일찍이 경산 지역에 의해 복속되고 다시 경산이 사로에 복속된 것으로 보기도 한다(朱甫暾, 「三韓時代의 大邱」, 『大邱市史』 第一卷(通史)(1995), p. 147). 그러했을 가능성도 있으나 대구는 5세기대 고분의 구조, 토기 등이 경산 지역과는 많이 다르고 오히려 낙동강 너머 성주 지역과 상당한 관련성을 보이므로(金鍾徹, 「北部地域 加耶文化의 考古學的 考察―高靈·星州·大邱를 중심으로―」, 『韓國古代史硏究』 1(1988), pp. 235~260) 진·변한 시기에도 대구와 경산은 아마 별개의 지역 단위였을 것이다.

성구의 일부 지역(옛 경산군 고산면 지역)을 더해 경산 지역의 범위로 설정하였다.[60] 이 안에 따라 지형을 기준으로 설명하면 대구와 경산은 남쪽 청도와의 삼각점에 있는 상원산(해발 674m)에서 북으로 동학산, 병풍산, 대덕산을 지나 현재의 고모동과 만촌동 사이로 뻗어 금호강에 이르는 산줄기로써 일단 구분이 된다. 또 서북류西北流하던 금호강이 그 산줄기가 맞닿은 지점에서 다시 북류하다가 서쪽으로 크게 꺾이는 곳에 북쪽 가산에서 뻗은 산줄기 또한 맞닿아서 금호강의 이 부위를 경계로 대구와 경산을 구분할 수 있다는 것이다.

합리적인 구분이라 생각되지만 지형적 요인에 비중을 두고 보면 약간의 문제가 없는 것은 아니다. 금호강 남쪽의 경계에는 이의가 없을 터이지만 북쪽은 반드시 그렇지가 않다. 금호강 북쪽에는 대구의 칠곡 지구와 불로동 지구를 가로지르는 산줄기가 있듯이 불로동 지구와 경산의 하양 지구 사이에도 그에 못지않게 높은 산줄기가 금호강안까지 가로놓여 두 지구를 구분하고 있기 때문이다. 그래서 읍락 사이의 통합이 상대적으로 미약하였을 진·변한 시기에는 불로동 지구와 하양 지구가 아마도 상호 구분되었을 가능성이 크다고 하겠다.

물론 두 지구를 금호강이 잇고 있으므로 불로동 지구를 경산 지역으로 포함시켜서 문제될 일은 없다. 그러나 그런 논리를 따른다면 불로동 지구는 오히려 대구 지역으로 편입해야 자연스럽다. 산줄기는 그로 인해 구분되는 지역 사이를 차단하기만 할 뿐 연결하지 않는 반면 강은 그로 인해 구분되는 지역을 연결하기도 한다는 생각[61]을 받아들인다면 금호강이 칠곡 지구와 대구 중심부를 구분하되 또한 연결하기도 한 것과 똑같이 불로동 지구와 대구 중심지를 충분히 연결할 수 있었을 터이기 때문이다.[62] 그리고 고총군 중심지 사이의 거리를 보아도 불로동 고총군(사진 7)이 자리잡은 곳은 대구 지역의 중심 고분군인 달성 고총군으로부터 불과 6km

---

60) 金龍星, 「慶山·大邱地域 三國時代 古墳의 階層化와 地域集團」, 『嶺南考古學』 6(1989), pp. 29~58.

61) 朱甫暾, 「新羅國家形成期 大邱社會의 動向」, 『韓國古代史論叢』 8(1996), p. 125.

62) 위의 논문에서는 마립간기 대구 지역 정치체의 범위를 『삼국사기』 지리지와 고분군 분포 등을 근거로 설정하면서 대구 지역의 東限을 金龍星, 앞의 논문과 같이 보았다. 그러면서도 불로동 지구는 대구 지역이 아닌 다른 정치 세력에 포함되어 있었다고만 할 뿐(p. 125) 경산 지역에 포함되는지 어떤지는 명확히 말하지 않았다.

사진 7 대구 불로동 고총군

남짓인 데 반해 경산 지역의 중심 고총군이 분명한 임당·조영동 고분군으로부터
는 그 두 배가 넘는 14km나 된다. 다만 『삼국사기』 지리지에 이 불로동 지구에 해
당함이 분명한 해안현解顔縣이 장산군獐山郡(경산 지역)에 속한 것으로 나옴을 보
면 마립간기에는 경산 지역에 속하였을 가능성이 다분하나 그 이전의 상황은 불분
명하다고 해야 하겠다.

　전고에서는 이처럼 경산 지역과 대구 지역을 구분하였으나 그 후 대구 지역
정치체의 변천에 관한 신고[63]에서는 금호강 이북의 경우 북쪽 가산架山에서 뻗은
산줄기가 맞닿은 선을 기준으로 하되 그 일대의 고분군 중에서 서변동 고분군은
대구 지역으로, 나머지 동화천 중·상류 고분군은 경산 지역으로 소속시켰음을 밝
혀둔다(뒤의 그림 V-6 참조).

　이하에서는 불로동 고총군이 가진 특성을 근거로 삼아 그것이 경산 지구와 대

---

63) 李熙濬, 「대구 지역 古代 政治體의 형성과 변천」, 『嶺南考古學』 26(2000), p. 85.

구 지구 중 어느 쪽에 속하였는지를 추론하고 이를 포함한 고총군 분포를 토대로 마립간기 경산 지역의 구조를 보기로 하겠다.

경산 지역 안의 고분군 분포는 다른 지역에 비해 비교적 자세하게 알려져 있어 앞에서 상정한 지역 안 단위 집단의 취락 분포와 읍락 구성을 엿보는 데 아주 적합하다. 지금까지 확인된 고분군은 모두 21개소인데,[64] 이들을 상호 어떤 관계로 묶어 지구 단위 구분을 할 것인지가 관건이라 하겠다. 그에서는 지리적 요소와 고분군의 규모 등이 주된 기준이 되어야 할 것이다.

경산 지역 고분군 분포의 성격을 전론한 金龍星은 고분군을 다음과 같이 인접한 것끼리 묶어 8개 군으로 나누고 각 단위가 마립간기의 촌村에 대응한다고 보았다. 또 고분군에 네 개의 등급을 매겨 8개 군 상호간과 각 고분군 상호간의 위계[65]를 상정하되 크게 보아 금호강을 기준으로 남북에서 임당·조영동 고분군과 불로동 고분군을 각기 최고 위계 고분군으로 파악하였다. 나아가 남쪽의 다섯 개 군이 하나의 국가적 결속체를 이루었다는 해석 아래 신라(즉 사로)를 맹주로 하는 연맹체의 지방 국가(즉 押督國)로 해석하였다[66](이상 280쪽의 그림 V-6 참조).

군	번호	고분군명	등급	군	번호	고분군명	등급
I	①	임당·조영동·부적동 고분군	A	IV	⑫	북사동·교촌동 고분군	B
	②	내동 고분군	B	V	⑬	연하동 고분군	B
	③	당음동 고분군	B		⑭	갈지동 고분군	C
II	④	성동 고분군	C		⑮	평기동 고분군	D
	⑤	노변동 고분군	(D)		⑯	용산 고분군	D
	⑥	중산동 고분군	D	VI	⑰	소월동 고분군	C
	⑦	산전동 고분군	D		⑱	신한동 고분군	C
III	⑧	신상동 고분군	B	VII	⑲	용수동 고분군	B
	⑨	인안동 고분군	(C)		⑳	불로동 고분군	A
	⑩	의송동 고분군	D	VIII	㉑	괴전동 고분군	C
IV	⑪	속초동 고분군	D				

표 8 경산 지역 고분군의 등급과 군 구분(金龍星, 1989)

이 고분군들이 그처럼 거의 독립된 하나의 '국'을 구성한 취락들의 유적이라는 시각에서 보면 이와 같이 고분군 등급이나 위계가 설정될 수도 있겠다.

그러나 신라 연맹체라는 개념은 모호해서 당시의 실상을 바로 나타내기에 적합하지 못하다는 비판은 이미 하였거니와 경산 지역이 그처럼 사실상 독립적 존재였다는 해석도 전술한 고총 현상 해석에 따르면 받아들일 수가 없다. 설령 이와 같은 고분군 등급화가 가능하고 그에 따라 이런 위계를 설정할 수 있다 하더라도 남는 문제는 그 위계가 반드시 상호간의 통속 관계를 나타낸다는 아무런 근거가 없다는 것이다. 다시 말해 그러한 위계가 각 읍락 또는 촌을 구성한 단위 취락들 사이에 대해서 어떤 상하 관계를 나타낸다고 볼 수 있을지라도 그것들이 모여 이룬 읍락 또는 촌들 상호간에도 반드시 그런 상하 관계가 존재하였다고 할 수는 없다. 고분군의 규모나 부장 양상으로 각 읍락의 세력 크기를 추정할 수는 있을지언정 읍락 간의 상하 관계를 바로 알 수는 없다는 것이다.[67]

그래서 고분군 분포상을 가지고 이 지역 읍락 구조의 문제에 접근하는 데서는 역시 문헌 기록과의 접목을 꾀하여야 할 것 같다. 『삼국사기』 지리지에 경덕왕대의 경산 지역을 가리키는 장산군獐山郡의 영현領縣이 셋이라는 사실을 기준으로 본다면 경산 지역은 군치郡治까지 합쳐서 네 개의 단위 집단으로 구성되었다고 이해된다.[68] 물론 이것이 그대로 마립간기로 소급되는지는 쉽사리 정할 수 없다. 그러나 앞에서 상정한 대로 진·변한 시기 각 '국' 안의 통합이 크게 진전되지 못한 상태에

---

64) 金龍星, 앞의 논문. 다만, 그의 新稿인 金龍星,『新羅의 高塚과 地域集團—大邱·慶山의 예—』(춘추각, 1998)에서는 새로이 29개소로 보고하였다. 그리고 그를 토대로 舊稿와 꽤 다른 해석을 하였다. 본고는 구체적 地區 설정의 가부 문제 등보다도 문제 접근 방식이나 해석 쪽에 초점을 두고 비평하고 논의하는 것이 주된 목적이므로 편의상 학계에 먼저 공식 발표되어 학사적 의미가 큰 金龍星의 舊稿를 검토 대상으로 삼기로 한다.

65) 이를 계층화라고 하였으나 적절한 용어가 아님은 물론이다. 근자에 들어 계층화라는 용어가 부쩍 많이 쓰이는데, 그 사용에는 다소 신중을 기해야 한다고 본다. 상하의 서열이 있다거나 상하 위계를 이루었다 하더라도 그것을 계층의 개념으로 파악할 수는 없기 때문이다.

66) 金龍星, 앞의 논문(1989).

67) 이에 관련하여 6세기 초의 냉수리비 단계에서 읍락 상호간의 통제가 아직 제대로 이루지지 않았다는 지적(朱甫暾,「6세기 新羅의 村落支配 强化 過程」,『慶北史學』19(1996), pp. 9~12)은 좋은 참고가 된다.

68) 金龍星, 앞의 논문(1989), pp. 29~58에서는 금호강 이남으로 한정하여 5개 집단으로 파악하였다.

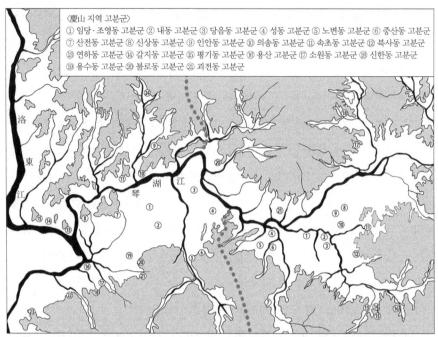

<〈慶山 지역 고분군〉
① 임당·조영동 고분군 ② 내동 고분군 ③ 당음동 고분군 ④ 성동 고분군 ⑤ 노변동 고분군 ⑥ 중산동 고분군
⑦ 산전동 고분군 ⑧ 신상동 고분군 ⑨ 인안동 고분군 ⑩ 의송동 고분군 ⑪ 속초동 고분군 ⑫ 북사동 고분군
⑬ 연하동 고분군 ⑭ 갈지동 고분군 ⑮ 평기동 고분군 ⑯ 용산 고분군 ⑰ 소원동 고분군 ⑱ 신한동 고분군
⑲ 용수동 고분군 ⑳ 불로동 고분군 ㉑ 괴전동 고분군

〈大邱 지역 고분군〉 ① 달성 고분군 ② 대명동 고분군 ③ 복현동 고분군 ④ 효목동 고분군 ⑤ 파동 고분군
⑥ 두산동 고분군 ⑦ 용산 고분군 ⑧ 신당동 고분군 ⑨ 구암동 고분군 ⑩ 팔달동 고분군
⑪ 금호동 고분군 ⑫ 다부동 고분군 ⑬ 죽곡리 고분군 ⑭ 문산리 고분군 ⑮ 봉촌리 고분군
⑯ 성산리 고분군 ⑰ 설화리 고분군 ⑱ 검곡리 고분군 ⑲ 월성동 고분군 ⑳ 상인동 고분군 Ⅰ
㉑ 상인동 고분군 Ⅱ ㉒ 본리 고분군 ㉓ 삼리리 고분군 ㉔ 북실 고분군 ㉕ 심천리 고분군

그림 V-6 대구·경산 지역의 지형과 고분군 분포도

서 신라의 지방으로 통합되었으되 간접 지배라는 틀 속에서 지역 집단이 존속하였다고 한다면『삼국사기』지리지의 기록은 마립간기의 사실을 대부분 간직하고 있다고 보아도 좋을 것이다. 이는 지리지에 本某某縣으로 나오는 원래의 현 단위가 늦어도 마립간기 단계의 단위를 나타낸다고 생각되기 때문이다. 경산 지역의 압독 押督이라는 이름이 앞에서 상정한 대로 신라의 지방으로 바뀐 이후에 불리던 지역 명칭이라고 한다면 아마도 이런 本某某縣이라는 것도 마립간기 당시 각 지역 안의 지구 이름이라고 보아야 할 것이다.

여기서 군치가 있는 압독 지구는 이 지역의 중심 지구로서 임당·조영동 고분군이 있는 곳을 핵으로 하는 경산시(옛 경산읍) 일대를 가리킨다고 보아도 좋을 것이다. 나머지 세 지구는 지금의 불로동 일대, 진량 일대, 그리고 남쪽 방면의 자인 일대에 대응되는 것으로 볼 수가 있겠다. 고분군으로는 크게 보아 임당·조영동 고분군이 진·변한 시기의 국읍 지구에 대응하는 고분군인 셈이고, 그 하위에는 아마도 위의 제I군과 제II군 고분군이 직속되었던 것으로 보인다. 이외에 ㉑ 괴전동 고분군도 거리 관계로 보아 이에 속할 가능성이 크다 하겠다.[69] 두 번째 지구의 중심 고분군은 불로동 고분군일 터인데, 지리로 보아 위의 ⑲ 용수동 고분군이 그에 속한다고 보인다. 그리고 진량 지구에서는 역시 ⑧ 신상동 고분군이 중심 고분군으로서 그 하위에 III군으로 분류된 고분군들이 소속될 것이고 또 위에서 IV군에 소속시킨 ⑪ 속초동 고분군도 수계로 보아서는 그에 속하지 않나 싶다.

그러면 자인 지구에는 북사동 고분군과 제V군으로 분류된 고분군이 분포한 셈인데 양자의 관계를 어떻게 보아야 할지가 문제된다. 고분군의 규모나 수로 보아서 양자가 대등하거나 오히려 후자가 더 크다고도 볼 수 있다. 하지만 입지를 고려하면 진·변한 시기에는 국읍에 가까이 위치하고 경주와 대구 간 동서 교통로에 가까운 전자가 더 유리한 위치에 있었을지도 모르겠다. 그래서 굳이 양자가 다른 읍락 단위를 나타낸다고 보기[70]보다는 하나의 읍락을 구성한 단위였다고 보는 것이 옳겠다. 그리고 후자의 고분 숫자가 많다든지 하는 이유는 혹시 마립간기의 지역 상호간 관계를 생각할 때 그곳이 바로 현재의 청도읍과 밀양 방면으로 통하는 교통로의 길목에 해당한다는 점과 어떤 관계가 있지 않은가 싶다.

이렇게 볼 때 지금까지 발굴 조사된 자료에서 드러난 불로 지구의 강한 소지역성과 그에는 못 미치지만 자인 지구의 토기에서 보이는 소지역성이 주목된다. 불로동 고총군은 규모로 볼 때 다른 지역의 중심 고총군으로서도 손색이 없다. 또 고총의 내부 구조는 임당·조영동 고총군의 목곽묘와는 다른 석곽묘 구조이다. 이처럼 강한 소지역성은 무엇을 말하는가? 金龍星은 앞의 분석에서 이러한 특성을 염두에

---

69) 위의 논문에서는 금호강의 남북 양안 분할 역할을 중시해서 괴전동 고분군을 후술할 불로 지구에 소속시켰다. 진·변한 시기에는 타당할지 모르나 마립간기에는 금호강의 지구 분할적 기능보다 교통성을 더 크게 보아야 할 것 같다.
70) 위의 논문은 다른 읍락 또는 촌을 나타낸다고 보았다.

둔 듯 금호강 이남의 경산 지역만을 『위지 동이전』의 '국'에 대응되는 마립간기 소국(즉 압독국)에, 그리고 불로 지구는 『위지 동이전』 단계의 소별읍小別邑에 대응되는 별읍別邑으로 설정하였다.

불로 지구를 진·변한 시기에 소별읍이었던 것으로 본 점은 옳은 듯하다. 이 지구가 낙동강의 주요 지류인 금호강을 따라 동서로 통하는 교통로의 바로 길목에 자리잡은 점은 그 시기의 커다란 이점이었을 터이고 또 금호강이 지금보다 남쪽으로 더 넓은 강폭이나 범람원을 가지고 있었을 당시에는 그 일대가 남쪽 지구로부터 더 뚜렷이 구분되었을 것이기 때문이다. 그러나 마립간기에도 이 지구가 반드시 독립된 별읍과 같은 단위였다고 볼 수는 없다. 대구든 경산이든 어느 쪽인가에 편입되어 하나의 읍락 또는 촌으로서 상대적 독자성을 누렸을지언정 그때에도 여전히 독립된 단위였다고 하기는 어렵다는 것이다. 아마도 경산 지역이 사로에 의해 복속되는 시점에서 이 소별읍도 같이 복속되어 나름대로 편제가 되었을 것이다. 그와 관련하여 이 지구가 경산에 이어 복속되는 대구 지역으로 바싹 다가선 곳에 위치한 점은 주목된다. 이 지구는 어쩌면 사로의 대구 지역 공략에서 주요 거점 중 한 곳이 되었을지도 모르겠다. 그리고 대구 지역이 신라로 복속된 이후에도 경산 지역에 속하면서 그 안에서 나름대로의 독자성을 강하게 지녔기 때문에 그러한 소지역성을 띠게 되었을 것이다.

북사동 고분군에서 보이는 토기의 소지역성은 경산 지역이 신라로 복속된 이후 이 지구가 전대에 비해 정도의 차이는 있을 지라도 다소간의 독자성을 지녔음을 간접적으로 말한다고 해석된다. 즉 지구 단위의 토기 생산 체계를 가지고 있었던 것으로 볼 수 있는데, 그 소지역성에서 창녕적인 지역색 같은 점이 느껴지는 것은 이 지구가 경산에서 남쪽으로 통하는 길목에 있어 경산—청도—창녕 지역의 교류가 증가함에 따라 나타난 현상일지도 모르겠다. 그리고 이 읍락의 독자성이라는 관점에서 볼 때 북사동 1호분에서 출토된 은제 과대 등 신라식 위세품은, 만약 그것이 경주로부터 경산의 중심 지구를 통하지 않고 직접 하사된 것이라면 어쩌면 신라 국가가 그 시기의 이 지역에 대해 실시한 지방 지배의 일면을 희미하나마 나타내는 것으로 볼 수 있겠다. 4세기 후반에는 경주식 위세품의 하사가 임당·조영지구로만 국한되었

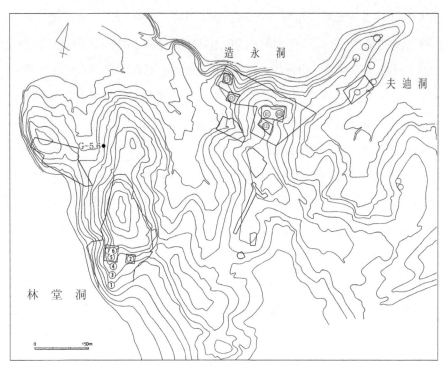

그림 V-7 임당·조영동 지구의 지형과 고총 분포도

던 데서 엿볼 수 있듯이 신라 국가의 지방 지배가 전적으로 이 지역의 중심 지구 집단만을 매개로 한 데 반해 대략 5세기 전반에 이르러서는 중심 지구가 아닌 하위 지구에도 어느 정도 미치기 시작하였음을 말하는 것은 아닐까 하는 것이다.

한편 신라 국가의 지방 지배가 지닌 다른 측면은 중심 고분군인 임당·조영동 고총군에서도 감지할 수가 있다. 이 지구의 고총군은 여러 지점으로 나뉘어 축조된 것이 특징이라면 특징인데 한 지점에 고총이 몇 기 연접 축조되고 난 다음에 다른 지점에 고총군이 축조되는 것이 아니라 대체로 지점을 달리하면서 병행하여 축조된 것으로 보인다. 지금까지 발굴된 고총군은 크게 보아 임당동 고분군으로 불리는 한 단위와 조영동 고분군으로 불리는 한 단위로 나뉘고 거기에다 발굴되지 않은 부적동 고분군을 한 단위로 보면 대체로 3개 정도의 군을 이룬다(그림 V-7).

또 각 군도 연접 고총군을 단위로 해서 세분할 수가 있다. 예컨대 조영동 고분군 안에서 제일 고소에 조영된 고총군은 여러 기의 고분이 상호 연접된 E-III군과 그에 인접한 E-II군으로 구별된다. 이 중 전자는 임당동 고분군의 연접 고총군인 7A · B · C호분과 대체로 병행하여 축조되었고 후자는 대략 그에 후속되나 단위로 서는 구별이 된다.[71] 또 후자는 횡구식 석실분인 1호분을 필두로 연접된 고총군을 이루고 있는데 횡구식이 가장 이른 고총이면서 그에 연접된 고총은 이 지역 고유 묘제라 할 암광목곽묘岩壙木槨墓인 점은 흥미롭다. 더욱이 1호 횡구식 석실묘에서는 은제 과대 등 신라식 위세품이 나왔는데 그것은 이 군이 사로 세력과 연계된 지역 내 신흥 집단임을 상징한다. 그 구조가 횡구식임은 단순히 당시의 유행을 반영한 것이 아니라 무엇인지 스스로의 정체성을 표방하려 한 듯이 느껴진다. 어떻든, 이처럼 집단들 사이에 차이가 있다는 점은 주목되며 이는 앞에서 상정한 대로 지배 집단 내의 분화를 분명히 말해주는 현상으로 판단된다.

임당 · 조영동 고분군의 대형분에서 제1부의 편년과 지금까지 공표된 유물 목록을 참고할 때[72] 주목되는 현상 한 가지만 언급해 둔다. 그것은 임당동 고총군에서는 U자형 삽날 등 주요 농구는 물론이고 농구 자체가 거의 나오지 않은 데 반해 조영동 고총군 쪽은 농구가 대부분의 고분마다 나온다는 점이다. 특히 농구 중에서 철제 U자형 삽날[73]이나 쇠스랑이 주목되는데 EIII-2호 주곽과 부곽에서 삽날 각 1점, 부곽에서 쇠스랑 1점이 출토되었고 EIII-6호에서도 삽날이 1점 출토되었다. EII군에서는 2호에서 역시 삽날이 1점 나왔다.

제1절에서 상정한 대로 이러한 삽날이 특별한 의미를 가졌다고 본다면 이는 조영동 고총군 집단의 성격이 임당동 고총 축조 집단과는 무엇인가 달랐음을 말한다고 생각된다. 주요 철제 농구가 사로 세력의 통제하에 유통되었다는 해석을 받아들인다면 이는 아마도 조영동 고총군 집단이 진 · 변한 이래로 이 지역의 농업 생산

---

71) 이는 제1부의 편년과 金龍星, 『新羅의 高塚과 地域集團 —大邱 · 慶山의 例—』(춘추각, 1998), p. 333 의 〈표 21. 林堂遺蹟 大形墳의 編年〉을 참조.

72) 이 지구의 발굴에서 출토된 유물 중 마침 본고의 분석에 필요한 항목을 집성한 金龍星, 위의 책, pp. 82 ~84의 〈표 3. 林堂遺蹟 高塚의 出土遺物〉이 좋은 참고가 된다.

73) 위의 책에서는 가래날이라 불렀다.

을 관장한 중심 집단이었고 임당동 쪽은 이 지역에 대한 신라 국가의 지배가 진전되면서 새로이 부상한 집단으로 볼 수 있을 듯하다. 어떻든 이는 신라 국가가 이 지역의 지배 계층을 적절히 분할 지원하면서 제어해 나갔음을 시사하는 증거이다.

한편 이 지역 고총의 연접 축조 방식이나 목곽묘적 전통은 경주 이외의 다른 어떤 지역에서도 나타나지 않아서 경주와의 높은 친연성을 시사하는 현상이다. 혹시 이러한 전통은 『삼국사기』 신라본기에 기재된 압독국의 사민徙民 기록과 무슨 관련이 있는지도 모른다. 사민이라면 모든 인민에 대한 것은 아닐 터이고 당시까지의 지배적 집단을 대상으로 하였을 것인데 사민에 이어 친사로적親斯盧的 집단을 내세워 이 지역을 지배해 나갔기 때문에 그런 경향이 나타난 것은 아닌가 하는 것이다.

이 대목에서 주목되는 한 가지 현상이 있다. 그것은 경산 지역 마립간기의 고유 묘곽 형태인 암광목곽묘가 나타나기 직전 단계나 처음으로 나타나는 단계에서 경주 지역 고유 묘제인 적석목곽묘가, 그것도 규모가 상당히 큰 것이 이 지구에 조영된 사실이다. 전자에 해당하는 것이 임당 G-5, 6호이고 후자에 해당하는 것이 CII-2호이다.[74] 이들은 경산 지역 특유의 내부 구조를 갖춘 고총군이 등장하는 데 사로 지역이 어떤 형태로든 관련되어 있음을 말한다고 해석된다.

이 적석목곽묘들의 연대는 임당 G-5, 6호가 본고의 이동양식 I기 직전의 월성로 가6호 단계에 해당하고 조영 CII-2호분은 확실하지 않으나 아마도 Ia기에서 Ib기로의 과도기쯤에 해당한다고 보인다. 전자는 2기가 표형분을 이루었는데 후축된 5호에 갑주가 부장되었고 그에서 순장이 인지되는 등 경주 이외 지방의 적석목곽묘로서는 특이한 양태를 보인다. CII-2호 역시 갑주가 부장되어서 피장자가 남성으로 추론된다. 양자에서는 모두 경옥제 곡옥 같은 경주식 위세품이 나왔다. 이것들이 남성묘일 가능성이 큰 데 주목하면 부산 지역 복천동 25 · 26호가 이들과 마찬가

---

74) 이러한 예들은 상부 적석이 되지 않은 형태라서 적석목곽묘의 범주에서 제외하려고 할 수도 있으나, 李熙濬, 「경주 월성로 가-13호 積石木槨墓의 연대와 의의」, 『碩晤尹容鎭敎授 停年退任紀念論叢』(1996), pp. 287~310에서 이미 지적한 대로 그런 접근 방식은 적석목곽묘의 구조가 시간의 추이와 함께 변화하였음을 미처 고려하지 못한 시각에서 비롯되었을 뿐이며 이들도 분명히 적석목곽묘의 범주에 넣어야 한다.

지로 그 지역 고유 묘곽 형태가 등장하기 직전의 묘곽 유형이라는 점이 상기된다.

그래서, 혹시 신라 국가가 초기에 복속한 지역에서 지배층 일부를 경주 지역에 불러 일정 기간 머물게 하였다가 귀환시켜 그들을 통해 지역을 간접 통치함으로써 이런 현상이 나타난 것은 아닌가 추정된다. 마립간기 동안에 신라의 지방에 대한 통제 방식 중 한 가지로 후대의 상수리제上守吏制처럼 제도화되었는지 어떤지는 알 수가 없지만 일정 기간 재지 세력 또는 그 자제들을 상경시위上京侍衛하게 하는 인질제도의 성격을 가진 제도가 존재하였을 가능성이 높다고 하는데[75] 그러한 사정 때문에 나타난 현상인지도 모르겠다. 아니면 지역 지배층이 여러 가지 이유로 스스로 경주에 머물렀던 경우도 고려해 볼 수 있을 것이다. 그렇다고 한다면 이 고분들의 축조 연대가 4세기 중·후엽인 점을 생각할 때 그들의 경주 거주는 4세기의 전·중엽이었을 가능성이 크며 그 점 또한 경주 지역과 경산 지역이 일찍부터 깊은 관계를 맺고 있었음을 전해 준다 하겠다.

(5) 대구 지역[76]

마립간기 대구 지역의 정치 사회적 구조와 동향에 대해서는 이미 고분군의 분포와 『삼국사기』 지리지 등의 문헌 기록을 기반으로 상세히 고찰된 바 있으므로[77] 여기서는 고총군이 보이는 한두 가지 특징을 중심으로 이 지역에 대한 신라 국가의 지배 방식을 엿보기로 하겠다.

마립간기 대구 지역의 범위에 대해서는 지형과 『삼국사기』 지리지를 참고하건대 동한東限은 앞의 경산 지역 항에서 기술한 대로이고 서한西限은 낙동강에 이르렀을 것이다. 남쪽은 산지로 가로막혀 청도와 자연스레 구분이 되고 북쪽은 금호강까지가 아니라 그 이북의 칠곡 지구도 포함되는 것으로 판단된다. 다만 이 칠곡 지구를 대구 지역에서 떼어냄으로써 진·변한 시기에는 소별읍이었던 것이 마립간기

---

75) 朱甫暾, 「麻立干時代 新羅의 地方統治」, 『嶺南考古學』 19(1996), p. 33.

76) 마립간기 대구 지역의 읍락 구조 등에 관한 논의는 전고 이후 나온 李熙濬, 「대구 지역 古代 政治體의 형성과 변천」, 『嶺南考古學』 26(2000), pp. 79~117을 참조.

77) 朱甫暾, 「新羅國家形成期 大邱社會의 動向」, 『韓國古代史論叢』 8(1996), pp. 83~146.

에는 별읍 상태로 존재하였다고 설정하기도 한다.[78] 아마도 칠곡 지구의 고총군인 구암동 고분군의 제56호가 구조로 보아 달구벌 지구의 중심 고총군인 달성 고분군과는 판이하며 토기 또한 소지역색이 아주 강한 점을 염두에 둔 듯하다.

칠곡 지구가 금호강 때문에 대구 중심부와 구분되는 점을 고려하면 진·변한 시기에는 그러한 소별읍이었을 수도 있겠다. 그러나 『삼국사기』 지리지의 기록을 참고할 때 마립간기에는 아마도 대구 지역의 한 단위 지구로 편제되었으리라 보는 편이 순조로울 것이다(앞의 276쪽 그림 V-6 참조).

그러면 칠곡 지구의 그런 특색을 어떻게 이해해야 할 것인가? 이는 마립간기 대구 지역 정치체 또한 진·변한 시기에 각 읍락이 지녔던 독립성을 바탕으로 구성된 데 기인한다고 보인다. 즉 전대 이래의 읍락별 독자성이 강하게 유지된 데 주요 원인이 있다는 것이며, 그것은 신라 정부의 지방 지배 정책과도 맞물려 있다.

이와 관련하여 5세기 후엽으로 편년되는 구암동 56호분 본분本墳에서 금동 허리띠 장식 등 신라식 위세품이 출토된 점이 주목된다. 고분이 도굴되어서 다른 착장형 위세품의 부장 여부는 알 수가 없게 되었지만 금동제 허리띠 장식이 출토된 지방의 고총에는 으레 금동관 또는 금동 관식冠飾이 공반되고[79] 또 제56호 북분에 금동관이 부장된 점을 감안하면 본분에도 응당 금동관이 부장되어 있었을 것으로 추정된다. 그리고 그것들이 경주로부터 하사된 시기는 마구류 등의 유물로 보아 5세기 중반으로는 소급될 것이며, 이는 대구 지역이 신라로 편입된 이후 처음에는 중심 지구(달구벌 지구)에만 사여되던 금공 위세품이 그 즈음에 그 하위 읍락이라고 할 수 있는 칠곡 지구의 세력에게도 분여되었음을 말한다.[80]

이처럼 대구의 중심 지구와 전혀 다른 묘곽 형태를 가진 고총을 조영하고 아마도 별도의 토기 생산 체계를 갖고 있었을 지구의 세력에게 지방의 중심 고총군에서

---

78) 金龍星, 「慶山·大邱地域 三國時代 古墳의 階層化와 地域集團」, 『嶺南考古學』 6(1989), pp. 29~58.

79) 李漢祥, 앞의 논문, p. 15의 〈표 2〉 지방분묘 출토 허리띠장식의 공반관계 표와 鄭永和 外, 앞의 책의 임당·조영동 고총 유물 공반관계 표를 참조.

80) 전고에서는 구암동 56호 본분의 연대를 5세기 초로 본 까닭에 금공 위세품이 중심 읍락과 별도로 일찍부터 하위 읍락에 주어진 듯이 보고 그를 바탕으로 논지를 전개하였으나 앞에서 그 연대를 수정하였으므로 그에 따라 이 금공품의 의미를 새롭게 이해한다.

출토되는 위세품 중에서도 제일급의 것을 5세기 중반경에 분여하였다는 사실을 어떻게 보아야 하는가? 그것은 신라 정부가 다른 지역에 비해 일찍부터 대구 지역 주요 지구의 지배층과 직접 연계를 갖고 그들을 후원함으로써 중심 지구의 역할을 약화시키고 그들 사이에 경쟁을 유발함으로써 지역 전체를 통제하고자 한 것이라 해석된다. 결국 대구 지역 안의 여러 세력들이 결집하여 중앙 정부에 위협 요소가 되는 것을 막기 위한 이이제이의 한 수단으로 위세품 하사를 적극 활용하였음을 짐작케 한다고 보아도 좋을 것이다.

마립간기 대구 지역의 이러한 상황은 그 배경을 문헌 기록으로부터 엿볼 수가 있다. 바로 『삼국사기』 신라 본기 첨해이사금沾解尼師今 15년(261년)에 달벌성達伐城을 쌓고 나마奈麻 극종克宗을 성주로 삼았다는 기록이다. 이는 여러 가지로 의미심장하며 이 지역의 고총 현상을 이해하는 데 아주 중요한 관련성을 갖는다. 달벌성에 해당함이 분명한 달성(사진 8)은 대구의 중심부에 있고 그 주변에는 달성 고총군이 조영되어 있다. 달성의 축조 연대는 『삼국사기』 기사의 연대를 그대로 믿을 수는 없고 고고학적 증거로부터 도출되어야 할 터인데, 바로 성벽 조사에서 나온 증거가 있다. 발굴이 극히 일부분에 국한되기는 하였어도 성벽을 절개, 조사한 결과 대략 4세기 중기를 상한으로 하면서 그 즈음에 축조된 것으로 해석할 수 있는 자료가 출토되었다.[81]

이는 『삼국사기』 초기 기록 중 소국 복속 기사의 연대에 관련지어 볼 때 무척 흥미로운 연대이다. 달벌성 축조는 『삼국사기』에 기재된 연대순으로 보면 경북 북부 지방에 대한 사로의 복속 사업이 첨해이사금沾解尼師今대에 사량벌국沙梁伐國을 끝으로 완료되는 시점에서 이루어진다. 그런데 그 실제 연대가 4세기 중기로 확인됨으로써 앞에서 『삼국사기』 초기 기록 중 사로의 소국 복속 활동을 전체적으로

---

81) 尹容鎭, 「韓國初期鐵器文化에 관한 硏究 —大邱地方에서의 初期鐵器文化 —」, 『韓國史學』 11(1990), pp. 93~133. 이에서는 5세기 초 정도로 보았으나 그 연대는 신라 토기의 발생을 5세기 초로 보는 연대관에 따른 것이고 성벽 토층 속에 발생기 신라 토기가 들어 있으므로 이는 4세기 중기를 대략 상한으로 한다. 단, 이 토기들은 상한을 나타낼 뿐이지만 그 이후 시기의 토기가 보이지 않는 점을 고려한다면 이것들을 축조 당시의 것으로 보아도 좋을 것이다.

사진 8 대구 달성

3세기 후반에서 4세기 전반에 걸쳐 일어난 사실로 재해석한 연대 수정론이 간접적
으로 입증되는 것이다.

　　이처럼 4세기 중기에 일어난 사실로 재해석되는 이 기사의 내용 중 나마 극종
을 성주로 삼았다는 부분은 신라 정부가 극종을 달벌 성주로 파견하였음을 말한다
고 해석된 바 있다.[82] 파견의 목적은 복합적이었을 것이나 그 중 중요한 한 가지는

대구 지역이 사로 지역을 백제나 가야로부터 방위하는 데서 핵심 전진 기지에 해당하며 경북 북부 내륙 지방에 대한 연결 고리 지역이라는 데 관련되었을 터이다. 즉 그 시점에서 영천―의성을 통하는 내륙로가 완전히 장악된 마당에 대구를 전진 거점으로 삼아 낙동강 중류 이북의 경북 북부 지방을 통제하는 것이 전략적으로 더없이 중요해졌기 때문으로 이해된다. 그것은 이 지역의 마립간기 고총군이 수적으로나 규모 면에서 다른 어느 지역보다도 우월하게 나타나는 데서 방증이 된다 하겠다. 사실 대구 지역은 다른 어느 지역에서도 유례가 드문 고총군 분포를 보인다. 즉 크게 보아 대규모 고총군이 네 개소 이상으로 파악될 뿐만 아니라 각각의 고총 수효나 규모 또한 대단한 수준을 자랑한다. 이 지역이 지리적 위치 덕택에 진ㆍ변한 이래 대내외 경제 교환에서 아주 유리하였으리라는 점을 참작하면 이는 결코 우연한 일도 아니다.

그러나, 한편으로 이 지역을 간접 지배하에 두게 된 신라 국가로서는 그 세력이 지나치게 강대해진다는 것은 바람직하지 못하였을 것이다. 그런 강대화는 무엇보다도 이 지역을 구성하는 여러 읍락들이 결집하는 데서 비롯될 수가 있다. 바로 이 위협 요소의 발생에 대한 감찰을 또한 달벌성주에게 맡겼을 것으로 보아도 좋을 것이며[83] 이것이 마립간기 이전으로는 유일하게 대구에 성주를 파견한 기록이 남은 중요한 이유가 아니었나 싶다. 이로 보면 칠곡 지구의 고총군에서 나타나는 소지역색小地域色은 곧 신라 정부의 그러한 의도가 제대로 관철되고 있었음을 방증하는 것이라고도 하겠다. 즉 분리 지배 정책이 성공적이었던 것이다.

한편 달성 주변에 조영된 고총 중 지금까지 발굴된 고분의 연대는 5세기 초 이

---

82) 『삼국사기』 지리지에서 "삼았다"고 한 기록을 중앙에서 파견한 것이 아니라 지역 출신자를 그에 임명한 것으로 보는 견해도 있으나(李宇泰, 「新羅 中古期의 地方勢力 硏究」(서울大學校 大學院 國史學科 博士學位 論文, 1991), p. 32) 여기서는 파견한 것으로 보는 견해(朱甫暾, 「三國時代의 大邱」, 『大邱市史』 제1권(通史)(1995), p. 180)를 따른다.

83) 朱甫暾, 「麻立干時代 新羅의 地方統治」, 『嶺南考古學』 19(1996), pp. 31~32에서는 마립간기 신라의 지방 지배 방식 중 한 예로 대구의 성주 파견을 들고 이러한 성주는 이 지역의 직접 지배를 위해 파견된 지방관은 아니고 주로 군사적 목적에서 요충지에 파견된 군관으로 보았다. 그곳에 병력을 이끌고 상주하면서 방위업무를 담당하고 아울러 재지 세력이 외부 세력과 결탁하거나 지역 안의 연결을 꾀하든지 독자 교역 활동을 하는 데 대한 감시나 통제의 임무도 맡았을 것으로 보았다.

전으로 올라가지 못하는데 전체적으로 4세기 중기까지 소급될지 어떨지는 알 수가 없으나 달성 축조 이후 조영되기 시작한 것으로 보아도 크게 틀림이 없을 것이다.[84] 즉 이는 달벌 성주가 신라 국가로부터 이 지역에 파견된 이후에 축조된 것이다.

그와 관련하여 주목되는 고고학적 현상은 달성 고분군에서 출토된 토기의 지역색 문제이다. 대구 지역 중심 지구의 이 고총군에는 앞의 경산 지역과는 아주 달리 경주계 또는 포괄적으로 말해 경주 양식이라고 불릴 수 있는 토기들이 지역 양식 토기와 공반되는 현상이 두드러진다. 지역 양식 토기라 하더라도 그 지역색은 경주에 더 가까운 경산 지역보다 결코 강하지 않다. 이는 곧 나마 극종 이후에도 성주들이 지속적으로 파견됨으로써 대구와 경주 사이에 인적 교류와 정치경제적 또는 문화적 교통이 이례적으로 빈번하였던 데 그 원인이 있지 않을까 싶다. 그런데 이러한 영향이 당시 중심지였던 달구벌 지구로 한정되어 나타나기에 또한 의미가 있는 듯하다.[85] 즉 그러한 교류, 교통이 주로 대구의 중심 집단하고만 이루어졌을 가능성을 시사하기 때문이다. 이는 바로 마립간기 신라 국가가 대구 지역을 지배한 한 가지 방식을 말하는 것이며, 이를 일반화해서 신라 국가의 지방 지배가 실시된 초기 단계에서는 다른 지역도 마찬가지였을 것으로 볼 수도 있다.

다음으로 주목되는 현상은 달성 고분군에서 출토된 금동관을 위시한 신라식 위세품의 양이 그리 많지가 않은 점이다. 발굴된 고분들의 연대가 비교적 늦은 때문인지도 모르지만 그 점을 감안하더라도 위세품의 양은 많다고 할 수가 없다. 이는 경산 지역에 대비하면 금방 드러난다. 어쩌면 이 지역에 성주가 일찍부터 파견되었던 사실과 관련이 있을 것으로 생각된다. 성주가 지방관은 아니라 하더라도 신라 국가로부터 임명된 존재인 이상 재지 세력의 위세는 그만큼 위축되었고 또 그들

---

84) 咸舜燮, 앞의 논문, p. 374.

85) 달성 고분군으로 대표되는 중심 지구의 하위 취락 고분군인 복현동 고분군에서도 본고의 이 책에 따르면 4세기 말부터 경주 양식 토기가 나타나서 주목된다. 이 점에 대한 지적은 李盛周, 「洛東江東岸樣式土器에 대하여」, 『제2회 영남고고학회학술발표회 발표 및 토론요지』(1993), p. 41을 참조. 한편 朴光烈, 앞의 논문, p. 38 註)14에서는 뚜렷한 근거를 제시하지 않았지만 대구 지역 고분에 부장되는 토기가 '경주계'와 '대구식'으로 완전히 구분되며 전자는 상위 신분의 무덤에, 후자는 중하위 신분의 무덤에 부장된다고 하였다.

을 위세품으로 회유할 이유가 적을 수밖에 없었을 것이기 때문이다.

중심 지구 고총군인 달성 고총군을 구성하는 고총의 내부 구조는 특이하게도 서로 아주 다른 두 가지로 나뉜다. 그 한 가지는 이른바 할석조割石造 석곽石槨이고 다른 한 가지는 판석조板石造 석곽石槨이다. 이 중에서 후자는 횡구식일 가능성을 완전히 배제할 수는 없으나 설사 횡구식이라 하더라도 다른 지역의 고분 변천 단계에서 으레 거치는 추가장 구조가 아님은 분명하다. 그래서 이 지역 특유의 묘곽 형태라 할 수 있는데 이런 거대 판석의 사용은 말하자면 장엄성을 과시하는 데도 목적이 있었을 것이다. 또 지금까지 발굴된 달성 고총 가운데 유독 판석조 묘곽에서 금동관이 출토됨[86]은 할석조 묘곽의 피장자와는 아마도 출자의 차이 같은 것이 있었을 가능성을 시사한다.

그런데 이런 판석식, 할석식 구조가 성주 지역의 중심 지구 고분군인 성산동 고총군의 묘곽 형태(사진 9, 10)와 같아서 주목을 끈다.[87] 앞에서 상정하였듯이 고총 단계에서 각 지역의 정체성을 표방하기 위해 지역마다 유형을 달리하는 묘곽 형태가 창안되었다고 이해할 수 있다면, 대구 지역 안에서 달성 지구와 칠곡 지구의 묘곽 형태가 서로 다른 터에 성주 지역은 지역 자체가 다르면서도 같은 묘곽 형태를 갖고 있음은 결코 예사롭지 않다. 더욱이 대구와 성주의 중심 지구끼리 그러하다는 사실은 아무래도 무슨 연유가 있다고 해야 할 것이다.

우선, 대구와 성주 두 지역이 낙동강을 사이에 두고 마주하고 있다는 점을 유념해야 할 듯하다. 두 지역은 상호 연계되면 낙동강 중류를 양안에서 가로막을 수 있다. 더욱이 성주 지역은 신라 국가의 입장에서 볼 때 바로 고령 지역을 북쪽에서 막아 대가야 세력이 북부 내륙으로 진출하는 것을 저지하는 막중한 역할을 하는 곳이기도 하다. 이와 같이 대구와 성주가 연계되면 곧 낙동강 상류에 대한 통제는 물

---

86) 37-1호와 55호가 판석조 묘곽인데 두 곳 모두에서 금동관이 출토되었다. 그 외 위세품의 양이나 질로도 전반적으로 할석조보다 우위에 있다고 할 수 있다.

87) 이 때문에 金鍾徹, 「北部地域 加耶文化의 考古學的 考察—高靈·星州·大邱를 중심으로—」, 『韓國古代史研究』 1(1988), pp. 235~260에서는 대구, 성주 두 지역을 묶어 북부 가야 세력으로 부르기도 하였다.

사진 9 성주 성산동 고총군 38호
판석조 석곽

사진 10 성주 성산동 고총군 39호
할석조 석곽

론이려니와 대가야에 대한 강한 봉쇄가 가능하다. 두 지구의 묘곽 형태가 상통함은 바로 그런 연계가 혹시 그 배경에 깔려 있지 않을까 싶다.

더욱이 대구 지역과 성주 지역은 모두 중심 지구와 다른 지구의 묘곽 형태가 아마도 달랐던 것으로 보여서[88] 그 점 또한 상호 연계의 의미 추론에 참고해야 할 듯싶다. 말하자면 진·변한의 국읍에 해당하는 지구만이 서로 연계된 양상이라서 그 연계는 자연스레 생겨난 것이기보다는 외적 요인에 의해 성사되었을 가능성이 점쳐진다. 왜냐하면 각 지역 안에서 지구마다 묘곽 형태가 다른 데서 추론되듯이 자기 지역 안의 다른 읍락에 대한 통합력도 다소 미약하였던 두 중심 집단이 지역을 넘어 연계한다는 것은 결코 자연스럽지 못하기 때문이다. 그렇다면 이에서는 신라 국가의 개입 이외에 다른 요인을 생각할 수가 없다.

지금 두 지역의 4세기대 후반 고분이 어떤 양상인지를 전혀 알 수 없는 상태라서 더 이상의 추론이 허용되지 않지만, 여기서 과감한 추측을 더한다면 아마도 4세기 후반에 두 지역의 고분이 고총화하는 단계부터 4세기 말 사이나 5세기 초 사이에 대가야對伽耶 낙동강 전선이 형성됨에 따라 성주가 파견된 대구 달성 지구의 주도하에 낙동강 대안의 성주 성산 지구와 연계하여 대가야 방면에 대한 방어망 또는 포위망을 구축한 것은 아닌가 한다. 이는 아마도 대구 지역을 지렛대로 삼아 낙동강 중, 상류를 통제하고자 하였을 신라 국가의 전략에 따른 현상일 것으로 해석된다. 어쩌면 이런 연계가 성주 성산동 지구 고총군에 위세품류나 철기류가 아주 빈약한 점을 설명하는지도 모르겠다. 그리고 만약 이러한 해석이 옳다고 한다면 이는 후술할 창녕계 토기의 확산이 의미하는 바와 마찬가지로 5세기 전반 신라 국가의 지역간 연계 지배를 보여주는 또 다른 예가 될 수 있으며, 결과적으로 신라 국가가 4세기 말에서 5세기 초에 이르러 실시하였던 지방 지배의 중요한 측면을 우리에게 말해주는 셈이다.

---

88) 대구 지역의 달성 고분군과 칠곡 고분군이 아주 다른 석곽묘 형태임은 이미 말한 대로이다. 성주 지역의 경우도 예를 들어 월항 지구의 고분군에 횡혈식 석실분이 많이 보이는 등 성산동 지구와는 다소 다른 듯하다.

(6) 창녕 지역[89]

창녕 지역은 『삼국사기』 지리지에 따르면 화왕군火王郡으로서 지금은 대구시로 편입된 달성군 현풍 지구만을 영현領縣으로 거느린 것으로 되어 있다. 이는 지금의 창녕군 범위나 일대의 지형 조건 등을 고려하면 아주 자연스럽지가 못하며, 마립간기의 창녕 지역 정치체는 아무래도 더 넓은 지역을 포괄하고 있었을 터이다. 일찍이 4세기 중엽까지 비자발比自炼로서 기록된 대표적 가야국이었던 만큼 그 영향권이 만만치 않았을 것으로 짐작되는데다가 일대의 지리로 보건대 창녕읍으로부터 낙동강을 따라 내려가 지금 밀양군과 경계를 이루는 산줄기의 서쪽 일대까지는 아무런 지형적 장애가 없이 통하기 때문이다.

대형 고총군의 분포와 출토 유물도 이러한 생각을 뒷받침한다. 현재의 창녕군 안에 소재한 중대형 고총군은 창녕읍 교동 고분군, 계성면 계남리 고분군, 그리고 영산면 동리 고분군으로 파악되어 있다. 이 중에서 일부가 발굴된 앞의 두 고총군은 내부 구조의 차이는 있지만 모두 창녕 양식 토기가 출토되어서 같은 지역 단위를 이루고 있었음을 일러준다. 그리고 영산 동리 고분군은 아직 발굴은 되지 않았으나 그에서도 계남리 고총군에서 출토된 토기와 양식적으로 같은 것이 채집[90]되어서 마립간기에는 영산 일대 역시 창녕 지역에 속한 지구였음을 강력히 시사한다 (이상 그림 V-8 참조).

그렇다면 영산 일대를 창녕으로부터 떼어내어 6세기 전엽까지 존재했던 가야국인 탁기탄에 비정한다든지[91] 아니면 계성 지구 이남을 하나로 묶어 계성桂城·영산靈山《가야伽耶》라고 한 것[92]은 적어도 고고학적으로 보건대 도무지 근거가 없다. 이

---

89) 이 지역의 읍락 구성과 동향 등에 대해서는 전고 이후 나온 李熙濬, 「4~5세기 창녕 지역 정치체의 읍락 구성과 동향」, 『嶺南考古學』 37(2005), pp. 1~38을 참조.

90) 鄭澄元·洪潛植, 「昌寧地域의 古墳文化」, 『韓國文化研究』 7(釜山大學校 韓國民族文化研究所, 1995), p. 49.

91) 金泰植, 『加耶聯盟史』(一潮閣, 1993), p. 188.

92) 武田幸男, 「伽耶~新羅의 桂城 "大干" ― 昌寧·桂城古墳群出土土器의 銘文에 대하여 ―」, 『朝鮮文化研究』 1(1994), pp. 59~76. 여기서 중대형 고총군이 소재한 곳이면 곧 하나의 가야국이 있었던 것처럼 봄은 고총군의 의미를 전혀 알지 못한 데서 비롯된 추측에 불과하다. 또 大干을 가야에 연결시킬 수 없음은 물론이다. 그에 대해서는 朱甫暾, 「韓國古代의 土器銘文」, 『특별전 유물에 새겨진 古代文字』(부산광역

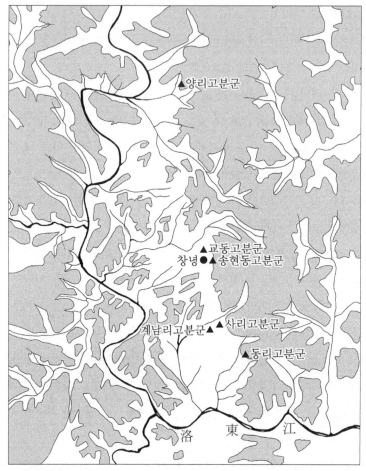

그림 V-8 창녕 지역의 지형과 주요 고총군의 위치

들은 『삼국사기』 지리지에 영산 일대가 밀성군密城郡에 속한 것으로 되어 있음을 한 가지 근거로 그런 추정을 한 것인데, 『삼국사기』 지리지에 나오는 각 지역 단위의 범위는 대체로 마립간기의 양상을 바탕으로 한 것이지만 그렇다고 해서 그 구분을 그대로 기계적으로 마립간기로 투사할 수 없음을 간과한 것이다. 마립간기~중고기 이후 신라 국가의 지방 지배 진전과 더불어 지역의 사정에 따라 단위 획정에 일부 변

시립박물관 복천분관, 1997) p. 60을 참조.

화가 있었을 것임은 두말할 것도 없다. 창녕 지역이 마립간기 이래로 신라 국가 안에서 전략적으로 아주 중요한 지역이었던 만큼 지방 지배가 진전됨에 따라 그 세력을 약화시킬 목적에서 범위를 축소시키는 변화가 일어났을 가능성은 충분히 있다.

한편 지금은 달성군에 속한 현풍이 창녕 지역의 한 지구로 되어 있는 점은 어떻게 보아야 할 것인가. 그곳의 중심 고총군인 유가면 양리 고분군이 아직 발굴 조사되지 않아서 성격은 알 수 없으나 지표에서 채집된 토기편은 창녕 양식 토기와는 다소 다른 양상을 나타낸다. 또 지금까지 영남에서 출토된 이형 토기 중 다수가 현풍 출토라고 전해지는 데서 엿볼 수 있듯이[93] 설사 현풍의 토기가 창녕 양식이라 하더라도 소지역색이 강하였던 것으로 추정된다. 더욱이 현풍의 중심지는 창녕의 중심지로부터 20km 거리에 있어서 양자 사이에 커다란 지형적 장애는 없되 비교적 먼 거리이다. 이런 여러 가지 정황으로 보건대 현풍 지구가 진·변한 시기에는 독립된 세력이었을 가능성도 있다 하겠다. 현풍 일대에서는 낙동강이 굽이치기 때문에 그 하안에서 낙동강로를 통한 교통을 통제하기 쉽다는 점도 고려하면 아마도 이런 지리적 이점 덕택에 현풍 일대가 진·변한 시기에 하나의 '국'은 못될망정 '소별읍'을 이룰 수 있었으리라 본다. 그래서 그런 전대前代의 사정으로부터 마립간기에는 창녕 지역의 한 부분이 되었으면서도 지역색을 강하게 띤 것은 아닌가 한다.

마립간기 창녕 지역의 범위를 이렇게 상정한다면 이 지역은 신라 국가의 입장에서 볼 때 전략적으로 지극히 중요한 지역이 된다. 낙동강 너머 고령의 대가야에서부터 합천의 다라국多羅國, 그리고 의령 일대의 가야국[94]과 남강 우안의 함안 아라가야에 이르기까지 여러 가야 세력과 마주하기 때문이다. 사실 이런 지정학적 위치만을 고려하더라도 앞에 든 현풍, 영산 지구가 4세기 중엽까지는 혹시 현재의 창녕 중심부와는 별개 집단이었을지 모르지만 마립간기에는 그와 더불어 하나의 지

---

93) 朴天秀, 「三國時代 昌寧地域 集團의 性格研究」, 『嶺南考古學』 13(1993), pp. 196~198에 인용된 장식성 강한 현풍 지역 출토 기대는 이를 시사한다.

94) 필자는 이 지역을 가야국 탁기탄과 탁순의 고지로 비정한 바 있다. 그에 대해서는 李熙濬, 「土器로 본 大伽耶의 圈域과 그 變遷」, 『加耶史研究 —大伽耶의 政治와 文化—』(慶尙北道, 1995), pp. 432~442를 참조.

역 단위를 이룬 가운데 신라 국가 안에서 더없이 중요한 전진 기지 역할을 하였으리라고 상정할 수 있다.

따라서 창녕순수비에 이 지역의 술간迹干이 두 명으로 나오는 것도 그만한 이유가 있다고 해야 할 것 같다. 이 외위가 악간嶽干 바로 다음의 제2위에 해당하고 지금까지 후자가 금석문에서 확인이 안 된 마당에서는 사실상 가장 높은 격이라 하겠는데 한 지역에 그런 외위를 가진 자가 두 명임은 역시 이 지역의 중요성을 바로 말해줌과 다름없는 것이다. 그런데 6세기 중엽 이 지역 술간이 두 명이었던 사실의 배경을 어쩌면 마립간기의 고총군에서 엿볼 수 있을 것 같아서 흥미롭다.

이 지역의 중심 고총군이라 할 교동·송현동 고분군은 논자에 따라 3~5 무리로 나누는데 크게 보아 교동의 두 군과 송현동의 한 군으로 볼 수가 있을 듯하다.[95] 여기서 교동의 두 군보다 숫자가 다소 적은 송현동 고분군이 언제 축조되었는지를 잘 알 수가 없는데 내부 구조가 횡구식이라는 데서 교동 고분군과 같은 시기로 보기도 하나[96] 이 역시 횡구식이라 하더라도 현재 노출된 상태나 일제하의 관찰 보고에 의하건대 대개 반지상화한 횡구식이면서 상부가 좁혀지는 형식이라서 다소 늦은 시기임은 분명하다. 또 최근 발굴된 송현동 6, 7호분[97]으로 보아도 그렇다. 그래서 송현동 고총군이 전체적으로 다소 늦은 시기에 축조되었다고 본다면 마립간기의 중심 기간 동안에는 교동의 두 군을 중심으로 고총이 축조된 셈이다. 더욱이 두 군은 각각의 主墳으로 부를 수 있을 정도로 큰 초대형분을 하나씩 가지고 있는 점이 주목된다. 즉 일제하 고분 번호 89호분과 7호분이 그것이다(그림 V-9).

이에 대한 분석으로 신라 국가가 창녕 지역에 대해 취했던 지배 방식의 일면을 엿보기로 하자. 먼저 필요한 것은 두 대형분 축조 연대의 비정이 되겠다. 교동 7호

---

95) 대개 이렇게 이해하므로 전고에서도 그에 따랐으나 국립창원문화재연구소, 『창녕 송현동고분군 6·7호분 발굴조사 개보』(2007), p. 28에서 언급하였듯이 화왕산성에서 목마산성 쪽으로 난 길을 따라 내려오는 도중의 산 중턱 목마산성에 가까운 도성암 근처에도 고총군이 있다. 이로 보더라도 이곳 고총군의 구성이 간단치 않음을 알 수 있다 하겠다.

96) 鄭澄元·洪潽植, 「昌寧地域의 古墳文化」, 『韓國文化硏究』 7(釜山大學校 韓國民族文化硏究所, 1995), p. 36.

97) 국립창원문화재연구소, 앞의 책.

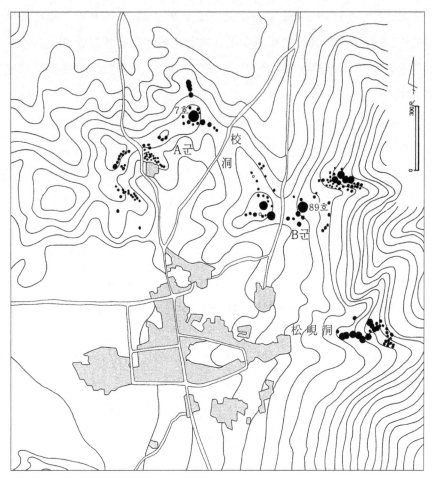

그림 V-9 창녕 교동 일대의 일제시 고총 분포도

와 89호의 토기 자료가 제대로 보고되지 않아 문제가 없지 않지만 두 고분에서 나온 신라식 위세품들이 연대 비정에 참고가 된다. 두 고분의 위세품들이 모두 한번에 분여된 것인지 어떤지는 알 수 없으나 그 중에서 허리띠 장식을 보면 거의 같아서 두 주인공이 동시에 생존한 기간이 있었음은 분명한 것 같다.[98] 그리고 7호에서

---

98) 허리띠 장식을 기준으로 편년을 한 李漢祥, 앞의 논문에서는 같은 시기로 보았다. 이하 89호와 7호의 위세품에 관한 것은 穴澤咊光·馬目順一, 「昌寧校洞古墳群―「梅原考古資料」を中心とした谷井濟一氏 發掘資料の硏究―」, 『考古學雜誌』第60卷 第4號(1975), pp. 23~75를 참조.

나온 세환이식이 5세기 3/4분기에 축조된 것으로 비정되는 옥전 M3호[99] 것과 유사하여서 7호분의 축조 연대 역시 그에서 그다지 먼 때는 아닐 것으로 짐작이 된다. 그런데 교동 7호 주변부에 축조된 11호는 제1부에서 편년한 대로 5세기 3/4분기에 비정되는데, 고분 배치로 보아 7호는 그에 앞선다고 보아야 할 것이라서 늦어도 5세기 3/4분기이고 5세기의 2/4분기로 소급될 가능성이 크다. 또 교동 7호에는 지방 고총에서는 비교적 이른 시기에만 부장되는 살포가 있고 금동관 형식도 산자형 입식의 옆으로 뻗은 가지가 꺾인 각이 약간 둔각을 이루는 등 역시 상대적으로 이른 요소를 보인다.[100] 그래서 이것만으로도 제1부에서 5세기 3/4분기로 축조 연대를 비정한 대구 비산동 37-1호에서 출토된 두 개의 대소 금동관 중 형식상 늦은 대형품[101]보다는 이른 형식으로 판단되어서 역시 그와 같은 연대관을 강하게 뒷받침한다. 또 여기서 나온 울두熨斗가 황남대총 남분의 것과 동공同工이라는 지적[102]도 참고가 된다. 그래서 교동 7호의 축조 연대는 5세기 중기에 가까운 전반에 비정해 둔다.

한편, 89호 토기 중에서 사진으로 알려진 고배들을 보건대 창녕의 지역색을 강하게 유지한 것도 있고 경주 양식의 영향이 어느 정도 나타난 것도 있어서[103] 창녕 지역 토기 편년으로는 5세기 3/4분기의 교동 11호보다는 빠를 것이나 교동 1호 이전으로 올라갈 것 같지는 않다. 그래서 89호의 축조 연대 역시 5세기의 중기를 전후한 시기 정도로 비정할 수 있다.

그렇다면 창녕 지역의 중심 지구에 소재한 대표적인 두 군의 마립간기 고총군 중 최대형분 두 기의 피장자는 거의 동시기에 생존하다가 5세기 중기를 전후하여

---

99) 이 연대는 李熙濬, 「고령양식 토기 출토 고분의 편년」, 『嶺南考古學』 15(1994), pp. 89~113을 참조.

100) 毛利光俊彥, 「朝鮮古代の冠一新羅一」, 『西谷眞治先生古稀記念論文集』(1995), p. 696.

101) 비산동 37-1호분을 종래 횡구식 석실로 파악하여 그에서 출토된 두 금동관 중 하나는 추가장된 피장자의 것으로 보기도 하였으나 이제 비슷한 구조의 성주 성산동 고분군 발굴을 통해 반드시 횡구식이라 보기 어렵게 되었으므로 그렇게 이해함은 곤란하다. 그보다는 毛利光俊彥, 위의 논문, p. 703에서 경주 고분에 복수 부장된 冠을 피장자가 생전에 순차적으로 바꾸어 쓴 것으로 보았듯이 그런 지방 고총의 복수 관도 생전에 때를 달리하여 사로에서 하사된 것으로 이해해야 하리라 본다.

102) 東潮·田中俊明(編), 『高句麗の遺跡と遺物』(中央公論社, 1995), p. 430.

103) 金元龍, 『新羅土器의 研究』(乙酉文化社, 1960), Pl. 13 fig. 5(前者)와 fig. 6(後者).

사망한 셈이 된다. 그런데 그간 보고된 자료를 보면 89호가 속한 무리의 고총들(이하 B군이라 함) 중 89호는 물론이고 3호 등에서는 U자형 삽날이 출토된 반면에 7호가 속한 무리(이하 A군이라 함)에서는 그런 유물이 없는 대신 착장형 위세품의 비중이 큰 것으로 나타난다.[104] 이는 앞의 경산 지역 임당·조영 지구 고총군에서 관찰된 것과 아주 유사한 현상이다. 또 여기서 중요한 점은 A군은 7호부터 군을 이루었을 가능성이 큰 데 반해 89호 쪽은 편년으로 보아 이미 그 이전부터 군을 이루고 있었다고 판단되는 것이다.

이상의 고고학적 현상에 대한 해석은 다음과 같다. 이전부터 이 지역의 중심 지구 내지는 지역 전체의 핵심 지배층을 구성하였던 집단이 B군 고총군을 조영하고 있던 차에 5세기 초를 지난 어느 시기부터 새로운 집단이 부상하였다. 그들은 기존 고총군에서 다소 떨어진 곳에 A군 고총을 조영하였는데 기존 집단에 비해 한층 많은 신라식 위세품을 부장한 데서 드러나듯이 그 부상의 계기는 신라 국가의 집중적 지원이었던 것으로 추론된다. A군 7호 주변에 축조된 고총 중 하나인 12호가 적석목곽묘라는 점도 이를 방증한다. 그 피장자는 결혼에 의해 경주로부터 이주해 온 사람일 가능성이 지적된 바 있는데,[105] 그 사실 여부와 관계없이 경주와 깊은 관련이 있는 사람임은 분명하므로 A군 고총 집단이 B군보다 경주와의 연계성이 깊었음을 말해주는 하나의 방증이라 하겠다.

이와 같이 5세기 전엽 이래로 창녕 지역 중심 지구의 지배층 안에는 적어도 두 개의 주요 집단이 존재하였다고 볼 수 있고, 그것은 1세기 이상의 시차가 있지만 장차 6세기 중기의 창녕 지역에 술간述干이라는 높은 외위를 가진 2인의 촌주村主가 존재할 수 있는 연원이 되었을 것이다. 또 이러한 지배 집단의 분화는, 앞에서 상정한 대로 신라 국가가 이 지역 세력이 지나치게 비대해지는 것을 견제하는 기본 방책으로 이른바 이이제이책을 쓴 데서 비롯되었다고 해석된다.

한편, 이런 현상에 관련하여 간과해서는 안 될 점이 한 가지 있으니, 89호나

---

104) 이 중에서 89호분과 A군 고총군 등 일제하 발굴 고분의 출토품 목록은 n. n., 「大正七年度古蹟調査成績」, 『朝鮮彙報』大正八年 八月號(1919), pp. 124~129을 참조.
105) 穴澤咊光·馬目順一, 앞의 논문, p. 70.

7호가 축조될 그 즈음이 창녕 지역 고총 축조의 정점으로서 그 이후로는 이런 큰 규모의 고총은 두 집단 모두에서 다시는 축조되지 않은 사실이다. 물론 7호분과 89호분이 그처럼 큰 이유는 그 총주塚主가 집단 안에서 가졌던 개인적 위상 때문일 수도 있다. 그러나 그 점을 감안하더라도 역시 전체적으로 보아 늦어도 5세기 중기 이후로는 지배 집단 전체의 권력이 양적으로 분산되고 약화되었다고 보아도 좋을 것이다. 경주 지역에서 황남대총 북쪽의 노서·노동동에 있는 고총들이 대체로 황남대총 남분 이후에 축조된 것으로 보아도 좋다면 그들 중에 여전히 거대 규모의 것이 있는 점과 창녕 지역의 이런 현상은 좋은 대조가 된다. 결국 이는 신라 국가의 창녕 지역 지배 집단에 대한 견제 정책이 소기의 성과를 거두었음을 나타내는 것이라 할 수밖에 없다.

5세기 중기를 전후한 시기에 — 7호분과 89호분의 총주가 생존한 기간을 감안하여 다소 넓게 잡는다면 5세기 중엽 동안에 — 창녕 지역이 처했던 이런 상황과 맞물려 나타나는 고고학적 현상이 한 가지 있다. 그것은 바로 낙동강 대안에 있는 주요 가야 세력인 다라국多羅國의 합천 옥전 고분군에서 대략 5세기 초 이후 5세기 전반까지는 주로 토기를 주체로 하는 창녕계 유물이 부장되다가 5세기 중기를 전후한 시점부터 착장형 위세품을 주체로 하는 경주계 또는 창녕계 유물이 부장된다는 사실이다.[106] 이는 크게 보아 신라 국가가 창녕 지역을 통해 옥전의 다라를 외교적으로 회유하는 방책을 쓴 결과로 이해된다.[107] 그런 가운데 5세기 중기를 전후하여 그곳 창녕계 유물의 성격이 토기류 중심에서 위세품 중심으로 바뀌는 것은 앞서 상정한 두 집단의 분화와 모종의 관계가 있지 않은가 싶다. 즉 대략 5세기 전반까지 B군 고총 집단을 통하였던 신라 국가의 낙동강 서안 공략이 빠르면 중엽 초부터나 중기를 전후한 시점부터는 경주계 위세품을 풍부하게 부장한 A군 집단을 통해 이

---

106) 옥전 고분군의 연대는 李熙濬, 「고령양식 토기 출토 고분의 편년」, 『嶺南考古學』 15(1994), pp. 89〜113에 의한다. 한편 5세기 중기의 이러한 변화와 맞물려 옥전 고분군에 5세기 전반 이래로 부장된 대가야계 위세품인 귀걸이 이외에 고령 양식 토기가 5세기 후반부터 밀려들어오는 듯한 현상은 흥미롭다.

107) 이에 관련해서는 李熙濬, 「토기로 본 大伽耶의 圈域과 그 변천」, 『加耶史研究 — 대가야의 政治와 文化 —』(慶尙北道, 1995), pp. 421〜423에서 간략히 다룬 바 있다.

루어진 것으로 볼 수 있는 것이다.

그것은 어떠하든, 신라 국가가 창녕 지역을 통해 낙동강 서안 지역에 대한 외교 공세를 본격화한 것은 후술하듯이 경주 이남 지방에 대한 지배가 어느 정도 공고해졌음을 전제로 한 것은 아니었나 싶다. 즉 5세기 전반 동안에 신라 국가의 남부 지방에 대한 장악력이 강화됨으로써 지방 지배가 완전히 안정 단계에 들어갔던 것과 연관되는 듯하다. 그렇다면 이는 신라의 발전이라는 관점에서 볼 때 의미가 큰데, 그에 관련시켜 볼 수 있는 현상이 곧 이른바 창녕계 토기의 '확산'이다. 이는 주로 낙동강 하류역을 중심으로 일어나므로 그에 관해 언급한다.

창녕계 토기의 확산은 부산, 김해, 경주, 대구, 합천 등지에서 확인되는데, 주된 분포지는 낙동강 하류의 부산, 김해와 합천의 옥전 지역이다. 창녕 양식 토기가 창녕 이외의 지역으로 확산되는 현상에 대해 낙동강 동안 지방의 여러 집단들이 신라의 간접 지배하에 들어간 것과 상관관계가 있다고 추정한 견해가 있다.[108] 이는 그 방증으로 부산 지역에서 5세기 3/4분기(이는 본고의 연대관으로는 4세기 말 또는 5세기 초)에 이르러 유물이 전반적으로 신라화함과 더불어 외래 유물의 유입에서도 뚜렷한 변화가 일어나는 점을 들었다. 즉 5세기 2/4분기(본고의 연대관으로 대략 4세기 말)까지 주로 함안 지역 토기들이 유입되다가 3/4분기(즉 본고의 5세기 초)부터는 그것이 전혀 나타나지 않고 창녕계 토기로 바뀐다는 것이다. 그리하여 창녕 지역에서와 마찬가지로 이때를 기점으로 경주식 위세품이나 마구 등이 하사되어 광범하게 확산된다고 보고, 그러한 분위기 속에서 창녕 양식 토기가 부산, 경주 등지로 확산되었다는 것이다.[109]

그러나 이런 해석으로 창녕계 토기의 확산 이유가 납득할 만큼 구체적으로 해명된 것은 아니다. 창녕계 토기의 확산에는 그저 유물의 분포 확산이라는 표면적 현상에 그치지 않는 깊은 의미가 숨어 있다고 보아야 한다. 여기서 이런 창녕계 토기의 확산 기간이 비교적 짧은 점이 주목된다. 대략 4세기 말부터 5세기 전반에 걸쳐서 일어난다. 또 주로 낙동강을 끼고 있는 지역에서 집중적으로 일어남을 중시해

---

108) 鄭澄元·洪潽植, 앞의 논문.
109) 위의 논문, p. 87.

야 할 것이다. 나아가 김해 생곡동 가달 고분군처럼 낙동강 서안에 위치한 유적에서 집중 출토되는 이유도 설명이 필요하다.

창녕계 토기의 낙동강 하류 지역 확산은 낙동강로洛東江路 자체나 낙동강 동안로를 통한 것으로 보이는데, 이는 신라 국가가 5세기 초를 고비로 낙동강 교통로의 많은 부분을 확보하였으며 그로써 낙동강 중류역과 하류역의 대서안對西岸 세력 연대가 이루어졌음을 시사한다. 더불어 신라 국가의 지방 지배가 지역별 각개격파 수준을 넘어 여러 지역을 연계해서 실시할 수 있는 수준이 되었음을 일러준다.

한편 창녕계 토기가 낙동강 서안의 김해 생곡동 가달 고분군에서 4세기 말부터 집중 출토되는 점은 크게 주목을 끈다. 이 유적에서는 반세기 정도의 한정된 기간이지만 창녕계 토기가 특히 지속적으로 부장되는 것 같다. 이는 아무래도 인간 집단의 이주가 있었고 이후로 그 원주지와의 일정한 연계가 지속된 데 따른 현상일 것이다. 그래서 혹시 창녕 지역이 대개 4세기 후엽경에 신라화하는 과정에서 취해졌을 사민徙民이 그 요인일지도 모르겠다. 지금 자세히 논할 겨를이 없으나, 이에 관련해서는 가달 고분군의 지리적 위치가 큰 의미를 갖는다. 이곳은 남해에서 옛 김해만으로 들어오는 길목을 통제할 수 있는 전진기지의 위치이다. 그러므로 이곳에 창녕 양식 토기가 다량 부장되고 그 대안의 약간 북쪽 부산 당감동 고분군[110]에서도 비슷한 시기에 그 토기가 나타나는 점은 신라가 당시에 낙동강 하류의 서안으로 일부 진출하였음을 시사할 가능성이 높다고 보인다.

창녕계 토기의 확산은 포괄적으로 말해 낙동강 중, 하류역에서 창녕 지역이 맡은 역할의 확대를 의미한다고 하겠으나, 가달 고분군이나 당감동 고분군과 같은 경우는 다소 추측을 보탠다면 신라 국가가 창녕 지역으로부터 징발한 인적, 물적 자원이 일대에 집중 투여된 것을 나타낸다고 해석된다.[111] 이는 그러한 물적, 인적 이동을 통한 창녕 지역의 약화와 낙동강 하구 지역의 강화라는 일거양득을 꾀한 정책에서 비롯된 것으로 볼 수 있겠다. 그러나 이러한 대서안對西岸 압박은 4세기가 끝

---

110) 釜山大學校博物館, 『釜山堂甘洞古墳群』(1983).

111) 창녕계 토기가 주로 소형 고분에서 나온다는 점(鄭澄元·洪潽植, 「釜山地域의 古墳文化―墓制와 高杯를 중심으로―」, 『釜大史學』 18(1993), pp. 344~346)은 이런 추정의 방증이 된다.

나는 시점에 가야의 대대적인 침입을 불렀고 그에 따른 경자년庚子年(400년) 고구려 남정의 결과로 낙동강 하류와 고김해만古金海灣 일대에서 신라의 우위가 확보되자 그런 이동 현상은 다소 쇠퇴한 것으로 보인다. 창녕계 토기의 낙동강 하류역 확산 기간이 짧은 이유는 이런 상황 변화와 관련이 있을 것이다.[112] 그 대신에 창녕은 신라 국가가 대안의 가야 세력에 대한 외교 교섭을 벌이는 데서 창구 역할을 더 많이 담당하게 된 것은 아닌가 싶다. 이는 옥전의 다라多羅 쪽만이 아니고 고령의 대가야 쪽과의 교섭에서도 그러하였을 가능성이 있다.

(7) 의성 지역

지금까지 의성 지역의 중심 지구인 금성면 탑리 고분군에서 발굴된 고분 중 횡혈식 석실분 이전 마립간기 고총의 내부 주체를 보면, 적어도 유사 적석목곽묘라 불러야 할 이 지역 특유의 묘곽 형태이거나 그것과 적석목곽묘가 한 분구 안에 조영된 형태로 나타난다.[113] 그래서 이 지역 지배층이 무언가 경주 지역과 별다른 관계에 있었을 가능성이 떠오른다. 그러면서도 의성 지역 양식 토기는 다른 어느 지역에 못지않게 지역색이 강하고 또 늦게까지 그 지역색을 유지하는 특징을 갖고 있다. 이렇듯이 상반되게 나타나는 고고학적 현상은 일차적으로 이곳의 지리와 다소 관계가 있을 듯하다.

　의성 지역은 영천 지역과 접하였으며 그 중심 지구 사이의 직선거리는 그다지 멀다고 할 수 없다. 다만 그 사이에 상당히 험한 산지가 가로놓여 갑령甲嶺재로만 겨우 통할 정도여서 상호 교통의 용이도라는 관점에서 보면 실상은 비교적 먼 거리에 해당한다. 아마도 이런 점이 의성 지역 토기가 지역색을 늦게까지 유지하는 현상과 관계가 있을 듯하다.

---

112) 이상에 관련된 좀더 자세한 논의는 李熙濬, 「김해 禮安里 유적과 新羅의 낙동강 西岸 진출」, 『韓國考古學報』 39(1998), pp. 125~153을 참조.

113) 1965년 발굴된 대리 고분(金基雄, 「義城大里古墳發掘調査報告」, 『史學研究』 19-20(1980), pp. 87~109)이 전자에 해당하고 1960년 발굴된 탑리 고분(金載元·尹武炳, 『義城塔里古墳』(乙酉文化社, 1962))과 1995년 발굴된 대리리3호(박정화·신동조·서경민·이현정, 『義城 大里里 3號墳』(慶北大學校博物館, 2006))가 후자에 해당한다.

앞 장에서도 상정하였듯이 사로는 진·변한 이래로 육상 교통로로써 김해 구야국의 하안로와 경쟁하는 처지였으므로 이 내륙로는 오래 전부터 비중이 컸을 것이며, 그래서 사로는 어떤 형태로든 이를 장악하려 했을 것이다. 더욱이 3세기 후반에서 4세기 전반에 걸친 시기에 신라 국가가 계립령과 죽령을 개통하여 공도화公道化한 이후로는 경주로부터 그리로 가는 최단거리로의 통과지인 의성 지역의 중요성은 그만큼 커졌을 것임은 짐작하기 어렵지 않다. 또 금이 교환 수단으로 등장한 이후 육로를 이용한 경제 교환에 이동의 신속성이라는 요소가 더해지면서[114] 경주 지역과 북부 내륙 지방을 바로 연결해 주는 이 내륙로의 가치는 더욱 커졌을 터이므로 신라 국가는 이 지역을 간접 지배하에 둔 이래로 효과적으로 통제할 수단을 강구하였을 것이다. 바로 이런 점들에 적석목곽묘라는 현상이 관계가 있어 보인다.

적석목곽묘는 사로 지배층이 자신들의 정체성을 내외에 과시하려는 의도에서 배타적으로 조영한 묘곽 형태이다. 그래서 이것이 다른 지역에 나타날 때는 그 피장자가 경주와 깊은 관련이 있는 인물임을 말한다고 보아도 좋을 것이다. 앞에서 보았듯이 창녕 지역의 적석목곽묘(교동 12호)가 혼인 관계의 산물로 해석되기도 함은 그를 단적으로 말하는 것이며, 부산, 경산 지역의 이른 시기 적석목곽묘도 경주와 직접적 관계를 가졌던 인물의 무덤으로 볼 수밖에 없다. 또 적석목곽묘가 영덕 괴시리[115]처럼 경주로부터 다소 멀더라도 중간에 별다른 고총군 소재지를 거치지 않고 닿는 지역이나 경주에서 비교적 근거리에 있는 동래 복천동, 경산 임당·조영동 등지에 나타남은 그런 해석에 참고가 된다. 그런데 근거리 지역에서는 적석목곽묘가 대개 단발적인 데 반해 의성 지역의 경우는 적석목곽묘와 그 영향을 많이 받은 지역 고유 묘제가 엇비슷할 정도의 비율로 지속 조영되었음이 거의 틀림없어서 사로와의 사이에 훨씬 더 굳고 지속적인 연계를 상정할 수가 있을 것이다. 이런 맥락에서 이 지역과 경주 지역 사이에 있는 영천 지역의 완산동 고분군 묘제가 역시 적석목곽묘로 추정되는 점[116]이 유의된다.

---

114) 朱甫暾, 『新羅 地方統治體制의 整備過程과 村落』(신서원, 1998), pp. 33~34.

115) 國立慶州博物館, 『盈德 槐市里 16號』(1999).

116) 宋春永·鄭仁盛, 「영천 완산동 고분군」, 『博物館年報』6(大邱教育大學校博物館, 1996), pp. 9~38.

『삼국사기』신라본기에서 영천의 골벌국骨伐國은 정복된 것이 아니라 내항하였다고 되어 있되 연대로는 경산 지역이 복속된 때보다 늦으므로 그 이유에 대해 여러 가지 추측을 낳고 있다.[117] 하지만 내항이라는 동일한 표현이 쓰였기는 해도 그 결과 취해진 조치를 보면 골벌국 내항의 성격은 그 앞 경산 압독국 같은 다른 소국의 내항과는 다른 듯하다. 그래서 해당 지역의 유력 세력을 중앙(즉 사로 지역)으로 이주시켜 귀족화시키고 그 지역은 재편하는 한편 그들과 일정한 혈연관계에 있는 유력자를 간干으로 임명해서 이 지역 지배를 맡겼다고 보는 견해가 제시된 바 있다.[118] 그렇다면 이는 영천 지역이 내항이라는 사건보다도 훨씬 전에 이미 간접 지배하에 들었던 것인데 그 즈음에 거의 직접 지배권에 가까운 상태가 되었음을 말한다고 해석된다. 바로 이런 사정 때문에 영천 지역의 고총군에 적석목곽묘가 많이 조영되었다고 할 것이다.

의성의 경우는『삼국사기』에 기재된 복속 연대 순서로나 위에서 말한 지리적 조건으로 보건대 영천과 같은 상황을 상정하기는 어렵다. 그렇다고 적석목곽묘가 단발적으로 조영되는 다른 지역과 마찬가지 사정에 의한 것으로 이해할 수도 없다. 그러므로 그 피장자들이 경주에서 이 지역으로 이주한 자들이거나 아니면 이 지역 출신이면서 어떤 연유로 경주에 장기간 거주한 경험을 가진 인물들이었을 가능성이 농후하다고 판단된다. 그런데 탑리 고분이나 대리리 3호분 제2곽에서 적석목곽묘가 이 지역 고유 묘제보다 먼저이거나 나중에 축조되어 한 분구를 이룬 점이나 대리리 3호분 제2곽에 경주 지역의 전형적 적석목곽묘와는 달리 병렬로 설치된 부곽이 목곽묘인 점(사진 11) 등으로 볼 때 그 주인공이 과연 경주 출신자인가 하는 의구심이 든다. 그러므로 후자, 즉 이 지역 출신 지배층의 무덤일 가능성이 더 크다고 생각된다. 그렇다면 이 지역 출신 지배층이 경주 지역에 그렇게 거주하게 된 이유

---

117) 예컨대 李富五,「3·4세기 大邱·慶山지역의 小國과 新羅의 進出」(韓國精神文化研究院 附屬大學院 碩士學位 論文, 1988), p. 55에서는 경주에서 서북쪽으로 올라가다가 영천에 이르기 전 北安面에서 남쪽으로 꺾어 내려와 '나고개'(해발 252미터)를 넘고 산지를 통과해 경산에 도달하는 방법까지 생각해 볼 수 있으나 결국 이는 장기간의 교통로로는 적합하지 않다고 보았다.

118) 朱甫暾,「麻立干時代 新羅의 地方統治」,『嶺南考古學』19(1996), pp. 30~31.

사진 11 의성 대리리 3호분 제2곽(주 · 부곽)

는 신라 국가가 지방을 통제하기 위해 앞에 말한 대로 후대의 상수리上守吏제도와 유사한 방책을 썼기 때문이라는 해석이 현재로서는 가장 합리적이다. 아마도 이런 까닭에 이들이 출신지로 귀환한 뒤에 적석목곽묘가 그처럼 꾸준히 조영된 것으로 보인다. 또한 토기의 지역색이 오래 유지된 것도 경주에서 이 지역으로의 인간 집단 유입이 별로 없었던 탓이 아닌가 한다.

그런데 4세기 4/4분기부터 축조되었다고 본 이 지역 고유 묘제(탑리 I묘곽)는 석개石蓋가 없는 구조로 이미 적석목곽묘와 잘 닮은 점에 주목하면 아마도 이 지역 지배층의 그러한 경주 거주는 의성 지역이 사로에 복속되면서부터 바로 시작되었을 가능성이 크다. 다만 현재까지의 자료로 보건대 적석목곽묘인 탑리 제V곽이 5세기 3/4분기에 축조되고 대리리 3호는 그보다 이를 것이어서 지역 지배층의 경주 거주는 5세기에 들어서 본격화된 것이 아닌가 싶다. 또 아직 둘밖에 안 되는 자료로써는 지나친 추정이겠으나 탑리고분의 경우 적석목곽묘가 이 지역 고유 형태 묘곽보다 나중에 추가되고 대리리 3호분의 경우는 먼저 축조된 점으로 보건대 지역 지배층 안에서 경주 거주를 경험한 집단들이 시기에 따라 달랐을 가능성이 있지 않은가 싶고, 만약 그렇다면 이는 물론 신라 국가의 이 지역 지배층 분리 제어책 때문이었을 것이다. 혹시 신라 국가의 지방 지배가 실시되면서 이 지역 지배층 안에서 열세에 있던 집단이 좀더 적극적으로 그런 길을 택하였을 가능성도 있으나 고총 자료에서 그 점을 분간하기 위해서는 더 많은 자료의 축적을 기다려야 할 것이라서 이를 지적하는 선에서 그친다.

어떻든, 의성 지역이 늦어도 5세기에 들어서 사로 지역과 이런 안정적 관계를 유지하였기 때문에 그 이후 신라 국가가 의성 지역을 중간 거점처럼 활용하는 가운데 경북 북부 지방뿐만 아니라 소백산맥을 넘어선 지역에 대해서까지 영향력을 미칠 수 있었던 것으로 보인다. 의성 지역권의 한 읍락 유적인 안동 조탑동 고분군에서 횡구식 석실이 성행하고[119] 멀리 청원 미천리에서 의성 토기 양식이 출토되는 점[120]은 그러한 사정을 방증한다.

의성 지역의 비중이 이처럼 상대적으로 컸음은 『삼국사기』 지리지의 소문국召文國 관련 기사에서도 간접적이나마 엿볼 수 있다. "聞詔郡 本召文國 景德王改名 今義城府 領縣四"라 되어 있는 지리지의 의성 지역 관련 기사를 두고 의성부는 지금의 의성읍이고 소문국 및 문소군聞詔郡의 위치는 금성면으로 보는 것이 타당한데 의성부의 치소와 소문국=문소군의 치소가 그처럼 멀리 떨어진 이유에 대해 무엇인가 잘못되었다고 하면서 여러 가지 고증 끝에 『삼국사기』 찬자撰者의 잘못에 기인한 것으로 보기도 한다. 즉 소문국=문소군(의성군 금성면)을 금今의성부(의성군 의성읍)라 잘못 처리한 유례없는 두찬杜撰이라 하면서 이는 아마도 『삼국사기』 찬자 중에 누군가가 본관제本貫制와 관련하여 의성부를 우대하려는 의도가 있었든지 아니면 의성부의 토호 세력이 편찬한 지방 읍지 같은 것을 그대로 이용함으로써 지명 고증에 실수를 저질렀던 것이 아닐까 하는 과감한 해석이 제시된 바 있다.[121]

---

119) 尹容鎭·李在煥, 『大邱—春川間 高速道路 建設區間內 安東 造塔里古墳群 II(94)(本文)』(慶北大學校 博物館, 1996).

120) 尹根一·金性泰·金聖培·申熙權, 『淸原 米川里 古墳群 發掘調査報告書』(國立文化財研究所, 1995).

121) 金泰植, 「『三國史記』 地理志 新羅條의 史料的 檢討—原典 편찬 시기를 중심으로—」, 『三國史記의 原典 檢討』(韓國精神文化研究院, 1995), pp. 228~232.

그러나 이는 지리지의 기사를 고증이라는 관점에서만 이해하려는 데서 빚어진 지나친 추론이다. 앞에서도 지적한 바 있지만 『삼국사기』에 본모모국本某某國이라 한 것의 범위가 반드시 중심 고분군이 있는 지구 일대로만 한정됨이 아님은 자명하다. 특히 분지 지형에 소재한 '국'의 경우가 그렇거니와 비교적 늦게 복속된 지역도 대개 그러한 점이 참고가 된다. 이런 일반적 관점이 아니더라도 의성 지역의 범위는 의성 양식 토기의 분포권으로 보면 의성읍은 물론이려니와 그 북쪽으로 지금의 안동에 속하는 조탑동 일대를 포함하여 금성면 탑리로부터 미천과 위천을 따라 낙동강에 이르는 수계 일대를 전부 포함하였던 것으로 나타난다. 그리고 금수의성부(의성읍)로 군치가 표기된 것은 같은 지역 안에서 어느 시기엔가 치소治所의 이동이 있었던 때문이라 하겠다.

그러한 이동은 대구 지역의 예에서도 추정된다. 마립간기에서 중고기中古期에 걸친 기간 동안 중심 지구였던 달구벌達句伐의 위상을 후대에 약화시킬 필요성에 따라 아마도 마립간기에는 달구벌의 하위 취락에 불과했을 위화喟火 지구로 치소를 이동한 때문에 지리지에는 그곳이 중심지로 기록된 것과 같은 배경과 맥락[122]에서 의성 지역 기록도 그리된 것으로 보면 아무런 문제가 없다. 지리지에 창녕 지역의 범위가 아주 좁게 기재된 것도 같은 맥락에서 일어난 후대의 변동이라 할 것이다. 바로 이렇게 본다면 후대의 군치郡治가 마립간기 의성 지역의 중심지인 금성면 탑리 일대가 아닌 북쪽의 의성읍으로 기재된 것은 잘못이 아니라 오히려 사실을 그대로 반영하는 것으로 잘 이해된다. 이는 마립간기 또는 중고기 동안에 의성 지역이 누렸던 독자성이 다른 지역에 비해 상대적으로 커서 그 위상이 상당히 높았기 때문에 지방 지배가 더 진전된 후대에 중앙 정부의 지방 세력 약화 조치가 취해졌음을 역으로 말해주는 기록인 셈이다.

마립간기 의성 지역이 상대적으로 높은 위상을 지녔음을 추정할 수 있는 또 한 가지 사실은 횡구식, 횡혈식 고분이 다른 지역에 비해 비교적 활발하게 조영된 점

---

122) 이에 대해서는 朱甫暾, 「新羅國家形成期 大邱社會의 動向」, 『韓國古代史論叢』 8(1996), pp. 115~123을 참조.

이다.[123] 횡구식, 횡혈식 고분의 활발한 축조는 경북 북부 지방에서 전반적으로 나타나는 현상이기는 하다. 하지만 북부 지역 대부분에서는 그 앞 단계 수혈식 석곽묘 고총의 축조가 빈약한 데 반해 의성 지역은 마립간기 중심 기간 동안에 수혈식 고유 묘제도 활발하게 조영된 점이 아주 다르다. 그래서 북부 지방의 다른 지역 지배층들이 전체적으로 마립간기의 비교적 늦은 시기부터 사로를 배경으로 정치적 성장을 이룬 것으로 추정됨과는 달리 의성 지역 지배층은 일찍부터 상대적으로 오랜 기간 정치적 성장의 길을 걸었음을 추정할 수 있는 것이다.

2) 5세기 신라의 지방 지배

자료의 지역간 불균형이라는 문제는 있지만 5세기의 각 지역 고총 현상이 나타내는 상이성과 상사성을 신라의 지방 지배라는 관점에서 종합하기로 한다. 여기서 상사성이란 신라 국가의 지방 지배로 여러 지역에서 공통되게 나타나는 현상이고 상이성은 지방 지배에 관련이 되되 주로 각 지역의 특수성에 기인하여 지역간 대비에서 드러날 차이가 되겠다. 먼저, 각 지역 단위에 대해 종합을 한 후에 낙동강 이동 지방의 신라 영토를 경주를 중심으로 크게 남부, 서부, 그리고 북부 내륙 방면으로 대별하여 종합하기로 한다.

이렇게 세 방면으로 나눈 이유는 앞에서 지리에 대해 검토할 때 이미 언급하였지만 지형 구조가 낙동강 이동 지방을 그처럼 세 단위 정도로 구획해 주기 때문이다.[124] 세 방면 사이에는 상호 교통에 장애가 있는 반면 방면별로는 아주 원활하여서 그 내부 지역들이 긴밀하게 연계된다. 또 이와 관련이 깊지만 신라 형성기에 사로의 소국 복속도 대략 이 방면별로 단계적으로 이루어졌고 신라 국가의 지방 지배 전개 과정에서도 그 점이 일정하게 영향을 미쳤을 것으로 판단된다. 그 외에 역사

---

123) 안동 조탑리 고분군의 양상(尹容鎭 · 李在煥, 앞의 책)과 학미리 고분(李白圭 · 李在煥 · 金東淑, 『鶴尾里古墳』(義城郡 · 慶北大學校博物館, 2002))이 그 점을 시사한다.

124) 단, 북부 내륙은 더 세분되어야 할 터이지만 고고학적 조사가 좀 미비한 현 단계에서는 일단 한 단위로 해둔다. 그리고 동해안 지대도 아마 따로 한 단위로 설정해야 할 것이다.

적으로 이 세 방면의 신라 지방이 접한 외부 세력이 각기 남부의 금관가야, 서부의 그 이외 가야 세력, 그리고 북서부의 백제 등으로 달랐던 점도 참고가 된다.

고총 현상의 초현 시기가 지역에 따라 이르고 늦다거나 고총군 영조 기간에 길고 짧음이 있으며 또 고총의 숫자가 많고 적은 변이를 보이는 데는 여러 가지 요인이 복합되어 있다. 일차적으로 각 지역이 전대에 경험한 역사의 궤적 및 자체 진화력에 관련이 되지만 다른 한편으로 신라 국가의 각 지역에 대한 지배 개시 시기와 강도, 그리고 각 지역이 신라 영토 안에서 갖는 전략상 비중에 따라서도 영향을 많이 받았을 것이라서 일률적으로 해석할 수는 없다. 예컨대 고총의 숫자는 영조 기간의 장단과 함수 관계에 있지만 집단의 세력 크기에도 좌우된다.

부산 지역은 고총의 영조 개시가 비교적 늦고 고총의 규모나 숫자도 다른 지역에 비해 열세이다. 4세기대 중반까지 대단한 규모와 내용을 자랑하던 고분 축조 활동은 대개 4세기 말 또는 5세기 초의 고총 영조 직전 단계에 이르러 그 템포와 정도가 현저히 둔화된다. 이는 신라 국가의 지방 지배가 이른 시기부터 특히 이 부산 지역에 역점을 두고 이루어졌으며 4세기 말 즈음부터 이 지역에 대한 개입이나 통제가 그만큼 강화되었음을 일러준다. 또 그 결과로 고총 영조가 상대적으로 빨리 종언을 고하는데 아마도 5세기 3/4분기 이후쯤에는 거의 축조되지 않은 것으로 보인다. 이는 인접한 양산 지역도 비슷한 양상이다. 결국 신라 국가가 낙동강 하류역 동안 일대를 통제함으로써 이 남부 지역들이 서안의 가야 지방으로 진출하는 데 전진 기지가 되고, 거꾸로 왜나 가야가 사로로 침입하는 데 대해서는 방어의 완충 지대에 해당하는 점과 관련이 있을 것이다.

『삼국사기』 초기 기록에서 가야의 신라 침범이라든지 양측의 충돌이 모두 남쪽 방면에서 일어나고 있음은 이를 방증한다. 그 이후 마립간기 동안에도 낙동강 하구에 개입함으로써 다른 세력의 낙동강로 교통을 통제하거나 대외 교역의 출구를 확보하기 위해 남방 경영이 중요하였을 것임은 짐작하기 어렵지 않다. 실질곡국, 압독국의 반란은 마립간기 이전의 사건으로 보아야 할 터이지만 그것들을 진압하고 반란 세력을 사민한 곳이 사로 남쪽 방면인 데서 그러한 정책을 곧바로 엿볼 수 있다. 반란지의 약화라는 사민 자체의 목적은 물론이거니와 또한 남방 경영이라는 이중 효과를 꾀한 것이 틀림없기 때문이다. 또한 사민 세력에 대한 군사적 감시를 위한 군관 파견 같은 조치도 하였을 수가 있다.

대구 지역의 경우, 현재 중심 지구 고총군이 거의 소멸된지라 그 영조 개시기를 바르게 알 수 없게 되었지만 고총군 중심 연대가 전체적으로 경산 지역에 비해 늦은 것은 분명한데 이는 앞에서 상정한 대로 달벌성주達伐城主의 파견 등과 깊은 관계가 있었던 것으로 보인다. 즉 사로가 이 지구에 직접 개입하였기 때문에 대구 지역 중심 지구 지배층의 정치적 성장은 다소 둔화된 것이다. 다만 이 지역을 구성한 단위 지구의 수가 이례적으로 많아서 낙동강 중, 하류역 가운데서는 상대적으로 늦은 시기까지 고총이 축조될 수 있었던 것으로 보인다. 추측컨대 이 지역의 여러 지구 중에서 특히 낙동강 쪽에 가까운 지구의 고총들은 조영 기간이 짧거나 중심 연대가 중심 지구보다 조금 늦을 가능성이 있다 하겠다.

한편 창녕처럼 경주에서 멀고 가야와의 접경 지역이며 신라의 낙동강 중류역 연안로 대부분을 포괄하기에 전략적으로 중요한 곳은 역시 비교적 일찍부터 고총이 조영되기 시작하여 상대적으로 늦게까지 대고분군을 이루며 축조되었다. 이는 지역 집단이 신라 국가의 간접 지배하에서 누린 자율성이 상대적으로 그만큼 컸음을 의미할 것이다. 그래서 신라 국가는 이런 지역에서 중심 지구 지배층의 분화를 조장함으로써 전체 세력의 약화를 도모하였던 것으로 나타난다.

북부 지방에서는 늦은 시기에, 아마도 5세기 말경 이후로 중심 지구가 아닌 지구의 취락에서도 횡구식 고총이 대대적으로 축조된다. 이는 남부 지방에 대한 신라 국가의 지배가 5세기 전반 동안에 크게 진전된 덕에 5세기 후반부터는 북부 지방에 비중을 더 두게 된 것과 상관관계가 있는 듯하다. 그리고 5세기 전반까지 밀접하였던 고구려와의 관계가 소원해지는 것[125]과도 일정한 관련이 있다고 보인다.

이상이 각 지방 고총 현상이 대체로 마립간기의 이른 시기 동안 보이는 상이성

---

125) 이는 450년(눌지왕 34년)에 신라 하슬라성주(何瑟羅城主)가 고구려 변장(邊將)을 살해하고 454년(장수왕 42년)에는 고구려가 군사를 보내 신라 북변을 치는 사건이 일어난 데서 짐작할 수 있다. 이에 관해서는 盧重國, 「高句麗·百濟·新羅 사이의 力關係變化에 대한 一考察」, 『東方學志』 28(1981), pp. 75~76을 참조.

에 대한 해석의 개요이다. 아래에서는 상사성에 초점을 두고 마립간기 지방의 모습을 종합하기로 한다.

진·변한 시기에는 독자성을 가졌던 소별읍 같은 단위 집단들도 마립간기에 들어서는 일단 신라 영역 내의 일정하게 구분된 각 지역 단위 속에 편제되었던 것으로 보인다. 이는 아직 가설이라고 하겠지만, 만약 이것이 사실이라면 그러한 편제는 곧 진·변한 시기의 '국'으로 표현된 지역 정치체의 범위를 확대시킨 것이라서 외형적으로는 지역 집단의 세력 증대로 보인다. 하지만 진·변한 시기에도 각 '국'에 대해 나름대로 경쟁적 단위였던 그 지구들이 지역 단위 안에 편입됨으로써 내부적으로는 오히려 원심적 효과를 낳아 신라 국가의 지역 지배에 부합하는 측면이 있었을 것이다. 지역 안에서 이질적 존재였을 이들은 중심 지구가 통제를 하기에 기존 '국'내 읍락 지구들보다 용이하지 않았을 터라 지역 집단 전체의 세력 크기를 증대시킨 것이 아니라 도리어 그 통합을 저해하고 분산시키는 역할을 하였을 것이기 때문이다. 신라 국가에서 그런 지구, 예컨대 대구 칠곡 지구에 지방의 위세품으로서는 고위급을 하사한 예가 있음은 이런 관점에서 이해해도 좋을 것이다.

나아가 대략 5세기 중반 즈음에는 진·변한 이래로 각 지역의 비중심 지구(읍락)였던 곳의 고분, 예컨대 경산 북사동 고분에까지 위세품이 하사됨을 볼 때 이제 신라 국가가 그로써 각 지역의 중심 지구만이 아니라 다른 지구에까지 영향력을 확대하려 한 것을 엿볼 수 있지 않나 싶다. 물론 이 위세품의 하사가 각 지역의 중심 지구를 거쳐 이루어졌을 가능성은 있다. 그렇다면 이 지구들은 그만큼 중심 지구에 통속된 상태였던 셈이다. 그렇지만 진·변한 이래 각 읍락의 독립성 또는 자치성을 최대한 유지시킴으로써 역내의 통합을 되도록 저지하고자 하였을 신라 국가가 위세품을 중심 지구를 통해 하사함으로써 반대급부가 그에 돌아가게 하였다고 생각하기는 어렵다. 그보다는 여타 지구에도 직접 하사함으로써 이이제이에 의한 중심 지구 견제책을 썼다고 해석함이 나을 것이다. 이에 관련하여 직접적인 근거는 되지 못하나 주목되는 현상은 이 비중심 지구의 토기가 중심 지구와는 다른 소지역성을 띤 점이다. 이는 아무래도 해당 지구가 일정하게 독자성을 유지하였던 사실을 나타낸다고 해석되어서 당시 중심 지구와 기타 지구 사이의 통속 관계가 그다지 강하지 못하였음을 시사하기 때문이다.

　요컨대 신라 국가의 지배력이 각 지역의 비중심 지구로까지 제대로 미치게 되는 것은 시간을 더 기다려야 하는 사항이었겠으나, 어떻든 4세기대에는 간접 지배가 중심 지구를 통해서만 이루어진 반면 5세기대에는 새로운 국면을 맞이하였음을 시사한다고 보인다. 한편 이처럼 원심적 구성을 가진 지역이 아닌 경우, 예컨대 부산 지역은 중심 지구를 정점으로 다른 지구 또는 취락을 하위에 편제한 후 그 중심 지구를 전보다 한층 강하게 통제, 장악함으로써 간접 지배를 강화한 것으로 보이는데, 그것은 단일 지역 양식 토기가 역내 고분에 널리 부장되는 현상으로부터 유추할 수 있겠다.[126)]

　신라식 착장형 위세품은 각 지역이나 지구의 지배층에 대해 일률적으로 하사된 것은 아니고 4세기 동안 파악된 해당 지역 지배층의 구성을 감안하면서 교묘하게 조정된 것으로 보인다. 특히 지배층의 저변이 넓었을 중심 지구에 대해서 그러했던 것 같다. 하사된 위세품은 착장자와 경주 지역 세력 사이의 연계를 나타내면서 지역 사회 안에서의 지위를 보장하는 징표였을 뿐만 아니라 실제로 그 하사와 함께 신라 정부의 정치적 지원이 있었을 것이다.

　그런데 창녕 지역과 경산 지역에서는 생산력을 상징하는 농구가 부장된 고총군과 그것 없이 위세품만 부장된 고총군이 따로 조영된 현상이 인지되었다. 그래서 혹시 후자가 앞 시기부터 역내 생산수단을 장악한 집단으로서 경주와 연계되어 있었는데 어느 시기부터 신라 국가의 지원이 위세품을 위주로 하는 고총 영조 집단으로 무게 중심을 다소 옮겼음을 의미하지 않나 추론된다. 다만 두 고총군의 규모나 숫자가 엇비슷하기에 어느 한 쪽으로 완전히 중심을 옮기지는 않고 견제와 균형의 정책에 따라 지역 집단을 전체적으로 약화시키는 방책을 썼던 것이라 하겠다. 한편 부산처럼 지역의 범위가 좁고 지배 집단에 대한 장악이 이른 시기부터 이루어졌던

---

126) 사실 이러한 현상은 그 지역이 맞이한 커다란 변화였으므로 李盛周, 「新羅·伽耶古墳文化 時期區分 試案」, 『碩晤尹容鎭敎授 停年退任紀念論叢』(1996), pp. 237~273에서는 그 변화의 시점을 기준으로 영남 지방 고분 문화를 전·후기로 나누기도 하였다. 하지만 그것이 과연 낙동강 이동 전역이나 영남 전역에서 같은 시점에 일어난 현상인지는 아직 두고 보아야 할 터이므로 단계 구분은 몰라도 분기는 시기상조이다.

지역에서는 거의 세력 교체에 가까운 방책을 쓰기도 하였던 것으로 판단된다.

낙동강 이동 지방 각 지역의 고총군을 개관하건대 이러한 지방 지배 강화는 빠른 지역은 4세기 말부터, 대개는 5세기 초 이래로 5세기 중엽까지에 걸쳐 집중적으로 이루어졌다고 보이는데, 현재로서는 대략 금호강 이남의 대구, 창녕, 양산, 부산, 경산 지역과 낙동강 이서의 성주 지역에서 두드러지는 현상이다. 그런데 이 지역들은 낙동강 이서의 가야를 직접 대면한 지역들[127]과 경주에서 낙동강에 이르는 통로 지역들에 해당한다. 그래서 결코 우연한 현상으로는 볼 수 없는데, 지방 지배 강화의 최종 목표 중 한 가지가 해당 지역을 발판으로 영역을 확대하는 데 있었다고 한다면 이는 결국 마립간기 동안 신라 국가의 대외 정책이 가야 방면에 역점을 두었음을 시사하기 때문이다.

문헌으로 보면 신라는 433년부터 백제와 이른바 나제동맹이라는 교린 관계에 들어가서 마립간기 내내 양자 사이에 별다른 충돌이 없었던 것으로 나타난다.[128] 그러한 배경하에서 아마도 대가야對伽耶 우선 정책이 가능하였을 것이고 그것은 가야 접경지대에 대한 간접 지배의 강화로 현실화되었다고 해석할 수 있다. 물론, 창녕 지역을 통한 다라국多羅國에의 접근 등을 보건대 아직 가야에 대한 정책은 무력적이었다기보다는 외교적인 측면이 더 큰 비중을 차지하였겠지만 어떻든 현대적인 용어로 말하자면 당시 신라의 제1 가상적은 가야로 설정되어 있었던 듯하다. 다만 이동 전역에 대한 지배가 아직 확고하지 못하였으므로 그 공세는 외교의 측면으로 나타날 수밖에 없었을 뿐이다.

반면, 지금까지의 조사에 지역 편중성이 있어서 추론에 무리가 없는 것은 아니나 대국적으로 보면 낙동강 이서의 경북 북부 내륙 지방은 고총이 상대적으로 늦은 때부터 축조되고 구조도 대개 횡구식이나 횡혈식[129]이다. 경북 서북 지방이 신라 중심부로부터 멀어서 본격적인 지방 지배가 상대적으로 늦게 시작되고 그 강도도 약하였던 것이 주된 요인이라 하겠다. 그렇지만 방금 말했듯이 신라 국가의 지방

---

127) 지리적으로 이들이 가야와의 접경 지역임을 지적한 것은 李漢祥, 앞의 논문(1995), p. 62를 참조.
128) 마립간기 신라와 백제의 관계에 대해서는 盧重國, 앞의 논문(1981)과 金秉柱, 「羅濟同盟에 관한 硏究」, 『韓國史硏究』 46(1984), pp. 25~47을 참조.

지배가 적어도 5세기 전반의 고총 융성기 동안에는 대가야對伽耶 우선 정책에 따라 상대적으로 남부와 서부, 특히 남부 지방에 중점이 두어진 것과 상관관계도 있을 것이다. 그런데 5세기 후반에 들어가면서 고구려와의 관계가 악화되면서 남하하는 고구려 세력과 접하게 된 경북 내륙에 대해 신라 국가는 좀더 비중을 두게 되었을 터이고, 그에 따라 횡구식, 횡혈식 석실 구조를 가진 고총군이 남부 지방 고총군에 비해 늦은 시기에 활발히 조영된 것이다.

5세기에는 신라 국가의 지방 지배력이 4세기대에 비해 각 지역 단위 안으로 더 넓게 침투되기 시작하였고, 지역별 각개격파식으로 이루어졌으리라 추정되는 4세기의 지배 방식과는 달리 지역간 연계 지배에까지 이르고 있음을 본다. 창녕계 토기의 확산 현상이 그를 시사하는 좋은 예가 되겠다. 물론 이 연계의 주체는 어디까지나 사로였다. 그리고 5세기 늦은 시기 이후의 의성 양식 토기가 소백산맥 너머 청원 미천리에서까지 출토되는 사실도 같은 맥락에서 볼 수 있다. 문헌 기록에서 삼년산성三年山城을 고쳐 쌓을 때 선산 등지의 인민을 동원한 것[130]은 그를 명백하게 보여준다. 이는 그때에 신라 국가의 영역 안 통합력이 마립간기 초기와는 현격한 차이를 가진 수준에 도달하였음을 말하는 것이다.

어떻든 5세기 중기 즈음에는 각 지역의 고총 현상에서 중요한 변화가 일어난다. 이는 여러 가지 양상으로 나타나는데, 예컨대 부산 지역에서는 고총 축조가 거의 전면적으로 쇠퇴하고, 사로 서부 지방에서는 위세품 하사의 집중도가 경산에서 낙동강에 접한 대구로 이동하며, 또 북부 의성 지역은 탑리고분의 경우 위세품 부장이 갑자기 줄어든다. 창녕의 경우에도 5세기 중기를 고비로 고총의 크기는 감소한다. 이는 지방 고총의 전반적 쇠락 현상이라고 하겠는데 그에 대해서는 후술하기로 하지만 신라 국가의 지방 지배가 또 한 차례 다른 국면에 들어섰음을 시사한다.

---

129) 전자의 예는 상주 지역의 청리유적〈韓國文化財保護財團·(株)韓進重工業, 『尙州 靑里遺蹟』(1998)〉; 성동리고분군〈韓國文化財保護財團·韓國道路公社, 『尙州 城洞里古墳群』(1999)〉; 신흥리고분군〈韓國文化財保護財團·釜山地方國土管理廳, 『尙州 新興里古墳群』(1998)〉을, 후자의 예는 영주 지역을 들 수가 있겠다〈文化財管理局 文化財研究所, 『順興 邑內里 古墳群 發掘調査 報告書』(1994)〉.

130) "徵一善界丁夫三千 改築三年屈山 二城"(『삼국사기』 신라본기 소지마립간 8년조)

3. 고총의 쇠퇴와 지방 지배의 변화

대략적으로 말해서 5세기 후반의 중반 즈음에는 고총이 쇠퇴하게 되는데, 이 현상은 두 가지 방면으로 일어난다. 한 가지는 고총의 영조 자체가 퇴조하는 것이고 다른 한 가지는 고총의 성격이 변질되는 것이다. 고총 현상이 신라 국가의 간접 지배를 주요 계기로 하여 나타난 것인 만큼 그것의 퇴조 또한 지방 지배와 관련된 변화로 볼 수밖에 없으며 이는 해당 지역의 지배 구조에 큰 변화가 일어났음을 말함에 다름없다. 한편 고총의 변질이란 고총 내부 주체의 변화로 요약될 수 있는데 추가장이 가능한 반지상식 또는 지상식의 횡구식橫口式 석실이나 횡혈식橫穴式 석실로 내부 주체가 바뀌는 것을 말한다.

횡혈식 석실을 내부 주체로 하는 고분은 고총의 범주에서 제외하기도 하지만[131] 그렇게 하면 반지상식, 지상식의 횡구식 석실은 고총에 포함시키면서 횡혈식은 제외하는 기준이 무엇인지가 문제된다. 횡혈식 석실의 등장이 커다란 변화를 의미함은 사실이나 고총의 개념 정의가 본질적으로 분구의 개별성, 단독성을 강조하는 것일진대 제외하기보다는 포함시켜 그 변화의 의미를 새기는 것이 오히려 더 효과적인 분류라 하겠으며 논리적으로도 그 편에 일관성이 더 있다. 어떻든, 횡구, 횡혈식 석실분은 그 자체를 고총의 쇠퇴 현상으로 볼 수 있는데, 최초 피장자의 배우자나 기타 가족 또는 인척이 자신의 전용 고총을 축조하지 못한다는 의미에서 그렇다.

지금까지 영남 지방 횡구, 횡혈식 석실분에 대한 연구는 대개 내부 구조의 유형화를 통해 기원을 찾는다든지 고분 편년 또는 단계 설정을 하는 데 치중하였다. 그리고 도입 계기에 대해서는 외래 묘제라는 데 착안하여 매장 관념의 변화에만 주로 초점을 맞추어 설명하였다. 그 때문에 횡혈식 구조에서 이루어진 추가장의 의미에 대해서는 소홀히 한 것 같다. 물론 횡혈식이 기존의 일인장 수혈식 고분과는 장

---

131) 金龍星,「林堂 IA-1號墳의 性格에 對하여—高塚의 始原的 樣相—」,『碩晤尹容鎭敎授 停年退任紀念論叢』(1996), pp. 311~343.

법이 다르므로 그것의 채택은 당연히 매장 관념 또는 사후 관념의 전환을 전제로 한다.[132] 그러나 어떤 시점에서 매장 관념의 변화가 자연스레 일어나고 그에 따라 이 새로운 묘제가 채택되었다든지 또는 그 역의 현상이 일어났다는 식의 해석만으로는 충분치가 못하다. 그러한 관념의 변화가 왜 일어났는지를 생각해 보면 그리 간단할 수가 없다. 이런 관점에서 매장 관념의 변화가 사회적 제 관계의 변화에서 비롯되었을 가능성을 고려해야 할 듯하다.

위에서 말했듯이 횡구·횡혈식 고분에는 일차 피장자와 깊은 친연 관계에 있는 자가 이를테면 타인의 유택에 추가로 매장됨으로써 자신만의 묘, 즉 계세 관념에 따른다면 전용 사후 거처를 가지지 못한다. 그뿐만 아니라 일차 피장자의 사망시 추가장을 전제로 고분이 축조되는 이상 일차 피장자 또한 기실은 자신의 전용 묘를 갖지 못하는 셈이다. 바로 이 점에 추가장 횡구·횡혈식 고분이 고총이면서도 수혈식 또는 일인장 횡구식 고총과는 근본적으로 다른 점이 있다. 즉 고총이라는 외적 현상으로써 사회적 관계에서의 우위를 표상하던 관습에 큰 변화가 생긴 것이다.

고총 축조는 피장자가 사회의 제 관계에서 지닌 우위를 과시하는 데 그치는 것이 아니고 고총을 축조하게 된 자들의 사회적 우위 또한 확인하고 재생산하는 행위이다. 횡구·횡혈식 고총의 경우에도 일차 피장자의 사회적 우위 표방이라는 기본 목적은 어느 정도 달성되는 셈이다. 하지만 그 무덤을 축조한 주체들 중 피장자와 가장 깊은 혈연관계에 있어서 장차 그 횡구·횡혈식 석실에 추가장될 자는 이미 그 시점에서 자신만의 무덤을 가지지 못함이 예고된 셈이라서 앞으로 그런 우위를 지속적으로 재생산하는 데서 심각한 제약을 받는다.[133] 이는 곧 지역 지배층 또는 그

---

132) 鄭澄元·洪潽植, 「釜山地域의 古墳文化 —墓制와 高杯를 중심으로—」, 『釜大史學』 18(1994), p. 300 에서는 불교의 번창까지 관련시키기도 하면서 주로 사후 관념의 변화에 초점을 두고 횡혈식 석실분의 도입이 지닌 의미를 해석하였다. 그런데 다른 논자들도 사후 관념의 변화를 많이들 운위하지만 이는 장법(葬法)이 변화된 데서 그렇게 추론한 것일 뿐이며 그 정확한 의미가 무엇인지 분명히 특정하지는 않는다.

133) 물론 이와 같은 횡구식, 횡혈식 고분의 성격에 대한 논의는 영남 지방의 고분에 한정된 것이다. 또 횡구식이라 하더라도 부부 두 사람을 합장한 경우는 이러한 우위 재생산의 중단 정도가 약한 편이라 하겠다.

일부가 집단적으로 보유했던 권력의 계승성에 큰 제약이 생겼음을 시사한다 하겠으며, 결국 권력의 향유가 횡구·횡혈식 고총의 주피장자 당대로 끝나는 셈이 된 것이다. 이러한 변화는 횡혈식 석실 고분군의 배치에서도 엿보인다. 수혈식 고총들은 각각의 개별성을 확인하듯이 떨어져 있되 동시에 상호간의 연계를 분명히 보여주는 배치를 지닌 반면에, 횡혈식 석실 고총군이 영조되면서부터는 극히 분산적인 배치 양상을 보이는 것이다. 고총 출현기의 개별화 지향과는 또 다른 의미의 개별화가 당시에 일어난 셈이다.

이처럼 고총의 쇠퇴는 양면으로 나타나는데 신라 영역 전체에서 똑같은 양상이 아니라 뚜렷한 권역 차를 나타내며, 크게 보아 금호강 이남과 그 이북의 낙동강 상류 내륙으로 양분된다. 즉 남부 지방에서는 고총 영조의 퇴조로 나타나고 북부를 중심으로 한 지방에서는 횡구식 내지는 횡혈식 석실 구조의 집중 영조로 나타난다. 이는 시간을 멀리 거슬러 올라가면 진·변한 이래 두 지방이 겪은 역사적 과정의 차이가 배경이 되지만 석실분 축조 당시로 초점을 맞추면 신라의 지방 지배 진전과 함수 관계에 있음이 틀림없다. 아래에서 그에 관해 논하기로 하겠다.

사로를 중심으로 볼 때 남부에 해당하는 부산, 양산 지역에서는 5세기 3/4분기에 이르면 고총 영조는 현저히 쇠퇴하며 아마도 5세기 4/4분기에는 중대형 고총이 더 이상 축조되지 않은 것으로 보인다.

부산 지역의 경우 연산동 고총이 두 기밖에 조사되지 않았기 때문에 확실하게 말하기는 곤란하지만 대략 5세기 3/4분기 즈음에는 고총 영조가 종언을 고하는 것으로 판단된다. 연산동 고총군이 대개 구릉의 높은 데서부터 낮은 데로 내려오면서 순차적으로 영조되었다고 본다면 아래에서 여덟 번째의 8호분과 네 번째의 4호분 사이에 연대차가 그다지 없는데다가 4호분이 늦어도 5세기 2/4분기로 비정되는 점이나 연산동 고총군의 내부 구조가 모두 수혈식으로 추정되는 점[134]이 간접적 근거가 된다. 지금까지 부산 지역에서 횡혈식 고분이 한 기도 확인되지 않았다는 점[135]

---

134) 鄭澄元·洪潽植, 「釜山地域의 古墳文化 —墓制와 高杯를 중심으로—」, 『釜大史學』 18(1994), pp. 334~335.

도 그를 방증한다.

그런데 이러한 고총의 종언과 때맞추어 5세기 4/4분기 즈음에 새로이 형성되는 소형 고분군이 있으니, 지금까지 발굴된 고분군 중에서 두구동 임석 고분군을 예로 들 수가 있다.[136] 두구동 임석 유적에서 연대가 가장 이른 것은 1호분이라 할 수 있는데 그에서 출토된 토기는 본고의 IIIb기, 즉 5세기의 4/4분기에 해당하며 이 1호분은 이른바 수혈계횡구식석곽묘竪穴系橫口式石槨墓라서 이 고분군의 형성은 아무래도 연산동 고총군의 종언과 맞물린 현상으로 해석된다. 그렇다면 이는 이제까지와는 아주 다른 상황에서 고분군이 축조되기 시작하였음을 말하며, 아마도 지역 사회가 재편되었음을 반영하는 변화이고 그것은 고총군의 종언이 말하는 지역 내 재지 세력의 미약화와 표리를 이루는 현상으로 판단된다.

양산 지역의 경우도 상황은 대략 마찬가지인 듯하다. 그러면서도 그 변화의 의미를 읽어낼 수 있는 단서를 좀더 가지고 있는 편이다. 양산의 중심 지구 고총군인 북정리 고분군이 구릉의 높은 데서부터 낮은 데로 내려오면서 순차적으로 영조되었다면 5세기 3/4분기에 비정된 부부총이 그 위치로 보아 중대형분 중 최후 시기에 가깝다고 보이므로 양산 지역의 고총도 그 즈음에는 이미 쇠퇴하고 있었음을 알 수 있다. 부부총이 횡구식으로서 추가장이 이루어졌음이 분명한 점이나 상대연대로는 그보다 늦으나 거의 같은 시기라 할 금조총이 위세품은 그와 비슷한 수준이지만 규모가 크게 축소되고 입지도 중심에서 벗어나 있음은 그를 방증한다.

이와 관련하여 양산 지역의 하위 취락 고분군으로서 낙동강 좌안左岸에 소재한 덕천동 고분군이 역시 5세기 4/4분기에 형성되기 시작하는 점이 눈에 띈다. 덕천동 고분군이 입지한 곳은 직선거리로는 부산의 중심 지구인 동래 쪽에 가까우나 그 사이를 높은 산지가 가로막고 있어서 동래에서는 낙동강 하구 쪽의 사상으로 빠져나

---

135) 위의 논문, p. 298.

136) 임석 유적에서 불과 250m 정도 떨어진 두구동 고분군에서 5세기 전반의 유물이 확인되는 것으로 보아(홍보식, 「杜邱洞古墳과 遺物」, 『博物館研究論集』2(釜山直轄市立博物館, 1993), pp. 245~250) 아마도 임석 고분군은 두구동 고분군에 이어 축조되었을 것으로 보인다. 이러한 대응 관계는 후술하듯이 임석 고분군과 비슷한 시기에 축조되기 시작한 양산 지역의 덕천동 고분군과 그 이전의 화명동 고분군 사이에도 상정된다.

와 낙동강을 타고 올라오지 않고서는 접근이 어렵다. 그래서 덕천동 일대는 부산 지역이 아니라 양산 지역 단위에 포괄되었으리라 보이는데 실제 거리로 양산 지역의 중심 지구에 더 가깝기도 하려니와 그에서 바로 낙동강 좌안을 따라 통하는 곳이라서 교통이 훨씬 용이하기 때문이다. 이 덕천동 고분군에서 가장 빠른 토기는 D구 11호분에서 출토된 최초 매장시의 토기들로 보이는데 이는 본고의 편년으로는 역시 5세기의 4/4분기에 비정할 수 있는 것이다.[137] 즉 발굴 자료에 의하는 한 덕천동 고분군은 이 즈음부터 형성되기 시작하며, 그래서 양산의 중심 지구에서 고총군이 종언을 고하는 것과 맞물린 현상으로 판단된다.

이런 중요한 변화의 의미는 본 유적의 입지와 그에서 출토되는 토기의 성격에서 찾아야 할 성싶다. 마립간기 당시에는 지금의 김해평야가 만을 이루고 있었다는 연구가 있다.[139] 이를 받아들이면 덕천동 고분군은 낙동강의 본류가 끝나서 막 김해만으로 펴져 들어가는 좌안에 입지한 셈이다. 원래 양산 지역이 사로의 낙동강 및 남해로의 출구라는 점을 상기하면 덕천동 일대는 그러한 양산의 최전진 지구에 해당하거니와 거꾸로 옛 김해만 일대로부터 낙동강으로 올라가는 입구의 한쪽을 틀어쥔 곳으로 덕천동 고분군은 바로 그곳에 있던 취락의 무덤들인 것이다.

다음으로 주목되는 사실은 이 유적에서 출토된 토기가 지역색이 완전히 사라진 신라 토기라는 점이다. 이는 이 지구나 양산 전역의 기존 토기 생산 체계에서 일어난 변화를 암시하는데 아무래도 자연스런 변화라고는 할 수가 없다. 대형 고총군의 소멸과 궤를 같이하는 점을 생각하면 이 지역에 대해 장기간 지속되어 온 신라 국가의 간접 지배가 어떤 변화를 맞이한 것으로 보아야 할 것이다. 그것은 현재로서는 지방관의 파견으로 대표되는 신라 국가의 직접 지배와 관련짓는 수밖에 없다. 그래서 덕천동 고분군은 신라 국가가 양산 지역을 직접 지배하기 시작하면서 낙동강 하구의 출입을 강력히 통제하기 위해 새로이 취락을 조성하거나 기존 취락을 보

---

137) 앞의 편년에서는 D 11호의 토기들을 IV기(6세기 전엽)에 비정하였으나 그것들은 도면에 예시하였듯이 추가장 때의 토기들이다.

138) 安春培 · 金元經 · 潘鏞夫, 「伽倻社會의 形成過程 研究 —金海地域을 中心으로—」, 『伽倻文化研究』 創刊號(釜山女子大學 伽倻文化研究所, 1990), pp. 45~114.

강함으로써 조영된 고분군으로 이해된다. 그에서 출토되는 토기가 지역색 없는 신라 토기임은 바로 신라 국가가 이 지역의 생산 체계를 완전 장악하였음을 여실히 보여준다. 이는 복속지의 생산 체계를 대략 온존시킨 채 통치하던 이전의 간접 지배와 좋은 대조를 이루는 현상이다.

이상으로써 분명해진 사실은 5세기의 4/4분기에 이르면 부산, 양산으로 대표되는 남부 지방에서 중대형 고총군이 더 이상 축조되지 아니하고 하위 취락에서 재편이 일어난다는 것이다. 이는 문헌에 보이는 신라 국가의 지방관 파견에 의한 직접 지배와 관련짓는 이외에는 달리 해석할 수가 없다.

종래 문헌사에서는 『삼국사기』 신라본기 지증마립간智證麻立干 6년(505년)조의 주군제州郡制 정비와 실직군주悉直軍主 파견 기사를 신라 국가가 최초로 지방관을 파견한 사실을 말하는 것으로 보았다. 그러나 서기 503년 건립이 거의 확실한 영일 냉수리비가 발견되어 연구된 이후로는 그보다 이른 5세기 후반에 지방관이 파견되기 시작한 것으로 보는 듯하다.[139] 이런 맥락에서 위에 말한 고고학적 현상은 신라 국가의 지방관 파견에 의한 직접 지배가 5세기 후반에 실시된 것으로 보고자 하는 최근 문헌사학의 흐름을 뒷받침하는 셈이다.

나아가 고고학 자료는 그러한 지방관 파견이 구체적으로 어떤 식으로 실시되었는지에 관한 단서를 제공한다고 보인다. 즉 신라가 성립하는 과정에서 일찍 복속하고 그에 따라 지방 지배가 빨리 진전되었을 지역에 대해 아무래도 지방관 파견도 먼저 이루어졌을 가능성을 시사하는 것이다. 물론 남쪽 지방에 대해 직접 지배가 일찍 실시된 것은 신라 국가의 낙동강 이서 지방 진출 전략과도 깊은 관계가 있다. 사실 신라 국가가 낙동강이라는 장애를 넘어서 이서의 가야로 진출하고자 하면 이서의 목표 지역 대안에 있는 자신의 지방에 대한 통치가 일정 수준에 이르는 것이 선결 과제이다. 바로 그에 해당하는 지역 중 한 곳이 김해의 가야 세력과 면한 남부 지역이었다는 고고학적 시사는 몇 가지 점에서 계발되는 바가 있다.

광개토왕비에 의하면 경자년庚子年(400년) 고구려 남정으로 임나가라任那加羅가

---

139) 朱甫暾, 「新羅의 村落構造와 그 變化」, 『國史館論叢』 35(1992), pp. 55~94.

가장 직접적 타격을 받은 것으로 보이는데 그 위치에 대해서는 지금까지 김해라는 설과 고령이라는 설로 의견이 나뉘어 있다. 그런데 역의 추론이기는 하지만 위의 고고학적 증거로 보면 그 임나가라는 혹시 이 신라 남부와 접한 김해 지역이 아니었나 싶다. 또 결과론이기는 하나 낙동강 이서의 가야 중에 김해 지역이 가장 먼저 6세기 전엽 말에 신라에 완전 복속되는 것은 이런 역사 과정과 무관하지는 않을 것이다. 물론 이 추정이 확실히 성립하려면 5세기 초 이후의 김해 지역 고고학 자료에서 많은 증거들이 더 확인되어야 하고 또 6세기 전엽 말까지 이 정치체가 겪은 도정이 구체적으로 해명되어야 한다는 단서가 붙기는 한다.

사로 서부에 해당하는 금호강 유역에서는 아직 관련 자료가 별반 보고되지 않아 고총 쇠퇴가 언제 어떤 식으로 일어났는지 잘 알 수가 없다. 다만 제1부의 편년표에 제시하였듯이 지금까지 조사된 고총이 5세기 4/4분기에도 축조되고 있음을 볼 때 남부 지방보다는 다소 늦게까지 중대형 고총이 축조되었던 것으로 보인다.

그런데 경산, 대구 지역보다 경주에서 더 먼 창녕 지역의 교동 31호는 횡구식 고분으로 5세기 4/4분기에 축조되고 6세기에 들어서 추가장이 이루어진 점이 주목된다. 또 지역색이 강하게 유지되던 창녕 양식 토기에 5세기 후반 초부터 경주 양식의 영향이 보이기 시작하더니 5세기 4/4분기에 와서 다시금 강한 영향이 나타나고 6세기 초에는 완전히 경주 양식화하는 점도 유의된다. 이 한 예만으로 일반화하기는 주저되지만 이 지역도 대개 6세기 초를 고비로 고총이 거의 퇴조를 보이는 것이 아닌가 싶다. 창녕 지역의 하위 읍락들 중 계성 지구의 사리 A1호분 역시 횡구식 석실인데 5세기 4/4분기의 1차장 시 금동관이 부장되되 6세기 초에 들어서 추가장이 이루어지고 있음도 확인된다. 그 변화의 의미를 역시 같은 맥락에서 찾아야 할 듯싶다. 그래서 금호강 유역의 고총군들도 5세기 말에 쇠퇴를 맞이하여 6세기 초에는 거의 종언을 고하는 것이 아닌가 한다.

북부 지방의 경우는 고총 조사가 일부 지역에서만 이루어졌기 때문에 어떤 정형성을 추출해 내기는 시기상조이다. 다만 영조 당초부터 추가장을 전제로 하는 횡구·횡혈식 석실분이 주류를 이루는 고총군이 북부 내륙 중에서도 상주, 문경, 영주 등 낙동강의 이북과 이서 지방에 많이 분포함은 주목된다. 그런데 이 지방들에는 횡구·횡혈식 석실분이 집중 분포할 뿐만 아니라 그 반면에 수혈식 석곽을 내부 주체로 하는 고총은 별반 보이지 않는다는 점이 또한 중요한 특징이다. 각 지역 지표 조사에서 확인된 고총의 거개가 횡구·횡혈식의 내부 구조를 가진 것으로 추정되는 점도 그러하거니와 최근 발굴된 상주 지역의 한 하위 취락 고분군인 청리고분군이 그를 여실히 보여준다.

상주 지역의 청리 고분군 조사에서는 한 지구 단위 또는 취락 단위의 시기별 고분군이 거의 전모를 드러내었는데, 횡구·횡혈식 고분이 큰 무리를 이루고 조영된 데 반해 수혈식 고분은 오히려 미미한 편인데다가 황남 대총 남분 단계에도 아직 수혈식 석곽묘가 나타나지 않고 목곽묘가 축조된 것으로 드러났다.[140] 즉 수혈식 석곽묘는 5세기 2/4분기 즈음에야 본격 등장한 것으로 보인다. 이 고분군이 지역의 하위 취락 유적이라 대표성이 어느 정도 있을지가 문제이지만 참고는 될 터인데, 우선 이 지역에서 수혈식 석곽묘 등장이 남부나 서부 지방에 비해 상당히 늦다는 점은 그만큼 정치적 진화가 더뎠음을 시사한다.

경주를 중심으로 볼 때 경북 북부 지방, 특히 낙동강 이서, 이북 지방의 사회 진화력이 전대 이래로 상대적으로 작았던 데[141]에 일차적 요인이 있을 것이다. 그런데다가 이 지방에 대한 신라의 본격적 지방 지배가 남부나 서부에 비해 상대적으로 늦게 시작되었더라도 5세기에 들어서는 남부에 못지않게 강력하였던 데서 또한 원인을 찾을 수 있다. 5세기 전엽 눌지마립간대訥祗麻立干代 초년에 국왕이 외국에 인질로 간 두 동생을 구출하기 위해 자문역으로 초치한 인물들인 수주촌간水酒村干, 일리촌간一利村干, 이이촌간利伊村干의 출신지가 각각 예천, 성주, 영주로 비정됨은 그 점을 잘 말해준다. 이는 그 지역들에 대한 신라 국가의 지배력이 이미 상당 수준이었음을 전제로 하기 때문이다.

전술한 청리 유적의 경우 횡혈식 석실분의 축조 연대는 대개 단각고배가 이미 등장한 6세기대 중엽 이후라고 생각되므로 하위 취락 고분군이라는 점과 더불어

---

140) 韓國文化財保護財團·(株)韓進重工業, 『尙州 靑里遺蹟』(1998)

141) 이에 반해 역시 북부 내륙의 낙동강 연안이면서 그 이동, 이남에 위치한 선산 지역의 낙산동 고분군이나 안동 지역의 임하동 고분군은 대고총군을 이루고 있어서 대조적이다.

북부 지방 중대형 고총군의 성격을 엿보는 데는 참고가 별로 안 된다. 그래서 수혈식 석곽묘로부터 횡구식 석실묘로의 전환이 언제쯤 일어나는지가 문제인데, 최근 낙동강 상류역 횡구식 석실의 등장과 전개를 전론한 연구에서는 황남대총 남분을 5세기 3/4분기로 보는 연대관에 서서 6세기 1/4분기에 횡구식 석실이 등장한다고 보았다.[142] 이는 본고의 연대관으로는 5세기 3/4분기의 늦은 단계에 해당한다.

이와 같이 신라 북부의 낙동강 이북, 이서 지방에서는 5세기 2/4분기쯤에 중대형 수혈식 고총이 등장하고 대체로 5세기 4/4분기를 전후하여 횡구식 고총으로 전화된 것으로 추정할 수 있겠다. 이를 실마리로 삼아 아래와 같이 신라 국가의 경북 북부 지방 지배 과정을 논의할 수 있지 않을까 싶다.

5세기 전반 이래로 신라 국가의 남부 지방에 대한 지배가 안정되던 차에 5세기 후반에 들어서서 고구려와 소원한 관계에 들어감에 따라 북부 지방에 대해 전략적 비중이 두어지기 시작하였을 것이다. 그 결과로 이 지역 지배층의 정치적 성장이 촉진되었을 것이지만, 위에 인용한 5세기 초 문헌 기사가 말하듯이 그때는 이미 신라 국가 전체의 통합력이 상당한 수준에 도달한 때였으므로 지역 지배층의 정치적 성장은 남부나 서부 지방과는 다른 궤적을 밟았을 것으로 추측된다. 즉 지배 집단의 분화라든지가 제대로 진행되기 어려웠을 것으로 보이는 것이다.

문헌 기록에서 이것이 방증되는데 5세기 후반의 북부 지방과 관련된 축성 기사와 국왕 순행 기사가 그것이다. 『삼국사기』 신라본기에서는 5세기 후반 자비마립간대(458~478년)부터 지증왕 5년(504년)에 걸친 시기에 축성 기사가 집중적으로 나온다. 이를 '제 소국諸 小國'(즉 지역 정치체)의 해체와 주군州郡으로의 편제 과정과 밀접한 관련이 있다고 보기도 하는데 대규모 축성을 위해서는 역부役夫 동원과 역역力役체제 정비가 전제가 되며 이는 또한 지역 정치체 단위의 분립성 극복이 전제되어야 하기 때문이라는 것이다. 또 축성 과정 자체가 곧 주군으로의 편제 작업이었다고 곧바로 연결시키기는 어렵지만 그 과정에서 편제 작업을 가속화시켰을 것

---

142) 李在煥, 「洛東江 上流地域 橫口式 石室墳 硏究」(慶北大學校 大學院 考古人類學科 碩士學位 論文, 2007. 6).

에는 틀림없다고 하면서 5세기 동안에는 그러한 편제가 한창 진행 중이었을 것으로 보았다.[143]

북부 지방의 축성 관련 기사 중에서 주목되는 것은 보은의 삼년산성을 개축하는 데 선산 지역 일대의 역부가 동원되었다고 하는 소지마립간炤知麻立干 8년(486년)의 기사이다. 이는 북부 지방에서 아마도 5세기 전반 동안에 대체로 지역별로 진행되었을 것으로 추측되는 지방 지배가 이제 그러한 수준을 완전히 넘어서 지역간 통제와 조정의 단계로 들어섰음을 가리킨다. 그리고 신라 국가의 징발력 수준을 보여줄 뿐만 아니라 징발 인력을 부양하기 위한 식량 조달 또한 그 지역에서 이루어졌음을 함축하므로 이는 지역 지배가 이미 크게 진전되었음을 나타낸다. 신라 국가가 이처럼 지역 자원을 자유로이 운용하고 있었음을 보여주는 또 다른 문헌 기사는 국왕의 순행과 그에 관련된 진휼賑恤 기사이다.

왕이 영역 안을 순수巡狩, 순행하는 것은 이른바 초기국가early state의 지방 통치에서 거의 보편적으로 나타나는 현상으로서 정치, 경제적 통합 기능뿐만 아니라 종교적, 상징적 기능에 이르기까지 상당히 광범위한 복합적 기능을 가졌음이 지적된다.[144] 그런데 『삼국사기』신라본기에서는 초기 기록을 제외하고 4세기의 전 기간과 5세기 중엽까지는 순행 기사가 전혀 없다가 자비마립간 12년(469년)에 비로소 순행이 있었던 것으로 기록되어 있다. 이때 왕은 수주군水州郡, 즉 예천 지역에 순행하였고 그 후 5세기 후엽의 소지마립간 동안에 네 차례에 걸쳐 순행을 하는데,[145] 3년(481년)에 동북 지역인 비렬성比列城에 가서 군사를 위무한 이외에는 그 대상 지역이 모두 선산, 영주 등 북부 내륙 지방이라는 점이 주목된다. 물론 해당 지역에서

---

143) 全德在,「新羅 州郡制의 成立背景研究」,『韓國史論』22(서울大學校 國史學科, 1990), p. 46~49. 다만 양자의 확실한 관계를 말하지는 않았으며 그 시기에 대해서도 다소 모호하다.

144) Yuri M. Kobishchanow, "The phenomenon of *gafol* and its transformation," eds. Henri J. M. Claessen and Pieter van de Velde, *Early State Economics*(E. J. Brill, 1987), pp. 108~128. 金瑛河,「三國時代 王의 統治形態 研究」(高麗大學校 大學院 史學科 博士學位 論文, 1988)에서는 이를 바로 왕의 통치형태의 한 부분으로 이해하였다.

145) 金瑛河, 위의 논문, pp. 171~173에서 순행 기사를 열거하면서 소지마립간 3년(481), 5년(483), 그리고 10년(488)의 기사를 거론하였는데 22년(500)의 날이군(捺已郡, 영주)에서 파로(波路)의 딸과 혼인을 맺는 기사도 그에 포함해야 할 것이다.

수해 등 특수한 사건이 발발한 때문에 순행하였을 수 있지만, 앞에서도 말했듯이 왕의 순행이 다목적, 다기능적인 점을 감안하면 이는 역시 지방 지배와 깊은 관련이 있다고 해야 할 듯하다.[146) 그것은 『삼국사기』 초기 기록의 순행 기사에서는 경북 내륙을 대상으로 한 것이 없으며 더욱이 순행지가 『삼국사기』의 기록 연대순으로 보면 대체로 사로의 영역 확대 방향을 따라 나타난다는 데서도 방증이 된다.

그런데 대부분의 초기국가에서 왕의 이런 순행이 일정하게 정해진 전래의 도로를 따라 이루어진다는 보고[147)를 참고한다면 소지마립간 9년(487년) 사방에 관도 官道를 설치한 기록으로 보건대 마립간기 신라에서도 이러한 순행을 토대로 지방관인 도사가 파견되었을 것으로 보아 큰 무리는 없다고 하겠다. 그리고 이런 순행에서 대개 이루어지는 진휼 사업이 현지 조달 식량을 활용하였을 것이므로 이 역시 이미 5세기 후엽 이전에 신라 국가가 관리하는 지방의 공공 창고에 잉여 식량을 보관하였음을 시사한다. 이렇게 본다면 이 지역들에 대한 신라 국가의 통제력은 그 즈음에 지방관인 도사가 북부 지방에 파견되었는지의 여부와는 상관없이 이미 아주 높은 수준이었음이 분명하다.[148)

이상과 같은 문헌 기록으로부터 유추되는 지방 지배 변화에 관한 틀은 앞으로 북부 지방의 고고학적 조사가 진전되고 그 성과가 쌓일 때까지 큰 참고가 되리라고 보나, 지역별로 좀더 조사가 이루어져 고분 변화의 양상이 제대로 밝혀질 때까지 고총군의 의미 해석은 유보해 두는 편이 신중하리라 생각된다. 다만 횡구식 석실분이 일반적으로 말해 위와 같은 성격을 지닌 이상 북부 지방에서는 5세기 후반에 이미 고총으로서의 성격에 변질이 오기 시작하였고, 직접 지배가 거의 신라 전역에 확립되었다고 보이는 6세기 초 이후에는 더 큰 변화를 겪었을 가능성이 크다는 점만 지적해 두는 바이다.

---

146) 소지마립간 10년의 「存問鰥寡孤獨 賜穀有差 至自一善 所歷州郡獄囚 除二死 悉原之」라는 일선군(一善郡, 선산) 순행 기사는 이를 단적으로 보여준다.

147) Yuri M. Kobishchanow, 앞의 논문, p. 108.

148) 소지마립간 22년(500) 왕이 영주 지역의 유력 세력인 파로의 딸과 혼인관계를 맺은 데 대해 고타군 (古陀郡, 안동) 노구(老嫗)가 국왕의 영주 지역 행차를 비난하였음은 어쩌면 두 지역에 아직 지방관이 파견되지 않은 상황을 시사하는지도 모르겠다.

제 III 장

6세기 신라의 가야 복속

신라는 오랜 기간 낙동강을 경계로 마주하고 있던 가야를 서기 562년에 완전 복속시켰다. 그로써 장차 삼국통일로 가는 데 가장 중요한 진전이 이루어졌다고 하겠는데, 문헌상으로 복속에 이르는 과정을 전해주는 이렇다 할 사료는 별로 없는 형편이다. 530년 전후 금관가야 등 가야 3국의 복속에 관련된 기사가 일부 있을 뿐이다. 그래서 신라의 가야 복속에 대한 문헌사 연구는 대개 6세기 전엽 말과 중엽의 복속에 초점이 맞추어졌다. 더욱이 가야사에서는 신라의 가야 복속이 6세기 중엽에 가서야 일시에 일어난 한 사건인 듯이 취급하는 경향도 있는 듯하다.

　　신라의 가야 복속 과정을 과연 그렇게 짧은 기간 동안 일어난 변환으로만 보아도 좋을 것인가? 신라사의 입장에서는 가야 복속을 그처럼 급작스럽게 얻은 성취로만 볼 수는 없고 장기간에 걸친 과정의 결과, 즉 오랜 기간의 진출 노력이 낳은 결실이었다고 이해하는 편이 올바를 것이다. 예를 들어 이미 논한 바와 같이 고고학적으로 보면 신라는 늦어도 5세기 초에 낙동강 하구 서안 김해 지역의 일부 지점에 가야 진출을 위한 교두보를 마련하였고[1] 이후 그곳을 근거지로 꾸준하게 서진

---

1) 李熙濬, 「김해 禮安里 유적과 新羅의 낙동강 西岸 진출」, 『韓國考古學報』 39(1998), pp. 125~153.

을 도모하였던 것으로 추정되기 때문이다. 한편으로 이처럼 가야 복속에 오랜 기간이 걸렸다는 것은 그만큼 신라와 가야의 경계였던 낙동강이 신라의 가야 진출에 커다란 장애였음을 시사한다. 5세기대와 6세기 초까지의 고고학 자료는 이런 관점의 이해를 뒷받침한다고 여겨지며 또 지리적으로도 그렇게 볼 소지가 많다.

그간 고고학에서는 6세기 전반까지의 신라를 다만 경주 주변에 한정된 세력이었던 듯이 오해함으로써 위의 문제들에 접근조차 하려고 들지 않았다. 그렇게 된 데는 역사고고학 연구가 문화 연구에 치우쳐 고대사 복원 쪽으로는 별 관심을 기울이지 않았던 탓도 있다. 바꾸어 말하면 문제의식이 결여되었기 때문이다. 앞에서 늦어도 4세기 말 이후의 신라 영역을 금호강 이북에서는 낙동강 이동과 이서 유역 모두, 이남에서는 낙동강 이동으로 볼 확실한 근거를 제시하고 5세기 신라의 지방 지배를 논의하였다. 이제 그에서 한 걸음 더 나아가 신라가 5세기의 지방 지배 진전과 체제 정비를 통한 준비 기간을 거쳐 6세기에 낙동강 이서로 본격 팽창을 해나간다는 관점에서 신라의 가야 진출 및 복속 과정을 통시적으로 살펴볼 수 있지 않을까 싶다. 이 주제는 특히 6세기 신라고고학에서 문헌사와 고고학을 접목하여 접근할 수 있는 가장 적합한 주제이기도 하다.

문헌 사료에 의하면 신라는 530년을 전후하여 가야의 일원이었던 탁기탄喙己呑, 남가라南加羅, 탁순卓淳을 병합하였다. 그 후로 신라가 가야의 다른 세력을 어떻게 잠식하였는지는 잘 알 수가 없으며, 다만 562년에 이르러 최종적으로 가야 전역을 복속시킨 것으로 되어 있다. 530년대는 신라가 낙동강 이동 지방 전역을 영역으로 성립한 지 무려 150년 정도가 지난 때이다. 신라의 입장에서 보면 그만큼 긴 기간의 준비 끝에 비로소 낙동강 이서로의 본격 진출을 일차 달성한 셈이다. 또 그로부터 가야의 완전 복속까지는 30여 년에 불과하니 그 사이에 아주 급속한 진전을 이룬 것이다. 이와 같이 앞에 든 가야 3국의 병합은 신라의 가야 진출사에서 획기적 사건이다. 그래서 대략 6세기 전엽까지를 신라의 가야 진출 제1단계로, 그 다음 6세기 중엽을 제2단계로 설정하는 것이 일견 타당하다 하겠다. 하지만 신라의 가야 진출을 장기적 역사 전개 과정이라는 관점에서 본다면 이 3국의 복속 직전까지를 준비 단계로, 3국 복속에서부터 가야 전역의 복속까지를 다시 한 단계로 잡을 수도 있을 것이다. 이렇게 나누면 신라가 낙동강 이서 지역에 처음으로 영역을 확보하기까지의 추이와 그 이후 6세기 중엽에 완전 병합을 달성하기에 이르는 과정의 차이도 잘 드러난다.

따라서 여기서는 위에 제시한 시기 구분에 따라 먼저 낙동강의 지역 분할성이 신라와 가야의 관계, 특히 신라의 가야 진출사에서 지닌 의의를 간략히 검토하고 그 바탕 위에서 대략 520년대까지 신라가 가야로 진출하려는 데서 취한 전략을 고고학 자료를 중심으로 살피기로 한다. 다음으로 논란이 많은 가야국 탁순과 탁기탄의 위치 비정 문제를 중심으로 낙동강 중 · 하류 가야 3국의 복속 과정을 검토한다. 마지막으로 3국 복속 후 562년 가야가 완전 복속되기 이전에 문헌에 드러나지 않는 그 밖의 가야 일부 지역이 신라화되었을 가능성이 아주 크다는 사실을 고고학적으로 논함으로써 신라의 가야 복속이 장기간의 점진적 과정이었음을 재차 드러내 보이고자 한다.

신라의 가야 진출 과정을 통시적으로 본다면 낙동강 동안에 있으면서 문헌으로 보아 한때 분명히 가야였던 창녕 지역의 통합에서 시작을 해야 할 것이나 창녕 지역의 4세기대 고고학 자료가 아직 제대로 확보되지 않았으므로 그것은 앞으로의 과제로 미루어 두기로 하겠다. 그리고 현재까지의 고고학 자료가 5세기대와 6세기 초에 집중되어 있음을 감안하여 520년대까지의 논의에 중점을 두기로 한다. 한 가지 더 덧붙인다면, 고고학적 검토만이 아니라 지리, 문헌사, 고고 자료의 종합 검토가 필요하므로 자연히 그러한 측면에서의 논의가 될 것이다.

1. 520년대까지의 가야 진출 전략

1) 낙동강의 분할성과 신라 · 가야

앞에서 논하였듯이 신라 · 가야는 대략 4세기 초를 전후해서 진 · 변한으로부터 성립하였다. 진한과 변한이라는 두 단위는 물론 그에서 정치성을 배제할 수는 없지만 기본적으로 경제적인 교환, 교역권이었던 데 반해 신라와 가야는 분명하게 구분되는 정치적 영역 또는 권역이었다는 데 중요한 차이가 있다.

그런데 문헌에서는 진한과 변한의 경계는 물론이거니와 신라와 가야의 경계가 어디였는지를 직접 일러주는 기사가 별로 없다. 제1부 제1장에서 신라의 영역에 대한 그간의 논의와 본 연구의 관점을 자세하게 언급하였으므로 여기서는 그 중에서 낙동강의 분할성에 관련된 부분만 요약해 두기로 한다. 문헌에서 신라와 가야의 경계에 관련된 기사로는 『삼국유사』 소재 「가락국기」와 「오가야조」에 가야의 권역에 관해 직접 언급한 상호 모순된 기사들이 있을 뿐이다. 전자는 가야의 권역을 가야산 이남, 낙동강 이서로 기술한 반면 후자는 그 외에 가야산 북쪽의 성주와 낙동강 동안의 창녕 등지도 가야였던 것으로 전한다. 한편 『삼국사기』에서는 신라의 영역을 직접 언급한 기사는 나오지 않고 다만 시사할 뿐인데, 바로 앞 장의 말미에서 말했듯이 박제상전에 관련된 기사로 보건대 대략 5세기 초에는 예천, 성주, 영주를 포함한 경상북도 북부 전역과 양산을 비롯한 낙동강 동안이 그에 포함되었을 것으로 추론된다.[2] 그래서 문헌 기록으로는 5세기 이래로 신라와 가야가 대략 낙동강 본류를 경계로 나뉘었던 것으로 추정할 수 있다.

고고학 자료 중 신라 양식 토기와 가야 양식 토기의 분포권이 금호강 이남의 낙동강 본류를 경계로 동서로 갈린다는 사실은 일찍부터 지적되어 온 터였다.[3] 또 그러한 양분성은 위세품이나 철기, 마구 등의 분포에서도 인지된다. 이는 신라 · 가야 시기의 고고학 자료가 문화적 산물이면서 동시에 정치적 산물이라는 해석만 할 수 있으면 어느 시점 이후의 가야 권역을 「가락국기」의 기사대로 보아도 무방함을 시사하였다. 물론 그로써 신라의 영역도 『삼국사기』 기사의 시사와 일치하는 셈이었다. 다만 가야 국명이 구체적으로 기재된 『삼국유사』 「오가야조」가 그러한 해석을 허용치 않는 큰 장애였다. 그러나 근년 「오가야조」에 대해 사료 비판을 가해 그에 나말 여초의 정치적 상황이 투영 · 부회되었을 가능성이 다분하다는 견해[4]가 제

2) 朱甫暾, 「新羅國家形成期 大邱社會의 動向」, 『韓國古代史論叢』 8(1996), pp. 104~105.

3) 金元龍, 『新羅土器의 硏究』(乙酉文化社, 1960).

4) 金泰植, 『加耶聯盟史』(一潮閣, 1993), pp. 68~80.

시됨으로써 낙동강 본류를 경계로 하는 고고학 자료의 양분성을 신라·가야 영역 구분에 결부하는 데 더 이상 「오가야조」에 구애받지 않게 되었다. 다만 문제는 어느 시점부터 낙동강을 경계로 삼을 수 있는가 하는 것이었다. 이는 결국 고고학 자료의 연대관에 달려 있는 문제이다. 그리하여 앞에서는 신라 토기 발생을 4세기 중엽으로 보는 새로운 연대관에 따라 대략 4세기 후엽이면 금호강 이남의 낙동강 이동과 그 이북의 이동 및 이서의 고분들에서 신라양식 토기들이 지속적으로 부장되기 시작하므로 늦어도 4세기 말에 이르면 낙동강 이동 지방 전역이 완전 신라 영역화하였던 것으로 해석하였다.

이렇듯 낙동강 본류는 4세기 후엽 이후로는 신라와 가야의 경계 역할을 하였던 것으로 판단된다. 그러면 낙동강의 이런 지역 분할성은 어떤 과정을 거쳐 생성된 것인가? 그 과정을 보면 자연히 이 분할성이 실제로 함축하는 바가 분명하게 드러날 것이다.

그간 낙동강 본류가 가진 교통성交通性은 여러 가지로 강조된 바 있다. 사실 각 지역 정치체의 내적 응집성이 그다지 강하지 못했던 진·변한 시기에는 정치체간의 경쟁도 그렇게 치열하지 않아서 낙동강이 그 본류와 지류 유역에 산재한 각 지역 정치체를 연결하는 데 아주 중요한 기능을 하였을 것이다. 진·변한 시기에 김해 지역이 다른 지역에 앞서 발전할 수 있었던 요인으로 낙동강을 통한 교통, 교역의 관문이었던 점을 꼽는 데[5]서 그를 쉽게 이해할 수 있겠다. 한편 낙동강은 좌우 안의 지역들을 연결하는 기능도 당연히 하였을 것이다. 이 시기의 사정을 전하는 『위지 동이전』 한조韓條의 '변진여진한잡거弁辰與辰韓雜居'라는 기사가 혹시 그러한 상황을 반영하는 것이 아닌가 추측되기도 한다. 즉 대내외 교환과 교역에서 광역의 단위로 기능하였다고 보이는 진한과 변한은 대략 낙동강을 경계로 구분되었을 터이나 그 양안의 세력들은 어느 한 쪽에 배타적으로 소속되지 않고 자신에 유리한 대로 양자의 교환·교역망에 자유롭게 참여하였던 것이고, 그래서 한군현漢郡縣이나 중국 측에 진한과 변한이 명확히 구분되지 않는 정치적 단위인 것처럼 인식되어

---

5) 李賢惠, 「4세기 加耶社會의 交易體系의 변천」, 『韓國古代史研究』 1(1988), pp. 157~179.

그처럼 표현된 것은 아닌가 하는 것이다. 요컨대 진·변한 시절에는 낙동강이 대개 정치체 상호간의 경계로서보다는 교통로로서 기능한 바가 더 컸다고 생각된다.

하지만 진·변한 '국'들이 더욱 성장함에 따라 양안 세력들이 교환, 교역의 이익을 극대화하고자 이 교통로에 적극 개입함으로써 그들 사이의 다툼은 점점 치열해졌을 것이고, 그로써 강의 흐름을 따른 교통은 점차 장애를 겪게 되었을 터이다. 그와 더불어 강의 양안 세력 사이를 갈라놓는 경계 기능도 점차 커졌던 것 같다. 그러던 중 신라가 성립하여 낙동강 유역으로 진출하면서부터는 상황이 일변하였을 것으로 보인다. 신라 국가가 간접 지배이기는 하나 낙동강 동안 지역을 자신의 영역으로 통합한 터라 낙동강 유로를 따른 교통에 전면적으로 개입할 수 있게 되자 그 교통은 불능 상태는 아니더라도 전반적으로 상당한 지장을 받게 되었을 것이다. 예컨대 낙동강의 유로가 지형적 이유로 좁거나 크게 곡류曲流하는 곳 같은 일부 지점에서는 간섭이 한층 용이하여서 실질적으로 통제가 가능하였을 것으로 추정된다. 뿐만 아니라 이제 사로의 다른 '국'에 대한 정치 경제적 지배를 바탕으로 신라라는 광역 정치체가 성립함으로써 그 지방으로 전락한 종전의 낙동강 동안 '국'들은 특히 대외 관계에서 본격적인 간섭을 받았을 것이고, 그래서 낙동강 양안 사이의 임의적 교류는 갈수록 강력히 통제되었을 것임은 물론이다. 이는 낙동강의 분할성이 본격 발효되기 시작하였음을 의미한다. 이와 같이 신라·가야가 성립하면서부터 낙동강 유로를 따른 교통은 물론이거니와 양안 지역 사이의 교통이 강력한 제약을 받으면서 낙동강의 분할성이 한층 강화되었다고 할 수 있다.

낙동강 중류역 동안 기슭에 자리잡은 신라 고분군인 대구 문산리 고분군(뒤의 그림 VI-1의 위쪽 문산리성지 옆에 위치)은 대략 5세기 이후 6세기 전반까지 조영된 중대형 고총 6기와 수백 기의 소규모 석곽묘들로 이루어져 있는데 그에 대한 전면 발굴 결과 지금까지 보고된 중대형 고총 6기[6]에서 모두 2000점에 가까운 토기가 출토되었으나 고령 양식 토기로 추정되는 것은 3~4점에 불과하다. 바로 강을 건너

---

6) 嶺南文化財研究院, 『達城 汶山里古墳群I―II地區 M1·M2號墳―』(2005); 慶尙北道文化財研究院, 『大邱 汶山淨水場 建設敷地 內 達城 汶山里 古墳群I地區―大形封土墳1~4號―』(2004).

면 고령인지라 그곳의 토기가 어떤 알지 못하는 과정을 거쳐서라도 어느 정도 유입되었을 법한데도 이처럼 보이지 않는다는 것은 아무래도 낙동강이 두 지역 사이의 교류에 엄한 장애였음을 일러준다고 하겠다.

낙동강의 지역 분할성이 지닌 이런 정치적 측면은 물론 이 대하大河의 자연 지리적 장애성을 바탕으로 한다. 사실 우리 역사에서 대동강, 한강 등의 대하가 중요한 저지선 역할을 하였다는 것은 잘 알려진 사실이다. 예컨대 고구려가 백제를 의식하여 도성을 대동강 북안에 둔 것이나 백제가 한강 남안, 그리고 나중에는 금강 남안에 도성을 둔 것은 분명히 그러한 방어적 기능을 염두에 둔 입지 선정이다. 한강 바로 북안의 아차산성 부근 고구려 보루堡壘들[7]도 대하의 지역 분할성을 웅변한다.

오늘날의 낙동강은 지류와 지천 곳곳의 댐이나 저수지 때문에 수량이 적어 보이고 또 인공 제방 탓에 강폭도 좁지만 이는 원래의 모습은 결코 아닐 터이다. 특히 금호강, 황강, 남강이라는 큰 지류들이 합수되는 중·하류역의 강폭은 좁지 않았고 배후 습지 등을 고려하면 쉽게 도하할 수 있는 지점도 크게 한정되었을 것으로 생각된다. 그러한 상황을 신라의 가야 진출에 실제적으로 관련지어 본다면 이는 신라에서 5세기 동안에 낙동강을 건너 그 연안에 있는 가야의 한 세력을 일시적으로는 정복할 수 있다손 치더라도 지속적으로 지배하기는 어려웠으리라는 것을 의미한다. 낙동강 동안의 지방 세력도 아직 직접 지배를 실현하지 못한데다가 고정된 다리가 없어서 서안의 새로운 점령지에 대한 지속적인 군수 지원이 원활하지 못했을 터이므로 만약 나머지 가야 세력의 포위 반격이 있다면 견뎌내기가 어려웠을 것이기 때문이다. 이런 견지에서 보면 일찍이 신라가 낙동강 하구의 김해 지역에 교두보를 마련하고도 금관가야를 완전 통합하는 데 무려 1세기가 넘게 걸린 이유가 이해될 법하다. 더욱이 그 통합은 최종적으로는 무력 복속이 아닌 내항에 의한 것이었다. 대안의 부산 지역에 대한 신라의 지배가 일찍 강화되어 다른 어떤 곳보다도 빨리 직접 지배가 이루어졌을 것이고, 그래서 서안으로의 진출이 다른 어떤 곳보다

---

7) 최종택, 「아차산 제4보루성유적 발굴조사」, 『3~5세기 금강유역의 고고학』(제22회 한국고고학전국대회, 1998), p. 255.

도 용이하였으리라 추정되는데도 이러하였다는 것은 아무래도 낙동강의 분할성이 큰 요인이었다고 할 수 있다.

2) 520년대까지의 가야 진출 전략

신라와 가야가 늦어도 4세기 후엽 이후로 낙동강을 경계로 해서 나누어진 뒤 520년 대까지 대략 1세기 반 동안 양자의 관계는 어떠하였는가? 그 관계는 물론 상호적인 관점에서 보아야 제대로 파악이 되겠다. 다만 결과론이기는 하지만 6세기 중엽에 신라가 결국 가야를 복속시켰다는 사실을 염두에 둘 때 그간의 관계사를 신라의 가 야 진출사라는 관점에서 보는 것도 또 한 가지 방법이 될 것이다.

문헌 기록에서 이 기간의 신라와 가야의 관계를 직접 시사하는 사료는 극히 적 다. 또 있다 해도 대개 여기서 설정한 기간의 끝 부분에 몰려 있다. 하지만 대체적으 로 5세기 후반부터는 신라와 가야, 그 중에서도 특히 가라加羅(대가야)와의 관계를 우호적이었던 것으로 보는 듯하다.[8] 양자의 충돌을 기록한 별다른 기사는 없는 반 면 우호적 관계를 시사하는 기사가 몇 예 보이기 때문이다. 481년 고구려의 신라 침 입에 대해 가야가 구원군을 파견한 것,[9] 496년 가야가 신라에 백치白雉를 보낸 것,[10] 그리고 520년대에 맺은 신라와 가야 사이의 이른바 '결혼동맹'[11]이 그것이다. 이러 한 기사들로 보건대 신라와 가야의 관계는 520년대까지 일단 우호적이었고, 그 관 계에서 신라는 상당히 수동적이었던 것으로 생각할 수 있으며, 그 후 갑작스럽게 양 자의 관계가 악화되면서 530년을 전후해 신라가 단기간의 군사적 행동으로써 이른 바 '가야 남부 제국'을 복속한 것으로 이해할 수밖에 없다. 하지만 고고학 자료는 반 드시 그렇지만은 않았음을 희미하게나마 시사한다.

4세기 말에서 6세기 전엽에 이르는 시기의 고고학 자료를 보면 특히 정치적 권

---

8) 예컨대 白承忠, 「加羅・新羅 '결혼동맹'의 결렬과 그 추이」, 『釜大史學』 20(1996), p. 4.

9) 『三國史記』 新羅本紀 炤知麻立干 3年條.

10) 『三國史記』 新羅本紀 炤知麻立干 16年條.

11) 『三國史記』 新羅本紀 法興王 9年(522년)條 및 『日本書紀』 繼・紀 23年(529년)條.

역을 가장 알기 쉽게 나타내는 유물인 신라·가야 토기는 분포권이 거의 정확하게 금호강 이남의 낙동강을 경계로 동서로 나뉜다. 또 신라식의 금동관, 관식冠飾, 대장식구帶裝飾具, 귀걸이 등 위세품의 분포도 거의 낙동강 이동으로 한정된다. 다만 낙동강 하류의 서안인 김해 일대와 중류 서안 황강 하류 옥전 고분군에 신라 양식 토기가 부장되는 예외가 있을 뿐이며[12] 신라식 위세품은 옥전 고분군에서 일부 출토된다. 이처럼 고고학 자료로 보는 한 일단 신라와 가야는 기본적으로는 낙동강을 경계로 분명히 나누어지는 양상을 드러낸다.

그러면 이러한 양상을 근거로 양자의 관계가 대립적이었다고 보아야 하는가? 아니면 영역 또는 권역이 낙동강을 경계로 해서 나뉘어 있었을 뿐 우호적이었다고 해야 하는가? 이 문제를 검토하는 데 간과해서는 안 될 몇 가지 전제들이 있다. 첫째, 가야 전체를 한 묶음으로 해서 신라와의 관계를 논하는 것은 실질적으로 별 의미가 없다는 것이다. 작금의 이해대로 가야 제국 전체가 하나의 정치체로 통합되지 못했다고 할 때 각국의 대외 관계는 일원적으로 통제되지 못했을 것으로 추론되기 때문이다. 또 당연한 일이지만 신라와 가야 제국 사이의 관계가 일률적이지도 않았을 것이다. 사실 신라와 가야 사이의 우호적 관계를 보여주는 앞의 문헌 기사들 중의 가야는 주체를 가라加羅(즉 대가야)로 보는 것이 통설이며, 따라서 5세기 후반~6세기 초에 걸친 가야와 신라의 관계가 우호적이었다고 함은 이런 가라와 신라의 관계에 대한 문헌 기사로부터 일반화한 것일 뿐이다. 당시의 신라와 가야의 관계는 전반적으로는 낙동강을 경계로 나뉜 두 단위 사이의 관계이지만 구체적으로는 그것을 전제로 해서 개별 가야국과 신라의 관계로 초점을 맞추어 볼 필요가 있다. 둘째, 신라와 특정 가야국 사이의 관계가 이 긴 기간 내내 우호적 아니면 대립적이었다고 양자택일식으로 보아서는 곤란하다는 것이다. 당시의 국제 상황이나

---

12) 물론 낙동강 동안 지역 또는 이동 지방에서 가야 토기가 전혀 출토되지 않는 것은 아니다. 그러나 아주 단발적인 데 그친다. 한편 동해 추암동 B지구 고분군에 고령계 토기가 부장된 것(辛虎雄·李相洙, 「秋岩洞B地區 古墳群 發掘調査報告」, 『東海北坪工團造成地域文化遺蹟 發掘調査報告書』(關東大學校博物館, 1994))은 신라·가야 토기의 양분 분포설에 반한다고 하기보다는 다른 각도에서 해석되어야 할 현상이다. 그리고 창녕계 토기가 낙동강 하류역의 이서 지방에 다소 광범위하게 산발적으로 나타나는 현상에 대해서도 앞에서 다루었기에 여기서는 논외로 한다.

여타 변수들에 따라 그 양쪽을 오가거나 실제로는 군사적 행동과 외교적 공략을 병행하는 정책을 펴기도 했을 것이다.

우선 신라와 가야, 그 중에서 특히 가라의 관계가 그렇게 우호적이지만은 않았음을 시사하는 고고학 자료를 보기로 하자. 이런 정황을 가장 잘 나타내 보이는 자료는 양국이 마주한 낙동강 중류역 일대의 양안에 줄지어 분포한 방어 시설들이다 (그림 VI-1). 〈그림 VI-1〉은 전고[13]에 게재한 낙동강 중류역 양안의 성곽 분포도에 1990년대 말 이후 새로 확인된 유적들[14]을 더한 그림이다. 이 그림에서 보듯이 북에서 남으로 성주 근처까지 곧바로 내려오던 낙동강은 금호강이 합수되는 이 일대에서 시계 방향으로 한 번 크게 호선을 그리면서 굽이친다. 이 호선의 중앙부 동안 東岸은 신라의 수도 경주까지 곧바로 통하는 동서 지구대와 같은 지형의 서단에 해당한다. 그리고 호선의 남쪽 끝부분 서안은 대가야의 핵심지 고령으로 들어가는 요로의 입구이다. 그래서 이 일대에 분포한 성이나 보루 형태의 시설들은 양국의 핵심 지역으로 들어가는 최단거리로의 입구에 설치한 감시 내지는 방어 시설들이었음에 틀림없다.

다만 이러한 감시 방어 시설들이 축조된 시기가 문제인데, 모두 한 시기에 축조되었는지 아니면 그 사이에 시차가 있는지는 본격 조사가 안 되어 단언하기 어렵다. 하지만 시차가 당연히 있을 것으로 상정된다. 그리고 연속적으로 배치된 상황으로 보건대 어느 시기부터는 상호 밀접하게 연계되면서 단순한 감시보다 방어를 목적으로 했던 시설들이었을 것이다. 이 중에서 경주로 들어가는 요로의 목젖에 해당하는 화원 고성에서는 분명히 4~6세기대의 토기편들이 채집된다. 그래서 일찍부터 줄곧 감시 및 방어에서 가장 중요한 곳이었던 것으로 보인다. 죽곡리 망루(죽곡리 성지의 바깥 동편에 위치함)와 죽곡리 산성은 지근거리에 있고 후자 안에도 망루가 설치되어 있으므로 기능이 중복되는 양자가 동시에 존재했을 것으로 보기

---

13) 李熙濬, 「신라의 가야 服屬 過程에 대한 고고학적 검토」, 『嶺南考古學』 22(1999), pp. 1~33.

14) 조효식, 「낙동강 中流域 東岸 삼국시대 城郭 조사보고」, 『博物館年報 2005年度』 3(慶北大學校博物館, 2006), pp. 61~135; 同, 「낙동강 中流域 西岸 삼국시대 城郭 조사보고」, 『博物館年報』 14 · 15(大邱敎育大學校 敎育博物館, 2005), pp. 21~66.

그림 VI-1 대구 · 창녕 · 고령 · 의령 부근 낙동강 양안의 신라 · 가야 방어 유적 분포도

는 어렵다. 그런데 전자에는 그 벽에 붙여 고분이 조영되어 있는데 그것이 분명히 5세기 중반 즈음으로 거슬러 올라가기 때문에[15] 그때에는 망루가 폐기된 것으로 보인다. 그러므로 죽곡리 산성에서 채집되는 토기 편들이 대개 6세기 전반대에 집중된다고 해서 축조 연대의 상한이 5세기대로 올라갈 가능성이 없는 것은 아니다. 설화리 산성에서도 5세기대로 올라가는 토기들과 6세기 전반대의 토기 편들이 채집된다. 이외 양안의 성이나 보루들의 축조 연대는 늦추어 잡더라도 6세기 전반대로 비정할 수 있다. 따라서 이 감시·방어시설들은 늦어도 5세기 후반에는 일부가 이미 축조되었고 그 후 대략 5세기 말~6세기 초에 걸쳐 여러 시설이 추가 축조되었던 것으로서 이때에 이르면 양안 세력의 대치가 본격화되었음을 시사한다고 볼 수 있을 것이다. 그렇다면 이는 문헌 기록으로 추정한 5세기 후반~6세기 초 양자의 우호적 관계와는 다소 상치되는 현상이다.

그러나 이즈음 양국의 정치적 발전을 참작한다면 문헌에 기록된 표면적 외교 관계의 이면으로 들어가 위 시설들이 지닌 의미를 약간 다른 각도에서 이해할 수도 있다. 즉 양자는 모순되는 현상이 아니라 어떤 측면에서는 당연한 현상이라는 것이다.

대부분의 연구자들이 가라(대가야)왕으로 추정하는 하지荷知가 479년 중국에 견사遣使한 사실은 그간 이루어진 대가야의 성장을 시사하거니와 고고학적으로도 그러한 성장, 발전의 모습은 탐지된다. 즉 고령 양식 토기의 확산 등으로 볼 때 대가야는 그 즈음에 가야 통합의 가장 중요한 구심 세력으로 등장하였음이 분명한 것이다.[16] 또 481년 고구려의 침입을 받은 신라를 도운 가야 세력의 주축이 대개 추정하듯이 대가야라고 해석한다면 이 또한 대가야의 강성을 방증한다.[17] 한편 신라도 최근의 문헌사 연구에 따르면 바로 이즈음에 지방관을 파견하기 시작하는 등 직접 지배의 길로 들어섬으로써 지방 지배에서 큰 진전을 이루었다.[18] 앞 장에서 보았듯이 고고학적으로는 지방 고총의 축조 쇠퇴 등이 이를 뒷받침한다. 이런 직접 지배

---

15) 大邱大學校博物館, 『達城 竹谷里古墳 發掘調査報告書』(2002).

16) 李熙濬, 「토기로 본 大伽耶의 圈域과 그 변천」, 『加耶史研究 ─ 대가야의 政治와 文化 ─』(慶尙北道, 1995), pp. 365~444.

17) 다만 이러한 해석은 479년 對中 遣使 기사를 토대로 한 것이어서 서로 맞물린 추정이기는 하다.

18) 朱甫暾, 「新羅의 村落構造와 그 變化」, 『國史館論叢』 35(1992), pp. 55~94.

의 실현은 예컨대 신라 국가가 지방의 인적, 물적 자원을 한층 손쉽게 동원할 수 있게 되었음을 뜻한다.

이와 같은 정황 속에서 신라와 가라 사이에 긴장 관계가 고조됨은 필연적이다. 앞에서 본 낙동강 양안의 방어 시설들은 일단 그러한 상황을 반영한 것이라고 해석된다. 하지만 현실의 국가간 관계에서 대치나 우호 일변도는 결코 없다. 그것은 현대의 민족국가간 관계에서조차 생생히 목도되는 바이다. 그러므로 문헌에서 보이는 신라와 대가야의 우호관계는 실은 점차 심화될 수밖에 없었던 양자 사이의 긴장 관계를 역설적으로 표출하고 있다고도 말할 수 있다. 한편 그러한 우호 분위기를 가라 쪽에서 주도적으로 조성한 것으로 기록된 점은 우연한 일은 아닌 것 같아 주목된다. 그에 대해서는 후술하기로 하겠다.

그러면 신라의 가야에 대한 정책은 이런 군사적 대치를 기조로 한 수동적 전략뿐이었으며, 또 대가야 일변도로만 전개된 것인가? 그것은 결코 아닐 터이다. 이미 낙동강 동안을 하나의 체제 속으로 통합한 상태에서 그를 바탕으로 어떤 방식으로든 다른 가야 세력으로도 영향력을 확대하거나 침투하려고 하였을 터이다. 합천 옥전 고분군의 토기와 위세품 일부에서 나타나는 신라적인 현상은 이런 맥락에서 이해된다.

옥전 고분군은 지금까지 황강 하류 일대에서 발굴된 유일한 고분군이라서 약간의 문제는 남지만 현재의 자료로 보아서는 가야 유력국의 하나였던 다라多羅의 중심 고분군으로 보아야 할 것이다. 이미 지적하였듯이 옥전 고분군이 위치한 일대는 황강이 낙동강에 합수되기 직전의 요충으로 황강을 통한 교통과 교역의 관문에 해당하는 지점이다.[19] 다라는 이와 같은 유리한 입지를 이용하여 진·변한 시기부터 성장을 거듭하였을 것이고, 그런 맥락에서 『일본서기』 신공기 49년조의 가라 7국 중에 그 이름이 거명된 것도 결코 우연은 아니라 하겠다. 앞 장에서 잠깐 언급하였지만 이 고분군에서는 창녕 양식 토기류와 신라식 위세품들이 약간 나타난다.

---

19) 李熙濬, 「토기로 본 大伽耶의 圈域과 그 변천」, 『加耶史研究 —대가야의 政治와 文化—』(慶尙北道, 1995), p. 399.

그에 대한 분석은 잠시 뒤로 미루기로 하거니와 왜 다라의 중심 고분군에서 그처럼 신라 및 창녕과 관계된 현상이 나타나는 것인가?

지리적으로 보아 옥전 지역과 깊은 관계를 가졌을 만한 지역을 들면 그 북쪽으로는 산지를 경계로 접한 대가야의 중심지 고령권이 있고 낙동강 방면으로는 창녕권이 있을 뿐이다. 그러므로 신라와 옥전 지역의 관계를 생각하는 데서는 당시 창녕 지역이 어떤 정치적 상황에 처했는지가 문제가 된다. 그런데 옥전 고분군에서 유독 창녕 양식 토기가 출토되는 점에 초점을 맞춘다면 혹시 창녕이 독자적으로 그와 같은 관계를 맺은 것이 아닌가 하는 해석을 할 수가 있다. 하지만 이제 창녕 양식 토기는 한때 오해하였듯이 양식적으로 '동안' 양식이라는 별개의 광역 토기 양식에 속하는 것이 아니라 신라 토기 양식 중의 한 지역 양식으로 보아야 함이 밝혀졌다.[20] 또 이미 말한 대로 낙동강은 대세적으로 보건대 오래 전부터 양안을 연결하면서도 갈라놓은 지리 요소인데다 이 시기의 토기 양식은 정치적 의미를 강하게 띤 것이다. 그러므로 창녕 지역이 독자 세력이었다는 설은 성립할 수 없다. 만약 창녕이 독자 세력이라면 왜 창녕 쪽에서 옥전 쪽으로의 일방적 영향만 나타나고 창녕 쪽에서는 옥전의 영향이 현저하지 않느냐 하는 의문에 답할 수가 없다. 이 점은 창녕이 독자 세력 혹은 중간 세력이 아니라는 반증이 되겠다.

창녕 지역은 실은 영남 각지의 세력 관계가 진·변한에서 신라·가야로 전환된 이후 한동안 낙동강 동안에 있으면서도 가야였던 곳이며 옥전 다라와 마찬가지로 앞에 든 『일본서기』 신공기 49년조에서 역시 가라 7국의 하나, 즉 비자발로 거명된 곳이다. 그리고 창녕은 옥전과 함께 낙동강 연안에 있으면서 실질적으로 서로 마주 보는 것이나 마찬가지여서 진·변한 시기와 신라·가야 초기에는 상호 긴밀한 관계를 맺고 있었을 것으로 추정된다. 창녕 지역은 고고학적으로 볼 때 4세기 후엽에 신라화된 것으로 판단되는데, 이러한 역사, 지리적 배경을 참작할 때 그 후에 신라 국가가 옥전 지역에 외교적으로 침투해 들어가려는 데서 창구 역할을 맡

---

20) 李盛周, 「洛東江東岸樣式土器에 대하여」, 『제2회 영남고고학회학술발표회 발표 및 토론요지』(1993), pp. 31∼78.

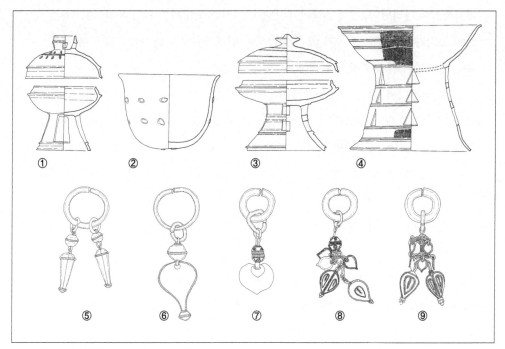

그림 Ⅵ-2 합천 옥전 고분군 출토 유물

게 된 것은 아주 자연스런 수순이라 하겠다.

　그런데 다라와 신라의 관계는 단순히 다라 지역의 신라적 요소들에만 초점을 맞추어서는 그에 관련된 역동적 측면이 잘 이해되지 않는다. 다라에는 시기적으로 신라적 요소의 유입과 앞서거니 뒤서거니 하면서 고령 대가야의 영향 또한 보이기 때문이다. 여기서 그를 상세히 분석할 수는 없고 대략 도식화해서 정형성을 말하면 다음과 같다.[21] 첫째, 창녕적 또는 신라적 현상은 대략 5세기대의 고분에서 현저하다. 둘째, 5세기 전반까지는 신라적(창녕적) 요소가 토기(그림 Ⅵ-2의 1)와 보유 위세품인 로만 글라스(同 2) 같은 것으로 나타나고 고령적 요소는 귀걸이(同 5) 같은 착장

---

21) 옥전 고분군 출토 유물의 단계별 변화와 특징에 대해서는 趙榮濟, 「玉田古墳의 編年研究」, 『嶺南考古學』 18(1996), pp. 41~73과 경상대학교박물관에서 발간한 다수의 옥전 고분군 보고서들을 참조. 단, 절대연대를 포함한 편년은 李熙濬, 「고령양식 토기 출토 고분의 편년」, 『嶺南考古學』 15(1994), pp. 89~113에 따른다.

위세품에서 나타난다. 셋째, 5세기 후반에 들어가면 창녕계 토기가 사라지고 그 대신에 고령양식 토기(同 3, 4)가 크게 증가하며 위세품에서는 대가야 양식의 위세품(同 6)과 더불어 신라식 착장 위세품(同 7)이 출토된다.

5세기 전반의 M1, M2 고분에서는 신라식 토기와 대가야식 귀걸이가 상징하듯이 신라와 가라가 옥전을 두고 상당히 경쟁적인 양상을 보이지만 5세기 3/4분기의 옥전 M3호를 기점으로 분명한 변화가 감지된다. 위에 말한 세 번째 양상으로 바뀐 것이다. 그러한 기조는 그 후로도 M4호와 M6호까지 이어진다. 다만 이렇게 해석하는 데서는 M4호와 M6호 출토 산치자형山梔子形 수식부 귀걸이(그림 Ⅵ-2의 8과 9)와 M6호 출토 산자형 금동관의 제작지가 문제시될 수 있다. 그것들을 모두 옥전 지역에서 제작한 것으로 보기도 하는데[22] 만약 그렇다면 이 시기의 고고학적 현상에서 신라의 영향은 별로 보이지 않는다고 할 수 있기 때문이다. 하지만 이 귀걸이들은 지름이 큰데다 극히 가는 주환主環이 특징인 대가야식 귀걸이(그림 Ⅵ-2의 5, 6을 7~9와 비교)와는 다르며 산자형 금동관도 옥전 지역에서 모방 제작할 이유가 충분하게 설명되지 않으므로 세부적 제작 기법만을 근거로 그렇게 볼 수는 없고 역시 신라 지역에서 제작되어 옥전 지역에 주어진 것으로 판단된다. 어떻든 5세기 후반까지는 이런 양상이다가 6세기에 들어가면서 완전히 대가야적인 현상만이 나타난다. 그래서 5세기 후반 이후로는 기본적으로 다라가 가라의 영향권하에 들어갔다고 말할 수 있다.

왜 신라적 현상들이 옥전 고분군에서 나타나는 것인가? 낙동강 양안의 고고학적 현상으로 볼 때 신라 측에서 다라의 수장층에 대해 거의 일방적으로 우호적인 접근 표시를 한 것으로만 보기는 어렵고 그와 함께 무엇인가 실질적 이득을 제시하면서 옥전 세력을 회유하려 들었다고 생각해야 할 것이다. 옥전 세력이 구체적으로 얻은 이득은 식량 등을 우선 생각할 수 있지만 고고학적으로 직접 확인할 수는 없다. 그 외에 정황적인 추정이지만 고구려 남정 이후로 점차 강화되었을 신라의 낙동강

---

22) 李漢祥, 「裝身具를 통해 본 大加耶聯盟—耳飾의 분석을 중심으로—」, 『대가야의 정치와 문화적 특성』 (제1회 대가야사 학술세미나, 1999), pp. 71~90.

유로 교통 통제를 완화한다든지 하는 실질적 이득을 옥전 세력에 보장하는 것이었을지도 모르겠다. 사실 낙동강로가 통제되면 다라가 황강의 관문 세력으로서 갖는 이점은 크게 감소된다. 그래서 다라는 5세기 전반 동안에 신라와 가라 사이에서 일종의 등거리 외교를 펴는 가운데 일정하게 신라 쪽으로 기울기도 하였지만 고령 세력이 5세기 중엽경에 황강 중류 쪽에 본격 진출하면서 압박을 가해오자[23] 결국 가라 쪽으로 쏠리게 되었던 것으로 보인다. 5세기 3/4분기의 M3호분에서 주인공 사망 시의 상황을 반영한다고 할 수 있는 토기 등에서는 대가야 쪽으로 기운 모습이지만 주인공이 착장한 귀걸이(그림 VI-2의 7)는 신라식이라서 그의 생전에는 오히려 신라 쪽으로 다소 경도되어 있었음을 시사한다. 결국 옥전 고분에서의 양상을 보건대 대략 5세기 중반까지는 신라의 다라 접근이 일정한 성과를 거두고 있었으나 5세기 중엽경 고령 세력의 본격적 개입과 함께 상황이 반전되었음을 읽을 수 있다 하겠다. 하지만 옥전이 가라의 영향권 안에 든 뒤에도 M4호나 M6호에서 보이듯이 신라는 끈질기게 접근하는 모습을 보인다.

이상의 옥전과는 대조적으로 신라가 직접 군사 행동으로 서안 침투를 시도하고, 그것이 어느 정도 성공을 거두었음을 보여주는 곳도 있으니, 바로 낙동강 하구 서안 금관가야의 고지 김해 지역이다. 이미 상세히 논한 바 있기 때문에[24] 여기서는 논증을 생략하지만 신라는 4세기 말 이래 낙동강 하구 지역으로의 진출을 강력히 추진하였으며 그 결과로 5세기 초 이후 예안리와 가달 같은 전략 요충지를 교두보로 확보하였다. 이는 물론 신라가 그 대안의 양산과 부산 지역을 일찍부터 장악하고 지배를 강화했던 결과이다. 이런 서안 교두보 확보의 의의는 실로 크다. 그로써 신라 국가는 낙동강에서 남해로 나가거나 거꾸로 남해에서 낙동강을 거슬러 올라가는 교통을 하구의 양안에서 강력 통제하게 된 것이다.

교두보 확보 이후 대략 5세기 동안에는 신라가 주로 古 김해만金海灣 일대를 군사적, 외교적으로 공략하여 자신의 영향 아래 두었지 않나 싶다. 그리하여 금관가

---

23) 이에 대해서는 李熙濬, 「토기로 본 大伽耶의 圈域과 그 변천」, 『加耶史硏究 ─대가야의 政治와 文化─』 (慶尙北道, 1995), p. 422를 참조.
24) 李熙濬, 「김해 禮安里 유적과 新羅의 낙동강 西岸 진출」, 『韓國考古學報』 39(1998), pp. 125~153.

야는 영역이 김해시 북쪽의 낙동강에 면한 구舊 김해군 지역[25]과 그 서쪽의 다호리 유적을 포함한 구舊 창원군 일대로 좁아졌을 것이고 그 결과로 금관가야 잔존 세력의 낙동강 하구 및 남해로의 출입은 어떤 의미에서든 신라의 일정한 통제를 받았던 것으로 여겨진다. 그 후 6세기 초에 이른바 '사촌초략四村抄掠' 기사[26]로 대표되는 신라의 군사적 침공을 겪거나 하면서 금관가야는 532년 내항에 이르는 것으로 판단된다.

신라의 김해 지역에 대한 이런 식의 직접 군사적 진출은 다른 가야 지역에 대해서도 시도되었을 것으로 생각된다. 대개 6세기 전엽의 사실을 말하는 것이겠지만 탁기탄에 대한 신라의 침공이 잦았다는 『일본서기』 기사[27]는 그를 단적으로 말해준다. 그러나 다음 절에서 논하듯이 520년대까지는 직접적인 무력 사용에 의한 복속보다 되도록이면 군사력을 배경으로 한 외교적 압박으로 자진 내항을 받아내려는 전략이 기본을 이루었다고 보인다.

신라의 각개격파식 가야 접근 전략을 시사하는 또 한 예는 고성 지역에서 나타나는 신라적 요소를 들 수 있다. 고성 내산리 고분군에서 나온 영락부 유대장경호 (瓔珞附 有臺長頸壺)로 보건대[28] 신라는 비교적 일찍부터 남해안 항로를 통해 그 일대에 접근하려 했던 것 같고 이는 위에서 말한 낙동강 하구 양안 장악을 바탕으로 한 것으로 추정된다. 또 고성 율대리 1호분에서 대가야적 요소와 함께 신라적 요소가 나타나서 두 세력이 각축을 벌였음을 반영하는 듯한 양상에 대해 이전에는 남강을 통한 신라의 접근이라고 본 바 있으나[29] 이 또한 김해로부터 남해안 해로를 통하였을 가능성이 더 크다고 생각된다.

이상이 대략 6세기 초까지의 고고학적 정황을 바탕으로 신라의 가야 진출 전략과 그 실제 양상을 본 것인데, 520년대에 들어 가라왕은 신라에 혼인을 요청함으

---

25) 여기서 '舊'라는 표현은 시군 통합 이전의 행정 단위를 가리키기 위해 쓴 것이다. 이하 동일하게 쓰기로 한다.

26) 『일본서기』 계체기 23년조.

27) 『일본서기』 흠명기 2년조.

28) 國立昌原文化財硏究所, 『固城內山里古墳群 I』(2002).

29) 李熙濬, 「토기로 본 大伽耶의 圈域과 그 변천」, 『加耶史硏究 ─대가야의 政治와 文化─』(慶尙北道, 1995), p. 440.

로써 양국 관계는 한층 우호적인 국면으로 진입하는 듯한 모습을 보인다. 이른바이 '결혼동맹'은 흔히 기문己汶 · 대사帶沙 사건으로 빚어진 백제와의 대립이 원인이었다고 이해하였다. 예컨대 백제가 왜와의 우호 관계를 바탕으로 가야 지역으로 진출한 것이 그 배경이었고 가라는 백제 · 왜 세력에 맞서 '친신라'로 대외 정책의 기조를 바꾸었다고 보았다.[30] 좀더 구체적으로는 가라가 510년대의 다사진多沙津 영유권 분쟁에서는 백제에게 이기고 하동을 지켜냈으나 대왜무역對倭貿易 경쟁에서는 백제에게 패배함으로써 그 이후로 왜가 가야를 제쳐두고 백제와 빈번한 교역을 벌였고, 그래서 국제적으로 고립된 대가야는 이에 대항하여 결혼동맹을 맺었다는 해석을 하기도 한다.[31]

하지만 가라가 단순히 백제와의 관계 악화 때문에 결혼동맹으로써 친신라로 선회하였다고만 보기는 어렵다. 앞에서 보았듯이 가라와 신라의 관계는 그 전부터 이미 표면적으로라도 우호적이었기 때문이다. 외교 관계를 전략적 차원에서만 보면 그런 국제 역학 구도의 변화로 이해할 수도 있다. 하지만 이런 설명은 다소 피상적이랄까 추상적이며 구체성이 결여되어 있다. 외교 정책의 전환은 당시에도 지금과 다를 바 없이 어디까지나 구체적 이해타산을 전제로 하였을 것이므로 기문 · 대사를 둘러싸고 대가야와 백제 사이에 벌어진 일련의 갈등이 내포한 구체적 의미를 생각해볼 필요가 있겠다. 즉 정책 전환의 계기가 된 기문 · 대사 지역의 상실 또는 그에 대한 영향력 약화가 가라에게 실제적으로 어떤 결과를 낳았는지를 고려해야 할 것이다. 다음으로 그와 관련하여 결혼동맹으로써 무엇을 얻으려 하였는지를 생각해 볼 일이다. 나아가 신라는 결혼동맹에 응함으로써 가라에게서 무엇을 얻어내려 했을지도 추정해 보아야 한다. 그래야만 이 결혼동맹이라는 중요한 외교적 사건의 실체에 좀더 가까이 접근할 수 있을 것이다.

기문 · 대사가 가라에게 어떤 의미를 지녔기에 그와 신라와의 사이에 백제 성왕이 말한 외교적 '결당結儻'[32]이 이루어졌을까? 이와 관련해서는 우선 당시 가라,

---

30) 李文基, 「大伽耶의 對外關係」, 『加耶史研究 —대가야의 政治와 文化—』(慶尙北道, 1995), pp. 230~231.
31) 金泰植, 앞의 책, p. 136.

즉 대가야의 영역 또는 권역이 주로 고령에서부터 황강 중·상류역과 남강 상류역 일대에 걸쳐 있었음[33]을 주목해야 한다. 이러한 가라가 외부 세계로 통할 수 있는 주요한 길은 고령으로부터 바로 낙동강 중·하류역을 통해 남해로 나가는 길, 고령 →황강 상류→남강 상류→섬진강→남해로 나가는 길, 남강 상류에서 금강 상류를 거쳐 백제로 나아가는 길, 황강 상류에서 다시 남강 하류까지 가서 낙동강을 내려가는 길 그리고 남강 중류에서 바로 남해로 나가는 길을 상정할 수 있다.[34] 이 중에서 고고학적 정황으로 보아 6세기 초까지는 고령에서 하동으로 통하는 대략 반원상半圓狀의 교통로가 가장 근간을 이루었던 것 같다.[35] 특히 당시 가라의 대왜 교역이 활발하였던 것으로 상정되는 만큼[36] 남해로 나가는 이 길은 대단히 비중이 컸을 것이다. 그러므로 6세기 초에 백제가 남원 일대로 비정되는 기문을 차지하고 다시 하동으로 비정되는 대사까지 진출하였다는 사실은 대가야로서는 커다란 압박이었다. 백제가 가라의 주요 대외교통로 한쪽에 직접 개입할 수 있게 됨으로써 이제 가라가 백제의 간섭을 받지 않고서는 남해안으로 쉽게 나갈 수가 없게 된 것이다. 그러자 대가야는 신라 쪽으로 손을 내밀어 결혼동맹을 맺으면서 모종의 대가를 약속하고 그 대신에 낙동강로의 이용 보장을 요청하였을 것으로 보인다. 즉 가라로서는 결혼동맹의 주된 목적이 대외 교통로의 다원화에 있었던 것이다.

이렇게 보면 가라가 481년 신라를 지원하고 496년에는 백치를 보냈다는 『삼국사기』 기사도 동일한 맥락에서 이해할 수 있을 듯하다. 양국간의 전반적 우호 분위기 조성을 위한 노력의 일환이었다고 치부해버릴 수도 있으나 당시의 국제 상황을

---

32) 『일본서기』 계체기 23년 3월조.

33) 李熙濬, 「토기로 본 大伽耶의 圈域과 그 변천」, 『加耶史研究―대가야의 政治와 文化―』(慶尙北道, 1995), p. 365~444.

34) 또 다른 길로는 남강 상류에서 영산강 유역으로 나가는 길을 들 수 있다.

35) 박천수, 「日本 속의 伽倻文化」, 『加耶史의 새로운 이해』(경상북도 개도 100주년 기념 가야 문화 학술대회, 1996), p. 68. 田中俊明, 『大加耶連盟の興亡と「任那」』(吉川弘文館, 1992), p. 77에서도 세부적으로는 약간 차이가 있지만 이를 대략 荷知의 遣使路로 보았다. 다만 郭長根, 『湖南 東部地域 石槨墓 研究』(書景文化社, 1999), p. 72에서는 하동에서 남원에 이르는 섬진강로가 일찍부터 백제의 교통로였다고 보았다.

36) 박천수, 위의 논문.

고려하면 역시 백제와 관련이 있을 것으로 여겨진다. 475년 고구려의 공격으로 수도를 함락당한 백제가 웅진으로 천도하면서 자연히 노령산맥 이남 지역에 대한 압박이 점점 강화될 기미를 보이자 가라는 낙동강로를 좀더 원활히 이용하고자 신라에 우호의 손짓을 보낸 것은 아닐까 하는 해석이다. 논자의 연대관에 따라 다소 차이가 있지만 대략 5세기 후엽에서 6세기 전엽에 걸치는 시기의 김해 예안리 고분군,[37] 창원 다호리 B1호분,[38] 창원 반계동 고분군[39] 등 낙동강 하류역 고분들에서 대가야계 토기들이 출토되는 것은 아무래도 이러한 사정과 관계가 깊은 현상으로 볼 수 있을 것이다. 그러다가 기문·대사 사건이 일어나면서 반원상 교통로의 서쪽에서 한층 큰 압박을 받게 된 가라는 그 교통로의 대안인 낙동강로 쪽에서 좀더 확실한 보장을 얻고자 결혼동맹을 요청하였으리라 생각되는 것이다.

물론 교역·교통로가 외교 정책의 전부를 설명해주지는 않는다. 그러나 가라가 자리잡은 곳이 내륙이라는 지리적 특성을 고려한다면 중요 부분을 실제적으로 설명할 수도 있다고 본다. 사실 이 시점, 즉 6세기 1/4분기를 전후해 고령이 남강 방면으로 본격 진출하는 것[40]도 결코 우연은 아니라고 생각된다. 그에는 물론 가라의 성장에 따른 자연스런 팽창이라고 볼 수 있는 측면이 없는 것은 아니다. 그러나 그러한 팽창이 불러올 다른 가야 세력의 반발에도 불구하고 지속적으로 진출을 꾀하였다는 것은 그만큼 가라로서는 대외 교통의 사정이 어려워지고 있었음을 반증한다고 생각된다. 그에는 최소한 대외 교통로를 다변화하고자 하는 의도가 포함되어 있었을 것이다.

한편 결혼동맹의 결성 이유를 일방적으로 가야 쪽의 필요에 의한 것으로만 보기는 곤란하다. 외교 관계는 어디까지나 쌍방적이므로 신라로서는 결혼동맹으로써 무언가 대가를 얻으려 했을 것이다. 그러면 신라는 어떤 대가를 요구하였을까? 여

---

37) 釜山大學校博物館, 『金海禮安里古墳群』 I(1985).

38) 임학종, 「昌原 茶戶里遺蹟 發掘調査」, 『3~5세기 금강유역의 고고학』(제22회 한국고고학전국대회, 1998), pp. 195~214.

39) 崔憲燮, 「昌原盤溪洞 聚落遺蹟 調査豫報」, 『제8회 영남매장문화재연구원 조사연구발표회』(1998), pp. 65~97.

40) 박천수, 「器臺를 통하여 본 加耶勢力의 動向」, 『가야의 그릇받침』(국립김해박물관, 1999), p. 102.

러 가지가 있을 수 있지만 혹시 그 한 가지로 대가야가 아직 자신의 권역으로 포괄하지 못한 다른 가야국에 대해 신라가 외교적, 군사적으로 접근하더라도 어느 정도 선에서 묵인하도록 요구했던 것이 아닌가 싶다. 이는 결혼동맹의 파탄을 전후해서 신라의 가야 '남부' 제국 본격 진출이 이루어지는 점[41]을 볼 때 개연성이 전혀 없지는 않다. 앞에서 논하였듯이 김해 지역에 대해서는 그동안 꾸준한 진출 시도가 있었던 만큼 결혼동맹 파탄 직후에 금관가야가 복속되는 것이 그와 직접 관계가 없을 수도 있다. 하지만 탁순과 탁기탄의 복속은 갑작스럽고 다소 의외이기 때문에 그 전후에 벌어진 일련의 사건들을 인과관계 속에서 이해하고자 할 때 결혼동맹이 선상에 떠오르는 것이다.[42]

특히 결혼동맹이 결렬되는 과정에서 그러한 관련성을 읽을 수 있다. 결혼동맹을 맺을 때 신라에서 왕녀王女에 딸려온 종자 100인을 가야 '제현諸縣'에 분치分置하였으며, 그들이 변복變服한 데 강력하게 반발한 아리사등阿利斯等이 송환을 요구하니 가라왕은 마지못해 그들을 돌려보냄으로써 결혼동맹은 결렬되었다. 그런데, 아리사등을 대가야권에 속하지 않은 가야의 다른 세력이라 보거나[43] 특히 탁순왕이라 보아서[44] 주목된다. 지금까지 대부분의 논자가 '변복' 자체에만 초점을 맞추어 결혼동맹 결렬 문제를 논하였지만 송환 이유로 내세운 '변복'은 기실 표면적 이유라 할 것이고 진정한 원인은 다른 데 있을 것이다. 그 반발은 아마도 결혼동맹을 맺은 이후 일어난 신라의 행동 변화를 접하고 가라와 신라 사이에 일종의 밀약이 있었던 것이 아닌가 하는 의구심[45]이 현실화한 데 대한 반발이었으리라 본다. 여기서

---

41) 탁기탄 · 남가라 · 탁순의 멸망, 결혼동맹의 파탄 등 이즈음에 일어난 각 사건의 연대에 대해서는 의견이 분분하나 여기서는 결혼동맹 파탄 연대를 그것이 기록된 『일본서기』 계체기 23년(529년)에 가까운 시점으로 보고 논의한다.

42) 金泰植, 앞의 책, p. 196에서는 대가야왕이 결혼동맹 파탄 책임을 탁순왕에게 전가함으로써 신라의 탁순 공격 구실을 제공하였다고 하여 어떻든 양자를 관련시켰다.

43) 白承忠, 「加羅 · 新羅 '결혼동맹'의 결렬과 그 추이」, 『釜大史學』 20(1996), pp. 3~12.

44) 金泰植, 앞의 책, p. 194.

45) 위의 책, p. 196에서는 종자 100인을 가야연맹 소속국에 나누어 배치한 것과 관련하여 가야연맹 소속국들은 대가야 왕이 신라 측에게 굴종적 '밀약'을 맺지 않았는가 하는 의심을 품었던 것이라고만 언급하였다.

말하는 행동 변화에는 물론 신라가 가야 세력에 대해 벌인 외교적 공세와 군사적 공격이 포함된다. 이런 맥락에서 볼 때 결혼동맹 파탄이 연대적으로 탁기탄 복속과 거의 일치하는 점은 중요하다. 결렬 전에 탁기탄이 복속되었는지 아니면 그 직후인지는 정확히 알 수 없으나 전자라면 인접한 탁순을 포함한 다른 세력이 당연히 강력 반발할 만한 사건이라 하지 않을 수 없다. 설사 후자라 하더라도 탁기탄이 매년 신라의 공격을 받았다는 기사[46]에서 알 수 있듯이 아마도 결혼동맹 기간 중에 그런 공격이 벌어졌을 것이라서 역시 반발을 살 만하다고 하겠다. 이는 결국 신라가 결혼동맹에 응함으로써 가라로부터 얻어낸 대가가 위에 말한 군사적, 외교적 진출의 묵인이었을 개연성이 아주 크다는 것을 말해준다.

이상과 같이 신라는 520년대까지 각개격파 전략하에 낙동강 대안의 가야 세력에 다방면으로 침투하려고 줄기차게 노력하였으며, 낙동강 하류역의 금관가야 같은 곳으로는 일찍이 그곳 일부 지점에 교두보를 확보한 터라 군사적 압박을 계속하였을 것이나 전체적으로는 외교적 공세에 더 비중을 둔 서진 전략을 구사하였다고 보인다. 즉 가야는 단일 정치체가 아니었기에 신라는 강력한 가라를 주축으로 한 관계 속에서 세력별로 대응하면서 각개격파를 노렸다고 할 수 있겠다. 그것이 마침내 성과를 거둔 것이 바로 530년을 전후한 탁기탄, 남가라, 탁순의 병합이었다.

2. 530년대 낙동강 중·하류 가야 3국의 복속

1) 탁순, 탁기탄의 위치

금관가야의 복속 연대에 대해서는 이설異說이 없지는 않으나 532년으로 봄이 일반적이다. 탁기탄과 탁순의 복속 연대에 대해서도 이견이 분분하지만 대개 금관가야 멸망을 전후하여 복속된 것으로 본다. 이 3국을 일괄해서 '가야 남부 제국'이라 부

---

46) 『일본서기』 흠명기 2년 4월조.

르기도 하는데,[47] 이는 금관가야, 탁기탄, 탁순을 각기 김해, 낙동강 동안의 영산·밀양 일대, 창원에 비정하는 경우 3국이 모두 낙동강 하류역에 위치했던 셈이기 때문이다.[48]

금관가야의 중심이 지금의 김해시에 있었다는 것은 의심의 여지가 없다. 그러나 탁순과 탁기탄의 위치에 대해서는 오래 전부터 여러 설이 있지만 아직 정설은 없다. 그래서 탁순과 탁기탄의 위치가 앞에 든 곳이 아닌 다른 곳일 경우 '가야 남부 제국'이라는 호칭은 재고되지 않으면 안 된다. 제2장에서 이미 논했듯이 탁기탄이 낙동강 동안에 있었을 수는 없으므로 그를 어디에 비정해야 할지는 일단 제쳐 놓더라도 위와 달리 탁순을 창원에 비정하지 않고 대구에 비정한다거나[49] 아니면 탁순과 탁기탄이 필자가 비정한 것처럼 낙동강 중류역 서안의 최하단인 의령군 남부와 북부 일대에 각각 있었다면[50] 이들은 가야의 남부라기보다는 차라리 '중동부'라 하는 것이 적절할 것이기 때문이다.

이는 단순한 지역 호칭의 차이에 그치지 않는다. 지역이 다른 만큼 신라가 이 가야국들을 병합한 의미 또한 아주 달라지기 때문이다. 만약 탁순과 탁기탄이 '남부 제국'이었다면 그 병합 이후에도 신라의 서진西進은 아라가야라는 강력한 세력에 가로막혀 대개 가야 멸망 시까지 거의 이루어지지 않았던 것으로 추정되는 반면, '중동부 제국'이라면 이제 신라는 가야의 '옆구리'로 한걸음 밀고 들어간 결과가 되어 그 후 서진하는 데 전자의 경우보다 군사, 외교적으로 한층 유리한 고지를 점령한 셈이 되는 것이다.

이렇듯 탁순과 탁기탄의 위치 문제는 530년대 이후 가야사를 이해하는 데 지극히 중요한 의미를 지니고 있으며, 자연히 여기서 논의 대상으로 삼은 신라의 가야 진출사에서도 아주 큰 비중을 차지한다. 그래서 이 장에서는 이 문제를 좀 자세

---

47) 金泰植, 앞의 책, p. 173.

48) 위의 책, pp. 167~220.

49) 白承玉, 「'卓淳'의 位置와 性格—《日本書紀》 관계기사 검토를 중심으로—」, 『釜大史學』 19(1995), pp. 83~117.

50) 李熙濬, 「토기로 본 大伽耶의 圈域과 그 변천」, 『加耶史研究—대가야의 政治와 文化—』(慶尙北道, 1995), pp. 433~440.

히 살피기로 한다. 한편으로 이는 필자의 의령설에 대한 비판이 그간 제기되어서[51] 약간의 검토가 필요하기 때문이기도 하다. 다만 의령설의 근거에 대해 재차 논하는 것은 생략하거니와 반론에 대해서도 꼭 필요한 사항 이외에 논자별로 답하는 것은 그만두고, 차라리 필자가 왜 다른 이와 달리 이제까지 전혀 주목하지 않았던 의령에다 두 나라를 비정하였는지에 초점을 맞추어 새로운 문제 인식이 무엇에서 비롯되었는지 그 배경을 좀 강조해두고자 한다. 더불어 기왕에 문헌 기록을 지리와 관련지어 분명하게 파악하지 못했던 점이 있다고 판단되므로 그에 대해서도 보완적 의미에서 언급하려 한다.

앞에서 말한 낙동강의 분할성이나 여타 정황을 참작하건대 탁순과 탁기탄이 낙동강 중·하류역의 연안에 위치하였음은 확실하다. 이 가야국들의 위치를 고고학적 자료만으로 적극적으로 비정하기는 사실상 어렵지만 음사 등을 주된 근거로 한 비정에 대해 논박하는 것은 가능할 것이다. 음사에 의한 위치 비정도 기본적으로는 하나의 가설이므로 그 검정에 고고학적 현상이 중요 기준이 될 수 있다는 말이다. 지명의 음사에 의한 위치 비정은 역사적, 지리적 배경이나 맥락 속에서 비로소 의미를 가지는 것이지 단독으로는 위험하기 짝이 없다. 지명 고증이 개연성을 인정받으려면 고고학 자료 등의 대세적 흐름이나 강력한 정황을 배경으로 하지 않으면 안 된다. 다시 강조하거니와 고고학적 정황을 도외시하거나 지리, 지형적 사정을 전혀 고려하지 않은 음사에 의한 비정은 도로徒勞에 지나지 않는다.

이제 가야 토기 분포권은 가야 권역을, 신라 토기 분포권은 신라 영역을 실제로 나타낸다고 보아도 좋을 정도로 충분한 논증이 이루어졌으므로, 어떤 가야국의 소재지로 비정한 지역에서 신라 토기만이 나온다든지 하면 그 비정은 근거를 잃게 되었다. 그렇게 보면 탁기탄이 낙동강 동안의 창녕 영산·밀양 일대에 있었을 가능성은 극히 희박하다. 이미 논한 바와 같이 영산은 신라의 한 지방인 창녕 지역의 권역 안에 포함되거니와 지리적으로 보아 밀양과 한 권역으로 설정할 수도 없다. 밀

---

51) 田炯權, 「4~6세기 昌原지역의 歷史的 實體」, 『昌原史學』 4(1998), pp. 8~10에서 본격 거론하고 이외에도 白承忠, 앞의 논문, pp. 21~22와 白承玉, 「卓淳'의 位置와 性格─《日本書紀》 관계기사 검토를 중심으로─」, 『釜大史學』 19(1995), pp. 83~117에서 부분적으로 비판을 하였다.

양의 고분군에 대해서는 지표조사 결과 등[52)에 의하면 그 남단의 낙동강에 면한 고분군에서 초기 단계의 신라 토기 고배와 장경호 등이 출토되고[53) 채집된 토기들도 신라 토기가 주류를 이룬다. 또 근년에 실시된 신안유적 발굴조사 결과 본고의 신라 토기 Ib기 말로 거슬러 올라가는 단계부터 경주 토기 양식의 영향이 아주 강한 신라 토기들이 지속적으로 출토되므로[54) 밀양 지역은 일찍이 신라화되었다고 볼 수밖에 없다. 그러므로 탁기탄은 결코 영산·밀양에 비정될 수 없다.

이리되면 탁기탄은 낙동강 동안에 달리 비정할 곳이 없으므로 당연히 서안에 있었던 것으로 보아야 하는데, 탁순이 창원에 비정된 이상 낙동강 하류역에는 있을 곳이 없다. 그리고 탁순과 탁기탄이 인접하였을 것이라는 전제로 출발한 탁순=창원설도 자연히 힘을 잃게 되는 셈이다. 사실 탁순=창원설은 관련 기사의 지명 고증에서 그와 달리 비정할 마땅한 곳이 없어서 동조를 얻어내는 측면이 없지 않다. 그런 고증의 맹점에 대해서는 이미 언급한 바 있으므로 여기서는 재차 거론하지 않지만, 탁순이 창원에 있었다면 탁기탄은 하류역에 비정할 곳이 없다는 점은 탁순=창원설의 가장 큰 문제가 됨은 명백하다. 사실 의령 일대를 빼고는 탁기탄을 달리 비정할 곳이 없는 것이다.

앞에서 논한 대로 고총이 신라·가야 고분의 변천 과정에서 지닌 의미를 고려한다면 고총군의 존부는 당시에 한 지역의 정치사회적 성장을 가늠하는 필요조건으로 설정할 수가 있다.[55) 그래서 고총군이 없는 지역은 가야 당시에 주요 세력들의 중심지, 이를테면 탁순의 후보지가 될 수 없다. 이에 대해 금관가야의 고지인 김해에 고총군이 없는 점을 반증으로 삼아 고총의 의미를 애써 축소하려고 하지만[56) 그것은 김해의 상황을 잘못 이해한 탓이다. 앞에서 본 대로 김해는 4세기 말~5세기 초 이래로 신라의 강한 압박을 받아 사회적 성장이 크게 둔화된 지역이다. 그러

---

52) 慶星大學校博物館, 『伽倻文化圈遺蹟精密調査報告書(密陽市·郡)』(1989)와 李雲成, 「密陽 佳山池畔 出土 遺物」, 『考古美術』 제8권 제9호(1967).

53) 慶星大學校博物館, 위의 책, p. 101 도판 14의 7~8.

54) 慶南發展研究院 歷史文化센터, 『密陽 新安遺蹟 Ⅰ—밀양-상동간 철로 전철화 사업구간 내—』(2006).

55) 여기서의 고총은 주로 5세기대의 수혈식 석곽을 내부 주체로 하는 중대형 고분을 지칭함은 물론이다.

56) 田炯權, 앞의 논문, p. 9.

므로 김해에 뚜렷한 고총군이 없는 점이 고총의 의미를 전반적으로 평가 절하하는 데 근거가 될 수는 없으며, 오히려 역으로 고총군이 사회 발전 정도를 재는 좋은 지표라는 점을 뒷받침하는 예가 될 수 있다. 또 의령읍 일대에도 고총군이 없으므로 역시 문제가 된다고 하였지만[57] 그것은 과문寡聞한 탓이고 발굴을 거치지 않아 단언할 수 없으나 의령읍 중리에는 중대형 고총군이 분포하고 있다.[58]

  필자는 탁순의 위치 비정에 간접적으로 관련된 『일본서기』 흠명기 5년 11월조의 '대강수大江水'를 남강으로 보았는데, 그러한 해석은 무심코 낙동강으로만 생각하지 말고 한번 발상을 전환해 보면 어떤가 하는 데서 비롯되었다. 그리하여 인공 제방으로 강폭이 좁아진 상태의 지금과는 무척 달랐을 당시의 남강에 생각이 미친 것이다. 사실 '대강수'가 낙동강과 남강 중 어느 쪽이라고 증명할 길은 없기에 정황적으로 추론하는 수밖에 없는데, 그에서는 『일본서기』의 '경종耕種' 관련 기사를 들어 낙동강으로 보는 경우 관련 기사의 이해에 비합리적 측면이 생겨남도 지적하였다. 그리고 비정이 불확실한 지금 낙동강 아니면 남강이라는 식으로 양자택일적으로만 볼 필요도 없다. 사실 백제 성왕은 그 시점의 신라와 안라 사이에 있는 강 부위를 구체적으로 '대강수'라 언급한 것이지 낙동강이나 남강이라 하면 우리 머릿속에 떠오르듯이 상류부터 하류까지의 강 전체를 가리킨 것은 아니다. 그에 이어지는 '요해지지要害之地'라는 말이 그 점을 뒷받침한다. 그런데 함안과 의령 일대의 남강 하류역은 강폭 자체가 아주 넓은데다가 낙동강 본류와 합쳐지는 곳이라서 그 일대 전체가 아주 넓은 수역을 이루었을 것이고, 그래서 양자가 명확히 구분이 안 될 정도였을 것으로 추정되기 때문에 둘을 반드시 대립적으로 나누어 보아야만 하는 것은 아니다. 〈그림 VI-3〉은 정확하지는 않지만 대략의 비고를 기준으로 일대의 산지와 평지를 나타내 보인 것인데 여기서 당시의 해수면 높이가 지금보다 약간 높았던 사실을 고려하면 남강 하류는 수역이 대단히 넓었을 것임을 짐작할 수 있다.[59]

  의령 지역은 신라의 힘이 압도적 우위에 있을 때만 전략 요충으로서의 의의가

57) 白承忠, 앞의 논문, pp. 21~22, 註)64.
58) 朴升圭, 『宜寧의 先史 伽耶遺蹟』(宜寧文化院 · 慶尙大學校博物館, 1994), pp. 68~74.

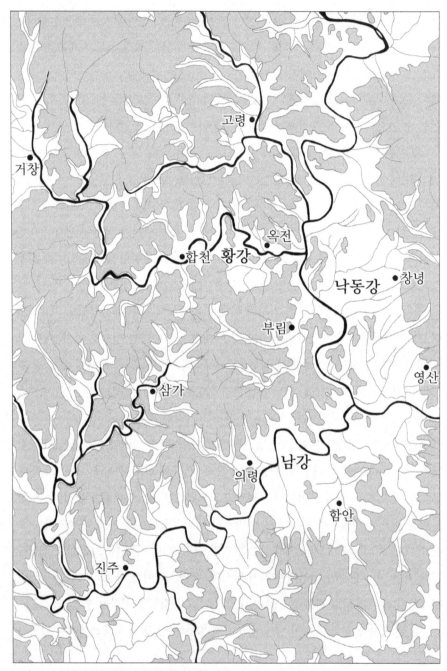

그림 VI-3 낙동강 중류역과 남강 하류역의 지형 개략도

클 뿐 그 반대일 경우는 오히려 양측으로부터 협공당할 소지가 있어서 가치가 떨어진다는 해석을 근거로 탁순=의령설을 간접적으로 비판하기도 하는데[60] 바로 그 점이야말로 필자가 탁순을 의령에 비정하면서 염두에 둔 점이었다. 『일본서기』계체기 23년 4월조의 '사촌초략四村抄掠' 기사나 계체기 23년 3월조의 '3城 및 北境 5城' 기사 등으로만 보아도 530년 전후면 신라의 군사력은 이미 압도적 우위의 수준에 도달하였다고 보이는 만큼 만약 신라가 의령 지역을 차지한다면 이는 전략 요충으로서 의의가 크다는 반론 전제가 그대로 들어맞는 것이다. 또 당시 가야 전체의 통합력은 신라의 그것에 비할 바가 아니었으므로 실제로 서안의 가야 일국과 전쟁을 벌인다는 견지에서 볼 때 신라의 군사력은 압도적 우위에 있었을 것이고, 또 일단 복속한 후에는 후술하듯이 재지 세력의 협조를 얻어 다른 가야 세력의 합동 공격에 대항할 수 있었을 것이다. 재지 세력이 원치 않는 이상 가야 연합 세력의 군사 행동도 무의미한 것이므로 그 점을 반드시 고려해야 한다. 이로 보면 의령 지역의 전략적 가치는 신라에 의해 충분히 발휘될 상황에 있었다고 하겠다.

　낙동강 중·하류역의 지형을 고려할 때도 기왕의 위치 비정에서 몇 가지 문제점이 드러난다. 지금의 김해시에서 서쪽으로 함안에 이르는 낙동강 하류역의 지형을 보면 몇 개의 단위 지역으로 구분이 된다(그림 VI-4). 우선 고古 김해만金海灣이었던 김해시 중심부가 한 단위(그림 VI-4의 A)가 되고, 그 북쪽 낙동강 유역의 구 김해군과 구 창원군 북면·대산면·동면이 다시 한 단위(同 B)를 이룬다. 전자의 서쪽, 후자의 남쪽에 산지를 사이에 두고 위치한 창원분지와 마산시 일대도 한 단위(同 C)를 이룬다. 그 서북에 해당하면서 앞에 말한 낙동강 연안의 구 창원군과는 남북으로 달리는 아주 높은 산지로 구분되는 현 함안군 칠원면과 칠북면(同 D)은 낙동강을

---

59) 한편 성왕이 언급한 이 '대강수'는 그것이 낙동강이든 남강이든 한 가지 중요한 사실을 우리에게 일러주니, 너무도 당연한 일이지만 늦어도 이 시점(544년)에는 함안의 낙동강 대안 지역이 신라 영역이었다는 점이다. 그러므로 창녕에 하주가 설치되는 시점(555년)에 비로소 그 지역이 신라화되었다는 해석(白承玉, 「比斯伐加耶의 形成과 國家的 性格」, 『韓國文化研究』 7(釜山大學校 韓國民族文化研究所, 1995), p. 3)은 이 기사만으로도 부정된다.

60) 白承玉, 「卓淳」의 位置와 性格 ―《日本書紀》 관계기사 검토를 중심으로―」, 『釜大史學』 19(1995), p. 91.

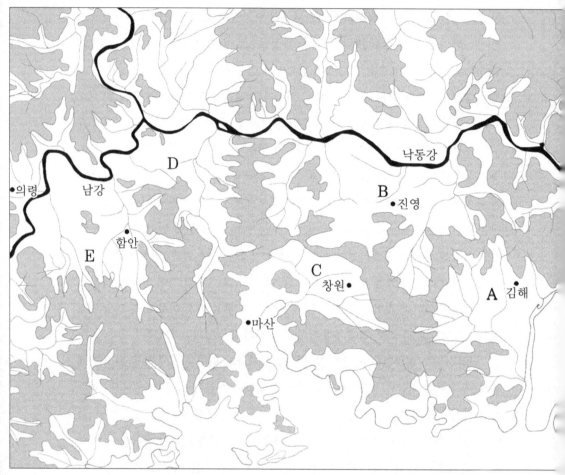

그림 Ⅵ-4 낙동강 하류역의 지형 개략도

향해 좁고 길게 자리잡고 있는데 그 서쪽의 함안 중심부(同 E)와 좀 낮은 산지로 구분이 되지만 구 창원군 쪽보다는 덜한 편이고 낙동강 연안을 통해 서로 비교적 쉽게 통할 수 있다.

　이러한 지형적 관찰을 전제로 탁순=창원설에 대한 필자의 비판을 반론한 견해들을 보자. 우선 탁순=창원설의 신新 제안자(金泰植)가 구례모라성久禮牟羅城의 위치를 함안군 칠원면 구성리의 산성으로 비정하고 탁순은 그 동남쪽 세력, 즉 창원지방이라 하였으므로 분명히 지금의 창원분지에 비정하였음이 분명한데도[61] 창원의 지리적 범위를 턱없이 확대하거나 잘못 이해한 경우가 있다. 예컨대 탁순=창원설을 지지하면서도 탁순을 구 창원군 대산, 덕산 일대에 비정한 견해가 있는데[62] 앞에서도 본 것처럼 그곳을 포함하는 구 창원군과 구 김해군은 고고학적으로 볼 때 고 김해만 일대와 더불어 금관가야 영역에 들어 있었다고 판단되기 때문에[63] 그곳에 탁순을 비정할 수는 없다. 이는 혹시 대산 일대가 넓은 평야임을 염두에 둔 것은 아닌가 싶은데, 그 일대가 지금은 김해평야처럼 평지이지만 신라·가야 당시는 대부분이 낙동강 범람원에 해당하였음을 잊어서는 안 될 것이다.

한편『삼국사기』지리지의 의안군義安郡이 대체로 탁순의 고지故地라는 해석을 하면서 칠원이 창원권으로서 탁순의 권역이었다고 보기도 한다.[64] 그러나 함안군 칠원, 칠북에서는 함안계 토기가 집중 출토되므로[65] 그곳은 어느 시기 이후로 아라가야 권역이었을 가능성이 높다. 이는 지리지의 군현 구분 단위를 바로 그대로 신라·가야 당시의 단위로 상정한 데서 나온 해석인 듯한데 그 문제점에 대해서는 앞에서 의성을 예로 이미 비판한 바 있으므로 여기서 다시 논하지는 않는다.

그리고 필자가 탁순=창원설에 대해 비판하면서 일대의 지리와 관련하여 김해에서 구례산수로 가려면 김해에서 창원분지로는 아주 높은 산지가 가로막아 곧바로 갈 수는 없고 일단 진영 쪽으로 우회하여 창원분지로 일부러 들어갔다가 다시 칠원 쪽으로 나가야 하기 때문에 합리적이지 못하다고 한 것은 어디까지나 김해→탁순(창원분지)→구례산수라는 그 설의 방향 설정에 대한 비판이었을 뿐이다. 그러므로 진영 쪽에서 낙동강 수로를 통해 서쪽으로 가면 굳이 창원으로 들어갔다가

61) 金泰植, 앞의 책, p. 186.

62) 白承忠, 앞의 논문, p. 21.

63) 홍보식, 「금관가야(金官加耶)의 성립과 발전―고고자료를 중심으로―」, 『加耶文化遺蹟 調査 및 整備 計劃』(경상북도 가야대학교 부설 가야문화연구소, 1998), pp. 193~196에서 外折口緣高杯의 분포를 기준으로 금관가야 영역의 최대 판도를 현 김해시와 창원분지까지로 보았으나 후자는 이 고배가 지속적으로 출토되는 권역이 아니므로 그에 포함시킬 수 없다.

64) 田炳權, 앞의 논문, p. 9 註22.

65) 金亨坤, 「阿羅伽耶의 形成過程 研究―考古學的 資料를 중심으로―」, 『加羅文化』 12(1995), pp. 5~69. 또한 아마도 삼국시대에 初築되었으리라 추정되는 함안 지역의 古城들 가운데 상당수가 창원 마산 방면과 인접하는 곳이면서 북쪽으로는 낙동강을 사이에 두고 창녕 지역과 마주하는 칠원·칠서·칠북에 집중 분포하고 있는 점(아라가야향토사연구회, 『安羅國古城』(1996), pp. 24~29)도 그 방증이 된다.

다시 칠원으로 나갈 필요도 없다고 반론[66]한다면 자신이 지지한 원래 설의 출발점 자체를 부정하는 결과가 된다. 더욱이 칠원이 만약 탁순에 속하였다면 탁순이 신라에 넘어간 시점에서 신라와 안라의 사이에 있다고 한 '대강수'는 낙동강에 비정할 수가 없게 된다. 지형적으로 보건대 그리되면 신라와 안라 사이에는 낙동강이 없기 때문이다. 이는 탁순을 창원분지 일대로 한정하고 구례산수를 칠원 일대에 비정한 탁순=창원설 제안자에게도 똑같이 해당되는 사항이다. 나아가서 그와 관련된 '경종' 운운 기사도 제대로 해석해낼 수가 없는데, 사실 탁순=창원설 제안자는 그에 대해 모호하게 처리하고 말았지만 이는 구체성이 뚜렷한 기사이므로 지리와의 관련하에 순조롭게 해석해내지 않으면 안 된다.

그간 문헌기록을 의외로 추상적, 피상적으로만 해석한 경향도 없었다고는 하지 못한다. 특히 『일본서기』 흠명기 2년 4월조의 "其喙己呑 居加羅與新羅境際 而被連年攻敗 任那無能救援 由是見亡"이라는 탁기탄의 위치에 관련된 기사를 이해하는 데 관련해서 그러한 경향이 잘 나타난다. '탁기탄이 가라, 즉 고령과 신라, 즉 경주의 사이에 있다는 것을 알 수 있다'고 하였는데[67] 이러한 해석은 크게 잘못되었다. 여기서 가라를 고령으로만 보든 아니면 앞에서 말한 대로 당시의 가라(대가야)가 황강 전역을 포괄하고 있었기에 그것을 가리키는 것으로 보든, 신라 또는 경주와의 방향 관계에서 변화가 생기는 것은 아니므로 가라, 즉 고령이라는 해석은 큰 문제가 되지는 않는다. 그러나 신라가 곧 경주라고 한 것은 그렇지가 않다. 스스로 영산·밀양에 비정한 탁기탄이 결코 경주와 가라 사이에 있다고는 할 수 없기 때문이다. 가라든 신라든 이 시점에서는 고령이나 경주보다는 아무래도 광역의 대가야와 신라를 지칭한다고 보아야 할 터이다. 그렇다면 낙동강 서안에서 '가라와 신라의 경제境際에 있는' 곳이라고는 의령 일대를 빼고는 달리 생각해 볼 곳이 없다.

이외에도 정황적으로 탁기탄의 위치를 의령군 부림면 일대로 볼 근거가 없지 않다. 앞에 든 흠명기 2년 4월조 기사는 '탁기탄이 가라의 영역과 신라의 영역 사이

---

66) 田炯權, 앞의 논문, p. 9.
67) 金泰植, 앞의 책, p. 188.

에 있기 때문에 해마다 공격을 받아 패하는데도 임나가 구원할 수 없었다'고 해석되는데,[68] 그러면 왜 다른 가야 세력이 탁기탄을 구원할 수 없었느냐가 문제이다. 물론 당시 가야 전체가 처한 정치적 상황 때문에 그럴 수 없었음을 암시하는 것일 수도 있지만 그보다는 탁기탄이 위치한 지역의 지세 자체가 다른 가야의 도움을 쉽사리 받기 어려웠던 때문은 아닐까? 만약 그렇다면 탁기탄을 지금의 의령군 부림면 일대로 볼 때 지형적으로 부합될 수도 있는 점이 흥미롭다(앞의 352쪽 그림 VI-3 참조).

이곳은 동으로는 낙동강을 면하고, 서와 북으로는 높은 산지로 둘러싸여 있기 때문에 서북으로 높은 재를 넘은 후 북쪽으로 지금의 합천읍 쪽 황강으로 통하거나 아니면 남쪽으로 내려와 삼가 지역과 통할 수 있을 뿐이다. 또 부림면은 바로 남쪽으로도 높은 재를 낀 산지로 의령읍 지역과 구분된다. 이처럼 다른 가야 지역으로부터 상당히 고립된 지형 속에 위치하기 때문에 유사시 구원하기가 결코 쉽지 않았을 것이다.[69] 물론 이런 정황이 앞 기사에 관련지은 지리적 해석을 직접 증명하는 것은 아니다. 그러나 탁기탄을 다른 곳에 비정할 경우 어느 정도로 이런 설명이 가능한지를 따져 보아야 할 일이다. 이런 맥락에서 금관가야의 멸망에 관련한 성왕의 회고에서 "남가라는 협소하고 … 의탁할 곳을 몰랐다(其南加羅 蕞爾狹小 … 不知所託)"[70]라는 언급이 또한 눈길을 끈다. 앞에서 보았듯이 금관가야의 영역이었던 김해의 지형은 과연 다른 가야 세력으로부터 고립된 곳이라서 다른 가야 세력의 구원이 그리 순조롭지 않았을 것임을 시사하기 때문이다.

마지막으로 탁순=의령설의 방증이 될 수도 있는 기사를 들어 두기로 하겠다. 『일본서기』흠명기 2년 4월조에서 백제 성왕이 "그러나 임나의 경계가 신라에 접하고 있으니 탁순 등의 화를 부를까 두렵다(然任那境接新羅 恐致卓淳等禍)"라고 한 것이

---

68) 여기서 無能救援을 '구원할 능력이 없었다'고 해석하기도 해서(金泰植, 앞의 책, p. 184 및 白承忠, 앞의 논문, p. 13) 약간의 뉘앙스 차이를 풍긴다. 그보다는 그냥 '구원할 수 없었다'가 자연스럽다 하겠다.

69) 이에다 앞서 말한 당시 가야 전체의 정치적 상황이 한 요인으로 겹쳐졌을 수 있겠다. 고고학 자료로 판단할 때 당시의 가야가 대가야, 아라가야 그리고 서부 경남의 소가야권으로 나뉘어 경쟁하고 있었던 상황인데다가 의령 지역, 특히 부림면 일대가 지리적으로 이 세력들 사이에 위치한 일종의 사각지대에 해당하기 때문이다.

70) 『일본서기』흠명기 2년 4월조.

나 同年 7월조에서 "지금 임나의 경계가 신라에 접하고 있으니 항상 대비해두어야 한다(方今任那境接新羅 宜常設備)"라고 한 것이 주목된다. 두 번이나 가야의 경계가 신라에 접한다고 한 이런 표현은 과연 어떤 상황을 의식한 데서 나온 것일까? 무엇보다 발언 당시 신라와 가야의 경계가 낙동강만이 아니라 그 이외의 곳에도 있었음을 분명히 말해준다. 그 후보지로 당장 떠오르는 곳이 이때면 이미 신라에 복속된 탁순과 다른 가야 사이의 경계이다. 그런데 만약 탁순이 창원이라면 '안라'의 경계가 신라에 접하고 있다고 하는 편이 정확한데도 '임나'를 쓰고 있는 것은 의아스럽다. 물론 안라를 가리키지만 가야 전체의 위기감을 환기하기 위해 굳이 임나라는 표현을 썼을 수는 있다.[71] 그러나 그 전후의 기사에서 안라를 가리킬 때는 분명히 안라라고 적시하고 있으므로 그렇게 보기는 어렵다. 그러므로 이 말은 탁순이 창원에 있지 않았음을 간접적으로 시사하면서 또한 신라가 낙동강 하류보다는 중류역의 서안으로 진출해 있음을 의식한 발언이 아닌가 싶은데, 그곳은 의령을 빼고는 달리 비정할 데가 없다.

이밖에 필자가 탁순의 위치를 비정하는 데 토기를 근거로 하였다고 한 것[72]은 지나친 오해이다. 그런 적이 없으며 탁순을 의령읍 일대에 비정하였을 경우 지금까지의 토기 양상은 그에 크게 배치되지는 않는다는 것일 뿐이었다.

2) 낙동강 중·하류 가야 3국의 복속 과정

다소 장황하게 되어버렸지만 앞의 논의로 드러났듯이 탁순·탁기탄=의령설을 철회할 뚜렷한 이유를 아직 찾지 못하였다. 그래서 여기서는 이를 토대로 신라가 낙동강 중류역의 두 가야국과 하류역의 금관가야를 복속하는 과정에서 공통적으로 나타나는 전략과 그 의미를 간단히 새겨 보기로 한다.

『삼국사기』나 『일본서기』 흠명기 2년, 5년조 기사를 보면 가야 3국의 멸망은

---

71) 白承忠, 앞의 논문, p. 14 註34에서는 임나=안라로 보고 안라가 신라에 내응한 데 대한 백제의 거부감을 역설적으로 표현한 것이라고 하였다.

72) 위의 논문, pp. 21~22, 註64.

분명히 국주國主의 내항에 의한 것이었다. 그리고 그 전의 관련 기사들을 보면 신라의 군사적 행동이 있었음을 잘 알 수 있다. 남가라가 532년 최종적으로 투항하였다고 이해하는 경우 그 직전(529년)에 '사촌초략'을 당하는 등 이미 몇 단계의 멸망 과정을 거친 것으로 파악된다.[73] 탁기탄은 앞에서 본 대로 매년 공격을 받아 패하였다는 기사가 말하듯이 내항 전에 여러 차례 패전을 겪었다. 탁순의 경우도 『일본서기』 계체기 23년조 결혼동맹 관련 기사 말미의 신라에 의한 '3城 및 北境 5城' 함락 기사를 탁순에 관련된 사건으로 보는 견해[74]를 존중하면 역시 최종 내항 전에 여러 차례 신라의 군사적 압박을 받은 것으로 보인다. 결국 신라는 이 가야 3국에 대해 군사 행동으로 압박을 가한 끝에 내항을 얻어내었다고 보아야 할 것이다. 그러므로 530년 단계에서 신라의 가야 진출 전략은 일단 군사력을 앞세운 것이었다고 할 수 있다. 복속 전략에서 외교와 전쟁이 차지하는 비중을 두고 말하면 5세기대에 비해서 후자 쪽으로 한층 옮겨 간 것을 의미한다. 그러나 그 전쟁 전략은 종국적으로는 내항을 받아내기 위한 것이었다. 즉 전쟁이 외교의 연장선상에서 수행된 것이었다.

그러면 왜 굳이 그런 복속 과정을 거쳤을까 하는 의문이 든다. 신라의 군사력이 압도적 우위를 점하지 못했음을 시사하는 것인가? 신라는 늦어도 5세기 말부터는 영역을 직접 지배하기 시작하였고 520년대에는 율령을 반포하는 등 지배체제가 완비되므로 530년이면 물적, 인적 자원의 동원 능력이 간접 지배를 실시하던 이전과는 비교가 되지 않게 증대되었을 터이다. 그래서 낙동강의 분할성이라는 요소를 감안하더라도 앞서 말했듯이 급습 전략 등으로 가야의 한 소국과 대결하는 경우 그 전투력은 압도적 우위에 있었다고 보아도 틀림이 없다. 탁기탄을 매년 공격해서 이겼다는 기사가 그 점을 단적으로 말해준다. 그러므로 다른 데 이유가 있었다고 볼

---

73) 白承忠, 「任那復興會議」의 전개와 그 성격」, 『釜大史學』 17(1993), p. 48. 다만 '사촌초략' 기사는 『일본서기』 계체기 23년(529년)조에 실려 있지만 실제로는 그 전에 일어난 사건으로서 『삼국사기』 신라본기 법흥왕 11년(524년)조의 이른바 '南境拓地' 기사가 그에 해당한다고 보기도 한다. 그렇더라도 여러 차례 공격을 받았음이 사실임은 달라지지 않는다.

74) 金泰植, 앞의 책, p. 192.

수밖에 없다. 여기서 신라가 탁기탄에 대해 매년 공격을 되풀이한 점이 주목된다. 이는 신라의 무력 점령이 반드시 불가능한 것은 아니었지만 그 이후의 지배 유지에는 어떤 어려움이 있었음을 시사한다. 그 어려움 중 한 가지로는 재지 세력이 일단 다른 곳으로 피해감으로써 해당 지역의 생산 조직을 포함한 사회 조직이 공동화해 버릴 경우를 생각할 수 있겠고, 또 한 가지로는 다른 가야 세력이 합동 공격을 해올 경우를 들 수 있다. 두 가지를 한꺼번에 해결하는 길은 결국 각국 지배층에게 일정 지위를 보장하는 조건을 제시하여 내항을 이끌어냄으로써 그들을 일종의 간접 지배 세력으로 만들고 군대의 주둔 등을 통해 통제하는 가운데 지배를 유지해 나가는 길 뿐이었다. "탁국의 함파한기가 가라에 대해 두 마음을 갖고 신라에 내응하였기 때문에 가라가 밖으로부터 싸우게 되었다(喙國函跛旱岐 貳心加羅國 以內應新羅 加羅自外 合戰)"라는 기사[75]는 재지 세력이 신라 편이 된 상황을 잘 말해준다. 요컨대 신라가 세 나라를 굳이 내항 형식으로 복속한 것은 바로 그 이후의 지배를 염두에 둔 때문이었던 것이다.

『삼국사기』에는 금관가야 내항 후에 신라가 재지 세력에 대해 파격적 대우를 한 사실이 기록되어 있다. 그러한 대우의 배경에 대해서는 마립간대 이래의 전통적 시책이 잔존하였고 다른 가야 세력에 미칠 파급 효과를 노린 때문이라는 해석[76]이 제시된 바 있다. 후자는 물론 전적으로 타당하다. 하지만 전자는 약간 다른 각도에서 볼 필요가 있을 것 같다. 왜냐하면 이때면 이미 낙동강 이동의 신라 영토 안에서 직접 지배가 실현되고 있었던 터이기 때문이다. 그래서 전통적 시책에 따른 것이라기보다는 위에서 언급한 바와 같이 낙동강의 분할성 등을 감안하여 이 지역을 실질적으로 경영하는 데 지배층의 협력이 필요했던 점을 그 이유로 보는 편이 한층 정확한 표현일 것이다.

이와 같이 신라가 낙동강 중·하류역의 가야 3국으로부터 어렵더라도 굳이 최종적으로 내항을 받아내는 복속 전략을 취한 이유는 그 지역 재지 세력을 다른 가

---

75) 『일본서기』 흠명기 5년 3월조.
76) 朱甫暾, 「加耶滅亡問題에 대한 一考察 —新羅의 膨脹과 關聯하여 —」, 『慶北史學』(1982), p. 13.

364 신라고고학연구

야국들의 적대 세력으로 만들어야만 비로소 실질적 지배가 가능하였고 이는 또한 다른 가야 세력의 구원 명분을 없애는 것이기 때문이었다. 또 한 가지 이유를 덧붙인다면 신라가 낙동강 서안의 가야국으로 진출한 궁극의 목적이 단순히 새로운 정복지를 확보, 유지하는 데 그치는 것이 아니라 그를 발판으로 서진을 계속 추진하는 데 있었기 때문일 것이다.

3. 530년대 이후 562년까지의 가야 복속

앞에서 본 대로 대략 530년대 전반까지는 신라가 낙동강 서안의 김해 지역과 의령 지역에 진출한 상황이었다. 그러면 신라의 서진은 가야 멸망 시까지 어떻게 진행되었을까? 문헌상으로는 이 점에 관해 구체적으로 전하는 바가 전혀 없다. 또 가야에서 신라로 전환되는 시기의 고고학 자료는 한두 지역을 제외하고는 보고된 것이 없기 때문에 고고학적으로도 거의 완전한 공백기에 해당한다. 다만 신라가 서진을 위해 앞 시기의 기본 전략에 따라 지속적으로 군사적, 외교적 노력을 기울였을 것으로는 추정할 수 있다.[77] 그러므로 그 점을 전제로 이 시기의 영세한 고고학 자료에서 혹시 562년 가야 전체의 복속보다 앞서는 시기, 즉 대략 540년에서 560년 사이에 신라가 서진을 추진한 데 관련될 가능성이 있는 증거들을 검토할 필요가 있는데, 현재로서는 고고학적 조사가 어느 정도 이루어져 보고된 창원 지역과 합천 삼가三嘉 지역만을 대상으로 할 수밖에 없다.

우선 고려 대상 지역으로 창원 분지를 들 수 있겠다. 이곳을 탁순의 소재지로 볼 수 없음은 이미 논한 대로이다. 그렇다면 532년 이미 신라화된 김해 지역의 서쪽에 붙은 이 지역의 향방이 궁금하게 된다. 만약 신라가 이를 손에 넣는 경우 접경하게 되는 아라가야를 직접 압박할 수 있으므로 당연히 서진 전략의 일차적 대상이

---

77) 『일본서기』 흠명기 5년조 등에서는 신라가 왜계 인사를 활용해 안라의 친신라화를 도모하였음을 엿볼 수 있다.

되었을 법하기 때문이다.

지금까지 창원 지역에서 발굴되어 보고된 고분군 중에서 6세기 전반의 양상을 엿볼 수 있는 자료는 가음정동加音丁洞 고분군에서 나왔다.[78] 이 고분군에서는 횡구식, 횡혈식 고분에서 신라양식 토기들(그림 VI-5)이 다량으로 출토되었다. 보고서에서는 1호분 출토 토기 중 주구周溝 내 출토 고배 개(그림 VI-5의 5)의 연대를 5세기 후엽(예안리 2차 보고서 VI단계)으로 잡으면서 그를 고분의 초축初築 시기로 보았고 석실 내 출토품 중 유개 고배들은 6세기 전반(예안리 2차 보고서 VII단계)으로 보았다.[79] 그러나 석실이 도굴되었다지만 이 고배 개와 같은 시기의 토기가 석실 안에서 정형성을 띠며 출토되지 않아서 이 고분의 초축 시기를 그처럼 올릴 수 있을지는 좀 의문스럽다. 한편 유개 고배들(同 1~4)은 분명히 황룡사지 축토층築土層 토기(뒤의 VI-6의 7~9 참조)보다 늦지 않은 것으로 보인다. 또 횡혈식 석실분(3호분) 출토품(그림 VI-5의 6~13) 중에도 6세기 전반으로 볼 만한 것들이 있고, 그에 후속하는 시기의 다른 고분 토기들도 모두 신라 양식이다.

가음정동 고분군 한 예만으로 창원 전역의 양상을 판단하기에는 다소 주저되지만 고분 구조가 신라적이고 또 토기도 그러하기 때문에 이 지역이 6세기 전반에 신라권에 들었다고 해석해도 좋을 것 같다. 신라의 특징적 위세품인 금동 귀걸이가 석실에서 출토된 사실도 그 점을 뒷받침한다고 생각된다. 다만 신라화된 정확한 연대가 문제인데, 일단 금관가야의 복속 연대인 532년을 전후해서는 그러한 변환이 있었을 것으로 추정해둔다. 하지만 늦어도 6세기 초로 거슬러 올라가는 토기들이 봉토 중에서 다수 출토되므로 창원 지역의 신라화가 그보다 다소 소급될 가능성은 열어 두어야 할 것 같다. 이는 어쩌면 창원이 탁순이라는 설에 반대되는 고고학적 증거가 될지도 모르겠다. 또 이미 앞에서 지적한 대로 6세기 초까지의 신라가 각개 격파식으로 가야에 진출하려 했음을 보여주는 좋은 예가 되겠다.

합천 삼가 고분군에서는 특이하게도 이미 축조되어 있는 수혈식 석곽묘의 주변

---

78) 李柱憲·金大成,「昌原 加音丁洞古墳群 發掘調査報告」,『昌原加音丁洞遺蹟』(昌原文化財研究所, 1994).
79) 위의 책, p. 85.

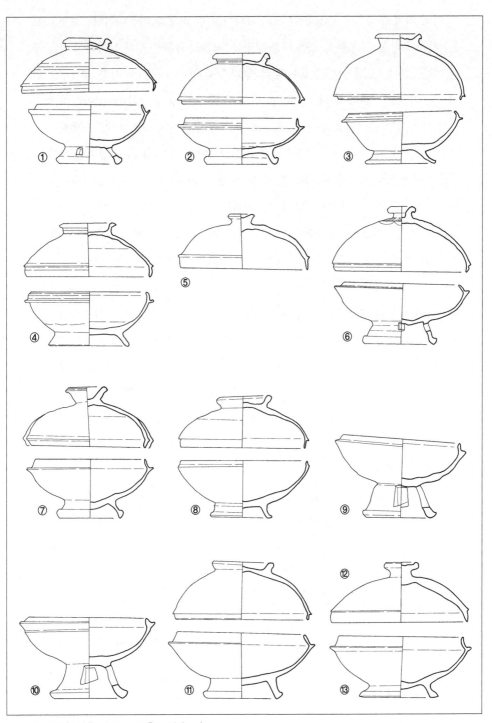

그림 Ⅵ-5 창원 가음정동 고분군 출토 신라토기

에 여러 기의 수혈식 석곽묘를 추가로 설치하여 한 분구를 이룬다거나(1호분, 2호분) 기존의 횡구식, 횡혈식 묘에 다른 횡구식, 횡혈식 묘들을 추가 설치하여 한 분구를 이룬 고분들(3호분, 9호분)이 발굴되었다.[80] 후자에서는 전부 신라 양식 토기만이 출토되었고[81] 전자에서는 선축先築된 묘에서 고령 양식 토기 또는 이른바 소가야 양식 토기가 출토되고 후축後築된 묘에서는 신라 양식 토기들이 출토되었다.

대부분의 논자들은 삼가 고분군 출토 신라 토기의 연대를 그냥 신라가 가야 전체를 복속한 때인 562년 이후로 설정한다. 이는 낙동강 이서 지역이 일시에 신라에 복속되었다고 무의식적으로 전제한 때문이다. 하지만 그 중에 토기 자체나 고분 구조 등의 정황으로 미루어 그보다 이르게 볼 만한 요소를 나타내는 것들이 있다. 이미 논한 바 있듯이[82] 합천 삼가 고분군에서 출토된 신라 토기 중에 수혈식 석곽묘 1-D호 출토 단각 고배 일부(그림 VI-6의 1, 2)와 2-C호 출토 단각 고배 일부(同 4, 5)는 황룡사지 축토층 토기[83](同 7~9)보다 이른 형식으로 볼 수가 있다. 1-D호에서 단각 고배와 공반된 부가구연 대부장경호(同 3)의 형태가 역시 동일 기형 중에서는 이른 형식이어서 이런 추정을 간접적으로 뒷받침한다. 2-C호에서는 신라 양식 단각 고배들과 고령 양식 개배 개蓋를 덮은 고령 양식 연질 우각형 파수부 발牛角形 把手附鉢(同 6)이 공반되어 주목된다. 1-D호와 2-C호의 토기를 그보다 늦게 추가 설치된 2-E 유구의 출토품들(同 10~12)과 비교하면 장경호는 물론 단각 고배에서 그 차이를 분명히 느낄 수 있다.

2-C호의 고령 양식 개배 개를 2-B호의 개배 개와 거의 유사하다고 보고 동종의 개 중에서 가장 늦은 단계로 잡기도 하지만[84] 과연 그런가는 좀 따져볼 필요가 있다. 高正龍은 장경호의 형태 변화까지 고려하면서 개배 배신의 제작기법 차이를

---

80) 沈奉謹, 『陜川三嘉古墳群』(東亞大學校博物館, 1982).

81) 단 3-F호에서 신라 양식이 아닌 고배 파편이 출토되었으나 그것은 교란 혼입된 것으로 보아야 할 것이다.

82) 李熙濬, 「토기로 본 大伽耶의 圈域과 그 변천」, 『加耶史研究─대가야의 政治와 文化─』(慶尙北道, 1995), pp. 428~431.

83) 崔秉鉉, 「皇龍寺址出土 古新羅土器」, 『尹武炳博士 回甲紀念論叢』(1984), pp. 227~262.

84) 禹枝南, 「大伽耶古墳의 編年─土器를 中心으로─」, 『三佛金元龍敎授停年紀念論叢』 I(考古學篇)(1987), p. 641.

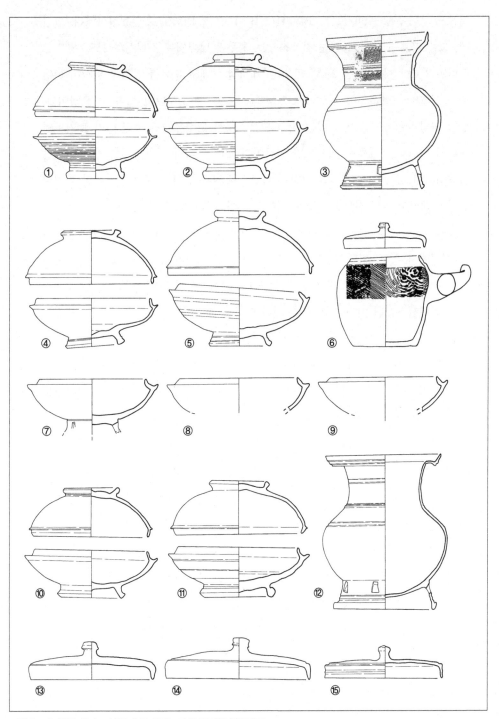

그림 VI-6 합천 삼가 고분군 출토 신라·가야 토기와 비교자료

기준으로 1-A · 2-A(Ⅲ기)/1-G(Ⅳ기)/1-B · 1-C · 2-B(Ⅴ기)로 단계화하였다. 그런데, 그에 따르면 개의 형태는 전체적으로 운두가 낮아지는 경향성을 보인다.[85] 그렇다면 2-C의 개(同 13)는 2-B호의 개배 개 4점 중에서 주류를 점하는 완전히 편평한 개신蓋身의 것(同 15)보다는 1-G호의 개(同 14)와 비슷하다고 보아야 할 것이다. 만약 이렇게 볼 수 있다면 이는 삼가 고분군에서 고령 토기로부터 신라 토기로의 전환이 완전히 대체하는 식으로만 이루어진 것이 아니라 약간의 중첩기가 있었을 가능성까지 시사한다. 그것은 어떻든 이상으로 보아 삼가 고분군에서 신라 토기의 등장은 대가야 멸망 전으로 소급할 가능성이 아주 크다고 하겠다.

문제는 이러한 신라 토기의 등장이 과연 신라화를 의미하는가 하는 것이다. 가야 지역에서 횡구, 횡혈식 석실과 더불어 출토되는 신라 토기는 널리 인정되듯이 그 지역이 해당 토기의 부장 시점에는 신라화되었음을 가리키는 좋은 지표이다. 그런데 위에서 562년 이전 시기로 본 신라 단각 고배들이 출토된 삼가 1-D호와 2-C호는 수혈식 석곽이므로 신라화가 아닌 다른 이유로 그런 현상이 나타난 것으로 볼 수도 있기 때문이다. 그러나 이 두 수혈식 석곽뿐만 아니라 그보다 늦게 설치된 다른 수혈식 석곽들이 고령 양식 또는 소가야 양식 토기가 출토된 수혈식 석곽과는 모두 다른 양상을 나타내는 점에 주목해야 한다. 우선 전자는 석곽 바닥에 다소 크기가 큰 편평석을 깔아서 밤톨 크기의 잔돌을 깐 후자와는 구조에서 차이를 나타낸다. 또 전자는 후자와 달리 관고리가 붙은 관을 안치하여서 매장 습속에서도 변화를 보인다. 이는 단순한 풍습의 변화라고는 할 수 없고 상당한 사회적 변화를 반영하고 있다고 해석되며 이 지역의 신라화에 수반된 현상임이 틀림없다.

이상과 같이 볼 때 삼가 지역은 562년 이전에 신라화된 것으로 해석된다. 즉 신라는 고령의 대가야나 그에 인접한 가야 세력을 복속시키기 전에 삼가 일대로 진출했다. 이는 바로 인접한 의령에 소재한 탁순, 탁기탄 복속 이후 신라의 가야 진출이 느린 속도로라도 이루어지고 있었음을 시사해서 신라의 가야 복속이 6세기 중

---

85) 高正龍, 「加耶から新羅へ―韓國陜川三嘉古墳群の土器と葬制について―」, 『京都市埋藏文化財研究所研究紀要』3(1996), p. 20.

엽에 일시에 이루어지지 않았음을 말해준다. 결국 종래 생각하였듯이 신라가 일거에 낙동강 너머 가야 전역에 대한 공격을 펼침으로써 복속이 달성되었던 것처럼 생각해서는 안 된다는 강력한 시사인 셈이다.

삼가 지역은 낙동강 이서에서는 드물게 낙동강의 지류를 직접 가까이 끼지 않은 내륙 소분지이다(앞의 352쪽 그림 VI-3 참조). 삼가에서는 서남쪽으로 흘러가는 남강 지천을 통해 산청군 단성면이 소재한 남강변으로 나아갈 수가 있고 남쪽으로는 그만큼 가깝고 원활하지는 않지만 진주 방면으로 통하며 동남으로는 남강에 연한 의령읍으로 통한다. 또 북서로는 황강변의 창리 고분군 지역을 거쳐 거창 방면으로 통할 수 있다. 이와 같이 삼가 지역은 남강 중·하류 지역과 황강 지역을 연결하는 교통의 요지에 해당한다.

그러므로 신라가 이 지역을 손에 넣는다면 그것이 가야 전역에 미칠 영향은 상상하기 어렵지 않다. 황강 하류 쪽의 다라에 직접 압박을 가할 수 있고 한편으로 좀 더 중류나 상류 쪽으로 진출하는 경우 고령의 대가야가 서쪽으로 나오는 길목을 차단할 수도 있다. 또 남강변까지 진출하게 되면 가야 전체를 완전히 남북의 둘로 나누어 버릴 수가 있다. 이로 본다면 신라의 삼가 진출은 아마도 559년이나 562년에 가까운 시점에 신라가 가야 전체의 복속을 위한 대대적 군사 작전을 한층 쉽게 벌일 수 있는 중요한 발판이 되었다고 하겠다.

끝으로 서술 순서가 다소 뒤바뀐 감도 있지만 이 장에서 신라의 가야 복속 과정이라는 주제를 6세기 신라고고학연구의 주요 주제로 삼은 이유에 관해 언급하면서 마무리하고자 한다. 이는 실은 기본적으로 문헌사학의 연구 과제이다. 하지만 이런 시도를 한 데에는 문헌 사료가 영성하기 짝이 없는 고대사의 복원을 위해서는 고고학도 일정 역할을 할 수 있음을 간접적으로 강조하기 위한 의도도 들어 있었다. 한편으로 이 주제는 신라 토기 분포권이 곧 신라의 영역을 나타낸다는 필자의 가설이 설득력을 지니고 있음을 보여주는 시험장으로 아주 적합하다 싶어 택한 것이다. 또 역사 복원을 위한 고고학과 문헌사학의 접목에서 상호간에 대세적으로 접근해야 한다는 본 연구의 방법론을 실제로 확인해 보기 위한 것이기도 하였다. 논의에서 '과정'을 특히 강조한 이유는 본래 통시적 자료를 대상으로 하는 고고학이 단편적 기사에 입각한 문헌사 연구보다도 어떤 측면에서는 역사의 과정을 장기적 관점에서 보는 데 유리한 점이 있다고 생각했기 때문이다.

신라의 가야 진출이라는 각도에서 다루다 보니 신라와 가야의 관계사를 지나치게 신라 일변도로 다룬 느낌이 없지는 않다. 그렇지만 이러한 적극적 관점을 설정하지 않으면 미미한 고고학적 증거가 내포한 의미를 제대로 이끌어내기란 지극히 어렵기 때문에 불가피하였다. 이런 관점 자체의 타당성 여부는 결국 이에 대안적인 설명의 설득력과 비교해 보아야 비로소 제대로 평가할 수 있을 것이다. 다시 강조하는 바이지만 고고학에서 '왜', '어떻게'의 문제에 대해서는 이와 같은 적극적 해석 틀, 즉 모델의 전제가 없이는 접근 자체가 불가능하다. 예를 들어 신라·가야 토기 양식이 낙동강을 경계로 이분적 분포를 나타내는 것은 이미 밝혀진 기본 정형인데도 왜 낙동강 서안에서도 신라 양식 토기가 일정하게 출토되는지를 효과적으로 설명하려고 한다면 토기 양식이 지닌 정치적 의미를 하나의 가설로 삼아 그 맥락을 논하지 않고서는 그것을 제대로 이루어낼 수가 없다. 그냥 지역간 상호작용이라든지 교류라는 말로 치부하는 것은 현상 기술적 차원에 머문 것이며 실상 아무런 설명이 되지 못한다.

토기 양식을 비롯한 고고학 자료가 정치적 의미를 정말 함축하고 있는지 어떤지가 확증되지 않았으므로 그로부터 역사적 해석을 이끌어내는 데는 신중해야 한다는 주장이 엄존하고 있다.[86] 그렇지만 그러한 입장에서는 이와 같은 주제에 접근조차 할 수 없다는 점을 생각해 보면 자칫 스스로 고고학의 입지를 좁히는 결과를 낳지 않을까 우려되는 바가 없지 않다. 고고학 자료를 대상으로 하는 해석 틀은 어떤 것이든지 직접 증명될 수 있는 성질을 띠지는 않는다. 그를 통한 설명이 얼마나 포괄적이냐 하는 것이 해석 틀의 효능을 가늠하는 잣대이며, 포괄성이 클 때 그 틀이 어떤 의미에서는 '증명'되는 것이라고 할 수 있다. 그렇지 못하고 한정된 주제에 대해서만 설명이 가능한 틀은 그만큼 해석 틀로서의 가치가 작다고 할 수밖에 없는

---

86) 李盛周, 「고고학을 통해 본 阿羅伽耶」, 『고고학을 통해 본 가야』(제23회 한국고고학전국대회, 1999), pp. 23~35.

것이다.

　신라의 가야 진출과 밀접하게 관련된 주제 한 가지는 신라가 가야를 복속한 직후 각 지역을 어떤 식으로 지배하였을까 하는 것이다. 그 점에 대해서도 어느 정도 언급해야 했으나 아직 축적된 고고학 자료의 양이 한정된 탓에 다루지 못하였다. 장차 자료가 증가되면 논의할 예정임을 기약할 뿐이다. 앞으로 낙동강 이서의 가야 지방에서 발견되는 신라계 유물, 유구에 관심을 좀더 기울여야 하며 야외 조사, 특히 지표조사에서 그에 주안점을 둔 작업이 꼭 필요하다는 점을 지적해 두는 바이다.

이 책의 주제는 말하자면 고고학 자료를 통한 신라 연구, 즉 신라고고학의 방법론적 모색이자 그 적용이었다. 지금까지 개진한 방법의 배경과 논거를 가야고고학과 관련지어 다시금 점검한 후 그 방법의 적용으로부터 도출된 결과를 결론으로서 제시하기로 하겠다. 그에 덧붙여 연구의 몇 가지 의의를 살펴보고 앞으로의 연구 과제랄까 전망에 관해 언급하고자 한다.

근년에 가야 지방에 대한 고고학적 조사가 활발해짐에 따라 역사고고학에서는 가야 사회를 고고학적으로 복원해 보려는 노력이 왕성해지고 있다. 그러나 가야만을 지나치게 강조하다 보니 그와 불가분의 관계에 있는 신라의 발전 수준이나 위상이 알게 모르게 평가 절하되는 느낌이 있다. 예컨대 신라와 가야의 공간적 범위를 혼동하는 가운데 심지어는 6세기대까지도 경주 주변부만이 신라였다고 보기도 한다. 이는 문헌사에서 분명하게 인지되는 신라의 영역과는 전혀 동떨어질 뿐 아니라 그로써 '사로'고고학은 존재할지언정 진정한 의미의 '신라'고고학은 사실상 존재하지 않는 셈이 되고 말았다. 그래서 단지 신라·가야의 영역 또는 권역을 잘못 인식하는 데 그치는 것이 아니라 그 성격을 구명하는 데 결정적인 걸림돌이 되기도 한다. 이는 고고학 연구를 통한 올바른 신라·가야사 복원을 위해서는 마땅히 교정되어야 할 것이다. 이 책을 기초하게 된 가장 중요한 동기가 바로 여기에 있었다. 그래서 마립간기의 아주 초기를 뺀 4~5세기 신라의 영역이 낙동강 이동 전역이었음을 고고학적으로 밝힘으로써 그간 가야 고분이라고도 보아 온 낙동강 동안 일대의 고분들을 신라 고분으로 복권시키고 그것들에 대한 총체적 분석을 통해 신라 국가의 지방 지배 양상과 나아가 6세기 신라의 가야 진출 과정을 살핌으로써 향후 고고학적 연구로 신라·가야사를 유기적으로 복원할 수 있는 바탕을 마련하고자 하였다.

신라고고학의 부재를 몰고 온 이런 왜곡된 가야·신라 인식의 저변에는 고고학적 접근 방식의 문제가 깔려 있다. 즉 어떤 한 지역 또는 지구의 조사 결과에서 도출한 미시적 지역사 관점을 그대로 일반화해서 다른 지역의 고고학적 자료를 아전인수로 해석하려 한다든지, 심지어는 그 관점을 영남 전역으로 무모하게 확대 적용하여 지역간 관계사까지 해석해 내려고 하는 연구 방법의 문제이다. 그로부터 이른바 '동굴의 우상'과 같은 오류가 빚어진 것이다. 이 오류를 벗어나기 위해서는 연구 대상 지역에 대한 통시적 관점과 영남 지방 전역을 고려한 관계사적 관점을 조화시키려는 노력이 필요하다. 하지만 이는 원론적 주문이라 하겠고 현재로서는 왜곡된 현상을 시정하기 위해 일단 영남 전역을 거시적 관점에서 보는 것이 더 긴요하다. 이는 지역사의 해석에 앞서서 역사상의 신라와 가야의 관점에서 영남 지방의 고고학적 현상을 인식하는 것이니, 그 점이 또한 이 책의 방법적 논거가 된다.

한편 지금 역사고고학이 안고 있는 문제들 중 많은 부분은, 신라고고학이 그처럼 설 땅을 잃은 가운데 가야고고학의 연구 관점을 신라고고학연구에 그대로 적용하려 한 데서 생겨났다고 진단된다. 가야고고학은 연구 대상을 둘러싼 독특한 환경 때문에 그 접근 방법이나 연구 관점이 신라고고학과 다소 다를 수밖에 없는데도 그 점을 간과한 것이다. 크게 두 가지 점에서 다른 환경을 가진다고 판단되니, 한 가지는 가야사 사료가 거의 없다는 점이고 다른 한 가지는 가야 전역이 한 정치체로 통합되지 못하였다는 것이다.

먼저 사료의 절대적 부족 때문에 가야사 복원에서는 고고학적 자료와 그 연구에 크게 의존하게 되었고, 그 결과로 은연중에 역사고고학 연구로 신라·가야사를 복원하는 데 고고학만의 접근이 가능하고 또 그것이 정당화되어야 한다는 논리가 생겨난 듯하다. 더욱이 고고학적 복원의 사실 여부가 직접적으로는 검증되지 않는다는 특성에 힘입어 조사 지역 중심의 즉물적이고도 미시적인 시각이나 해석을 확대 재생산할 정도로 고고학적 상상력이 지나치게 펼쳐지기에 이른 것은 아닌가 싶기도 하다.

하지만 완전히 선사적인 상황이 아닌 이상 어떤 면에서는 선사고고학적 접근과 혹사酷似한 이런 가야고고학의 접근 방식은 방법론적으로 보아 가야사 복원에서조차 정당화될 수가 없다. 더욱이 신라의 경우는 상황이 아주 많이 다르다. 신라사의 사료가 충분하지 않은 것은 사실일지라도 가야사의 사료에 비해서는 양적으로나 질적으로 현격한 차이가 있다. 그래서 신라고고학에서는 문헌사 연구를 도외시한 순수 고고학적 방법은 결코 존립할 수가 없다. 어떤 형태로든 양자의 성과가 접목될 수 있는 방법을 모색해야 한다. 여기에 또한 이 책의 접근 방법이 디디고 선 근거가 있다.

현재의 문헌사적 지식이나 고고학적 지견에 의하면 가야의 여러 지역은 전체적으로 하나로 통합된 정치체의 수준에는 도달하지 못하였다고 판단된다. 고고학적으로 볼 때 가야의 경우 지역간 연계를 분명히 보여주는 증거는 사실상 그다지 많지 않아서 각 지역 단위의 고고학적 총합이 곧 가야의 고고학인 것처럼 인식되는 경향이 강하다. 최근에 들어서 가야고고학의 경우에도 관계사적 관점이 필요하다는 인식이 대두되고 있지만 관계사적 관점이 거의 배제된 지역 단위별 통시적 연구가 상당 부분 가능한 것도 사실이다.

그에 반해 신라의 경우는 상황이 전혀 다르다. 신라는 문헌적으로 보아 가야와 달리 일찍부터 분명하게 지역 단위를 넘어선 광역의 공간을 포괄한 점이 인지된다. 고고학적으로만 보아도 선입견을 버린다면 낙동강 이동이라는 넓은 공간이 가야와는 다른 수준의 통합된 한 단위를 이룬 것으로 해석된다. 그러므로 거의 지역사적 관점에서만 접근하는 가야고고학의 연구 방법이 신라 연구에 그대로 타당할 수가 없는 것이다. 신라고고학의 경우는 관계사적 관점이 필수불가결하며 지역 단위의 연구에서도 어떤 관계사적 관점이든 전제로 삼지 않고서는 연구가 불가능하다. 다시 말하면 진ㆍ변한 이래의 '국'에 준하는 지역 범위를 독립 연구 단위처럼 설정할 수도 있는 낙동강 이서의 가야고고학과는 달리, 낙동강 이동에서는 각 지역이 신라화된 이후로 더 이상 '국'이 아닌 신라 국가의 한 지방으로서 존재한 이상 그에 대한 연구, 즉 신라고고학은 관계사적 관점을 배제하고서는 제대로 이루어질 수 없는 것이다.

이와 같이 신라고고학에 관한 한 가야고고학 특유의 연구 환경이 낳은 지역 분할식 접근법이 적용되어서는 안 된다. 그래서 이 책에서는 신라고고학이 관계사적 관점을 우선하여야 한다는 입장에서 논의를 전개하였으며 또한 그 때문에 나름대로 문헌사와의 접목을 시도하였던 것이다. 4~5세기 고분 자료를 가지고 그에 해당하는 신라사의 시기인 마립간기를 연구하면서 이런 틀이 대전제로 설정되지 않으면 고고학 자료를 이용한 역사 복원이 불가능하기 때문이다. 사실 이 책에서 고총 자료를 가지고 5세기 각 지역의 양태를 복원해 본 것도 결국 그러한 틀을 구체화함으로써 자체의 정당성을 구한 것이기도 하다.

물론 위와 같은 틀의 타당성이 선험적으로 보장되는 것은 아닌 만큼 이를 구성하는 여러 요소 또는 전제들의 타당성 여부를 바로 순전한 고고학적 질문의 대상으로 삼아 계속 검토해야 할 것이다. 예컨대 토기 양식의 공통성이 과연 신라·가야사의 전개 과정에서 정치적 의미를 함축하고 있는가. 만약 그렇다면 어떤 맥락과 과정에서 그리 되었는지 등의 과제를 구명하는 것이다. 그러나 이런 점들이 아직 분명하게 증명되지 않았으니 그를 전제로 구성한 틀 위에서 논리 전개를 하는 것이 불가능하다는 반대 논리가 타당하지는 않다. 과거에 대한 고고학적 추론이 어떤 형태이든 일정한 모델을 쓰지 않고서는 이루어질 수 없고 그 모델의 타당성 여부는 그에 의한 추론이 얼마나 현상을 일관되게 포괄적으로 설명하느냐에 달려 있기 때문이다. 다만 자료의 증가에 따라 모델이 수정될 가능성은 항상 열려 있다 하겠다.

이상과 같은 논거에서 이 책은 4~5세기 신라고고학의 기본 틀을 설정하는 데 가장 중요한 요소들을 방법론적으로 검토한 후 그를 바탕으로 신라 고분의 정형성들에 대한 해석을 시도하였고 그와 더불어 6세기 신라의 가야 진출 과정을 나름대로 복원하였다.

진·변한을 신라·가야의 전사前史로 보는 관점에 설 때 신라고고학의 시간적 기점은 대략 3세기 후반에서 4세기 전반 사이로 설정될 수 있다. 신라고고학의 공간적 범위는, 전사 단계는 사로의 중심지인 경주 일원이며, 4세기에 광역의 신라가 성립한 이후로는 그 영역이 된다. 신라의 영역은 늦어도 4세기 중기에 마립간기가 성립할 즈음에 이미 금호강 이남에서는 창녕과 같은 일부 지역을 제외한 낙동강 이동 전역을, 금호강 이북에서는 낙동강 이서까지도 포함하였다. 이 영역에 대한 4, 5세기 신라의 지배 방식은 일괄해서 간접 지배로 말할 수 있으며, 그래서 낙동강 이동 지방의 각 지역 고총들이 나타내는 상이성과 상사성은 간접 지배 속에서 각 지역이 겪었던 역사 과정을 담고 있다고 추론된다.

이 연구 틀에 따라서 종래 병렬적이었던 낙동강 이동 지방 진·변한 '국'들의 관계가 3세기 후엽에서 4세기 전반 사이에 사로를 정점으로 일원적 상하 관계로 바뀐 것이 신라라고 본다면, 신라의 성장 배경 요인 가운데 장기적 관점에서 가장 우선적으로 꼽을 수 있는 것은 모태인 사로의 지리상 이점이다. 사로는 영남 지방 육로 교통의 관문지 위치에 있어서 내륙로를 통한 지역간 교환 관계와 대외 교역에서 아주 유리하였을 것으로 추론된다. 또 사로가 그를 바탕으로 삼아 장기간에 걸쳐 축적한 지역간 상호관계에서의 상대적 우월성은 『삼국사기』 초기 기록에 나오는 대로 다른 '국'들을 군사적으로 복속함으로써 절대적 우위로 바뀌니 그로써 신라 국가가 탄생을 한 것이었다.

사로가 일단 그런 복속 활동으로 여타 지역과의 사이에 상하 관계를 형성한 후 4세기 동안 그를 영속화, 구조화하는 데 취한 정책은 지방 지배층에 대해 착장형 위세품을 하사함으로써 그들에게 일정 권력을 인정한 가운데 그들을 통해서 각 지역을 지배하는 이른바 간접 지배 방식이었다. 하사된 새로운 위세품은, 4세기 초를 전후해서는 아직 증거가 희미하나 기존의 유리·수정제 옥을 대신하는 경옥제 곡옥이었을 가능성이 크며, 그 후 점차 착장형 금공 위세품으로 대체되었던 것으로 보인다. 그런 변화는 4세기 중기 신라 토기 양식 성립기의 월성로 가-13호 출토품이 강력히 시사한다. 다만 사로 지배층과 지역 지배층 사이의 이런 위세품 수수 체계란 겉으로 드러난 고고학적 현상을 그대로 표현한 용어이다. 그 이면에서는 현재 직접 확인되지는 않지만 흔히 공납 체제라고 하는 불평등 교환 관계 또는 경제적 예속 상태가 그 골간을 이루고 있었을 것이다. 이 통속 관계를 유지하기 위한 통상적 기제로는 아마도 진·변한 이래로 사로의 영향력을 확대하는 데 활용하였을 소금의 유통 통제나 철 소재의 배급 통제 등이 동원되었으리라 본다.

이처럼 새로운 경제 관계의 구조화를 기본 틀로 하는 신라 국가의 지방 지배 체제가 마련된 후 사로와 각 지역 사이의 인적, 물적 교류는 점차 심화되었을 것인데 그 결과로 나타난 현상이 곧 낙동강 이동 양식 토기, 즉 신라 양식 토기이다. 이는 변화된 경제 체계를 상징한다고 해석되며 어떤 면에서는 마립간기 성립 후 일어난 지방 지배의 1차적 진전을 가리키는 물적 증거로 추정된다.

마립간기 초기인 4세기 후반에 실시된 지방 지배의 구체적 양상은 3세기 후반부터 5세기 전반에 걸친 시기의 대형 고분들이 조영된 동래 복천동 고분군을 사례로 살펴보았다. 복천동 고분군 구릉에는 크게 보아 세 무리로 나뉘는 고분군이 저소에서 고소로 가면서 조영되어 있는데, 그 분포상의 정형성과 출토 토기 양식의 차이에 대한 분석을 토대로 보면 신라 국가는 4세기 중·후반 부산 지역 지배층 안에서 열세에 있던 후발 소집단을 지원함으로써 재지 세력 전체를 견제와 균형 속에서 통제하고 또한 그를 통해 세력 전체의 약화를 꾀하였던 것으로 추론된다.

신라 국가의 지방 지배가 진전됨에 따라 낙동강 이동 지방 각 지역 공동체의 분해는 심화되면서 정치권력과 경제력이 지배층에 급속도로 집중되었으며, 그 결과로 각지에 등장한 것이 곧 평면 원형·타원형 분구를 가진 고총이었다. 이는 양적으로나 질적으로 이전과는 다른 사회가 형성되었음을 상징하는 현상이다. 그런데 각 지역 고총은 내부 구조가 저마다 달라서 마치 중앙 사로에 특유한 적석목곽묘에 대응하는 듯이 보이는데 이는 스스로의 정체성을 표방, 유지하고자 한 각 지역 지배층의 의식이 투영된 것이라고 판단된다. 고총은 얼핏 보아 각 지역 지배층의 대외적 독자성을 강조, 과시하는 듯 보이지만 기실은 자신들의 무덤을 그처럼 기념물적 성격을 띤 건조물로서 조영함으로써 주로 지역민에 대한 사회적 우위를 과시하고 고착화하고자 했던 것으로 해석된다. 고총은 지역 지배층이 자신들의 권력을 외적으로 과시할 목적으로 축조하였음에도 불구하고 고분에서 출토되는 위세품이라든지 토기는 이동 지방 전역에 공통된 신라 양식이라서 내적으로는 경주 사로에 분명히 통속되었음을 말해준다.

늦어도 4세기 후엽에는 산자형 금동관과 삼엽문 투조 과대를 기본으로 하는 경주식이자 신라식의 금공 위세품이 각 지역 지배층에 하사되고 무덤에 부장되기 시작하면서 고총이 등장하니, 이는 지역 고총 등장의 가장 중요한 계기가 신라의 지방 지배가 진전에 있었음을 상징한다. 또 지역 토기 양식도 고고학적으로는 일견 독자성을 나타내는 듯이 비치나 그 독자성은 신라 양식이라는 일정한 테두리를 결코 벗어나지 않는다.

　대개의 지방 고총군은 4세기 말 5세기 초를 기점으로 형성되는데, 어떤 지역의 단위 지구에서는 점차 몇 개의 작은 군으로 나뉘어 조영된다. 이는 지배층 안의 분화를 나타낸다. 각 지역에 고총이 등장하는 현상이 공동체의 분화를 통한 각지 지배층의 성장을 상징한다고 보면 주요 읍락 고총군이 그처럼 두세 개 군으로 나뉘어 조영되는 현상은 그 지배층에 분화가 일어나서 몇 개 소집단이 생겨났음을 상징한다 하겠다. 신라 국가는 이 소집단들을 견제와 균형 속에서 적절히 지원하고 통제함으로써 해당 지역을 전체적으로 약화시키려 했던 것으로 추론된다. 이는 창녕 지역 고총군의 양상이 잘 보여준다.

　창녕 지역의 중심 지구 고총군인 교동 고분군은 5세기 동안에 두 개의 큰 무리로 나뉘어 축조된다. 그 중 먼저 조영되기 시작한 군에는 U자형 삽날이나 살포 같은 주요 농기구가 부장됨으로써 기존의 지역 생산 체계를 장악한 집단임을 시사하는데, 그보다 나중에 그와 다소 떨어져서 조영되는 다른 군에는 농기구가 부장되지 않고 그 대신에 신라식 위세품의 부장이 현저하다. 이로써 신라 국가가 후발 소집단을 집중 지원하였음을 엿볼 수 있다. 그런데 새로운 소집단이 고총군을 조영하기 시작하는 시점에 축조된 두 집단의 고총이 모두 가장 크며 그 이후로는 그보다 큰 것이 조영되지 못하고 전체적으로 작아지는 경향을 나타내어서 이 지역 전체의 세력이 신라 국가의 의도대로 약화되었음을 가리킨다.

　문헌적으로나 고고학적으로 보아 다른 지역에 비해 일찍 신라화되었다고 여겨지는 부산 같은 지역은 다소 다른 궤적을 밟았다고 판단된다. 그곳에서는 4세기 후반에 이미 신라 국가가 이이제이의 방책으로 견제와 균형 속에서 지역 지배층에 대한 통제를 도모하였으며 5세기에 들어서는 그에서 한 걸음 더 나아가 그 중 후발 집단을 집중 지원하여 기존 집단을 완전히 약화시킴으로써 전체 세력 또한 약화시키는 방책을 썼던 것으로 상정된다. 이러한 정책은 복천동 고분군 축조 집단과 연산동 고총군 축조 집단 사이의 관계에서 단적으로 드러난다. 4세기 후반 복천동 고분군에서 우위에 있던 지배 집단을 대변한다고 추정되는 대형 고분군은 구릉의 고소 중심부에 조영되었으나 5세기 전반에 들어가면 그들의 무덤이 그 주변부에 현저히 약화된 모습으로 조영되는 반면 4세기 후반에 고소의 주변부에 별도로 중대형 고분을 축조하던 집단은 5세기에 들어 그에서 다소 떨어진 연산동에 고총군을 조영한 것으로 추론되기 때문이다. 그리고 부산 지역 고분이 4세기대까지는 다른 지역에 비해 빠른 성장을 보였으면서도 5세기 고총군의 축조는 다소 늦은데다가 규모가 작고 숫자 역시 적은 점은 신라 국가의 그러한 지역 통제 정책이 유효하였음을 잘 말해준다.

대구 지역은 낙동강 상류 쪽에서 육로나 수로로 중류역으로 나오는 길목에 해당하여서 진·변한 이래 역내 교환 관계에서 아주 유리하였을 지역이다. 또 그런만큼 신라화된 이후 경북 북부 지방을 지배하는 데 중간 고리 역할을 하였을 것으로 추정되기에 전략적으로 더 없이 중요한 지역이다. 이로 보건대 진·변한 이래로 이 지역을 구성한 읍락들이 지녔던 성장력 또한 컸을 것으로 짐작되는데 과연 마립간기에 들면 다른 지역에서 유례를 볼 수 없을 정도로 큰 고총군들이 여러 지구에 조영된다. 신라 국가는 대구 지역의 이와 같은 사정에 적절히 대응하고자 『삼국사기』 초기 기록에 나오는 대로 달성達城을 축조하고 그에 성주를 파견함으로써 지역 전체의 통합을 감시 통제하였던 것으로 이해된다. 그리고 지역 안의 비중심 읍락에도 등급이 높은 신라식 위세품을 하사한 데서 볼 수 있듯이 지역 안 여러 읍락 집단 사이의 경쟁을 부추기고 원심성을 조장함으로써 지역 세력 전체가 비대화하는 것을 억제하려 했던 것으로 보인다.

5세기 동안 신라 국가의 지방 지배력이 강화됨에 따라 상대적으로 지역 지배층의 세력은 약화되어 갔으니 5세기 후반에 나타나는 고총의 쇠퇴 현상은 그 점을 나타낸다. 고총의 쇠퇴는 두 가지 방면으로 나타난다. 문헌적으로나 고고학적으로 볼 때 일찍 신라화되어 나중의 가야 진출에도 큰 발판이 되는 남부 지방에서는 고총의 조영 활동 자체가 일찍 줄어들어 끊어지는 반면 북부 지방에서는 고총의 내부 주체가 횡구·횡혈식으로 변질된다. 지방 고총 등장의 가장 주요한 계기가 신라 국가의 지방 지배의 진전이었던 만큼 고총의 쇠퇴 현상은 아무래도 지방 지배의 성격 변화와 결부될 수밖에 없다. 이런 맥락에서 볼 때 남부 지방에서 고총의 쇠퇴와 궤를 같이하여 신라 전역 공통의 횡구식 석실분이 하위 취락 고분군에 나타남은 주목된다. 역시 문헌상 5세기 후반에 시작된 것으로 추론되는 지방관의 파견 및 지역 재편과 일정하게 관련될 것이다.

낙동강 상류역인 북부 내륙 지방에서 고총이 영조되기 시작한 때라든가 전체적 실상은, 현 단계에서는 자료 부족 때문에 확실하게 모르는 상태이다. 다만 5세기 3/4분기에서 4/4분기로 넘어가는 즈음에 고총의 내부 구조가 추가장이 가능한 구조로 바뀜은 분명하여서, 4세기 후반에서 5세기 전반까지의 지방 지배 양상이 남부와는 다소 달랐을 가능성을 추정할 수 있다. 더불어 5세기 후반에 고총 주인공의 권력 계승에 강한 제약이 가해지는 방향으로 모종의 변화가 일어났음을 시사한다고 볼 수 있을 것이다.

신라 국가는 이처럼 5세기의 말 즈음에 지방에 대한 지배 방식을 종래의 간접 지배에서 직접 지배로 전환한 것으로 추정되는데 그를 바탕으로 6세기 중엽에는 결국 낙동강 너머의 가야를 완전 복속한다. 흔히 신라의 가야 복속은 6세기 중엽에 급속히 이루어진 단발적 사건인 듯이 생각하나 고고학 자료와 지리 그리고 문헌 기사를 종합해서 보면 4세기 말부터 꾸준히 추진된 점진적 과정이었던 것으로 추정된다. 그처럼 신라의 가야 진출이 점진적으로 이루어진 근본적 이유는 물론 그 기반이 될 지방 지배가 일찍 성숙하지 못한 데 있지만 다른 한편으로 가야와의 사이에 가로놓인 낙동강의 분할성도 중요한 요인이었다. 그래서 530년을 전후한 시점에 금관가야, 탁기탄, 탁순을 복속하기 전까지는 주로 외교 공세로써 대안의 가야 세력들을 각기 회유하는 정책을 폈던 것으로 추정된다.

신라는 이미 4세기 말에 낙동강 하구 서안의 일부 지점으로 진출하여 교두보를 마련하고 낙동강을 오르내리는 교통에 직접 개입하려고 시도하였다. 이즈음에 김해 예안리 고분군과 가달 고분군에 신라 양식 토기가 등장하기 시작하고 그 이후로 줄곧 부장되는 양상은 그를 시사한다. 신라는 400년 고구려 남정 이후로 역내에 주둔한 고구려군을 배경으로 지방 지배를 강화하는 한편 낙동강 서안 지역에 대한 외교 공세를 본격화하였다. 특히 창녕 지역 지배층을 통해 그 대안의 가야 세력인 다라에 대해 적극 외교 공세를 편 것으로 추정되는데 다라의 중심 읍락 고분군인 옥전 고분군에 5세기 전반 동안에 부장되는 창녕계 토기가 이를 시사한다. 5세기 중기를 전후하여 고령 세력이 다라에 본격적으로 영향을 미치면서 신라의 외교 공세는 주춤하는 양상이지만 5세기 말의 옥전 M6호분에 부장된 산자형 금동관 등은 5세기 중반 이후로도 신라가 다라에 대해 줄기차게 회유 정책을 폈음을 말해준다.

신라와 대가야 사이의 이른바 결혼동맹은 기문·대사를 잃은 대가야가 낙동강로를 대외 교통로로 이용할 필요에서 접근해 옴에 따라 신라가 그를 허용하는 대신 그 반대급부로 가야국 탁기탄, 탁순 등을 공략하기 유리한 여건을 조성하기 위해 결성했던 것으로 추정된다. 신라의 금관가야, 탁기탄, 탁순 복속은 무력에 의한 직접 정복이 아니라 회유 정책을 펴면서 군사적 압박을 가함으로써 얻어낸 내항이었다. 가야국 탁기탄, 탁순의 위치는 문헌 분야에서 음사 등을 근거로 전자를 낙동강 동안의 창녕 남부, 후자를 서안의 창원 등지에 비정하기도 한다. 그러나 창녕 남부는 출토 토기 양식으로 보건대 아무리 늦어도 5세기에는 신라의 영역이었으므로 탁기탄이 그곳에 존재하였을 수는 없으며, 창원에는 중대형 고총군이 없으므로 4세기 후반부터 문헌에 그 이름이 등장하는 가야국 탁순이 소재하였다고 상정할 수 없다. 탁순과 탁기탄은 지리와 고총군 분포를 근거로 의령 지역의 남부와 북부에 각각 비정한 필자의 기존 설을 바꿀 만한 반론이 제시되지 못하였다. 이는 신라의 가야 진출사에서 더없이 중요한 의미를 띠니 530년을 전후하여 가야 세력의 허리로 침투해 들어간 셈이 되기 때문이다.

의령 지역 서쪽에 소재한 합천 삼가 고분군의 530년대 이후 시기 토기와 묘곽 구조를 분석해보면 분명히 562년 가야 멸망 이전에 이미 신라가 이 지역으로 침투한 것으로 추정할 수 있어서 앞의 탁기탄, 탁순이 의령에 소재하였음을 간접적으로 방증해 준다.

마지막으로 본 연구의 의의를 나름대로 짚어보기로 하겠다. 이 연구에서는 무엇보다도 신라고고학의 입지를 마련하려고 하였다. 이미 말했듯이 신라고고학은 아직도 잔존한 신라와 가야의 영역 구분에 대한 잘못된 인식 때문에 제자리를 완전히 되찾지 못한 상태이다. 그래서 일각에서는 낙동강 동안 지방이 6세기 전엽까지 가야도 아니요 신라도 아닌 것처럼 인식하기도 하지만 실은 거의 전부가 마립간기의 성립과 더불어 신라화하였음을 포괄적으로 논증함으로써 신라고고학의 존재 근거를 다시금 확인하였다. 그로써 말하자면 신라고고학을 복권시키고 앞으로 이를 가야고고학과 유기적으로 균형되게 연구하는 데 필요한 기본 틀을 제시한 점은 본 연구의 첫 번째 의의로 꼽을 수 있을 것이다.

신라를 고고학적으로 탐구하는 데 문헌사와의 접목이 필수불가결임을 나름대로 실증해 보임으로써, '역사'고고학이 그저 문자 기록이 있는 시기를 연구 대상으로 하는 분야라는 통상의 인식을 넘어 말 그대로 고고학을 통한 역사 연구를 주된 목표로 삼아야 함을 분명히 주지시킬 수 있었다면 그에서도 이 연구의 의의를 찾을 수가 있겠다. 또 영남 지방의 고분 연구로써 신라사를 복원하는 데서 지역 단위들을 분명하게 설정한 후에 그런 지역들 사이의 관계를 통시, 공시적으로 분석, 종합하는 작업이 방법론적으로나 실제적으로 반드시 필요함을 부각시켰다.

본 연구의 핵심 분석 대상 중 한 가지는 고총 현상이며, 그래서 고총론高塚論이 연구의 으뜸 주제라고도 할 수 있다. 고총은 신라·가야 고고학에서 가장 현저한 현상이면서도 그간 그에 걸맞은 분석이나 해석이 이루어지지 못하였다. 그 의미가 자명한 듯이 느껴졌기 때문이다. 여기서는 낙동강 이동을 중심으로 고총 현상이 반영하는 각 지역 사회 진화의 양적 변화와 그 뒤에 감추어진 질적 변화에 대한 해석을 시도하였으니, 전자는 각 지역 사회의 자체 진화를, 후자는 신라 국가의 지방 지배에 의해 촉발된 지역 사회의 변화라는 측면을 담고 있음을 논하였다. 이는 여러 지역 고총 현상이 보이는 상이성과 상사성을 비교 분석한 결과이다.

한편 고총에 대한 이런 새로운 해석을 바탕으로 5세기대 신라 주요 지역의 존재 양태를 고고학적으로 탐색해 본 것은 고총론을 실제 자료에 적용함으로써 구체화한 작업이었다. 각각이 연구 주제가 될 만한지라 앞으로 한층 심도 깊은 지역사 연구가 요망되지만 각 지역의 고고학적 현상을 개관할 때 주목되는 정형성들을 지적하고 향후 지역사 연구를 하는 데 필요한 기본 틀을 제시하고자 한 데 목적이 있었다.

낙동강 이동 지방의 신라 고분에 대한 위와 같은 접근은, 기실은 종래의 압축편년관—즉 신라 토기 양식의 출현을 서기 400년 고구려 남정 이후로 잡고 각지의 고총도 모두 5세기 후반에 거의 일시에 출현한 것으로 보는 절대연대관을 벗어났기 때문에 비로소 가능하였다. 기존의 압축 편년관에서는 편년 대상 유적·유물들이 원래 걸쳐 있었다고 상정되는 기간보다 아주 짧은 기간 안에 배열됨으로써 자연히 그에 관한 정형성들이 잘 드러나지 않았다고 생각된다. 본 연구는 그와 달리 신라 토기 양식의 초현 연대를 4세기 중엽으로 다소 올림으로써 영남 각지의 고총이 지닌 상이성과 상사성을 한층 분명하게 드러내 보이고 그를 토대로 고총 출현의 의의를 새로이 해석한다든지 마립간기 신라 각지의 다양한 양상을 포착할 수 있었다.

이 연대관에 따르면 신라 토기 양식이 마립간기 성립 즈음에 초현한 셈이라서 그 의미가 단지 문화적인 데 그치는 것이 아니라 무언가 정치·사회적인 배경을 갖고 있음을 시사한다. 각지 고총의 출현 연대에 시차가 분명히 있음을 드러내 보인 점도 그러하다. 그리고 종래의 편년관에서는 고분의 절대연대가 전체적으로 밀려 내려감으로써 낙동강 이동 지방 고총의 소멸 연대가, 늦어도 6세기 초로 보았던 신라 국가의 지방관 파견보다 오히려 상당히 늦은 듯이 파악되었다. 그러나 이 연구의 절대연대관에 따르면 양자를 관련짓는 데서 별다른 충돌이 생기지 않는다. 또 4세기 말 5세기 초를 기점으로 전후의 고고학적 현상이 뚜렷이 구분됨으로써 그 차이의 의미를 이해하기가 한층 용이하다고 판단된다. 요컨대 편년의 가치 기준을 그자체로 맞는지 아닌지 하는 차원에 둘 것이 아니라 하나의 해석 틀로서 설득력 있는 추론을 이끌어내는 데 얼마나 도움이 되는지에 두어야 한다는 사실을 이 연구의 편년관이 예증한 점도 평가될 수 있다고 본다.

이 연구의 주요 의도 중 한 가지는 고고학이 지금의 자료 수준에서 신라사를 복원하는 데 과연 어떤 정도 역할을 할 수 있는지를 저울질해 보자는 데 있었다. 그런 점에서 볼 때 역시 4세기대의 자료가 5세기대에 비해 아직 크게 부족함이 잘 드러났다. 앞으로 이 시기의 자료를 각지에서 체계적으로 축적해 나가는 작업이 중요한 과제라 하겠다. 그것이 이루어지면 4세기 신라사를 복원하는 틀을 구성하는 데서 문헌사의 연구 성과에 의존하는 정도는 줄어들 것이고 고고학의 비중은 그만큼 늘어날 것으로 보인다. 만약 4세기대 자료가 5세기대의 수준에 이른다면 어떤 측면에서는 지금 고고학이 5세기대의 연구에서 차지하는 몫보다도 더 큰 역할을 할 것이라 기대된다.

각 지역 단위의 사례 연구, 즉 지역사 연구를 심화하는 작업 또한 중요한 과제이다. 우선 4세기 자료가 증가하면 각 지역에서 4세기 중엽을 전후하여 토기 양식상의 변화가 어떻게 나타나는지, 또 그 이전 단계에서는 영남 전역에 대해 어느 정도의 광역적 토기 양식들을 설정할 수 있는지를 조사하고 연구하는 것이 고고학적으로 중요한 과제가 될 것이다. 그리고 지역 토기 양식들을 되도록 엄밀하게 정의하고, 각 지역 단위의 구체적 범위를 밝히기 위해 그 분포를 정밀하게 추적할 수 있는 지표조사가 실시되어야 하겠다. 정밀한 지표조사는 지역 단위 안의 취락 분포를 정확히 파악하고 그 위계 관계 등을 추론하는 데도 필수적이다. 축적된 고고학 자료를 근거로 지역 정치체 내부의 구조나 성격 변화 과정을 통시적으로 추적해 보아야 할 터인데, 그 성과는 이 연구에서 간략히 뼈대만 설정한 지역 단위의 범위라든지 그 내부의 구조에 관한 가설을 수정하거나 보완, 발전시키게 되리라 기대된다. 특히 신라고고학의 관점에서 볼 때 신라의 중앙인 경주 지역에 대한 집중적 조사와 그에 바탕을 둔 통시적 연구가 절실히 요구된다. 사로의 통시적 변화는 신라 지역 전체의 관계사에서 일어난 변화와 표리를 이루기 때문이다. 또 지역사 연구를 바탕으로 지역 상호간을 공시적으로 비교함으로써 신라의 지방 지배에서 핵심 기제가 무엇이었는지를 관계사적 관점에서 추찰함도 필요하다 하겠다.

  관계사라 하더라도 신라 국가의 지방 지배가 확립된 이후로는 주로 사로와 여타 지역 사이의 일원적 관계를 대상으로 하는 것이라서 사실상 중앙 정부의 권력이 어떤 시점에서 지역의 어느 단위까지 침투해 들어가며 그 변화의 과정은 어떠한지를 궁구하는 문제로 바로 연결된다. 그래서 문헌사에서 활발한 중고기 이후의 촌락 지배 연구와 상호 맥락이 닿는 선에서 연구 방향을 잡아야 할 것이다. 그리고 고총 쇠퇴 및 소멸 시기의 지방 사회에 대한 이해는 중고기 성립을 전후한 시기의 지방 통치와 촌락 사회의 변화에 대한 문헌사 연구와도 바로 연계된다.

  각 지역이 마립간기 동안에 어느 정도의 자율성을 가지고 있었는지를 탐구하는 작업도 필요하다. 예컨대 지역 단위의 교역 또는 대외 교류라는 관점이 과연 합당한지, 또는 그것이 하나의 연구 주제로서 어느 정도 타당성을 가질 수 있는지 검토하여야 한다. 만약 진·변한 '국'의 복속이 지역별 대외 관계에 대한 신라 국가의 통제를 목적으로 하였다면 지역 단위의 '대외 교역'이란 거의 성립할 수가 없기 때문이다. 물론 그렇다고 해서 어느 정도 독자적인 대외 교류가 전혀 없었다고는 할 수 없고, 그러할 여지는 국가의 통합력이 약하였을 신라 초기로 올라갈수록 더 컸을 것으로 상정할 수가 있다. 어떻든 지역의 관점에 서서 지역사를 재구성하는 노력이 필요하다 하겠다.

사실 이 연구에서는 낙동강 이동 지방 전체를 하나로 엮는 큰 틀로 신라를 강조하는 가운데 각 지역의 양태를 고찰하였기 때문에 신라 국가의 지방 지배에 중점을 둔 느낌도 없지 않다. 하지만 이는 각 지역의 진화 과정이나 그 배경을 실증적으로 더듬어 볼 수 있는 자료가 아직 제대로 갖추어 있지 못한 탓도 있다. 앞으로 좋은 자료를 많이 축적함으로써 더 긴 시간대 속에서 각 지역의 변천사를 통시적으로 연구해 나가야 할 것이고, 그것이 가능할 때 지역사의 연구 성과가 관계사로 환류됨으로써 양자가 균형을 이룬 신라사를 복원할 수 있을 것으로 믿는다.

ㄱ

ㅇ